깨달음 어렵지 않다

지금 여기 깨어있음

깨달음 어렵지 않다
지금 여기 깨어있음

고준환 지음

초판 1쇄 발행 2022년 2월 28일
발행인 서상기
발행처 도서출판 교림
주소 서울 종로구 인사동4길 17 건국빌딩 건국관 202호
전화 02-733-3334
홈페이지 http://www.tanheo.com
출판등록 제300-1979-13호

값 28,000원

ISBN 978-89-87237-59-6

깨달음 어렵지 않다
지금 여기 깨어있음

고준환 박사 지음

도서출판 교림

■ 머리말

석가모니불께 경배 찬탄합니다. 미륵존여래불!

우리는 푸른 하늘 흰 구름처럼, 인생길을 가는 나그네이다. 그런데 "너는 누구냐?"라고 묻는다면, 우리는 당황하게 된다. 나는 누구인가? (Who am I? 이 뭣고?) 우주란 무엇인가? 절대 진리는 무엇인가? 나는 어디서 와서 어디로 가는가? 이고득락의 길은 무엇인가? 전식득지는 어떻게 하나?

흔히 불교의 목적은 명심견성 성불제중(明心見性 成佛濟衆)이라고 한다. 이는 마음을 밝혀 깨닫고, 부처를 이루면서 중생을 제도함으로 풀이된다. 석가세존은 견성을 위하여 수식선정(數息禪定, 아나파나사티)을 하셨다. 자유는 만유의 생명이고, 평안은 인생의 행복이다. 먼저 부처는 되는 것이 아니라, 자기가 부처라는 것을 깨닫는 것이다.

그러므로 불자들은 첫단계로 수식선정을 하며, 즉심즉불로 마음이 부처이니, 견성(깨달음)을 하고, 이어서 업장을 녹이고, 자비공덕으로 성불제중의 길로 가게 된다.

깨달음은 어렵지 않다 지금 여기(now here) 깨어 있으면(being awareness) 되는 것이다. 고요히 활짝 깨어 있음이다. 공적영지(空寂靈知)로 명쾌한 것이다.

우리는 누구나 자기마음(自心=自性=佛性)을 가지고 있으며 이는 생멸심만 없으면, 우주심(宇宙心, 虛空心)과 같은 절대의 진여일심(眞如一心)인 바, 이를 깨달으면 되는 단순한 일이다. 마음깨침이다. 견문각지에서 밖으로 향하는 마음을 안으로 되돌려 회광반조하여 통명자심(通明自心)하는 것이다. 이것이 자성자오(自性自悟)로서 전존재를 꿰뚫어 봄이다.

그래서 깨달음은 쉽다고 한다. 세수하다 코 만지기보다 쉽다고 한다. 소 타고 소 찾기, 업은 애기 찾아 3년, 100년

3만6천년일 매일 아침 반복하는 것, 이 송장을 끌고 다니는 것 등 대각한 고승대덕들의 견성명언들이 있다. 정말 그렇다. 그러나 이해만으론 안 되고, 깨달아야 한다. 몰록 깨달아야 한다.

여기에서 중요한 것은 "지금 여기"인데, 이는 시공간 개념이 아니고, 3차원에서 무한차원으로 옮긴 무시공의 영원우주인 바, 과거는 흘러가서 없고, 미래는 오지 않아서 없고, 현재라고 해도 찰나에 지나가니 일기일회(一期一會)이다. 지금 여기서 과거나 미래에 관한 분별, 집착, 망상, 착각 등의 생각과 이름(名), 아상(我相) 등 모양(相)에 사로잡히지만 않으면, 그냥 마음 챙기거나, 알아차려 저절로 깨어있게 된다(불취명상 여여부동 不取名相 如如不動). 순수의식(pure consciousness), 통일장,(識心見性 無上正覺), 자성청정심, 공적영지(空寂靈知), 성성적적(惺惺寂寂). 명명적적(明明寂寂), 소소영령 현존일념(現存一念), 현존일각(現存一覺)이다.

그런데 지금부터 2,600여 년 전 일대사 인연으로 8상성도의 극을 보이신 석가모니(BC624~BC544)께서 수식선정을 닦고 고행하셨던 인도 부다가야 대각사터 보리수 밑에서 길상초를 깔고 앉아 선정에 드시면서, 중도로 나아가 내가 진리를 깨닫지 못하면 일어나지 않겠다고 결정심을 내시고, 일주일 만에 새벽별을 보고 깨달음을 얻으셨다(見明星悟道). 그리고 먼저 3천대천세계를 향하여 '대방광불화엄경'을 설하셨다. 전존재계 일체는 마음이 만든 것인바, "기이하고, 기이하다. 모든 중생이 부처의 지혜와 덕성을 가지고 있는데, 이를 잊고 있으니 안타깝다."고 하시고, 47년간 설법과 직지선과 선정, 염불, 진언 등으로 중생교화 하시며, 마하가섭에게 3처 전심을 하시고 반열반에 드셨다.

그런데 우리 불교계 현실을 보면, 깨달음(enlightenment)은 근기에 따라 다른 바, 명상(瞑想, 생각의 근원자리로 돌아감)붐 속에 깨달은 고승대덕이나 청신사, 청신녀도 많지만, 평생 간화선을 해도 자기 문제의 답을 찾지 못하고 생각으로만 계속 추구하여 못 깨닫는 스님도 많고, 깨달음이 너무 어렵다고 생각하여, 재가 불자 중에는 깨달음에 결정심을 못 내고, 그럭저럭 무명에 휩싸여 윤회하며 사는 사람도 적지 않은 실정이다.

이러한 분들을 위하고, 제8불인 미륵존불 시대를 여는 뜻에서, 어렵지 않게 선교일치로 깨달음에 이르도록 이 책을 내게 된 것이다.

한 스님이 마조도일 선사에게 물었다. "어떤 것이 부처입니까?" 마조 선사는 "지금 나에게 묻는 네가 부처다. 주인공이고, 참 나다."라고 대답하신 바, 우리가 주목할 필요가 있다. 견성 발심한 분들에게 도반으로서 시행착오나 방황을 조금이나마 줄이도록 돕는 데도 뜻이 있다.

그러면 제 근기의 불자들의 견성을 어렵게 하는 것이 무엇이고, 어떻게 하면 견성할 것인가를 중점적으로 살펴보기로 하겠다.

첫째는 깨달음 공부의 출발점이 중생이 아니라 부처라야 된다. 자타일시성불도(自他一時成佛道)라고 모든 중생이 한 때에 성불했으니, 부처가 출발점이어야 한다.

중생이 부처가 되는 게 아니고 "자기가 본래 부처"라는 것을 마음이 밝아져 확인하면 된다. 꿈꾸는 부처가 중생이니, 중생이 꿈만 깨면 깨어난 부처가 되는 것이다.

본래성불(本來成佛) 본래무일물(本來無一物)이니, 본래 안심자재의 법신불뿐이고, 작용으로 현상은 있으나 한 물건도 따로 없다 한다.

우리는 모두 석가모니 부처나, 달마조사나 원효성사나 불일보조국사나 똑같은 불성(佛性)을 갖고 있어 부처와 중생과 마음이 아무 차별이 없다는 것이다.

우리가 스스로에게 중생상을 덧씌워 놓고, 깨닫지 못하는 존재라고 폄하, 고집할 필요가 없는 것이다.

달마조사는 이 세계 현상은 인연과보로 돌아가니까, 밖으로 제인연을 쉬고, 속마음이 헐떡거림이 없어 마음이 장벽 같아야 가히 입도했다고 할 수 있다고 하셨다. 간화선에서 생각 등이 꽉 막히면 극적전환이 일어나 은산철벽이 무너지니, 이를 선에서는 활구(活句)라고 한다.

둘째는 진리는 내 안에 있으니, 안으로 자심을 찾고, 막향외멱(莫向外覓)이라고, 밖을 향해서 찾지 말며, 밖으로 향하는 자기 마음을 되돌려 마음의 빛으로 속 안 마음을 비추어 통광하게 해야 한다(자심반조, 회광반조 廻光返照). 소를 타고 소를 찾을 필요는 없다. 우리는 자기 눈은 못 보지만, 자기 눈을 잃지 않은 것만 안다면, 자기 눈을 본 것과 같다. 마음도 마찬가지다.

셋째는 깨달음은 석가모니나 달마조사 같은 특별한 사람만이 견성성불한다는 생각을 버리고, 누구나 범부라도 결정심의 참된 길로 가면 자성인 불성을 다 깨칠 수 있다고 생각하고 믿는 것이 좋다.

의상조사 법성게를 보면 초발심시에 정각(正覺)을 이룬다 했고, 가고 가도 이른 곳이 출발지라는 것이다. 한 마음자리이다.

넷째는 깨달음은 말길과 마음 둘 데가 단멸하고, 불가사의하여 도둑처럼 슬며시 다가오는 것이다. 능엄경의 연야달다의 견성체험처럼 말이다.

깨달음은 생각이 주객미분 전 자리로 돌아가 생각 이전

자리이므로, 알고 모름과는 관계가 없는 것이다. 다만 모를 줄 알면 견성이라고 했다.

이 부분은 특히 인텔리겐차가 주의할 곳이다. 나도 학자이지만, 특히 학자들은 오랜 불교 연구를 하여 많은 것을 알고 정리하는 것으로 습관이 되어 있어 이해는 되나, 도와는 멀어져 생각이 없는 불가사의의 증득(구경각)을 못하는 경우가 많다. (言語道斷 心行處滅 不可思議)

도(道)의 길과 학문의 길은 전혀 다르다. 노자는 학문은 더하는 일이고, 도는 더는 일이라고 하셨다. 학문은 채우는 공부요, 도는 비우는 공부이다.

깨달으려면 지해(知解)의 문에 있지 말라 했다. 진여는 말을 떠나 있다(離言眞如)고 한다. 격외도리(格外道理)라는 말도 있다.

다섯째는 여러 가지 방편으로 많은 제자를 깨닫게 한 마조도일 선사가 얘기한 것처럼, 오염되지 말라는 것이다. 오염된다는 것은 생사심, 조작, 추구, 취사, 시비심으로 이런 것들이 없는 무심(無)이 먼저 되고, 그 바탕에 행주좌와, 어묵동정, 견문각지의 평상심(平常心)이 도(道)며, 각(覺, 깨달음)이고, 부처님, 하느님이라는 것이다. 열려 있는 허공심! 오직 한 하늘!

보조 지눌 스님은 직심직설과 원돈성불론에서 심중무물(心中無物)인데, 무심10법(無心十法)을 말씀하셨다. 이는 마음도 경계도 없이 체용(體用)이 합하여, 망념이 제거되고 진심이 드러나 깨달으니, 적적성성의 원만해탈문이라 했다.

여섯째는 생명을 걸고라도 꼭 깨닫겠다는 결정심을 내고 간절한 마음으로 꾸준히 신해행증을 공부하며, 앞에서 얘기한 바와 같이 생각과 이름과 모양에 사로잡히지 말고 자유자재로 향해야 한다.

석가모니 부처님처럼 수식선정(數息禪定, 아나파나사티)을 닦아, 4선정(색계), 무색계 4삼매를 지나 9차제정인 멸진정(滅盡定)에 들어감을 본받는 것이 좋다. 수식선정에 관하여 천태지자 대사는 6묘문(妙門)이라 하여, 수식(數息, 호흡수를 셈), 상수(相隨, 마음과 숨이 서로 따름), 지(止, 생각 멈춤), 관(觀, 관찰지혜), 환(還, 회광반조), 정(淨, 자성청정심)을 말했다. 지관 수행함을 정혜쌍수(定慧雙修)라고도 한다.

일곱째는 불자의 기본으로 4성제를 믿고, 3귀의와 10선계를 지키고, 4홍서원을 하며, 8정도나 10바라밀 수행을 하면서, 조고각하(照顧脚下, 다리밑을 비춰보라, 지금 여기), 수처작주(隨處作主, 어디서나 주인공이 되라)하여 '아하!' 소리가 저절로 터져 나오게 해야 한다. 정상 별의 순간(sternstunde)이다. 깨닫는 경우는 정심력(定心力)으로 독각자도 있고, 선지식의 법문을 듣고 언하대오(言下大悟)하기도 하고, 경전이나 선어록을 읽다가 깨치기도 하고, 닭소리를 듣거나 대나무 부딪치는 소리를 듣고 깨치는 등 수 만 가지가 있다. 할, 방, 타(때림) 등 선지식에 따라 여러 방편으로 마음에서 마음으로 전하기도 한다.

자기가 뛰어나서 혼자 깨달을 수 있으면, 무소의 뿔처럼 홀로 우뚝 서 걸어가도 되지만, 그렇지 않은 경우는 참된 선지식을 찾아가 믿고 배우되, 그분이 선지식이 아니라고 생각되면, 그 선지식을 떠나는 것이 좋다.

본래 부처이고 본래 무일물(無一物)이며, 진여는 수연성(隨緣成, 인연 따라 이루어진다)이니, 우리는 이분법을 떠나 견성하고, 분별자재하면서, 10바라밀로 업장을 녹이고, 자비공덕을 쌓아, 성불제중의 길로 나아가야 한다. 이것이 부처님의 성상불이 중도이고 진공묘유 중도이며, 무위법이고, 무루법이다. 깨달은 후에는 새로운 것에 익숙하고, 과거에 익숙했던 것에서 멀어져야 한다.

이 책은 본래 불기 2564년, 서기 2020년 초부터 저자의 본각선교원 유튜브 방송으로 송출한 것을 활자화한 것이다. (고준환 교수 '깨달음 세계')

유튜브 방송과 원고정리를 도와 준 여동생 내외(김태옥 씨, 고숙환 씨)와 상규, 원규 두 아들의 노고를 치하한다.

끝으로 간불(艮佛) 시대를 연 선지식이신 김탄허 선사님과 이 책을 출판해 주신 교림출판사 서우담 사장님과 편집장 서순자님에게 감사의 말씀을 전한다.

한자락 흰구름이 하늘을 감도는데
어느 곳 한자리도 머물 수가 없더니
구름 새 푸른 하늘은 예와 이제 같더라.
무량광수불!

불기 2566년 단기 4355년 서기 2022년
아하광파 고준환 씀

목 차

제1회 깨달음 세계 (참 나는 부처다)

여러분, 반갑습니다. 본각선교원 깨달음세계 첫 선법회를 시작하겠습니다.

먼저 석가모니불께 경배찬탄합니다. (합장)

오늘의 주제는 '진짜 나는 부처다, 참 나는 부처다'라는 제목으로 말씀드리겠습니다.

우리는 지금 여기 인생길을 걸어가는 나그네입니다. 인생길은 사람에 따라 꽃길도 있고 가시밭길도 있습니다. 이 풍진 세상이라고도 말하고 또 인생은 일장춘몽이라고도 얘기합니다.

어쨌든 우리는 지금 여기 살아있는 그런 존재입니다. 부처님께서는 인생길을 표현하실 때 사성제, 네 가지 진리의 말씀을 하셨습니다. 그것은 고, 집, 멸, 도 입니다.

인생의 현실은 괴로움의 바다, 고해이죠. 그 원인은 무명으로 인한 집착 갈애이며, 여러 가지 고가 사라진 그런 것을 멸 또는 적멸이라고 하고, 거기에 이르는 길을 도라고 해서 팔정도를 얘기했습니다.

정견(正見), 정사유, 정어, 정업, 정명, 정정진, 정념, 정정 여덟 가지를 말씀하셨습니다.

석가모니 부처님께서는 인생의 고를 아시고 그것을 사라지게 하는 방법, 이고득락을 생각하셨습니다. 생각하다 보니까 결국은 어디로 가게 되었느냐, 나는 누구인가, 나는 어디서 와서 어디로 가는가, 나는 지금 잘 살고 있는지 또는 내가 지금 앞으로 잘 죽게 되는지 이런 고민을 하셔가지고 결국은 깨달음을 위해서 출가를 하신 것입니다.

결국 불교에서 말하는 그 목적, 견성성불의 뜻은 결국 "나는 누구인가를 깨달음"에 있습니다.

나는 누구인가, 영어로 "Who am I?" 또는 "What is

this?" 그렇게도 말하고, 중국말로는 시심마, 순수한 우리말로는 "이 뭣꼬?" 입니다. "이게 뭐냐? What is this?"와 같은 뜻이지요.

그러니까, 부모미생전 내 본래면목(本來面目)이 뭐냐 또는 천지미분전 내 본래면목이 뭐냐, 주객미분전 나는 누구냐 하는 것을 깨닫는 게 인생의 목적이라 말할 수 있습니다.

그런데 우리가 내가 누구냐 하는 것을 찾아보니까 쉽게 찾아지지 않아요. 이렇게 보면, 나라는 것을 다 아는 거 같지만 당신이 누구냐 그러면 우리는 답변에 당황하게 됩니다.

색수상행식으로 나누어 보더라도 나를 찾아도 잘 찾아지지가 않습니다. 그래서 인생은 나를 찾기 위해서 출가도 하고 수행도 하고 고행도 하고 그런 여러 가지 방법이 생겨났습니다.

그러한 방법에 관해서는 기본적으로 불취명상 여여부동이라고 합니다. 이름 '명'자(名) 모양 '상'자(相)를 쓰는데, 이름과 생각과 모양에 끄달려 따라가지 않고, 거기서부터 자주적으로 이렇게 설 수 있으면, 불취명상 여여부동(不取名相 如如不動)이라 진리의 자리, 진여의 자리, 부동의 자리이다 이렇게 얘기합니다.

금강경에는 모양만 생각해서 불취어상 여여부동 그렇게 얘기한 구절이 있고, 또 범소유상 개시허망 약견제상비상 즉견여래 그럽니다.

모든 모양이 있는 것은 허망한 것이니, 여러 가지 모양 있는 것에서 모양이 없음을 보면 즉시 여래를 본다(見性) 그렇게 애기했습니다.

또 의상조사의 법성게를 보면은 무명무상 절일체 증지소지비여경이라고 했습니다.

이름과 모양이 없어서 일체가 끊어지면, 그것이 진여인데, 그것은 오직 깨달은 사람만이 알 수 있다 이렇게 얘기했습니다.

그러면 좀 더 일반적으로 쉽게 내려와서 우리가 그러한 말이나 이름을 떠나야 되지만, 말이 없으면 통하는 방법이 따로 없으니까 말로 했을 때 나(我)라는 것이 몇 가지가 있느냐 하는 것을 우선 살펴보겠습니다.

나라는 것은 보통 우리가 얘기하는 것은 몽중아, 인연아, 참 나(眞我) 이렇게 세 가지로 말할 수 있습니다.

몽중아는 꿈속의 나입니다. 꿈속의 나. 즉 우리가 꿈을 꾸면은 꿈속에서 많은 활동을 하고 춤도 추고 비행기도 타고 이런 걸 모두 하지만, 그때는 생시처럼 알고 하지만 깨어보면 꿈이고, 꿈이라는 것은 없는 겁니다. 다만 의식의 변화만이 있는 거지요. 그런 몽중아가 하나 있고, 또 하나는 우리가 이렇게 몸도 있고 생각도 있고 색수상행식이라고 표현되는 이것을 오온아나 인연아라고 그럽니다.

그런데 이것은 변하기 때문에 고정된 실체를 찾기가 어려워요. 그래서 가아(假我)라고도 그렇게 얘기합니다.

또 하나는 진짜 나 또는 참 나, 진여, 진아, 얼나, 비인연아 이렇게 말하는 진짜 나, 참 나가 있습니다. 이것은 무엇과 같으냐? 우리가 몽중아라고 할 때에 그 꿈속에 있었던 몽중아는 깨고 보면 없지만, 그때는 꿈을 꾸는 참된 나가 있습니다.

그 참된 나 그걸 말하자면 진아라고 할 수가 있는데, 사람의 일상적인 우리의 생활도 이 행동이나 모든 것들이 꿈속과 같습니다. 우리는 생시라고 보지만, 깨달은 분상에서 보면 이게 전부 꿈속 일입니다. 꿈속 일이면 그 꿈을 꾸는 자가 있습니다. 영어로 dream이 있으면 dreamer가 있습니다. 즉 꿈이 있으면 꿈꾸미가 있는 겁니다. 그 꿈꾸미가 결국은 진짜 나고 참 나고 인연아입니다. 인연아라는 말은 인연과보의 원리에 따라 사는 존재를 말하고, 비인연아라는 것은 거기에 구애를 받지 않는 그런 존재를 비인연아 또는 진짜 나 참 나, 진여,

얼나 이렇게 표현을 하는 겁니다.

우리가 인생을 애기할 때 흔히 구름 나그네라고 합니다. 구름같은 존재다. 그런데 구름은 따로 존재하는 게 아니라 청천백일 허공과 같은 하늘의 한 부분을 이루고 있습니다. 또 바다에 나가면 파도가 칩니다. 그런데 우리는 파도를 나라고 생각합니다. 그러나 파도는 바다의 일부분이지 전체는 바다가 되고 불변하는 것은 바다입니다.

또 하나 인생을 구름 나그네나 파도 나그네 외에 고향 나그네라고 합니다. 이 우주는 우리의 고향인데, 우리 사람들은 고향에다가 타향을 설치해놓고(二分法), 그 타향에서 고향을 찾아가는 고생을 하고 헛수고를 합니다. 자기가 본래 고향에 있는 것을 모릅니다. 그래서 결국 깨닫게 되면 결국은 타향에서 고향집에 온 것과 같은 그런 상태가 됩니다.

또 한편으로는 그림자 나그네라고 합니다. 이 세상에서 우리가 생시라고 생각하는 모든 일들, 그런 것들은 전부 그림자와 같고, 참 나는 그 그림자들을 비추는 거울이다. 그래서 대원경지이다 그런 말로 씁니다. 그래서 알고 보면 우리가 보통 보이는 이런 세상을 가지고 볼 때 깨달은 분들은 본래 무일물(本來無一物)이라고 합니다. 본래 이 우주에는 한 물건도 없다고 애기를 합니다.

그러면 우리가 교주인 석가모니 부처님의 일생을 통해서 그 분의 가르침과 함께 몇 가지를 살펴보겠습니다.

부처님의 평생을 애기할 때에 여덟 가지 모습으로 애기를 합니다.

태어나시고, 출가하시고, 깨닫고, 법을 펴시고, 열반에 드시고 하는 그런 것들이 모두 포함이 되는데, 그 맨 처음이 도솔내의라고 합니다. 도솔내의라는 것은 그 석가모니 부처님이 태어나시기 전에 전생이 호명보살로서 도솔천에 계셨습니다. 도솔천에 계시다가 입태를 하시게 되는데, 아버지가 정반왕이고 어머니가 마야부인이죠. 마하마야부인이라고 하는데, 도솔천에서 내려와서 입태하게 되는 그런 것을 도솔내의라고 하는데, 선문염송에는 미리도솔 이강왕궁 미출모태 도인이필로 되어있습니다. 무슨 말이냐면, 도솔천을 떠나기 전에 이미 왕궁에 내려오셨고, 어머니의 모태를 떠나기 전에 모든 사람들을 제도해 마쳤다 하는 그런 얘깁니다.

두 번째는 비람탄생인데, 이것은 룸비니에서 탄생하셨다 그런 얘깁니다. 마야부인께서 출산 날짜가 가까워지자 친정인 코리족이 사는 데바다하로 가는 도중에 친정어머니 정원인 룸비니 동산에서 산기를 느껴서 거기서 머무시게 되고, 거기에서 무우수, 걱정이 없는 나무를 잡으시고(지금도 룸비니 공원에 가면 무우수가 있습니다만) 거기서 석가모니 부처님을 낳으셨습니다.

그때는 싯다르타 태자지요. 그런데 싯다르타 태자는 태어나시면서 사방으로 일곱자씩을 걸으면서 한말씀 하셨다고 합니다. 그 말은 천상천하 유아독존 삼계무안 아당안지였습니다. 천상천하에 오직 나만 높다 삼계가 편안하지 않으니 내가 이를 편안하게 하리라 그럽니다. 여기에 나라는 것은 우리가 말하는 이 인연아를 말하는 게 아니고 그 깨달은 분, 부처, 법신불을 얘기하는 것입니다.

그러시고 싯다르타 태자는 가비라성에서 자라고 성장하다가 결혼도 하고 결국은 출가를 해서(29세) 전정각산을 떠나서 니련선하를 거치고 부다가야(보드가야), 지금의 마하보디 템플 자리에 오셔서 보리수나무에 앉으셨다. 과거에 고행만 하던 것을 되돌아보시고, 중도로 나아가서, 그 보리수나무 아래서 내가 깨닫지 못하면 일어나지 않겠다는 결심을 하시고 길상초를 깔고 앉아서 선정에 드셨습니다.

그전에도 선을 해서 9차 제정중 초선, 이선, 삼선, 사선, 공무변처정, 식무변처정, 무소유처정, 비비상처정까진 갔는데,

결국 멸진정에는 드시지 못했고, 결국 멸진정에 들고 대각을 해야만 이 자리에서 일어나겠다 이런 결심을 하시고 자리에 좌정을 하신 겁니다.

그렇게 하시다가 결국은 며칠이 지나서 새벽에 금성(새벽별)을 보고 홀연 깨달음을 얻으셨습니다. 무엇을 깨달았느냐에 대해서는 보통 연기법을 깨달았다고 하지만, 실상으로서는 공(空) 도리를 깨치신 겁니다. 텅 빈 영각성과 현상론적으로 말하면 인연과보의 원리에 의한 연기법 성상불이 중도를 깨달으신 겁니다. 또 하나 일체 경계는 경계가 아니고 유심무경 오직 마음뿐이고, 삼계는 그 인식으로 되어 있는 마음 유심유식이다 즉 일체유심조, 일심불게 연기법 이런 것을 한꺼번에 깨치신 겁니다.

그래서 부처님이 처음 생각이 든 것은 화엄경에 나옵니다만, 기이하고 기이하다. 모든 중생들이 여래와 같은 지혜와 덕성을 갖추고 있는데 그것을 모르고 고생을 하니 참 기이하고 기이하다 그렇게 말씀하셨습니다. 그리고 그 자리에서 우주를 향해서, 인천을 대상으로 해서 화엄경을 설하셨습니다. 화엄경이라는 것은 아주 방대한 최고의 경전인데, 그 경전의 핵심 내용을 보면 야마천궁 게찬품에 있습니다. 거기에 보면 약인욕요지 삼세일체불 응관법계성 일체유심조 심여공화사 능화제세간 심불급중생 시삼무차별로 되어있습니다.

무슨 뜻이냐면, 사람이 삼세일체의 부처를 알고자 하면, 마땅히 법의 성품은 일체 마음이 만들어내는 것이다. 마음이 뭐와 같으냐 화가와 같다 그래서 화가가 여러 가지 백지 위에 그림을 마음대로 그리듯, 마음이 하는 대로 모든 것을 만들어내고 비춘다 그렇게 말할 수 있고, 그다음에 말한 것은 마음과 중생과 부처가 차별이 없고, 오직 한 마음뿐이다 한 부처뿐이다, 이렇게 애기를 하는 것입니다.

우리가 주인정신을 가지고 주인자리에 있으면, 그 깨달음은 어렵지 않다 이러한 얘기가 되겠습니다. 그와 같은 것은 해동 화엄종의 초조라고 하는 의상조사께서 말씀하신 법성게를 보면, 초발심시 변정각 생사열반 상공화 이사명연 무분별 십불보현 대인경이라는 말이 나옵니다. 그건 뭐냐면 우리가 깨닫겠다는 마음을 내는 그 마음이 이미 정각을 이룬 것이다 그래서 생사와 열반이 하나이니 이사가 은연히 하나이고, 열 부처님과 보현보살의 대인경이 다 같다 이러한 내용입니다.

또 화엄경 약찬게에 보면은, 초발심시 변정각 심여국토해 심여비로자나불 이렇게 되어있습니다. 편안히 앉아 있는데 부처님이 깨닫고 앉아 있는 모습처럼 하라, 그럼 그 이름이 비로자나불 대일여래 또는 법신불이다 이렇게 말하고 있습니다. 그러니까 우리가 처음에 깨닫고자 하는 마음의 심성 그것을 자성 또는 불성이라 해서 그것을 확인하면 되는 겁니다. 그래서 불성을 밖에서 따로 찾아서 되는 게 아니고 내 안으로 마음의 빛을 돌려서 자기의 자성이나 불성 심성을 확인하면 되는 거다 그렇게 얘기할 수 있습니다.(廻光返照)

그래서 일체중생은 실유불성이다 일체의 모든 중생은 이미 부처의 성품을 가지고 있다 또는 본래 성불이다 본래 우리는 성불해 있다. 또 중국의 유명한 선사인 마조도일 대사는 평상심이 도이다 평상심이 부처다 다만 오염되지만 말아라 그랬습니다. 이 경우의 오염은 생사조작, 추구하는 마음입니다. 생사와 조작, 추구하는 마음이 없는(無心) 평상심이 도이고 부처다 하는 얘기가 되겠습니다.

(탁, 탁, 탁)

그런데 많은 사람들이 깨달음에 관심을 두고 견성성불을 하려고 그럽니다. 그리고 깨달음은 세수하다 코 만지기보다 쉽고, 또는 소타고 소 찾기보다 쉽다 또는 "업은 아기 찾아서 3년"이라는 말도 있습니다. 또 전적으로 깨닫기 위해서 출가하신 스님들 가운데 물론 깨달으신 분도 많이 있지만, 평생 해도 깨닫지 못하는 분들도 많이 있어서 쉽다 어렵다 이걸 말하기는 어렵습니다. 다만 "모든 것에 앞서 꼭 깨닫겠다" 이런 결정심과 간절한 마음 강인한 마음으로 계속 추진하면 누구나 깨달을 수 있다 그렇게 얘기할 수 있습니다.

참고로 깨달음에 관해서 능엄경에 나온 부처님의 얘기를 보면, 연야달다의 깨달음 체험, 견성체험이 있습니다. 그것은 밤에 자다가 새벽녘에 거울을 들어서 보니까 자기 얼굴이, 면목이 안 보이는 겁니다. 어두워서 그랬는지 거울을 거꾸로 들어서 그랬는지 모르지만 안 보이는 겁니다. 그래서 놀라가지고 거울을 던져서 깨버리고 자기 얼굴, 본래 면목을 찾아서 수많은 방황을 하고 돌아다니게 됩니다.

그러다가 어떤 사람이 연야달다에게 물어봅니다. 당신은 왜 그렇게 쏘다니느냐 그러니까, 내 얼굴, 내 머리를 찾아서 돌아다닌다 그러니까, (손가락으로 가리키며) 당신 얼굴 머리 여기 있지 않느냐 하고 얘기하여, 만져보니까 머리도 있고 자기 얼굴도 있는 겁니다. 그러니까 연야달다의 입장에서 자기 면목을 다시 찾은 게 되지만, 전체적으로 보면 무명에 의했던 어둠에 의했던 착각에 의했던, 엉뚱한 짓을 하다가 자기 머리가 자기 머리에 있는 것을 확인한 것이기 때문에 견성체험을 했어도 실제 얻은 것은 없는 것입니다(除妄念 無所得). 견성체험도 이와 똑같습니다. 모두 가지고 있는데 그것을 밖에서 찾으니까 못 찾는 겁니다. 문제는 그 마음을 안으로 찾아야 됩니다. 그래서 우리가 깨달으려면 막향외멱 즉 밖으로 찾아다니지 말아라 그리고 안으로 향하고, 믿음이 백퍼센트 충만할 때 성불을 할 수 있다고 합니다. 쉽게 말하면, 우주는 육근육경육식의 십팔계로 말합니다. 안이비설신의근 육근, 또 색성향미촉법 육경, 안이비설신의식 육식이죠. 그런데 그것을 이렇게 마음적으로 보면 육식에 있는 겁니다. 육식이 중심이고, 그 육식 중에 우리가 자세히 알아보면 되지만, 결국 알아차림, 알아채는 자, 주시자, 불생불멸의 주시자 그것이 있는 겁니다.

그것을 이제 알면 우리가 일상생활하는 견문각지, 보고 듣는 것, 알고 깨닫는 것 또는 행주자와 어묵동정이 전부 각이어서 그것이 모두 부처인 겁니다. 그래서 중요한 것은 밖으로 찾아다니지 말고 지금 여기가 중요하다 이렇게 말할 수 있습니다.

그래서 석가세존은 이 세상에 오셔서 깨닫는 방법으로 수식선, 즉 수식관(아나파나사티)이라는 여래선과 직지선을 말씀해주셨고, 그것이 중국에 달마조사가 와서는 조사선으로 발달이 되었습니다. 물론 그런 조사선은 본래 석가세존이 삼처전심으로 직지인심 견성성불 이심전심 정법안장 열반묘심으로 가섭에게 전한 것이지만, 중국에 와서 더욱 발달이 되었지요.

조사선은 육조 혜능조사 때 정착됐고, 남악회양 특히 마조, 백장, 황벽, 임제, 이런 계통으로 가장 많이 발전해서 분등선 5가 7종인 여러 종파로 나뉘게 됩니다.

그러면 여기서 깨달음에 관해서 소타고 소 찾기라는 그러한 조사선 경험을 한번 살펴보도록 하겠습니다.

지금부터 80년 전에 통도사에 박성월 스님 중심으로 지이산 천운사 삼일암에서 50여명의 선객이 모여서 깨달음을 위한 그러한 선법회를 한 일이 있었습니다. 그때 거기에 호은 스님이라고 선 공부는 안하고 사판 일만하는 대처승이 있었습니다. 근데 그 분이 어떤 생각이 났는지 입승 스님에게 와서 자기도 선법회에 같이 공부했음 좋겠다고 하니까, 사판승이고 대처승이라 안 된다 했습니다. 그랬더니 간절하게 나이든 스님이 얘기하니까 말썽이 나자 조실 스님인 박성월 스님이 호은 스님이 방해만 되지 않는다면 우리가 스님이 공부하겠다는 것을 막을 수 없다 그랬습니다.

그래가지고 공부를 시작하여 반쯤 지났을 때 유명하신 최모 라는 스님이 질문을 하게 됩니다. 옛날에 경허 스님 밑에 있던 혜월 스님이 있는데, 한 제자가 소를 타고 소를 찾는다는 소리가 있는데 이게 무슨 말입니까? 하고 물었다는 겁니다. 그러니까 그 혜월 스님이 왜 그런 소리를 하고 다니느냐? 그래가지고 말을 막았다는 것을 한 스님이 듣고 있다가 성월 스님께 여쭸습니다.

어떤 스님이 소타고 소 찾는다는 얘길 했는데, 그거를 혜월 스님께 그렇게 물었습니다. 소타고 소 찾는 게 무슨 소립니까 혜월 스님이 왜 그런 소리를 하느냐고 내쳤는데, 이것이 잘된 일입니까 하고 물었습니다. 그러니까 박성월 스님께서 말씀하시기를 그러면 나한테 똑같이 물어라 했습니다. 그래서 그 스님이 의상을 잘 갖추고 삼배를 하고 소를 타고 소를 찾는 도리가 무슨 뜻입니까? 하고 다시 여쭸습니다. 그때 박성월 스님께서 하신 말씀이 소를 타고 소를 찾는다는데 타는 소는 놔두고 찾는 소를 가져와라 이렇게 말씀하셨습니다.

그런데 그 50여명 되는 선사들이 모두 답을 못하고 있는데, 그때 나이는 많고 대처승이고 사판승인 호은 스님만이 일어나서 “나 홀로 알았다”, “나 홀로 깨쳤다” 그러면서 춤을 추는 겁니다. 그래서 사람들이 저 노스님이 미쳤나? 원숭이도 선하는 모습을 하 다보면 천상락을 누린다고 하는데 미쳤나보다 하니까, 박성월 스님이 그러지들 말라고 하시고 호은 스님을 데리고 조실방으로 데려가서 여러 가지 점검을 했습니다. 여러 가지 조사들의 선어록 이런 것도 보고 해서, 점검을 하여 인가를 한 겁니다. 깨쳤다고……. 그래가지고 인가를 받고 나와서 호은 스님이 오도송을 애기한 겁니다. 깨달은 그러한 말씀을 애기한 거지요.

그것은 “홀문 기우 멱우성 본각즉시 자가옹 불거불래 법성신 부증불감 반야봉” 이렇게 애기한 겁니다. 그게 무슨 뜻이냐면, 홀연히 소타고 소 찾는 소리를 들었네. 깨달은 즉시 자가옹, 내가 우주의 주인이다. 오고가지 않는 것이 법성신, 법신불이고, 늘고 줄지 않는 것이 지혜의 봉우리다 이렇게 한 겁니다. 그래서 많은 사람들이 거기에서 감동을 받았다 합니다. 그러니까 그 호은 스님이 성월 스님께서 자기를 챙겨주시지 않았으면 자기는 무명중생으로 수많은 억겁을 윤회하는 고통을 받았을 텐데, 성월스님께서 챙겨주셔서 자기는 견성을 하게 되었다고 크게 감사하고, 집으로 내려와서 여러 가지 정리하고 헤어지기 싫어하는 아내도 여러 가지 준비를 해줘서 헤어지게 하고, 신도들에게도 여러 가지 조치를 취해주고 금강산에 들어가서 석왕사의 조실을 하셨다 그렇게 얘기합니다.

결국은 우리가 여래선을 하던 조사선을 하던 불조선을 하던 우리가 결국은 견성성불의 길로 나가는데, 다시 한 번 말씀드리지만 확실한 깨달음은 결정심과 간절한 마음 강인한 추진력 이걸로 나아가야 됩니다. 그리고 참고로 얘기하면, 3월초부터 다보빌딩이 2층에서 하기로 언급했던 목요법회는 코로나 바이러스 사태로 취소가 되었습니다. 유투브 방송으로 바꾸었으나 송구스럽게 생각합니다.

석가모니불께 경배찬탄합니다. (합장)

제2회 깨달음은 어렵지 않다

석가모니불께 경배찬탄합니다. 미륵존여래불. (합장)

본각선교원 깨달음 세계 두 번째 선법회입니다. 오늘 주제는 "깨달음은 어렵지 않다"입니다.

우리는 지금 여기 인생의 나그네길을 가는 본래 부처입니다. 지금으로부터 2600여 년 전에 인류 백수십만 년 역사에 큰 사건이 벌어졌습니다. 법화경에서는 일대사 인연이라고 하는데, 그것이 싯다르타 태자의 견명성오도입니다. 새벽별을 보고 깨달은 거지요. 내가 누구냐 하는 것을 깨달은 겁니다. 인도 부다가야 마하보디 템플 보리수 밑에서 길상초를 깔고 앉아서 선정에 드셨다가 새벽에 동쪽에 뜬 금성을 보고 깨달으신 겁니다.

그래서 무엇을 깨달았느냐 그러면, 연기법이다 보통 애기하지만 좀 더 정확히 애기하면 일심불계연기법입니다. 본래 무일물이자 진여일심인 우주에는 오직 부처만 있고, 이 세상 현상은 인연과보의 원리로 되어간다. 인은 직접적인 원인, 연은 간접적인 원인이나 조건, 과는 결과, 보는 그 결과가 다른 것으로 익어서 바뀐 것을 애기합니다.

예를 들어서 하나의 보리알을 심어서 땅에 심어가지고 그것을 가꾸고 길러서 새로운 보리이삭이 되었을 때에, 그 보리알을 인이라 하고, 보리알과 관계 맺은 흙이나 물 태양 바람 사람 이런 것은 모두 연이고, 새로운 보리 이삭은 과가 되고, 어떤 충격을 받거나 또는 특별한 사정이 있어서 예를 들어서 밀로 바뀐다던지 그렇게 되면, 그것을 보라고 그럽니다.

그래서 상대세계에서는 이것이 있으므로 저것이 있고, 저것이 있으므로 이것이 있다. 이렇게 애기합니다. 교에서는 그렇게 애기하는데, 선에서는 좀 달리 해석합니다. 견명성오도 새벽별을 보고 깨달으신 것은 깨닫기 전에는 별이었는데, 깨닫고 나니까 별이 아니었다 물질도 아니고 무정도 아니다 그렇게 애기합니다.

그래서 그것이 바로 직지인심 견성성불한 나를 깨달으신 것인데, 깨닫고 나셔서 석가세존께서는 말로 깨달은 내용을 전파하시게 됩니다. 그것이 경전이지요, 불경. 그래서 처음에 화엄경으로 삼천대천세계에 애기하셨는데, 그 핵심은 모든 법계가 일체유심조이다. 일체 마음이 짓는 것이다 그렇게 애기를 합니다. 그리고 그것을 많은 사람들이 잘 알아듣기 어려우니까 쉬운 아함경부터 얘기하고, 그다음에 방등경으로 넘어가서 불이법문을 적은 유마경 또 승만부인이 여래장을 설한 승만경을 말씀하고, 금강경을 비롯한 반야부를 21년 간 설하시고 끝으로 법화열반이라고 해서 법화경과 열반경을 설하시게 됩니다.

그 가운데 유마경을 보면, 유마 거사는 부처님 당시에 견성성불한 유일한 거사였습니다. 유마 거사가 아팠는데, 석가세존께서 제자 여러 보살들에게 가서 문병을 하라고 그럽니다. 그러니까 많은 보살들이 자기는 가기 어렵다고 합니다. 유마거사를 대해서 잘 응대하고 이길 수 있는 그런 자신이 아무도 없었습니다. 그래서 석가세존께서는 마지막으로 문수보살에게 문병을 하라고 합니다. 그래서 문수보살이 많은 보살들과 함께 아파 누워있는 유마힐 거사의 문병을 갑니다. 거기에 유마 거사가 문수보살보고 불이법문이 무어냐 하니까 둘이 아닌 법문인데 그것은 말할 수 없다 이렇게 대답을 합니다.

그래서 유마 거사가 끄덕이니까 문수보살이 유마 거사에게 묻습니다. '불이법문이 뭡니까?' 이렇게 물으니까 유마거사께서는 침묵을 지키셨습니다. 그것을 양구(良久)라고 하지요. 문수보살이 불이법문으로 한 거는 일단 말로 한 것이기 때문에 그 말로는 언어도단 심행 처멸이어서 절대적인 진리를 나타낼 수 없기 때문에 침묵으로 이렇게 대한 것입니다.

그런데 불교역사에 있어서 3대 거사라고 그러는 분들이 있습니다. 그 분 중에 한 분이 유마거사이고, 또 한 분은 중국의 방 거사이고, 또 한 분은 한국의 부설 거사입니다. 그런데 방 거사는 오랜 동안 선수행을 하고 나중에 마조 대사를 뵙게 됩니다. 그래서 마조 대사에게 제법과 짝하지 않는 사람은 누구입니까? 이렇게 묻습니다. 그러니까 마조 대사께서 네가 서강의 물을 한입에 다 삼키면 그때 얘기해주겠다 하는 말을 합니다. 그것을 듣고 방 거사는 이름이 방온인데, 깨달음을 얻습니다. 그리고 2년 후에 자기가 세상을 떠나야 될 것을 알고 자기 딸에게 얘기합니다. 방 거사는 본인도 깨달았고 부인도 깨달았고, 아들도 딸도 모두 깨달은 아주 특수한 집안입니다. 그 딸 이름이 영조인데, 영조에게 오늘 오시가 되면 태양을 보고 나한테 시간을 알려 달라 그럽니다. 딸 영조가 오시쯤 되어가지고 밖에 나가서 태양을 보고 와서 얘기합니다. 지금이 때가 되었는데, 일식이라 시간을 정확히 알 수 없다 그럽니다. 그러니까 방 거사가 그 말을 믿고 밖에 나가서 태양을 쳐다보고 얘기합니다. "일식이 없는데." 그러면서 들어와서 보니까 자기 딸이 아버지 자리에 앉아서 먼저 열반에 든겁니다. 그래서 방 거사가 참 내 딸이 나보다 솜씨가 좋구나 그러면서 장례 치르고 일주일 후에 방 거사도 입적을 했다고 합니다.

그런데 이 깨달음에 관해서 방 거사는 깨달음은 어렵다 그랬습니다. 그 부인은 깨달음은 어렵지 않고 쉽다 그랬습니다. 왜냐하면 부인은 남편이 하는 걸 보고 배웠으니까 어렵지 않고 쉽게 깨달은 모양입니다. 그리고 딸은 깨달음은 쉽지도 않고 어렵지도 않다 이렇게 얘기했습니다. 그래서 깨달음에 관한 것은 여러 가지가 있을 수 있는데, 중요한 것은 무슨 일이 있어도 꼭 깨닫겠다는 결심, 발심이라고 그러죠. 간절한 마음 또 하나는 계속해서 그것을 끈질기게 나아가는 것이라고 말할 수 있습니다.

그런데 불경에 관한 것은 그게 말로 하는 진리이기 때문에 의연진여라고 합니다. 그런데 부처님이 수행하시고 깨달으신 그 선 명상, 선정의 방법은 이언진여라고 합니다. 말을 떠난 진여다 말을 떠난 진리다 그래서 언어도단 심행처멸 말길이 끊기고 마음길도 끊기고 그 다음에 생각으로는 불가한 그런 것이다 그렇게 말할 수 있습니다.

부처님은 그렇게 47년간 여러 가지 말씀을 해서 기록으로 남아있는 게 경전이고, 그다음에 선정에 관해서는 삼처전심이라고 합니다. 그것은 첫째 영산회상에서 염화미소, 염화시중의 미소라는 것하고 또 하나는 다자탑전 분반좌 즉 다자탑 앞에서 부처님이 설하셨는데 마하가섭이 늦게 온 거예요. 그래서 부처님이 앉아계셨던 자리에 방석의 반을 내주어서 가섭과 같이 앉으신 겁니다.

또 하나는 부처님이 입멸하실 때 사라쌍수에서 곽시쌍부라 그러는데, 부처님이 입정 당시에 마하가섭은 전법하러 어디 먼 데 가 있었습니다. 그래서 부리나케 왔는데, 적시에 도달을 못했어요. 그래가지고 사람들이 다비식을 하려고 하는데 불이 안 붙는 겁니다. 마하가섭이 와서 일곱 바퀴를 돌고 났는데, 부처님께서 발을 관 밖으로 내어 보이신 겁니다. 상식적이진 않지만, 하여튼 삼처전심이 그렇게 세 가지로 되어있습니다.

그런데 우리가 보면은 유명한 "염화시중의 미소"에 대해서 이렇게 꽃을 들어본 거에 대해서 고승대덕마다 설명이 많이 다릅니다. 그런데 인도의 유명한 현대의 성자인 라즈니쉬 선생은 그 역사적인 사실을 추적해서 기록을 했습니다. 현대 인도의 성자라고 크리슈나 무르티, 마하리시 마헤시 요기, 오쇼 라즈니쉬를 드는데, 이것은 많은 사람들이 역사적인 사실을 정확히 알아야 되기 때문에 제가 그것을 한번 주욱 읽어가겠습니다.

석가모니는 선정에 관하여 대각하신 후 마하가섭에게 삼처전심을 하셨는데, 그중에 하나가 영산회상 염화시중의 미소이다. 이 역사적 사실을 추억하고 푼 사람은 오쇼 라즈니스님인데, 그 글을 보면 이렇습니다. "선의 진짜 창시자는 붓다와 마하가섭이다 그러나 마하가섭은 아무 말도 하지 않았기 때문에 사람들은 그를 곧잘 잊어버린다. 그는 그늘 속에 묻혀버렸다 그러나 그는 더없이 아름다운 사람이었다. 그는 더없이 우아한 사람이었다. 그가 어떻게 해서 선의 창시자가 되었는가를 그대는 잊지 말아야 한다." 어느 날 바이샬리에 사는 한 구두장이가 자기 집 연못에서 제철도 아닌데 피어난 큰 연꽃 한 송이를 발견했습니다. 그는 무척 기뻐했습니다. 제철이 아닌 꽃이니까 그것을 아주 비싼 가격에 팔수 있다는 기대 때문이었습니다. 게다가 그것은 아주 아름다운 연꽃이었습니다. 그는 연꽃을 가지고 궁전을 향해 걸어갔습니다. 그때 도시에서 가장 큰 부자 한 사람이 황금마차를 타고 다가왔는데, 아름다운 연꽃을 보고서 부자는 마차를 세우게 한 뒤 구두장이 수다스에게 물었습니다. 철 아닌 때 피어난 그 연꽃을 그대는 얼마에 팔려고 하는가? 가난한 수다스는 얼마나 받아야할지 생각이 떠오르지 않았습니다. 그는 얼마를 주시던지 나에게 충분합니다. 나는 가난한 사람입니다. 그 부자가 말했습니다. "너는 모르겠지만 나는 지금 마을 망고나무숲에 머물고 계시는 석가모니 부처를 뵈러가는 길이다. 나는 그분의 발아래 지금 이 희귀한 연꽃을 바치고 싶다. 그분도 제철이 아닌 때 핀 이 연꽃을 보고 놀라워하실 것이다. 연꽃값으로 너에게 금화 오백 냥을 주겠다."

수다스는 그 말을 믿을 수가 없었다. 금화 오백 냥이라는 돈은 꿈도 꾸어보지 못한 큰 액수였습니다. 마침 그때 왕이 탄 마차가 와서 멈추었습니다. 왕이 수다스에게 말하기를, 그 부자가 너에게 얼마를 주던지 나는 그 돈의 네 배를 주마. 그러니 그 연꽃을 팔지 말고 기다려라. 수다스는 이게 무슨 일인지 믿어지지 않았습니다. 금화 오백 냥도 어마어마한데 그 네 배를 주겠다니 한 송이에 금화 이천 냥이라니, 수다스는 왕에게 물었습니다. 도대체 이해가 가지 않습니다. 왜 그토록 이 연꽃을 갖고 싶어 하십니까? 그러나 부자 역시 쉽게 물려서려고 하지 않았다. 그는 왕보다 더 부자였다. 사실 왕이 그에게 많은 돈을 빚지고 있는 상태였다. 부자가 말했다 그것은 옳지 않습니다. 당신이 왕이지만 그런 식으로 하시면 지금 우리는 경쟁자가 될 수밖에 없습니다. 그리고 나서 그는 수다스에게 말했다. 나는 왕이 부르는 값의 네 배를 주겠다. 그런 식으로 왕과 부자는 네 배씩 꽃값을 올려나갔다. 마침내 수다스는 금액이 얼마인지 따라잡을 수가 없었다. 그 가난한 사람은 산수 실력도 뛰어나지 않았다. 금액은 그가 계산할 수 있는 범위를 넘어버렸다. 그러나 그는 문득 한 가지 사실을 이해했다. 그는 두 사람 사이에 끼어들어 말했다.

"잠깐 기다리십시요. 나는 연꽃을 팔지 않겠습니다."

그러자 두 사람 다 놀라서 물었습니다. 뭐가 문제인가? 너는 더 많은 돈을 원하는가? 수다스가 말했다. 가격이 얼마 올라간 지도 나는 모릅니다. 그리고 나는 더 원하지도 않습니다. 내가 이 꽃을 팔지 않으려는 것은 다른 이유 때문이 아닙니다. 두 분께서 서로 붓다에게 이 연꽃을 바치려고 한다는 것을 알았기 때문입니다. 나는 그 분에 대해 아무것도 모르지만 방금 그 분의 이름을 들었습니다. 두 분께서 어떤 금액을 지불해서라도 그 분에게 이 꽃을 바치려고 하니, 나 또한 이런 기회를 놓칠 수가 없습니다. 내가 직접 이 꽃을 붓다에게 선물하겠습니다. 그러면 아마도 그 분은 두 배로 놀라워하실 것입니다. 계산하기도 힘든 금액을 제시받았지만 한 가난한 남자는 그것을 거절했다.

수다스는 붓다를 찾아갔다. 그 전에 먼저 왕과 부자가 그곳에 도착해 사람들에게 연꽃 사건의 자초지종을 전했습니다. 한 구두장이가 우리를 놀라게 만들었습니다. 한 구두장이한테 우리가 지고 말았습니다. 그는 어떤 금액을 제시해도 그 연꽃 팔기를 거부했습니다. 나는 전재산을 주고서라도 그것을 살 준비가 되어있었습니다. 그때 수다스가 걸어서 그 곳에 도착했습니다. 그는 붓다 앞에 와서 절을 한 뒤 그의 발아래 연꽃을 바쳤습니다.

붓다가 말했다. “수다스여 그대는 그들의 제의를 받아들였어야 한다. 그들은 그대에게 많은 돈을 주었을 것이다. 나는 그대에게 아무것도 줄 것이 없다.” 수다스의 눈에 눈물이 흘렀다. 그는 말했다. 당신께서 이 연꽃을 손에만 들고 계신다면 그것으로 충분합니다. 그는 왕국 전체보다 더 큰 것입니다. 그것은 부자의 모든 보물보다 더 가치 있는 것입니다. 나는 가난하지만 괜찮습니다. 내 생계는 그럭저럭 꾸려나갈 수 있습니다. 나는 부자가 될 필요가 없습니다. 그러나 이 일은 앞으로 수세기 동안 하나의 역사적 사건으로 기억될 것입니다. 사람들이 당신을 기억하는 한 이 수다스도 기억될 것이고, 내가 바친 이 연꽃도 기억될 것입니다. 당신께서는 다만 이 연꽃을 손에만 들고 계십시요. 붓다는 그 연꽃을 손에 들었다. 그때는 아침 시간이었고, 붓다의 아침 설법이 막 시작될 무렵이었다. 모두가 그의 설법이 시작되기를 기다리고 있었다. 그러나 붓다는 아침 설법을 시작하는 대신에 그 연꽃만 쳐다보고 있었다. 시간이 흘러서 한 시간이 지났다. 사람들은 동요하기 시작했다. 그들은 생각했다. 무슨 일일까? 저 연꽃은 신통력이 있는 꽃인가 보다. 붓다께서는 연꽃만 보고 계시지 않는가? 그 순간 붓다의 제자들 중의 한 사람인 마하가섭이 문득 미소를 지었다. 마하가섭은 결코 말을 한 적이 없었다. 이 사건 이전이나 이후에 어떤 경전에도 그에 대한 언급이 나와 있지 않다. 마하가섭이 문득 미소를 짓자 붓다는 그를 불러 그에게 그 연꽃을 건네주었다. 그리고 나서 붓다는 말했다. 나는 이 연꽃을 그대에게 주지만, 단순히 연꽃만을 주는 것이 아니다. 나는 나의 모든 향기와 빛을 나의 모든 깨달음을 그대에게 전하노라. 이것은 침묵 속의 전달이다. 이 연꽃은 하나의 상징이다. 이것이 염화시중의 미소로서, 직지인심 견성성불 선의 시작이다.

사람들은 마하가섭에게 물었다. 도대체 무슨 일입니까? 우리는 거기 있었고, 그 장면을 모두 지켜보았습니다. 그런데 그 연꽃이 당신에게 전해지는 것 말고는 아무것도 볼 수가 없었습니다. 당신은 연꽃을 받은 뒤에 붓다에게 절을 하고 나서 당신의 자리에 돌아와 눈을 감고 말았습니다. 무슨 일이 오간 겁니까? 마하가섭은 오직 이 한 가지만 말했다고 전해집니다.

"그대들은 나의 스승에게 직접 물어보라. 그가 살아있는 한 나는 어떤 대답도 할 권리가 없다." 그리고 석가모니 붓다는 말했다. 이것이 새로운 시작이다. 내 모든 체험을 문자 없이 전달하는 새로운 시작이다. 그것을 전해 받은 사람은 가슴을 열고 받아들이기만 하면 된다.

마하가섭은 미소를 통해 자신이 받아들이는 자세를 나타냈다. 그대들은 그가 왜 웃었는지 알지 못한다. 그는 그 순간에 문득 자신의 내면을 들여다보았다. 자신 역시 부처라는 사실을 발견했기 때문에 웃은 것이다. 나는 그것을 인정하는 의미에서 연꽃을 그에게 주었다. 나는 그대의 깨달음을 인정한다는 의미인 것이다. 바로 이 사람, 마하가섭이 선의 창시자가 되었다. 마하가섭과 붓다 사이에 일어난 선의 큰 강물이 흐르기 시작했다. 그러나 달마 대사는 너무도 강한 개성을 지녔기에 그가 거의 선의 창시자인 양 인식되곤 한다. 그는 마하가섭보다 1천년이나 늦게 세상에 나왔다. 그러나 그는 말재주가 비상했고, 보살도 실천의 기수였다. 그는 말로 할 수 없는 것들을 말할 수 있었다. 그는 말로써 말 없는 데 이르게 했다. 그는 온갖 방법과 선과 방편을 찾아내 그대를 집으로 돌아가게 하고 그대 자신의 본 생을 일깨운다. 마하가섭도 오직 자신의 본성을 깨달은 것이다. 아무것도 그에게 전해진 것은 없었다. 그것은 단지 스승으로부터의 인가였을 뿐이다. 스승은 제자에게 마지막 인가 외에는 아무것도 줄 것이 없다. 제자는 이미 모든 것을 다 가지고 있다. 모든 사람들이 다 가지고 있는 것입니다. 단지 자신을 들여다보도록 스승이 약간의 방편으로 제자를 속이면 된다. 모든 명상법은 단지 자신을 들여다보기 위한 인위적인 방편에 불과하다. 한번 그대가 자신을 들여다보면 스승은 그대에게 인가를 내릴 것이다.

그래서 마하가섭으로부터 전해가지고 28대가 보리달마 대사인데, 이 분이 중국으로 와서 동토의 초조가 되고 그것이 쭉 이어져서 혜능, 남악회양, 마조, 백장, 황벽, 임제, 이렇게 전해지게 됩니다. 그것이 직지인심 견성성불, 직접 마음을 가리켜 깨닫게 하는 것인데, 손가락으로 달을 가리킬 때 손가락을 보지 말고 손가락이 가리키는 달을 보라는 것이 이 조사선의 중요한 가르침이다. 그래서 선지식들은 마음을 바로 가르쳐 제자가 깨닫게 한다. 그래서 이것을 직지인심 견성성불 이심전심 정법안장 열반묘심 이렇게 말한다. 문자를 세우지 않고 교외로 따로 전한다. 이런 중국의 조사선이 또 발전해서 특수한 간화선이라는 것이 생겼다. 화두선이라고. 중국의 대해종고 선사에 의해서 시작됐는데, 이 화두선이라는 것이 대표적으로 말인데, 말의 의미를 통해서 깨닫게 하는 게 아니고, 말로써 말의 의미를 생각지 않고 바로 마음을 가리키기 때문에, 이 화두는 "직지인심"이다 이렇게 얘기합니다. 그래서 불법의 대의가 뭐냐 또는 조사가 서쪽에서 온 뜻이 뭐냐? 그러면 "뜰 앞의 잣나무"다 마삼근이다. 또는 마른 똥막대기다 또는 이것은 제가 쓴 책입니다만 『누가 불두에 황금똥 쌌나』 이런 거라던지 동산수상행 또는 판치생모 하나 더하기 둘은 다섯 이런 것들이 전부 그런 그 화두로서, 직접 직지인심을 하는 것입니다. 하나 더하기 둘은 셋인데, 다섯이라고 할까 이렇게 말을 따라가면은 그것은 틀린 것입니다. 하나 더하기 둘은 다섯, 말을 따라가지 않고, 있는 그대로 소리를 받아들이는 겁니다.

화두는 말이나 말의 뜻을 통하여 설명하는 게 아니며, 말을 따라가지 않으면 직지인심으로 마음의 본성을 보게 됩니다.

(탁, 탁!)

여러분들은 제가 지금 죽비로 치는 것을 보고, 보기도 하고 소리도 들었을 것입니다. 그래서 보이는 죽비나 만물이 다 관음이요, 들리는 소리가 모두 묘음이어서 그것이 바로 자기의 마음 그것을 보고 듣는 주시자, 불생불멸의 진아, 모양도 없고 위치도 없는 그것을 바로 가리킨 것입니다. 그 알아채는 자 그것이 바로 진여의 자리이고, 깨달음의 자리이고, 부처의 자리고, 진여의 자리다. 그래서 이것을 어떤 분은 부동(不動)의 원동자(原動者)라고 그럽니다.

우리의 절대적인 진리 절대적인 그런 존재는 부동의 자리입니다. 그 부동의 자리에 있는 그 분이 한생각 움직여서 삼천대천세계가 이렇게 펼쳐지도록 꿈같고 환영 같은 세상이 펼쳐지도록 처음 움직인 그런 것을 부동의 원동자라고 해서, 우리는 법신불이다 그렇게 말합니다. 그래서 우리가 나는 누구인가? 했을 때 우리는 나를 찾아가 보니까 결국 말을 하자면 일체유심조, 마음이다 그럽니다.

이 마음이 부처다 마조가 대중에게 말했다 그대들은 각자 자기의 마음이 곧 부처임을 믿어라 이 마음이 바로 부처다 달마대사가 인도에서 중국으로 와 상승의 일심법을 전하여 그대들을 깨닫게 하였다. 그리고 다시 능가경을 인용하여 하나의 표현으로 중생의 마음을 확인시킨 것은 그대들이 거꾸로 되어 이 하나의 마음이 그대들 각자에게 있다는 사실을 믿지 않을까 염려했기 때문이다. 그러므로 능가경에서는 부처가 말한 마음을 근본으로 삼고 문 없는 문을 진리의 문으로 삼는다. (김태환 역주, 『마조어록』)

그래서 우리가 견성성불하는 데는 길이 따로 없고 또 거기에 들어가는 문이 없습니다. 모든 것이 문이기 때문에, 그래서 무문관으로 들어간다 그렇게 말합니다.

쉽게 말하면 일반적으로 대승불교에서는 이분법으로 되어서 중생인 여기에 내가 노력을 하고 수행을 해서 깨달음에 이른다 이렇게 이분법적으로 얘기하지만, 부처님의 가르침은 진공묘유 중도이고, 불이중도여서 불이법이 기본입니다. 그래서 깨달음에 이르는, 여기에서 여기로 가는 그러한 특수한 방법이나 이런 게 없습니다.

그래서 조사선은 바로 불이법을 깨닫는 것으로, 바로 깨달음을 드러내게 합니다. 그래서 돈오돈수라고 얘기합니다. 홀연히 깨닫고 홀연히 수행한다 깨달음을 위한 수행을 따로 두지 않는다. 그러한 것을 우리는 본래 성불 또는 일체중생 실유불성이라고 그렇게 얘기를 합니다.

사실 알고 보면 우리가 착각을 하고 있지만, 우리는 본래 성불했습니다, 이미. 불성을 가지고 있다는 것만 가지고는 조금 모자라고, 본래 우리는 성불이다 그럽니다. (自他一時成佛道)

칠불로서 석가모니 부처님이 성불하셨고, 다음에 오시는 미륵불도 성불하실 때 일체중생이 성불하리라고 그럽니다. 한 부처님이 깨달으실 때 모든 존재가 깨닫는다는 것입니다. 모든 존재가 부처다 이렇게 말할 수 있습니다. 그래서 같은 뜻으로 의상조사께서는 행행도처 지지발처라 그랬습니다. 가고 가서 도착하는 곳, 도착하고 도착하는 곳이 바로 지금 여기다 그렇게 얘기합니다. 그래서 모든 것이 지금 여기 일이고 다른 게 없다. 과거와 미래는 없는 것이다. 과거는 지나가서 없고, 미래는 오지 않아서 없다. "현재"라고 하면, 이미 과거가 됩니다. (과미금 무제)

지금 여기 시공간을 떠나면 무시공의 영원한 우주인 부처입니다. 그래서 우리는 지금 여기 갈 수가 없습니다. 지금 여기기 때문에 어딜 갈 수가 없습니다. 그래서 현정선원을 세우신 대우 거사님께서는 『그곳엔 부처도 갈수 없다』 그런 책을 출간하셨습니다.

그래서 깨달음은 중생이 부처가 되는 게 아니라 자기가 본래 부처임을 깨닫는 것입니다. 확인하는 것입니다. 확실히 아는 것이고 알아채는 것, 알아차림이죠. 우리가 사회생활을 하거나 이런 경우에 정의감이 있어가지고 정의를 세운다 그럽니다. 그럼 잘못된 것을 고치고 정의를 세우려고 많은 사람들이 애도 쓰고 혁명을 합니다. 그것을 파사현정이라고 하는데, 파사를 하다 보면 현정에 이르질 못합니다. 파사현정을 버리고, 현정파사로 가야됩니다.

그래서 우리가 이미 부처이니까 다만 오염되지만 않으면 된다. 오염되지만 않으면 우리는 부처다 그럽니다. 그래서 마조대사는 도불용수(도는 닦을 필요가 없다) 단막오염(오직 오염되는 것만이 문제), 오염이라는 게 뭐냐면, 생사조작 추구심이 오염이다. 그러니까 오염되지 않으려면 우리가 생사조작 추구심을 없애서 무심이 되고, 평상심을 갖는 게 중요하다. 그래서 평상심이 도고 평상심이 부처다 이렇게 얘기하는 겁니다.

제가 되돌아볼 때 저는 크게 어리석음에 반성을 합니다. 그래서 깨달음에 이르는 데 어렵고 오랜 세월이 걸렸습니다. 그래서 제가 부처님법을 듣고 이십여 년이 지나서야 해오가 되었고, 그 후 30여년이 되어서야 연여달다의 한소식이 왔습니다.

그럼 어디가 잘못 되었느냐, 제 출발점이 잘못되었던 겁니다. 부처로부터 출발했어야 되는데, 무명중생으로 출발한 겁니다. 이것이 크게 잘못되었다. 그래서 호리지차 천지현격이라고 그럽니다. 진리는 보편타당한 것이고, 언제 어디나 있는 것이 진리인 겁니다. 그렇기 때문에 저는 견성을 해나가는 데 있어서 어디가 잘못되어 있는지를 잘 알기 때문에, 견성성불하려는 사람들에게 도반으로서 방황을 적게 하도록 제가 조금은 도움이 될 수 있다 그런 생각을 하고 있습니다.

파사현정이 아니라 현정파사입니다. 그래서 반야심경에 전도몽상이라고 했는데, 전도몽상은 진실을 거꾸로 본 겁니다. 다시 뒤집어가지고 전도몽상을 버리고 정견 정각으로 나아가야 된다 그렇게 말할 수가 있습니다.

나는 본래 법신불이고, 이 세상에 이루어지는 모든 현상은 상자적멸상이어서 꿈이고 환영인 것입니다. 그래서 우리는 그렇게 나아가는데, 머리로 이해해서만은 안 되니까 불취명상 여여부동, 이름이나 모양이나 생각을 취하지 말라. 그러니까 우리가 생각이나 모양이나 말이나 이름이나 이런 모든 것에 끌려가지 않고 자기의 주인자리 여여부동한 자리, 영원한 주시자, 그것을 잊지 말아야 될 거라고 생각을 합니다.

오늘은 여기까지 하겠습니다.

직지인심 견성성불하십시오.

제3회 진여일심은 절대완전하다

여러분 반갑습니다. 석가모니불께 경배찬탄합니다. (합장)

미륵존여래불! '아하광파 고준환 교수' 깨달음 세계 세 번째 선법회 주제는 "진여일심은 절대 완전하다"입니다.

우리의 한마음은 우주생명이고 그것은 전일광명이라고 할 수 있습니다. 부처님께서 가르치신 진리는 언어도단 심행처멸이어서 말로 하기는 어렵지만 우리가 소통을 해야 하니까 부득이 말로 할 수밖에 없겠습니다. 석가모니 부처님께서는 나는 누구냐 이런 의문을 가지시고 결국은 깨달음을 얻으셨는데, 대각 후 화엄경에서 나는 곧 마음이라고 하셨고, 또 화엄경 여래출현품에서는 석가세존께서 모든 중생이 여래인데 그것도 모르고 고생하는 것이 기묘하고 기묘하다고 말씀하셨습니다.

그래서 깨달음은 어렵지 않으니, 우리가 본래성불이어서, 부처님이 한번 성불하면 그 세계가 불국정토가 되어서 모두가 성불하는 것과 같다. 그러니까 우리 마음이 이미 깨달아 있음을 확인하고, 밖으로는 찾지 않으며 생사조작 추구심이 없는(無心) 평상심이라면 그것이 바로 도요 부처라는 것을 전적으로 믿고 또 확인하면 되는 일입니다.

불법은 불이중도법이니, 이쪽 중생세계에서 출발해서 저쪽 부처 세계로 가는 이법의 세상이 아닙니다. 지금 여기 알아차림이 각입니다.

(탁, 탁, 탁)

지금 여기 나뿐입니다. 각(覺)뿐이지요. 견문각지 행주좌와 어묵동정이 모두 깨달음입니다. 모두 부처입니다. 보이는 삼라만상이 관음이요 들리는 죽비소리가 모두 묘음이니, 듣고 보고 냄새 맡고 맛보며 부딪치고 알아채는 영원한 주시자, 그런 것을 투사하여 거울처럼 비추는 자, 그것이 모양도 위치도 없으면서 심성이고 불성 자리인 진여자성이다 그렇게 말할 수 있습니다.

총목보리(總目菩提)라는 말이 있습니다. 눈에 닿는 것마다 전부 그것이 각이다 하는 그런 말입니다. 우리는 흔히 진리를 진제와 속제로 나눕니다.

진제는 출세간법 출세간의 진리이고, 속제는 이 세간의 진리다 그렇게 애기를 합니다. 그러면 좀 더 정확히 말해서 진리를 절대진리와 상대진리의 두 세계로 나누어서 살펴보겠습니다.

그것을 자세하게 설명하고 있는 경전이 인도의 아슈바고샤 마명보살이 쓴 대승기신론이고, 대승기신론은 우리나라의 원효 스님이 「해동소」라 해서 대승기신론소를 쓰셔서 세계적으로 유명한 스님이 되셨습니다.

대승불교의 핵심을 갖고 있고, 진여연기를 말하며 유식론과 중도를 합치고 여래장 내용을 포함하고 있는 그런 것이 대승기신론이다 그렇게 말할 수 있습니다.

이 대승기신론은 물리적으로 아주 숫자로 잘 되어서 일심, 이문, 삼대, 사신, 오행, 그렇게 설명을 합니다. 一心, 二門, 三大, 四信, 五行.

이 우주는 일심, 한마음이라고 말할 수 있습니다. 일심을 깨달으면 되는데, 일심을 나누면 이문으로 나눕니다. 이문은 진여문과 생멸문이다. 진여문이라는 것은 불생불멸의 절대 진리, 여래, 부처 이런 뜻이고, 생멸문은 사람이 살고 죽고 생멸하고 또 성주괴공, 생주이멸하는 이런 것, 생겼다 없어지는 이런 상대세계를 말합니다.

12345인데, 3대는 우주의 본체가 있고 그것이 움직여서 나는 여러 가지 모양, 그 본체는 움직이지 않고 그것이 쓰임으로 여러 가지 작용을 하면 모양(相)을 갖추게 된다.

사신, 즉 네 가지 믿음은 근본에 대한 믿음 불법승 삼보에 관한 믿음 이렇게 네 가지이고, 오행은 육바라밀 중에 다섯 가지, 보시, 지계, 인욕, 정진, 지관 이렇게 다섯 행 실천행을 말하고, 여섯을 말하는 경우도 있는데, 여섯은 원효대사께서는 나무아미타불을 말씀하셨습니다. 그래서 우리가 예를 들어서 평소에도 아미타불을 염하면 좋고 우리가 임종에 다다랐던지 할 때도, "나무아미타불" 여섯 자를 열 번만 암송하면 극락세계에 태어난다고 말씀을 하셨습니다.

그러면 우리가 본 것처럼 종합적으로 말하면, 불변의 하나의 문 절대진리는 진여문이기 때문에, 진여일심이고, 이것은 절대고 완전하다 그렇게 말할 수 있습니다.

생멸하는 것 뭔가 물건이 생겼다가 없어지거나 사람이 나왔다가 죽거나 이런 모든 생멸에 관한 것은 상대의 세계라고 말할 수 있습니다. 그래서 진여일심은 법신불이라고 말할 수 있고, 한마음, 주인공 또는 완전무결, 전지전능, 자유자재, 지복의 경지입니다.

진여일심은 불생불멸이고 유일절대입니다. 그리고 항상 즐겁고 내가 있고 청정한 상락아정이고 본래 무병, 여기에는 병이 없고, 본래 무죄, 여기에는 죄도 없습니다. 그 법은 생멸의 유이법에 대해서 무이법, 생멸의 유루법에 대해서 무루법이라고도 하고, 또 성성적적(활짝 깨어있으면서 아주 고요한), 소소영영(신령스러우면서도 아주 조용하게 밝게 비추는 것), 공적영지(텅빈것처럼 고요한데 신령스럽게 안다), 자성청정심, 청정무구식 또는 순수의식이라고도 말합니다. 그 절대진여 일심을 순수의식 영어로 pure consciousness라고도 말합니다. 순수의식은 있음도 아니고, 없음도 아니다. 우리가 말하는 부처님이나 하느님 이런 것들이 모두 진여일심을 말하고, 우리가 사는 이 세상이 꿈이고 그림자라고 하면 진여일심은 꿈꾸는 자(dreamer) 로서 꿈꾸미이다 이렇게 말할 수 있습니다.

그리고 상대세계는 일심이 나뉘어져서 상대계가 생멸문이니까 생멸심이라고 말할 수 있습니다. 이 상대세계에 보이는 것은 인연과보의 원리에 따라서 서로 상대적으로 생기고 멸하는데, 생멸심이라는 것은 우선 찰라생 찰라멸입니다. 모든 게 찰라에 생겼다가 찰라에 멸하고, 또 연생연멸, 인연따라 생기고 인연따라 멸하고, 또 환생환멸 환영처럼 생겼다 환영처럼 멸한다 그렇게 말했습니다.

그래서 이와 같은 것을 법화경 방편품에서는 상자적멸상(常自寂滅相)이다. 늘 스스로 적멸해서 상이 없는 그런 것이다 그렇게 말할 수 있습니다.

법화경에서는 제법이 종 본래로 상자적멸상이니 불자행도이면 내세득 작불하니라 그렇게 말합니다. 모든 법이 본래 상자적멸상이어서 부처님 제자가 이를 행하고 깨치면 결국은 내세에 성불한다 이렇게 말을 하고 있습니다.

금강경에도 일체유위법이 몽환포영이고, 여로역여전이라고 보라 했습니다.

일체유위법 여시. 몽환포영 로전운. 꿈이고 환영이고 포말이고 그림자이고 이슬이고 전깃불이고 구름이다 이렇게 일곱자로 맞춰서 얘기할 수 있다. 그 다음에 절대와 상대를 합쳐서 말하면 운간청천 고금동(雲間靑天 古今同)이다 그럽니다.

구름사이에 푸른 하늘은 옛날과 지금이 같다 구름은 찰라생찰라멸로 생기지만 하늘의 청천백일은 불생불멸로 늘 그 자리에 있는 것, 이게 상대세계와 절대세계가 합친 이이불이(二而不二)의 세계입니다.

둘의 세계지만, 두개가 아닌 불이(不二) 하나의 세계죠. 그걸 다른 말로 하면 몽각불이(夢覺不二)라고 그럽니다. 몽은 꿈이고 각은 깨달을 각이고, 둘이 아니다.

이건 뭘 말하냐면, 우리가 하는 견문각지 행주좌와 어묵동정이 생각이나 이름, 헤아림 없이 보면 그대로 깨달음이고 거기에 2차작용이 되어서 생각이나 이런 게 붙어가지고 작용한 결과는 꿈과 같다 몽각불이다 이렇게 얘기를 합니다.

석가세존 당시에 유마힐 거사의 유마경 얘기를 했는데, 또 그 시대에 청신녀(여자 신도)로서 깨달은 분이 승만 부인입니다. 프라세나진 왕의 공주이고, 아유타국의 국왕의 부인이 되었는데, 이 분이 깨달음을 얻어서 설한 것이 승만부인경입니다.

그래서 승만 부인은 승만경에서 여래장(如來藏) 사상을 말씀하셨습니다. 여래장이라는 것은 어머니가 자녀를 잉태했을 때 포용하는 것처럼 여래를 품고 있는 그러한 의식 이것을 얘기했습니다. 그것을 살펴보려면 먼저 우리는 우주라는 것은 육근 육경 육식 18계로 표현합니다. 이 우주는 오온, 색수상행식, 육근 육경에다 거기서 생겨난 앎이라는 육식(六識) 그래서 결국은 식의 마음과 직결되는 건데, 결국 18계는 육식으로 표현이 됩니다.

그런데 이와 같은 "識"의 구조를 우리가 마음공부하는데 자세히 알아야 깨달음에 도움이 됩니다. 그러니까 일반적으로 불교에서는 구식"九識"으로 되어있다고 그럽니다.

모두 아홉 개의 식으로 되어있고, 아홉 번째 식을 아말라식 또는 청정무구식 또는 순수의식이라고 얘기합니다. 여래라고도 얘기하고 그 구식이 다른 말로 하면 심왕(心王)이다 그럽니다. 그리고 심왕은 곧 여래(如來)다 그렇게 얘기를 합니다.

전체 식의 구조를 보면 아홉 개인데, 먼저 보면 전오식(前五識)이라는 게 있습니다. 안이비설신식 이게 다섯 개의 식이고, 그것은 여섯 번째 식, 육식인 의식(意識)에 기반을 두고 있고, 칠식은 마나스식(manas) 또는 의(意)라고 그럽니다.

그 다음 8식이 여래장 또는 알라야식(alaya)이라고 그럽니다. 알라야식은 함장식이라고도 얘기합니다. 이렇게 종자를 품고, 또 여래도 품고 또 어떤 행위를 할 때는 갖고 있던 것을 표현해서 현행이 되게도 하는 그것이 알라야식이고 이 알라야식을 여래장이라고도 합니다. 왜냐하면 알라야식은 여기서 말하는 9식 즉 아말라식(amala)이라고 하는데, 이 아말라식과 상호포용하고 있기 때문에 이 알라야식과 아말라식은 불이입니다. 그렇게 쉽게 구별할 순 없지만, 우리가 말을 하자면 그렇게 구별해서 얘기를 하는 것입니다.

그래서 9식은 심왕이고 여래인데, 우리가 이 세상을 살아가려고 하면, 머리로만 이해해서는 안 되고, 우리가 이런 절대의 세계와 상대의 세계를 합쳐서 여여하게 살려면 우리가 참마음을 봐야 됩니다. 견성을 해야 됩니다. 심성을 봐야 됩니다.

그런데 참마음은 모양도 없고 위치도 없기 때문에 마음으로 볼 수가 없습니다. 또 참마음은 절대주체여서 대상화가 안 되므로 절대 알 수가 없습니다. 그럼 어떻게 해야 되느냐 특별한 방법은 없지만, 우리가 자꾸 회광반조로, 마음의 빛으로 마음을 계속 비추어 통하게, 직지자심을 공부해감으로써, 심안이 열려야 됩니다. 마음의 눈이 생겨야 된다. 그 마음의 눈을 심지법안(心地法眼)이라고도 하고, 정법안이라고도 하고, 또 제 3의 눈이라고도 하며, 백호광명이라고도 하고 정문안계중명월주라고도 애기를 합니다. 그러한 심안, 심지법안이 열려야 마음이 몰록 깨달을 수 있습니다.

그러므로 우리가 견성성불의 길로 가는 데에 필요한 것은 직지인심이고, 직견자심으로 견성성불해야 하기 때문에 우리 선배들의 위대했던 조사선을 살펴보도록 하겠습니다.

먼저 법보단경에 보면, 신수대사와 혜능대사의 깨달음에 관한 애기가 나옵니다. 육조혜능 대사는 보통 스님들이 애기하는 어록이라고 그러는데, 육조혜능 대사가 하신 그런 말씀이나 이런 것은 육조단경이라 그렇게 애기합니다. 어떻게 된 것이냐 하면, 육조혜능이 젊었을 시절에 나무장사를 해서 어머니를 봉양을 했습니다. 그러다가 어느 스님이 지나가면서 "응무소주 이생기심"이라는 말을 듣고 홀연 깨달았습니다. 그래서 내가 이럴 때가 아니지 그러면서 그 사람을 찾아가서 그게 뭐냐고 하니까 금강경이라고 하고 어떻게 하면 공부할 수 있느냐니까 오조 홍인 대사를 찾아가면 된다고 그랬습니다.

그래서 스님한테 부탁해서 어머님 생활 등을 부탁하고 오조홍인 대사를 찾아갔습니다. 그래서 처음에 뵈니까 이 홍인 대사가 이렇게 몇 마디 물어보고 하니까 법기임을 알아봤습니다. 그래서 공부하는데, 오조홍인대사가 어느 날 벽에다가 방을 붙였는데, 지금까지 공부한 것을 선시로 게송으로 적어내라 그래서 제대로 깨친 사람에게 법을 전하겠다고 했습니다. 날짜를 정했는데, 시간이 가도 그것을 갖다 적어내는 사람이 없어요. 근데 그때 많은 제자 가운데 가장 뛰어난 분이 신수

대사였습니다. 나이도 많고 공부도 오래 하고. 그래서 신수 대사는 좀 자신이 없었지만, 여러 가지 체면도 있고 자기 나름대로 깨쳤다고 생각하는 게 있어서 글을 하나 써 붙였습니다.

그게 뭐냐면 "신시보리수 심여명경대 시시근불식 물사약진애" 이렇게 얘기했습니다. 그게 뭐냐 그러면 "몸은 깨달음의 나무요 마음은 맑은 거울대와 같다. 때때로 쉬지 않고 닦아서 어디에도 먼지가 일지 않게 해야 된다" 주로 이런 내용입니다.

그런데 그것을 본 제자들이 오조 홍인 대사에게 가서 보이니까 잘 썼다 그렇게 말하지 그 이상의 말이 없었습니다. 그런데 혜능 스님이 그 소식을 전해 들었습니다. 그 분은 일자무식이었습니다. 그러니까 전생에 불도와 인연은 깊었지만, 이 세상에 와서 일자무식이어서 써 붙였다는 소식을 들었는데 알 수가 없습니다. 그래가지고 한 스님을 붙잡고 가서 뭐라고 써 있는지 물어봤습니다. 그러니까 좀 전에 제가 얘기한 것처럼 그런 얘기를 하는 겁니다. 그래서 혜능이 그 스님에게 나는 글자를 모르니까 내가 부르는 것을 한번 써 달라 그렇게 부탁을 해가지고 글을 쓰게 됩니다. 그게 뭐냐면 "보리본무수 명경역비대 본래무일물 하처약진애"리요 그게 뭐냐면 "보리는 본래 나무가 없다, 명경도 대가 아니다 그리고 본래무일물, 본래 우주에는 하나의 물건도 없는데, 어디에 티끌이 일어나겠느냐" 이렇게 된 겁니다.

그래서 그것을 오조 홍인 대사의 제자가 홍인 대사에게 보인 겁니다. 당시의 혜능 스님은 방앗간에서 방아를 찧고 있었는데, 제자를 시켜서 자정에 찾아오라고 했습니다. 어두운데 찾아오라는 것은 일자무식의 온지 얼마 되지도 않은 사람에게 법을 전해주려고 하면 많은 문제가 생기고 혜능이 위험해질 수 있기 때문에 조용히 오라고 해가지고 자기 오조 홍인의 법을 육조 혜능에게 전하고, 그 다음에 방앗간을 그만두고 떠나서, 강을 건너가지고 몇 해 동안 가서 숨어 있다가 몇 년 있다가 나타나라 그랬습니다. 그래서 혜능은 그것을 따랐는데, 여기서 신수대사와 혜능을 보면 이 당시에는 신수대사는 오랜 세월 공부하고 유식했지만, 이법에 있습니다. 불이법이 아니에요. 그니까 상대가 안 되고, 혜능대사는 불이법에 들어가서 완전히 깨친 겁니다. 물론 그 뒤에 신수의 북종여래선과 혜능의 남종(조사선)이 경쟁을 하고 싸움도 하고 그랬지만 결국 혜능이 앞선 거지요. 물론 그 후에 신수대사도 공부를 해서 확실히 깨쳐서 중국역사에 오직 유일한 여자황제인 측천무후의 스승이 되어서 불교 중흥에 많은 기여를 했습니다.

그 다음에 중국 조사선에서 유명한 게 임제할 덕산방이라고 얘기합니다. 임제 스님이 악~ 하고 소리 지르고 덕산스님이 몽둥이로 탁 때리고 이런 걸로 이심전심의 법을 전하는 방법으로 유명한데, 실제 그 두 스님이 깨달은 거는 좀 달랐습니다.

육조 혜능으로부터 남악회양, 마조도일, 백장 회해, 황벽, 임제 스님으로 이렇게 내려오는 제일 유명한 산맥인데, 임제스님이 처음에 공부할 때는 아주 조용했습니다. 그래서 몇 해가 지났는데도 말도 안하고 황벽 스님 밑에서 공부를 하는 거에요. 돋보이는 분인데 말도 안하고 그러니까, 황벽 스님의 수좌라는 분이 임제 스님에게 질문을 해라 그러는 겁니다. 왜냐면 질문을 하고 대답을 하는 가운데 조사선은 언하대오하는 게 많아요. 소리를 듣고 뭘 보다가 깨치는 경우도 있지만, 언하대오가 많기 때문에 질문을 하라고 한 거에요.

그래서 임제 스님이 황벽 스님을 찾아가서 '불법의 대의가 뭡니까' 물으니까 황벽 스님이 몽둥이로 20대를 후려친 겁니다. 그니까 임제 스님은 날벼락을 맞은 거에요. 부처님법이 뭐냐고 물었는데, 몽둥이로 맞으니까 겉으로는 스승이라 말은 못하지만, 울그락불그락하면서 돌아와서 있으니까, 선배 스님이 어떻게 되었냐 그러니까 불법 대의가 뭐냐고 여쭈니까 그냥 무조건 20대를 맞았다 그런 거에요. 그랬냐 그럼 얼마 지나고 나서 한번 다시 가서 여쭤보아라 그러니까 임제 스님은 안 내켰는데, 그래도 깨닫고자 하는 마음이 있기 때문에 다시 찾아가서 황벽 스님에게 예를 다하고 다시 불법대의가~ 이렇게 나오니까 불법 대의가 뭡니까? 하는 말이 끝나기도 전에 또 20대의 방망이를 맞은 겁니다. 그래서 임제 스님이 안 되겠다 싶어 떠날 생각을 합니다. 인연이 아닌가보다 그런 생각을 한 거지요. 그래가지고 보니까 그 선배 스님이 물어서 자초지종을 얘기하게 됩니다. 그러니까 이 선배 스님이 황벽 스님을 찾아가서 이 임제는 법기니까 잘 좀 지도해 주십시요 그러는 거에요. 그러겠다고 해서 이 스님이 와서 임제 스님에게 다시 한 번 가서 진리를 여쭤봐라 그래가지고 임제 스님이 황벽 스님을 찾아가서 예를 하고 불법~ 대의도 나오기 전에 또 20대를 때리는 거에요. 그니까 임제 스님이 속으로는 미치겠는데, 스승님이니까 제자로서 도리가 있으니까 아무 말도 못하고 있다가 맞은 다음에 인사를 드리면서 제가 여기를 떠나겠습니다 그러는 거에요. 내가 있을 곳이 아닌가보다 생각을 해서.

그러면 어디 갈 데가 있느냐 그러니까 아니 갈 데가 따로 정한 곳은 없습니다 그래요. 그러니까 황벽 스님께서 어디에 계시는 대우 스님을 찾아가라 그럽니다. 그래가지고 임제 스님은 대우 스님을 찾아가서 만났습니다.

그래서 대우 스님을 뵙고 나니까 어디서 왔느냐? 그래서 황벽 스님 밑에서 왔다고 얘기하니까 왜 왔느냐? 하고 묻습니다. 그니까 불법 대의가 뭐냐라고 세 차례나 물었는데 답변은 안 해주고 60대를 맞았습니다. 뭐가 이런 수가 다 있습니까 그렇게 말한 거에요. 그니까 그때 대우 스님이 말씀하시기를,

"황벽 선사께서 너한테 더할 수 없는 자비를 베풀었는데 지금 뭐라고 불만을 말하는 것이냐?"하고 쳐버렸습니다.

그때 임제 스님이 확 깨쳤습니다. 그러고서 "부처님법이 여러 개가 아니구만." 그렇게 말하는 겁니다. 그러니까 그 대우 스님이 그런 자비로운 가르침을 받고도 불만이 있더니 대단한 게 아니야 그렇게 말을 하냐고 그러면서 자네는 본래 황벽의 제자니까 황벽에게로 돌아가라 그랬습니다. 그래서 임제 스님은 기쁜 마음으로 돌아가서 황벽 스님을 뵙고 자기의 부족했던 점 깨달은 점을 가지고 법거량도 하고 또 거기서 행동으로 치고받는 모습도 보이고 그래서 오랜 세월 황벽스 님을 모시고 시봉도 하고, 황벽 스님의 법을 이어받아서 유명한 임제종의 종주가 되고, 한국에 젤 큰 종단인 조계종도 주로 그 임제종의 맥이라고 할수 있습니다.

또 하나는 덕산방(德山棒)이라고 그럽니다. 몽둥이로 때리는 것을 워낙은 몽둥이 방자인데, 한자로는 '봉'이라고 쓰고 '방'이라고 읽고, 또 임제할도 워낙 갈인데 할로 읽습니다. 임제할 덕산방이다 이렇게 얘기를 합니다.

그래서 덕산 스님이 어떻게 되었냐 하면은, 자기 사는 촉지방에서 금강경을 몇십 년 공부해서 금강경에 대해서는 더할 수 없이 잘 달통했기 때문에 주 금강이라고 불렀습니다.

그런데 그 남쪽에서 남종선이 유명해가지고 직지인심해서 금방 깨닫는다고 하니까 그것을 알아보기 위해서 또 견주기 위해서 남쪽으로 향했습니다. 가다가 용담 숭신 스님이 계신 절 가까이 갔는데 거기에 길에서 떡을 파는 노파가 있었습니다.

아마 이 노파는 떡을 파는 게 아니라 옛날에 여인 중에도 깨달은 사람이 많았는데, 여자들 공부를 많이 안 시켰기 때문에 그런 이름이 많이 안 남아있지만, 그런 깨달음을 얻은 여자 불자였던 거 같습니다.

떡을 파는데 가서 떡을 사먹으려고 하니까, 등에 지고 다니는 게 뭐냐고 물으니까, 금강경을 해석한 거다 그렇게 얘기해요 그래요. 그러면 내가 한 개 묻겠소. 내가 묻는 것에 답변을 하면 점심을 팔고 답변을 못하면 점심을 못 팔겠소 그랬어요.

질문을 하기를, 금강경에 과거심불가득 현재심불가득 미래심불가득인데, 그러면 당신 어디에 점을 찍겠소?(點心) 하니까 이 사람이 답변을 못해서 점심을 사먹지도 못했어요. 그리고 근처에 산에 있는 용담 숭신 스님을 찾아가서 며칠 배우려고 모시고 있었습니다. 며칠 묵고 있는데, 용담스님께서 왜 돌아가지 않느냐? 시봉하는 덕산 선감 스님에게. 그러니까 "어둡습니다~" 하고 대답을 합니다. 그러니까 용담 스님께서 촛불을 켜가지고 덕산 선감 스님에게 촛불을 전해줍니다. 받으려고 하는 찰라에 이 용담스님께서 불을 확 꺼버렸습니다. 확 어두워졌죠. 그때 덕산이 깨달음을 얻었어요. 그래가지고 거기서 오래 모시고 공부하다가, 자기 있는 데로 돌아와서 깨달음을 전하는데 주로 몽둥이를 쓴 방의 방법을 취했던 거지요. 우리는 여러 훌륭한 선사들의 편모를 봤습니다. 그러면 우리가 깨닫게 되면 어떻게 살아가야 되느냐 그것은 진여수연 또는 불변수연이라고 말합니다. 진여라는 깨달은 입장에서 인연 따라 살면서 인연에 어둡지 않고, 열 가지 반야바라밀다인 보살도 - 보시 지계 인욕 정진 선정 지혜 방편 서원 십력 비지(사무량심 자비희사+지혜) 실천해 나가 성불의 길로 향하게 되고, 성불하면서 중생을 제도하는 일을 하게 됩니다.

지금까지는 긴 호흡으로 총괄적으로 말씀드려 왔는데, 다음부터는 시간을 많이 줄이고 한 테마 중심으로 그렇게 말씀드리겠습니다.

모두 직지인심 견성성불 하십시오.

〈한마음 = 진여일심 = 18계 = 우주 = 진리〉 도식

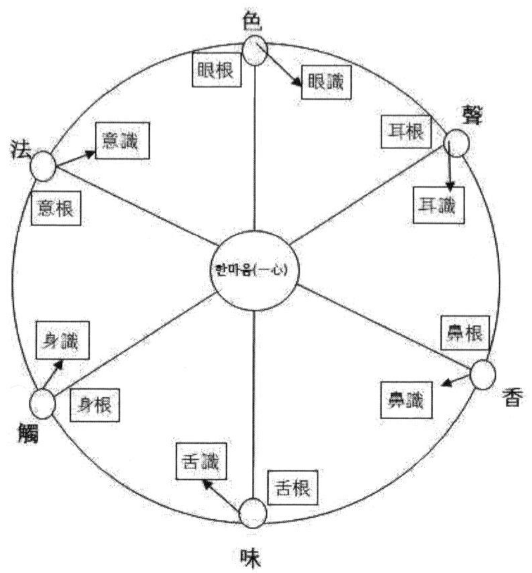

한 마음과 6근. 6경. 6식 18계 = 三界唯心 = 唯心唯識 = 우주 = 허공심

1.일심　진여심...불변부동

　　　　생멸심...생멸변화

2.일심= 안이비설신의 6식 +7식(manas 분별식)

　　　8식(alaya 함장식) + 9식(amala 청정무구식 = 순수의식 = 진여심)

3. 진각국사 혜심선사. 선문염송 제 1권 19칙 → 부처님이 흑지범지 선인에게 무생법인 얻게한 말씀 → 안 6근. 밖 6경. 중 6식을 일시에 놓아서 놓을 곳 없는 곳이 생사를 면하는 곳이다. (直見自心 → 自心返照 → 頓悟自心 = 見性 = 깨달음) + 성불제중(10보살도)

제4회 고정관념이 없으면 행복하다

보살대중 여러분, 반갑습니다. 석가모니불께 경배찬탄합니다.

(합장) 미륵존여래불.

깨달음 세계 제4회 본각선교원 법회 주제는 "고정관념이 없으면 행복하다"입니다.

이는 생각의 노예에서 벗어나게 하고자 하는 데 뜻이 있습니다. 우리는 모두 행복을 추구합니다. 우리나라 헌법에도 행복추구권을 기본권으로 설정하고 있습니다. 그런데, 우리는 보통 다 행복합니까? 사람에 따라 오욕락을 충족하여 행복한 사람들도 계시겠지만, 그렇지 못한 분들도 계실 것입니다. 또 행복과 불행의 존재는 동전의 양면 같아서 인생길이 때로는 꽃길이고 때로는 가시밭길일 때도 있습니다. 그래서 행복을 찾지 않으면, 행복하다고 그렇게 말하기도 합니다. 일념불기시득견성, 한생각 일으키지 않으면 이것이 곧 깨달음이다 이렇게도 말합니다.

온 인류를 사랑하신 석가모니 부처님의 법은 단순합니다. 핵심을 하나 잡으면 됩니다. 석가모니께서는 진리로서 사성제를 말씀하셨고, 그중에 현실론으로서 인생은 고해다 그랬습니다. 고통의 바다를 떠나서 즐거움, 쾌락을 얻는 것, 이고득락입니다. 이고득락은 전미개오, 미혹을 굴려서 깨달음을 여는 것과 관계가 있습니다.

부처님께서는 인생의 괴로움 8가지를 말씀하셨습니다. 생로병사 고가 기본적으로 네 가지이고, 또 애별리고 원증회고, 사랑하는 사람과 이별하고 미워하는 사람을 만나는 괴로움, 또 오온성고, 색수상행식이 한쪽으로 많이 치우쳐서 집착한다던지 하는 고, 그리고 구부득고, 무언가를 구하는데 그것을 얻지 못하는 괴로움 이런 것이 팔고라고 말할 수 있습니다.

이 즐거움, 낙에는 일반적으로 세간락과 출세간락이 있습니다. 세간락은 우리가 말하는 오욕을 충족하는 것인데, 식욕 색욕 재욕 권력욕 명예욕 이 오욕락을 충족하면 사람들이 보통 행복하다고 하는 세간락입니다.

그리고 출세간락은 그것을 뛰어넘어서 열반락이나 해탈락, 적멸락이라고 하는데, 그것은 지극히 행복한 것으로서, 견성성불하는 데 있습니다.

우리가 세상살이하면서 여러 가지 욕망이 있는데, 우리는 욕망으로 살아가니까 욕망이 있어야 되지만, 문제가 되는 것은 그 욕심이 지나칠 때입니다. 그때는 여러 가지 괴로움과 번뇌를 가져오지요. 그래서 보살은 소욕지족이라고 합니다. 욕심을 줄이는데도 만족한다 그리고 부처의 낙은 무욕지족(無慾知足)이라고 그럽니다. 욕심이 없는데도 만족을 한다 이렇게 말할 수 있습니다.

열반락은 견성성불했을 경우의 낙인데, 그 열반의 4덕을 상락아정이라고 합니다. 진상 진락 진아 진정. 그것은 영원한 행복으로서, 3독이 멸하고 견성성불하는 것입니다. 부처님이 47년 간 여러 가지 경을 설하는데, 맨 나중에 8년간 설한 것이 법화열반경입니다.

열반경에는 열반게라고 하는 시가 있습니다. 그것을 보면은, 제행무상 시생멸법 생멸멸이 적멸위락(諸行無常 是生滅法 生滅滅已 寂滅爲樂) 이렇게 되어있습니다.

우리가 하는 모든 행위는 덧없으니까 이것이 생멸법이고, 생멸은 워낙 하나의 상으로서 찰라생멸하니, 생멸이 다 없어진 적멸이어서 그것을 적멸락이다 이렇게 얘기를 합니다.

그리고 법화경에는 오백제자 수기품에서 법화경의 7개의 비유중의 하나인 의주유 라는 것이 나옵니다. 옷 속에 다이아몬드 같은 보배가 숨겨져 있는 비유다 이런 겁니다. 그 내용은 한 사람이 친구 집에 놀러갔다가 술을 마시고 누워서 잠을 잤습니다. 그동안 그 주인인 친구는 옷 속에 큰 다이아몬드 덩어리를 넣어준 뒤 일보러 나가고 없는데, 이 친구가 거기서 떠났습니다. 근데 이 사람은 다이아몬드가 자기 옷 속에 있는 걸 모르고, 세상 다니면서 빌어먹고 있는 겁니다. 그러다 나중에 자기 친구를 다시 만났고, 그 주인이었던 친구가 왜 행색이 그러냐? 그러면서 자네 옷 속에 이런 말할 수 없는 큰 무가의 보주가 있다 이러는 거죠. 그니까 우리 중생들이 모두 불성이 있어서, 본래 성불이고 깨달아 있는데, 그걸 잊어버리고 전도몽상을 하고 있기 때문에 문제지, 자기 속에 있는 그 무한한 다이아 덩어리를 쓰면 무한히 자재롭게 활용할 수 있다 그런 비유가 되겠습니다.

그래서 우리가 착각으로 부처라는 것을 잊어버리고 전도몽상하는, 그 도견을 다시 뒤집어서 바로 보면 그것이 정견이 되고, 정각이 되는 겁니다. 고정관념이라는 것은 어떤 고정된 마음이나 생각이나 모양 이런 것을 얘기하는데, 이러한 것을 모두 없애면 우리가 생각의 노예에서 벗어날 수가 있습니다. 생각은 실재가 사람이나 사물에 소통, 접속하는 매개물인 바, 내가 아니고 내가 만들어내는 물질에 불과하기 때문입니다. 그래서 우리는 그러한 생각이나 이름에 구애받지 않고, 자기 마음을 직접 보면 그게 지금 여기이고(現存一念) 그게 바로 각의 자리이다(現存一覺) 그래서 우리는 꿈에서 깨어나서 깨닫고 늘 깨어있으면 되는 것입니다. 그래서 그것을 자각각타각행원만이라고 그럽니다.

나를 깨닫고 다른 사람을 깨닫고 나면, 깨달은 자의 행위인 각행이 원만하게 된다 그렇게 말할 수 있습니다.

그래서 그 깨달음은 곧 부처고, 한마음이고 또 주시자이고, 우주의 주석(主席)입니다. 수처작주 입처개진 그러는데, 우리가 어디에 가든 늘 주인의식을 갖고 또 가는 곳마다 서있는 곳마다 주인자리이니까 말하자면, 우주의 주인자리, 우주의 주석이 내 마음이다 그렇게 말할 수 있습니다. 주인공이나 참나 이렇게 애기할 수도 있죠.

시공간이 아닌 지금 여기가 영원한 우주심이고, 그것이 내 마음이며 참 나입니다. 그래서 우리는 우리가 보고 듣고 하는 감각이나 지각을 할 때 밖으로 향하는 마음을 막고 안으로 되돌려 지금 여기 마음에 나타나는 것 그것이 지금 여기 일이고 무시선 무처선입니다.

그것을 "막향외멱 회광반조 직금목전현영"이라고 그럽니다. 마음이 보고 듣고 할 때 밖으로 경계를 향하는데, 그것을 거둬들여 안으로 향하게 하고, 회광반조 즉 마음을 안으로 되돌려서 마음의 빛으로 마음을 보라는 것이죠. 그럼 지금 여기 눈앞에 쓰임이, 1차작용이 보인다 이런 애기가 되겠습니다.

우린 이 세상을 살아가면서 불교공부를 하는데, 많은 경우에 언어 말 이런 거 때문에 헷갈리는 경우가 많습니다. 저도 1960년대에 청담 스님 법문을 듣고 불교에 접했는데, 이십여년 동안 분명하지 않았던, 그래서 헤맸던 개념이 뭐냐면 가장 많이 쓰이는 "부처"라는 개념, 부처라는 개념이 한 2만개는 됩니다. 또 "마음", "공" 이러한 말들이 정확치 않아서 그러니까 우리가 말을 정확히 알고 하는 것이 아주 중요하다 그렇게 말할 수 있습니다.

마음은 우리가 찾는 마음입니다. 우리가 소 타고 소 찾기라는 것처럼, 마음 타고 마음 찾기와 같습니다. 그래서 지난번에 마음은 절대적인 진여일심과 상대적인 생멸심으로 나눈다고 했는데, 진여일심은 심왕(心王) 이고, 인식론 상으로 제9식이고 아말라식, 순수의식이고 청정무구심이죠.

그 다음에 상대적인 마음을 심소(心所)라고도 하고, 심수라고도 하는데, 심왕의 부수, 딸리는 마음 또는 심부수(心附隨) 또는 마음부수 이렇게도 애기합니다. 사람마다 쓰이는 용어가 다른데, 그래서 이 심소는 그 심왕의 뜻에 따라서 그러니까 신하나 백성들이 왕의 명령을 따르듯이, 그 심왕에 따라서 상응하기 때문에 심상응법 이다 이렇게도 얘기합니다.

말하자면 거울 속에 그림자와 같은데, 거울 속에 그림자가 있을 경우에 그 거울과 그림자는 둘로 나눌 수가 없이 상응하는 것입니다. 그런데 심소는 여러 가지로 분류를 합니다. 사람에 따라 7가지 또는 52가지 121가지 이렇게 많은 것으로 분류를 합니다.

7가지는 예를 들면, 접촉한다던지 감각 지각 의도 일념 생멸을 보는 주력 이런 것으로 나뉩니다.

52가지 심소의 그러한 마음부수는 크게 네 종류로 나눌 수 있는데, 하나는 인연과보에 관한 겁니다. 또 하나는 작용만 있는 게 있습니다. 때로는 해로운 마음부수가 14가지 정도 나옵니다. 그리고 아름다운 마음부수는 25가지가 됩니다. 대체적으로 보면, 아름다운 마음부수를 보면 믿는 마음, 알아채는 마음, 알아채는 마음을 정념(正念) 또는 Sati라고 합니다. 알아챙기는 마음 이렇게도 얘기하고 또 경안심 우리가 마음이 들뜨거나 무거워서 쭉 가라앉는 게 아니라, 가볍고 평안한 마음을 경안하다 하는데, 그것도 아름다운 마음에 속합니다.

그렇게 차츰차츰 올라가서 3가지 절제심이 바른 말, 바른 행위, 바른 생계를 하는 겁니다. 그 위에 거의 최고의 단계에 가서 2가지가 있는데 그게 무량심입니다. 그런 자비심(Metta Karuna)이라고 하죠. 희사심(Muditta upeksha) 그래서 이것을 합쳐 4무량심, 자비희사심 이라 하여 부처님 마음을 상징하게 됩니다.

맨 나중에 25번째 아름다운 마음이 지혜기능입니다. 이것이 바로 통찰의 눈이고 궁극적 실체를 꿰뚫어 깨닫는 마음입니다. 지혜안 또는 심안 심지법안이라고 그렇게 얘기하죠.

이것이 견성하는 데 아주 중요한 마음부수인데, 이것을 잘 활용해야 됩니다. 우리가 밖으로 향하던 마음을 되돌려서 안으로 회광반조해서 보려고 하는데, 마음이 마음을 볼 수는 없습니다. 왜냐하면 마음은 주인이지 하나의 대상이 아니기 때문에 볼 수가 없어요. 그러나 마음의 빛을 되돌려서 마음을 계속 보면은, 거기에 심안이 열려서 결국은 견성체험을 하게 됩니다. 그래서 그것을 우리가 가짜 나그네인 구름 나그네, 파도 나그네, 고향 나그네, 그림자 나그네라고 할 수 있는데, 그게 내가 아니라 진짜 나그네는 구름 나그네에 대해 청천백일, 파도 나그네에 대해서는 바다, 고향 나그네라는 것은 워낙은 이 우주는 우리의 고향인데, 고향에다 2분념법으로 타향을 설치해 놓고 그 타향에서 고향으로 가려고 무지 애를 쓰는 게 사람인데, 그 생각을 깨고 버리면 그냥 고향집에 있었으니, 고향집에 돌아온 것과 같다. 그리고 우리의 가아는 거울에 비친 그림자인데, 참 나는 바로 거울 자체로서, 그림자를 투사하여 비춘다 이렇게 말할 수가 있습니다.

우리는 지금 우리들이 이 세상을 살아가면서 행복에 관한 얘기를 하고 있습니다. 우리가 일상적으로 행복하려면 먼저 심기신이 건강하고, 나쁜 생활습관이 없고 윤리적이어야 합니다. 다음 중요한 한 가지는 우리가 진여의 마음도 있지만, 생멸심이 있으니까 그 생멸심에 속하는 그 마음이 분별 집착 망상으로 차별상을 이루어내고, 그런 차별상이 고정관념으로서의 모양이나 생각 이런 게 되어서 생각의 노예가 되는 것입니다. 왜냐하면 우리는 이 세상을 살아가면서 하루에도 오만가지 생각을 한다고 합니다. 그보다 적을 때도 있지만 그렇게 많은 생각을 하는데, 우리는 많은 경우에 그 생각을 자기라고 착각을 합니다. 그리고 중요한 것은 나와 다른 사람이 다르다는 것을 인정해야 합니다. 사회생활 하면서. 그런데 자기 생각을 자기라고 착각을 하고, 상대방도 자기 생각을 자기라고 착각을 하면 거기에는 차별상이라는 고정관념이 생겨서 대립갈등이 아주 심하게 됩니다. 그래서 생각을 자기와 동일

시하지 말아라 그럽니다.(脫同一視)

자기와 생각을 동일시만 하지 않는다면, 다른 사람이 나와 다른 생각을 하고 다른 말을 했다고 해서 그것을 탓하거나 화를 내거나 그럴 필요가 전혀 없는 것입니다. 그래서 중국의 유명한 승찬 대사는 신심명에서 지도무난 유혐간택 단막증애 통연명백(至道無難 有嫌揀擇 但莫憎愛 洞然明白)이라고 했습니다. 지극한 도(부처님의 도)는 어렵지 않다. 오직 분별 집착 망상으로 선택하는 그게 문제다 그래서 애증을 갖지 않으면 진리가 명백하다는 뜻입니다. 그래서 차별상이 일어나면 그것을 방하착하라 그럽니다. 그래서 분별 자재 공덕이 생겨나서, 사회에서 타인과 먼저 다름을 인정하고, 우리가 생각을 동일시하지 않아서 고정관념을 버리면, 우리가 편안한 사회생활을 하고 행복하게 살 수가 있습니다. 또 우리가 사회생활을 하는데 좀 더 살펴볼 것은 화이부동 주이불비(和而不動 周二不比)입니다. 겸화부쟁(謙和不諍)입니다.

우리가 이 세상을 살아가려면 사람마다 생각이 다르고 습업이 다릅니다. 그러면 이 세상을 행복하게 살려면 가정이건 사회건, 직장이건 학교가 됐건, 세계사회가 됐건 조화로워야 됩니다. 조화롭되, 개체는 같지 않은 것이다.

또 하나는 사회생활하면서 같이 어울리고 두루 원만(周)해야 합니다. 두루 원만하려면 불비, 비교를 하지 말아야 합니다. 우리가 이 세상을 살아가는데, 상대방을 다른 사람과 비교해서 살면 행복하지가 않고 싸움이 일어납니다. 결혼을 해가지고 예를 들어 부인이 남편을 다른 남자와 비교하는 것도 좋은 게 못되고, 남편도 아내를 다른 여자와 비교해서 얘기하는 것도 금기입니다. 그렇게 되면 거기에 분열이 생기고 사랑이 떠나서 온화한 조화로운 가정이 못 된다 그렇게 얘기할 수 있습니다.

죽비를 내리친다. (탁 탁 탁)

이겁니다. 이것뿐입니다.

다음에는 선어록 중에서 부처님의 그러한 말씀을 깨닫게 하기 위한 그런 내용이 있는데, 오늘은 마조어록을 살펴보겠습니다.

금릉보은원의 현칙 선사가 공부할 때 처음 청봉 선사에게 가서 물었다. 무엇이 부처입니까? 청봉이 대답했다. 경정 동자가 불을 얻으러 왔구나. 현칙이 이 말을 마음에 간직하고 있다가 정혜 선사를 만났는데, 정혜가 그 깨달은 뜻을 따져 물었습니다. 이에 현칙이 대답하였습니다. 병정(丙丁)은 불인데 다시 불을 구한다는 것은, 현칙이 부처인데, 다시 부처를 묻는다는 것과 같습니다. 이에 정혜가 말했다. 하마터면 놓치고 지나갈 뻔하였군. 원래 잘못 알고 있었구나~ 이렇게 얘길 합니다. 현칙은 비록 이런 깨우치는 말을 들었으나, 여전히 마음은 개운치가 않았습니다. 물러나 온갖 궁리를 다 해보았으나, 그 현묘한 이치를 알지 못했습니다. 이윽고 정성을 기울여 가르쳐 줄 것을 부탁하니 정혜가 말했습니다. "그대가 물어보라 내가 그대에게 말해주겠다." 현칙이 이에 물었습니다. "무엇이 부처입니까?" 정혜가 말했다. "병정 동자가 불을 얻으러 왔구나." 이 말에 현칙은 홀연히 깨달았다.

오늘은 우리가 부처님의 가르침에 따라서 전미개오해서 깨달음이 행복에 이르는 궁극적인 방법이고, 우리가 깨달은 과정에서 행복하려면, 여러 가지 차별상을 여의고 놓아서 분별자재 공덕을 쌓아가야 됩니다. 그러려면 고정관념인 생각이나 모양이나 상 이런 것을 버려서, 생각의 노예에서 벗어나고, 다른 사람과 화합해서 잘 살아야 된다 이렇게 말할 수 있습니다.

(탁 탁 탁)

지금 여기, 이것뿐입니다. 본각선교원 깨달음 세계 제4회를 이상으로 마치겠습니다.

모두 직지인심 견성성불 하십시요.

제5회 미륵존불 시대가 다가왔다

보살대중 여러분 반갑습니다. 석가모니불께 경배찬탄합니다. (합장)

미륵존불!

본각선교원 제5회 깨달음 세계 법회 주제는 “미륵존불 시대가 다가왔다”입니다. 요즈음 전세계의 관심인 코로나19 사태로 많이 고생들 하고 계시는데, 모두가 철저히 방역을 철저히 하고 철저하게 치료받는 것이 중요하다는 것은 말할 필요가 없을 것입니다.

탁, 탁, 탁! (죽비)

석가모니께서는 대각을 하시고, 나는 누구인가를 화엄경에서 한마음이라고 말씀하시고, 그 법을 일심불계연기법이고, 불이중도인 공, ‘수냐타’라고 설하셨습니다.

그리고 그 방법론으로는 불취명상 여여부동(不取名相 如如不動) 이라고 하였습니다.

불생불멸의 진여는 부동의 원동자이니, 이름이나 말 모양 생각에 끄달리지 말라고 말씀하신 것입니다. 우리가 보고 듣는 경계인 물체는 실제가 아닌 이름뿐이니, 거기에 속지 말라는 것입니다. 이름에 속지 말라는 것입니다.

노자님도 도덕경에서 무명은 천지지시요, 유명은 만물지모라고 했습니다. 무명, 이름이 없음은 천지의 시작이고, 이름이 있음은 만물의 어머니라는 것이죠.

김춘수 시인도 “꽃” 이라는 시에서, 이름이 나에게 다가와서 꽃이 되었다고 그렇게 멋진 시를 썼습니다.

의상조사의 화엄경 법성게에서도, 법성원융 무이상 제법부동 본래적 무명무상 절일체 증지소지 비여경이라고 했습니다.

“법성은 두상이 없고 제법은 본래 고요하며 이름, 모양, 생각이 끊어져야 깨달아서 알게 될 뿐이다.”라는 뜻입니다.

이름과 모양과 말과 생각 이런 것이 끊어져야 깨달음에 이른다 이렇게 말한 것입니다.

금강경에서도 범소유상 개시허망 약견제상 비상 즉견여래(凡所有相 皆是虛妄 若見諸相 非相 即見如來)라고 하여, 모든 생각과 모양이 허망하니 이를 비상으로 즉, 상이 아닌 것으로 보면, 즉견여래, 견성, 즉 깨닫게 된다고 했습니다.

금강경은 특히 이름에 속지 말라 강조하여, 전체가 32품으로 되어있는데, 그 중 11개품에서 이를 강조했습니다. 예를 들면, 보살은 아상 인상 중생상 수자상을 떠나라고 하면서, “보살은 보살이 아니라 그 이름이 보살이다.”라고 했습니다.

헛이름인 착각에서 벗어나라고 한 것입니다.

우리가 지금 여기 현존으로 살면서 직지인심 견성성불해야 하지만, 시절인연도 무시하지 못하니, 우리 현실을 직시하고, 인연 따라 살아가야 합니다.

탁, 탁, 탁. (죽비)

부처님께서는 전유경에서 독화살의 비유를 말씀하셨습니다. 이 독화살의 비유는 사람이 독화살을 맞았으면, 우선 독화살을 뽑으라는 것입니다. “독화살이 어디서 날아왔고, 누가 쐈고, 독의 종류는 무엇인지 이런 것을 따지는 것은 나중의 일이다.”라고 말씀하신 것입니다.

석가모니 부처님의 직지인심 견성성불의 가르침은 달마 대사에 의해서 동쪽으로 전해졌는데, 조사가 서쪽에서 왔다. “조사가 서쪽에서 온 뜻이 뭐냐 (祖師西來意)”이런 화두도 있지요. 그래서 동쪽으로 전한 것은 마하가섭이 석가세존의 법을 이은 이후 28대 조사이고, 동토초조인 달마 대사입니다.

달마 대사는 그 다음 29대 혜가 대사에게 안심법문으로 법을 전했습니다. 그것은 혜가 대사가 달마 조사가 머물고 계신 소림사 치우 동굴에서 나오실 때를 기다렸는데, 눈이 아주 많이 쌓였는데도 그대로 서있었습니다. 온몸이 아주 덮일 정도가 되었는데, 그래도 달마 대사께서 안 나오셔서 그 뜻을 보이느라고 양팔을 잘랐다는 그런 얘기도 있습니다. 그것이 나중에 다시 붙었다 그런 얘기도 설화로 전해 내려오는데, 혜가 대사는 달마 대사를 만나서 여쭙습니다.

"제가 지금 마음이 많이 불편한데, 그 마음을 편안하게 해주십시오." 그러니까 달마대사께서 "그러면 마음을 가져오너라." 그렇게 얘기했습니다. 혜가 대사가 마음을 가져오려고 보니까 가져오려는 마음이 없는 겁니다. 그래서 달마 대사께서 "내가 네 마음을 편안하게 해줬다."고 얘기한 것인데, 그 후 달마대사의 법은, 혜능, 마조, 조주, 임제 스님 이런 분들을 거쳐서 제55대가 수나라 때 석옥 청공 스님입니다. 그리고 56대는 우리나라의 태고 보우 스님이 이어받았습니다. 그래서 태고 보우 스님은 해동의 초조, 우리나라의 초조가 되는 것입니다.

고려 때 태고 보우 스님의 법은 나옹, 혜심 스님으로 쭉 이어지다가 조선조에 와서 함허득통, 신미, 보우, 부용영관, 서산 대사나 사명, 편양, 언기 대사 이런 분으로 이어지고, 그 다음에 근대의 대선사인 경허, 성우 스님이 부처님법을 이어받았는데 75대가 되고, 그것을 이어받은 방한암 스님은 76대가 되고, 방한암 스님의 법을 이어받은 탄허 택성 스님은 77대가 됩니다.

저는 아무것도 아니지만, 탄허 스님의 말석 제자입니다. 그리고 저는 동국대 초대 총장을 지내시고, 우리나라 불교계의 지도자 백성욱 박사님이 계셨는데, 그 분이 금강경을 설하시면서 생각을 늘 "미륵존여래불"에게 바치라고 하셨습니다. 한

번 그 분을 백성목장으로 찾아뵙고 좋은 말씀을 들은 기회가 있었습니다.

탄허 스님은 유불선계의 4절이자 미래학의 대가이시니, 우리는 지금 세계적 전염병인 코로나19라는 사태를 맞은 게 독화살의 비유같으니, 그 독화살을 뽑는 해법을 얘기해야 합니다. 주로 제가 탄허 스님께 들은 것을 중심으로 해서 신라 때 원효 스님의 자제분인 설총 선생님, 3대 현인의 한 분이자, 이두도 만드셨습니다. 그분이 쓰신 설총결이라는 예언서가 있고, 또 하나는 주장춘이라는 명나라 때 진인도통연계 라는 책을 쓴 분이 있습니다. 그 두 분의 것을 종합해서 말씀을 드리도록 하겠습니다.

우선 석가모니 부처님께서는 2500여년 전에 대방등대집월장경에서 석가세존의 법은 정법 천년, 상법 천년, 말법 오백년 그래서 2500 년이 가고 그러면, 그 다음에 미륵불의 시대가 열린다. 그전에는 미륵보살이 도솔천에 계시다가 하강하신다 그런 말씀을 석가세존께서 하셨습니다.

올해가 불기 2565년이니까, 이미 미륵존불 시대가 열렸다 그렇게 말할 수가 있습니다.

지금을 천지개벽기 또는 우주개벽기 라고도 말하는데, 흔히 요새 얘기하기를 일본열도의 침몰 또는 로스앤젤레스의 침몰 또는 백두산 화산의 폭발 등 이런 것이 자주 신문 지면에 등장하고, 또 거대한 태풍이나 지진 화산 해일 코로나19와 같은 전염병 이런 큰 (Pandemic) 전염병이 막 일어나고 그러니, 여러 종교들 기독교나 대종교, 천도교, 증산도나 불교 등 각 종교에서도 그에 관해 언급을 하고, 또 우리나라의 예언서라고 하는 정감록, 격암유록, 송하비결, 중국의 신교총화 이런 것도 얘기하고 또 서양에서는 노스트라다무스나 에드가 케이시 등 예언가들이 모두 언급하고 있는 것이 이 시대인데, 거기에서는 희망적인 얘기도 있지만 많은 경우에 인류에 대한

심판이고, 인류의 종말이 올지도 모른다 하는 그런 얘기도 나옵니다.

그럼 아까 말씀드린 바와 같이, 탄허 스님의 화엄선과 김일부 선생님의 정역을 바탕으로 한 예언을 중심으로 해서 설총결과 주장춘의 진인도통연계를 종합해서 그 내용을 전해 드리겠습니다.

지구가 선천세계에 있었는데, 선천세계는 상생 상극에서 후대의 상극의 시대입니다. 그것이 지나고 우주의 후기개벽기가 가을철로 넘어오는데, 가을철 후천은 상극이 아니라 상생 시대로 아주 좋게 열리는 것이기 때문에, 그것은 우리가 너무 실망할 것은 아니고 다만 여름철에서 가을로 넘어가면서 지구 속에 있는 땅 속의 불이 위로 솟구쳐서 북극 빙하를 녹이기 때문에 그 물이 넘쳐흘러서 해일도 되고, 일본열도나 LA 이런 지역이 호수가 되거나 침몰된다고 하는 것입니다.

우리나라도 그 영향을 받아서 동남해의 일부가 침몰되고, 그 대신 우린 가라앉는 것의 두 배 이상의 땅이 서해 쪽에서 융기한다고 탄허 스님이 말씀하셨습니다.

김탄허 스님은 한국전쟁, 월남전 미국참패, 박정희 대통령 시해, 울진·삼척 공비 침투, 자신의 열반일을 정확히 예측한 바 있습니다.

그것을 탄허 스님은 격변의 어려움을 겪고 좋은 시대가 오는 것으로 비유하셔서, 처녀가 성숙하려면 고통을 겪고 난 후에 처녀로 성숙하는 거나 또는 어머니가 아기를 낳아서 옥동자를 낳을 경우에 산통이 있습니다. 그래서 인류는 고통을 겪고 나서 후천상생의 좋은 시대를 맞이한다. 그래서 이것은 인류의 멸망이 아니고 결실이다라고 탄허 스님은 말씀하셨습니다. 천지개벽기를 거치고 후천세계는 지상낙원이자 미륵정토인 대동세계가 된다는 것입니다. 모두가 하나같이 된다는 것이지요.

그리고 두 번째로 탄허 스님께서 말씀하신 걸 보면, 지구의 중심축이 23.5도가 기울어져 있는데, 지축이 제대로 바로잡히는 시대가 와서 지금은 그게 15도 정도 바로잡혀 있는데, 나머지가 완전히 바로잡혀서, 우리나라 김일부 선생이 정역팔괘(正易八卦)를 말씀하셨는데, 정음정양 남과 여자가 똑같이 정확히 평등한 정역 시대가 되고, 지축이 바로잡혀서 음양화평 시대가 확실히 된다는 겁니다.

다음에는 앞으로 지구상의 동북간방인 우리나라가 광명족, 밝해족, 밝달족 또는 백두산족, 아리랑족으로 우주생명 전일광명인 진리에 따라서 우리의 홍익인간, 광화세계인 광명문화가 세계문명의 중심이 되고, 종교의 탈을 쓴 여러 조작, 왜곡 체제들은 다 무너진다고 하셨습니다.

설총 현인이 쓴 설총결에는 기본적으로 한양조선 이성계가 건국한 조선을 말하고, 그 조선이 끝난 한참 후에 새 세상이 오는데, 그 도의 맥이 백두산을 이어서 백두대간으로 해서 금강산에 도통맥이 와서 머무르는데, 금강산에는 법기보살이 상주하고 있다고 합니다. 우리나라 금강산에 관해서는 화엄경이나 법화경에 다 언급이 되고 있는데, 법기보살이 금강산에 머무르면서 많은 중생을 깨우치게 하는데, 거기에 금강경에는 제일 중심인 비로봉, 비로자나불을 상징하는 비로봉과 반야봉을 비롯해서 1만 2천 봉우리가 있다고 합니다. 그것을 상징해서 설총 선생님은 1만 2천의 문명화가 꽃이 핀다. 문명의 꽃이 핀다. 즉 1만 2천의 도통군자가 나오는 것이니까, 1만 2천명의 깨닫는 사람이 나온다 그렇게 애기하면서 그 맥이 강증산 선생이 태어나신 전라도 증산 시루산으로 이어진다 그렇게 애기했습니다.

그리고 그 중심은 궁궁을을(弓弓乙乙) 태전(太田)이 중심이다 그랬습니다. 저걸 풀면은 불교의 원만할 만(卍) 자 그걸 말하고, 태전은 대전의 옛말이었습니다. 그래서 그 중심지가 대전이나 계룡산 이라는 얘기도 있는데, 그것은 학설이고 다른 것은 부처님의 그런 가르침을 상징하는 게 만 자이고, 그 중심이 천부경(天符經)에 따른 태일, 천지인이 합일되어서 깨달음을 얻은 깨달음의 밭, 그것은 인간의 한마음의 밭입니다. 그러니까 대전을 얘기하거나 또는 십승지여서 어디로 피난가라 그러지만, 그게 아니라 이 난세를 극복하고 살아남으려면, 기본적으로 부처님이 가르치신 견성성불을 이루어야 된다 그렇게 얘기할 수가 있습니다.

명나라의 주장춘도 진인도통연계에서 곤륜산인 수미산에서 도맥을 이어서 예수 그리스도는 감남산에서 열두명의 사도를 배출했고, 공자는 72현인을 배출했고, 또 석가는 석정산에서 499명의 도인을 배출했고, 우리 민족인 금강산족은 1만 2천의 도통군자가 나와서 시루산으로 연결된다 그런 얘기를 했습니다.

그런데 석가모니 부처님의 499명 제자는 초기를 말하는 것이고, 석가모니 부처님의 말기에 법화경 열반경을 설할 때는 깨달은 아라한이 대비구만 해도 1만 2천명이 되었습니다. 이것이 묘하게 1만 2천이라는 것이 12인연이라는 것과 연결되어 그런지 1만 2천 도통군자 얘기가 나오는 것입니다.

우리는 팬데믹 전염병 등 천지개벽기를 맞이해서 코로나19의 방역과 치료에 전력하면서, 일심으로 견성성불의 길로 나아가 생사를 초월하고 스스로 이긴 자인 참 나로서 향상일로하는 것이 바른 길일 것입니다.

지금 불교를 보면, 참선이나 명상 붐이 일어나고 고승대덕 가운데서도 깨치신 분이 많이 계신 걸로 알고 있고, 재가 중에서도 깨치신 분이 많이 나오고 있습니다. 즉, 거사나 청신녀 가운데서도 많이 나오셔서 모두 합치면 1만여 명이 넘어간다고 하고, 그래서 그런 분들이 지금 미륵존불 시대를 이끌어가고 있고, 강증산의 증산도 쪽은 100년 전에 강증산 상제

보천교 쪽에서는 하느님이라고도 하는데, 강증산 상제와 그 부인인 고수부 태모가 나와서 후천개벽을 100년간 준비해왔고, 또 최근에는 우리 역사의 영광된 고대사를 적은 환단고기를 대대적으로 탐구하고 널리 알리고 역사 광복군을 만들어서 실천하고 있고, 또 세계로 우리나라의 영광된 고대의 밝해문명을 세계에 전파하고 있어서 미륵존불 시대를 열어가는데 바람직한 모양으로 비치고 있습니다.

우리가 후천상생 시대 미륵존불 시대를 위하여 나라를 위하여 여러 종교간 협력이 모두 절실히 요청된다 할 것입니다.

탁, 탁, 탁.

우리는 어떤 경계에 끄달리지 말고 그 경계를 알아채면서 주시하는 자, 알아채는 자, 영원히 보는 자, 듣는 자를 마음 깊이 챙겨야 됩니다.

오늘은 중국의 육조 혜능을 이은 분이 남악회양이고, 그를 이으신 분이 마조 대사인데, 마조 대사는 유명한 남악회양을 능가할 정도로 대단한 스승으로 알려져 있고, 그 제자 중의 한 분이 백장회해 선사입니다. 오늘은 그 많은 얘기 중에서 물오리의 소식을 가지고 말씀드리겠습니다.

어느 날 마조를 모시고 길을 갈 때에 물오리의 소리가 들리자, 마조가 물었다. 백장이 마조 스승님을 모시고 산책을 나간 겁니다. 마조 스님이 "무슨 소리냐?"하니까, "물오리 소리"입니다. 백장회해 선사가 대답한 거지요. 잠시 말없이 있다가 마조가 말했다. "아까 그 소리는 어디로 갔느냐?" 백장이 말했다. "날아가 버렸습니다."그랬습니다. 마조가 머리를 홱 돌려서 백장의 코를 확 잡아 비틀어 버렸습니다. 그러자 백장은 아파서 "아야야"하고 소리를 질렀습니다. 마조가 말했습니다. "날아가 버렸다고 다시 말해라." 백장은 그 말을 듣고서 몰록 깨달음을 얻었다.

그래서 마조 스님은 그 제자를 볼 때 그때마다 그때그때 인연에 따라서 방편으로 깨달음을 주신 분으로 유명합니다.

오늘은 이상으로 마치겠습니다. 모두 직지인심 견성성불하십시오. (합장)

제6회 지금, 여기 눈뜨고 꿈깨자

보살대중 여러분, 반갑습니다.

석가모니불께 경배찬탄합니다 . (합장) 미륵존여래불!

본각선교원 깨달음 세계 제6차 목요법회 주제는 "지금 여기, 눈뜨고 꿈깨자"입니다.

우리는 지금까지 여러 불경과 직지인심 견성성불 이심전심의 불조선(여래선, 조사선)을 통하여 견성성불의 길을 도반으로서 함께 걸어왔습니다.

지난 한 달을 돌이켜보면 그 주제를 중심으로 봤을 때 첫째 진짜 나 참 나는 부처다. 우리는 색수상행식으로 되어 있는 오온아를 나라고 생각하는데, 그것은 인연과보로 된 가아이고 진짜 나 즉 참 나가 부처다 그런 얘기입니다.

2회는 '깨달음은 어렵지 않다'였습니다. 깨달음은 세수하다 코 만지기보다 쉽다는 사람도 있고, 또 어떤 사람은 화두를 들고 평생을 해도, 물론 깨칠 사람도 많지만, 그렇지 못한 경우도 있어서 깨달음이 쉽다 어렵다를 말하기는 쉽지가 않습니다. 그러나 저는 오랜 세월이 지나 소식이 와서 제가 어리석고 부족한 점을 잘 알기 때문에, 도반으로서 방황을 줄이고자 돕는 것이니, 깨달음은 소타고 소 찾는다 또는 마음 타고 마음 찾는 것처럼 어렵지 않다 이렇게 얘기할 수가 있습니다.

3회는 진여일심은 절대완전하다.

4회는 고정관념을 버리면 행복하다. 고정관념, 즉 모양 상자, 서로 '상'자이지요. '상을 버리면 행복하다'입니다. 사람이 행복하려면 일반적으로 심기신이 건강하고 욕심이 지나치지 않고, 나쁜 생활 습관이 없는 데에다, 여러 가지 상을 떠나는(離相滅相) 금강경에 있는 것처럼 불취어상 여여부동이라 해서 고정관념을 떠나면 행복의 길로 들어설 수 있다 그런 겁니다.

5회는 '미륵존불 시대가 다가왔다'이었습니다.

요새는 시대적으로 천지개벽기라 할 수 있을 정도로 최근의 코로나19 팬데믹 사태처럼 많은 인류가 국민이 걱정을 하고 있습니다. 이런 때를 맞이해서 이것은 한때 지나가는 대환란이고 탄허 스님께서 말씀하신 것처럼, 이것은 처녀가 성숙하려면 성장통을 겪고 성숙하고, 또 어머니가 자녀를 낳으려면 해산할 때 산통이 있는 것처럼 그와 같은 대고통을 겪고, 대동세계 지상낙원인 미륵존불 시대가 올 테니까, 그런 시대를 우리가 준비하려면 바로 견성성불의 길로 나아가야 된다 그렇게 얘기했습니다.

견성은 깨달음 체험으로서 부처님 공부인 성불의 시작이니, 우리가 견성체험을 갖기 이전은 수도한다고 해도 그것은 방황일 뿐입니다. 그래서 견성체험이 그렇게 중요하니, 견성체험을 하고 성불의 길로 나아가는 그러한 과정이 아주 중요하다 이렇게 말씀드릴 수 있습니다.

(,탁 탁, 탁)

깨달음은 어렵지 않다고 했습니다. 견문각지 행주좌와 어묵동정, 생각이 없으면 모두 깨달음이고, 어떤 생각이 붙거나 작용이 붙어 있으면 꿈입니다. 그래서 견문각지하는 보고 듣고 감각을 느끼고 지각하는 이런 것들이 전부 아무런 작용이 붙어있지 않으면 깨달음이고(現存一覺), 거기에 생각이나 이런 게 붙어있으면 꿈이어서 그것을 몽각불이다, 거울 속 그림자죠, 그렇게 얘기합니다. 꿈과 깨달음이 둘이 아니라는 거죠.

그래서 우리는 내 마음(自心)을 지금 여기서 찾으면 됩니다. 언제나 알아채는 그 마음, 그것을 찾으면 되는 것이지요. "아하" 할 때까지!

좀 전에 죽비를 쳤는데, 그 경우에 죽비가 물질로서 보이기도 하고, 죽비의 소리가 들리기도 합니다. 그런데 그때 마음이 밖으로 향해서 나가지만, 보거나 듣는 경우에 보이는 물질에서 마음을 돌이켜서 안으로 회광반조해서 내 마음을 찾으면 그게 중요하고 또 들리는 소리를 듣는 자를 돌이켜봐서 회광반조해서 찾으면 좋고, 또 우리가 느끼거나 생각하는 경우에도 생각하는 자를 마음을 돌이켜서 생각이나 느낌이 나오는 근원자리를 일심으로 들어가면 된다 이렇게 말할 수가 있습니다.

우리가 일상적으로 꿈을 꾸는데, 꿈을 꿀 때는 생시처럼 움직이고 춤도 추고 노래도 하고 비행기도 타고 다 하지만, 꿈을 깨고 나면 꿈은 없었던 겁니다. 다만 꿈을 깨고 나면 꿈꾸는 자, 꿈꾸미, dreamer만 있는 거지요. 그런데 우리가 일상생활을 하는 생시라고 하는 것도 근본자리에서 보면 꿈과 똑같습니다. 우리가 여러 가지 움직이고 행동하고 별의 별 일을 다 하지만, 이것도 알고 보면 꿈이어서 결국은 우리가 깨달음을 얻게 되면 꿈꾸는 자, 꿈꾸미, dreamer로 돌아가서 영원불변 불생불멸의 부처님의 자리로 가게 되는 것입니다.

그래서 꿈을 깨고 시공을 초월한 꿈꾸미 즉 진여자성으로 돌아가야 합니다. 꿈이라고 알아차리고 꿈에서 깨어나야 됩니다. 그것을 각몽교몽(覺夢覺夢)이라고 했습니다.

꿈이라고 알고, 그 꿈에서 깨어나라 이런 것입니다. 깨어나라 할 때는 이 깨달을 '각' 자를 '교'라고 읽습니다. 이것이 우리가 깨달음을 얻는 데 있어서 아주 중요한 요소라고 할 수 있습니다. 또 우리가 이 길을 감에 있어서 유념할 것은 말의 노예가 되지 않는 것입니다. 부처님께서도 나는 누구인가를 대각하시고, 화엄경에서 일체유심조 즉, 마음이라고 말씀하셨습니다. 그러면 우리는 내가 누구냐 하면 마음이라고 하면 되지 않느냐 그러는데, 그렇게 머리로만 이해해서는 안 되고 실제로 깨달아야 되고, 또 마음이라고 말을 자꾸 하게 되면 그 말에 집착을 하게 되니까 부처님은 기본적으로 어떤 말에도, 그게 마음이나 부처나 법이라 해도, 그 말에 집착을 해서 머물지 말라고 하셨습니다.

그와 관련해서 예전 선사 중에 마조 대사와 대매 법상 스님 얘기가 있습니다. 그것을 마조어록을 통해서 보면, 대매산 큰 대자에 매화 매, 뫼 산인데, 대매산의 법상 선사가 처음 마조를 찾아와서 물었다. "무엇이 부처입니까?" 마조가 말했다.

"바로 이 마음이 부처다." 법상은 금방 크게 깨달았습니다. 그래서 대매 법상 스님이 마조 스님을 모시다가 몇 해 후에 대매산으로 들어가서 거기에 머무르셨습니다. 그래서 대매 법상 스님이라고 하는데, 그때 스승님인 마조 대사가 한 제자를 법상 스님에게 보냈습니다. 그래가지고 마조 스님의 제자인 승려가 대매산에 가서 법상 스님을 보고, 스님은 마조 스님을 뵙고서 무엇을 얻었기에 곧 이 산에 머무십니까? 하고 법상 스님에게 물었습니다. 그때 법상 스님은 "마조 스님은 나에게 이 마음이 바로 부처다라고 말씀하셨습니다. 나는 곧 여기에 머물렀습니다." 그랬습니다. 그러니까 그 승려가 지금은 마조 스님이 "즉심시불" 마음이 부처라고 하시지 않고, "비심비불"이라고 하십니다. 마음도 아니고 부처도 아니다라고 하십니다. 그렇게 찔러본 거지요. 그때 법상 스님이 "그 노인네가 여러 사람을 계속 혼란하게 하는구만. 당신은 비심비불이라고 해도 나는 즉심시불이다." 그렇게 법상 스님이 대답을 했습니다. 그러니까 질문했던 스님이 돌아가서 마조 스님에게 그대로 보고했습니다. 그랬더니 매실이 익었구나 즉, 다른 사람 말에 의해서 그것이 스승이라 해도 말에 의해서 좌지우지되지 않고, 자기가 깨달은 것이 확실하니까 거기에 안 넘어간 거지요. 그래서 "매실이 익었구나." 다시 확인을 한 겁니다.

그래서 우리는 부처님이 나는 누구냐 했을 때 그게 마음이라고도 하지만, 이렇게 마음, 마음 한다고 해서 되는 게 아니고 때로는 비심비불, 마조 스님은 그 마음이라는 말에 국집하지 말라고 비심비불이라고도 하고, 또 어떤 분은 "본래무일물" 그렇게도 말하고, 또 달마 스님 같은 경우에는 특히 "무심"이라는 말을 많이 씁니다.

(탁, 탁, 탁!)

그러면 우리가 우리의 구체적인 현실 생활로 돌아와서 우리는 어떻게 살아야 하는가 생각해 볼 때 이즉돈오 사비돈제(理即頓悟 事非頓除)라고 합니다. 이치를 깨닫는 것은 몰록 깨닫지만 우리는 습업이 있기 때문에 습업을 녹이는 것은 금방되지 않으니까 그만큼 돈오점수(頓悟漸修)를 해야 된다 이런 말이고, 그것을 진여수연이라고 이렇게 표현을 합니다.

그러면 깨달으신 스님들의 생활을 보고 그 분들의 법거량하는 내용을 한번 살펴보도록 하겠습니다.

지금 말씀드릴 것은 안수정등의 비유라고 불설비유경에 나와 있는 것입니다.

즉 강안에 등나무의 비유인데, 우물 밑에 나무가 있다고 해서 안수정등의 비유이다 그렇게 얘기합니다. 그것은 어떤 사람이 사바세계에서 끝없는 광야에 불이 붙어있는데 거기서 도망가려고 뜁니다. 그때 코끼리 한마리가 달려오면서 잡아먹으려고 하니까 뛰다 뛰다가 어느 절벽에 도달하는데, 거기에 나무가 하나 있었습니다. 나무에 올라가니까 코끼리는 올라오지 못하니까 밑에서 쳐다보고 있는 겁니다. 그리고 나무에 올라간 사람은 그 나무에 등나무 덩굴이 있었는데, 그 등나무 덩굴을 잡고서 밑을 내려다보니까 거기에 우물이 있는 겁니다. 근데 우물에는 이무기 세 마리가 잡아먹으려는 모양으로 있고, 그 우물 주변에는 네 가지 종류의 뱀이 혀를 낼름낼름 거리며 바라보고 있는 겁니다. 그런데, 등나무에는 벌이 꿀 구멍을 만들어서 꿀방울이 떨어지고 있는데, 그 등나무를 검은 쥐와 흰 쥐가 갉아먹고 있는 겁니다. 등나무에 매달려 있는데 그 등나무 덩굴을 흰쥐들이 갉아먹고 있으니까 아주 절체절명의 위기지요. 그런데 거기 매달린 사람은 그 어려움 가운데서도 단 꿀 떨어지는 것을 받아먹으면서 그것을 잊어버리고 있는 겁니다. 그러니까 우리가 살고 있는 이 세상의 살림살이가 얼마나 위험하냐 하는 것을 얘기해주고 있는 건데, 이것이 가없이 넓은 들녘은 우리가 태어나서 죽는 생사의 들판이고, 사방에서 불어오는 불길은 욕망의 불꽃이고 생로병사의 불이며, 우물은 황천, 지옥이지요. 그리고 미친 코끼리는 사람을 잡아먹는 귀신이고, 나무는 사람의 몸이며, 등덩굴은 사람의 목숨이고, 검은 쥐와 흰 쥐는 일월이라고 해서 흘러가는 세월을 말합니다. 세월이 무상한 것처럼, 세 마리의 이무기는 삼독 '탐, 진, 치'이지요. 그리고 밑의 네 마리의 뱀은 지수화풍이라는 사대고, 받아먹고 있는 꿀은 오욕락, 우리가 세간락이라고 하는 다섯 가지 오욕락이다 그렇게 말할 수 있습니다.

우리는 이렇게 급박하고 위험한 절체절명의 상황 속에 살면서도 세간의 오욕락에 취하고 생사고에서 떠밀리고 헤매고 있는 것인데, 이것을 어떻게 할 것인가? 이것을 해결하려면, 꿈에서 깨고 눈을 뜨고 꿈에서 깨어나 일어나서 살아야 됩니다. 견성성불해야 되는 거지요. 이 문제 관련해서 우리가 기미년 삼일운동 독립 당시에 불교계를 대표해서 참여하셨던, 그때 불교계에서는 두 분이 참여하셨는데, 백룡성 스님과 한용운 스님입니다.

백룡성 스님이 이 문제에 관해서 다른 스님들과 나눈 얘기가 있습니다.

기미년 삼일운동 때 민족대표 33인의 한분이신 백룡성 선사님이 일제강점기 한때 서울 종로에 있는 대각사에서 만공스님, 보월, 해월, 해봉, 고봉, 전강 스님 등과 선문답을 하고 있었습니다. 백룡성 스님께서는 안수정등의 비유를 들춰낸 뒤, 어떻게 하면 여기에서 뛰쳐나와 생사해탈을 할 수 있는가? 한마디씩 일러보십시오, 그랬습니다.

안수정등의 비유에 나오는 상황에 대해서 일러보십시요 그렇게 얘기한 것입니다. 그때 만공 스님은 "어젯밤 꿈속의 일이다."

해봉 스님은 "부처가 다시 부처가 되지 못하느니라."

해월 스님은 "알래야 알 수 없고 모를래야 모를 수 없으니, 잡아 얻음이 분명하다" 이렇게 말씀하셨고, 보월 스님은 "누가 언제 우물에 들었던가(여기에서 우물은 황천)." 그리고 고봉 스님은 "아야, 아야" 그랬습니다. 아프다, 아프다 이런 뜻이지요. 전강 스님은 "달다" 그랬습니다. 우리가 꿀을 받아먹으면 단데, 여하튼 달다고 했습니다. 그것을 다 듣고 나서 용성 선사께서는 다음과 같이 답을 하셨습니다.

"박꽃이 울타리를 뚫고 나와 삼밭에 누워있느니라." 그렇게 자답을 하셨다고 합니다. 삼일운동에 관해 생각해보면, 민족대표 33인 가운데 가장 중심이 되었던 것은 손병희 선생님을 비롯한 천도교이고, 15명이 참여하셨죠. 그리고 기독교가 16명으로 가장 많고, 카톨릭은 한명도 없었습니다. 그리고 불교계는 좀 섭섭할지도 모르지만, 숫자가 적게 딱 2분이 참여하셨습니다. 그런데 나중에 일제강점기의 다스림이 혹독해지니까 천도교나 기독교에서는 변절하는 분이 나왔지만, 불교의 용성 스님과 만해 한용운 스님은 대쪽같은 지조로 감옥생활하시고 나와서 중생을 견성성불하는 데 애를 많이 쓰셨습니다. 백룡성 스님께서는 23세에 깨달음을 얻으셔서 오도송을 남기셨습니다. 그것은 송광사 천일암에서 구미 금오산으로 가시면서 낙동강을 지나는데, 그때 저녁노을이 비추고 있었습니다. 그것을 보고 한 소식을 하셔서 깨치셨는데 그걸 보면,

"금오천추월 낙동만리파 어주하척어 의구숙노화" 이랬습니다. 그게 무슨 말이냐면, "금오산에 천추의 달이 비추고 낙동강에는 만 리의 파랑이 이는구나. 고기잡이배는 어디에 갔는고. 옛날과 같이 갈대 끝에 숨었구나." 이게 용성 스님의 23세 때의 오도송입니다.

만해 스님의 본명은 '유천'이셨는데, 만해 스님은 한때 설악산 오세암에서 선정삼매에 들곤 하셨는데, 그 분의 화두는 "구름이 흐르거니 누군 나그네 아니며, 국화 이미 피었는데 나는 누구인가"였습니다. Who am I? 시심마, 이뭣꼬이지요.

만해 스님은 1917년 12월 3일 밤 10시 경 좌선 중 갑자기 바람이 불어 무슨 물건이 떨어지는 소리를 듣고, 홀연 의심이 사라졌습니다. 드디어 깨달음에 이른 것입니다. 만해의 오도송을 보면 다음과 같습니다.

남아란 어디메나 고향인 것을, 몇 사람 객수 속에 길이 갇혔나? 한 마디 게송에 3천계 부서지니, 눈 속에 복사꽃 붉게 붉게 피누나.

이것이 용성 스님과 한용운 스님의 오도송 이었습니다. 우리가 깨달음에 이르는 데에 방법론을 보면, 일반적으로 직지인심 견성성불 하는 조사선이 있고, 또 하나는 여래선이 있습니다. 부처님께서 하신 여래선과 직지선인 조사선을 함께 합쳐서 여래청정선이고 최상승선이라고 합니다. 그러면 여기서 우리는 여래선이라고 하는 수식선정법, 아나파나사티에 관해 같이 한번 살펴보도록 하겠습니다.

수식선을 하는 자세부터 말씀드리면, 우선 꼿꼿하고 바르게 앉아야 됩니다. 평좌를 해도 되고, 반가부좌를 해도 되고, 쌍가부좌를 해도 됩니다. 법계 정인을 하고 그 다음에 허리를 꼿꼿이 하면서 눈은 반쯤 감고 머리를 약간 숙여서 턱을 약

간 불러들여서 3-5 미터 정도 바라보면 되겠습니다. 그리고 마음은 의수단전(意守丹田)이라고 해서 마음을 단전에 둔다. 단전이라는 것은 하단전을 말하는데, 이것은 배꼽 밑에 5cm 정도 부위의 중앙입니다. 여성의 경우에는 자궁의 위치라고 하는데, 남자들은 특별한 표시가 없습니다. 거기에 마음을 두고 하는 겁니다.

그 다음에 하는 것은 아나파나사티(anapanasati) 즉, 숨을 들이쉬고 내쉬는 것을 세는 겁니다. 실제 해보면, 들이쉴 때 아랫배를 조금 내세우고, 들이쉴 때는 다시 배를 끌어당기는 그런 모습으로 해서 숨을 들이쉬고 내쉴 때마다 하나 둘 셋, 이렇게 열까지 세는 겁니다. 그리고 끝나면 다시 셉니다. 그 다음의 진행 과정은 여섯 가지 단계로 설명합니다. 그것을 육묘문(六妙門), 여섯 가지 묘한 문이다 그러는데, 첫째는 수식(數息)입니다. 지금까지 한 것처럼 호흡수를 세면서 단전호흡을 하면서 그것을 세고, 그 다음에는 상수(相隨), 세는 것을 멈춥니다. 그리고 호흡을 셀 때도 생각을 가능하면 작고, 가늘게 하고 그 다음에 상수로 들어가면 마음과 호흡(氣)이 같이 하지만 세지 않습니다. 그 다음에는 그렇게 상수하던 것을 멈춥니다(止). 저 止가 오래 가면 정(定)삼매가 되는 것이지요.

네 번째는 관(觀, sati)입니다. 그렇게 고요하게 멈춘 상태에서 마음을 관찰하는 거지요. 그 다음에 환정이라 하는데, 환(還)은 다섯 번째 밖으로 향하는 그런 마음을 마음 안으로 되돌이켜서 근본자리로 보내는 회광반조이고, 그 다음에 여섯 번째 단계가 청정한 자리로 들어가는 것입니다(淨). 마음이 청정하면 그게 깨달음의 자리고, 부처님의 자리이죠. 그러니까 우리는 일상생활을 하면서 몽각불이로, 진여수연의 자리로 나아가면서 결국은 우리의 삶이 꿈과 같으니까 꿈에서 깨어나가지고 꿈꾸는 자, 꿈꾸미, dreamer 의 자리로 가는 것 그것이 바로 깨달음이다 그렇게 말할 수 있습니다.
"지금 여기 눈뜨고 꿈깨자" 이상으로 마치겠습니다.
모두 직지인심 견성성불 하십시오. (합장)

제7회 인과윤회(因果輪廻)란 무엇인가?

보살대중 여러분 반갑습니다. 석가모니불께 경배찬탄합니다. (합장) 미륵존불!

오늘 본각선교원 깨달음세계 제7회 목요법회 주제는 인과윤회란 무엇인가 입니다.

우리는 도반으로서 나를 찾아가는 여행을 함께 계속하고 있습니다. 나는 누구인가? 나는 어디서 와서 어디로 가는가? 우주란 무엇인가? 생사란 무엇인가? 코로나 사태 등 전 지구적 환란기에 어떻게 대비하고, 죽음의 공포는 어떻게 없앨 것인가?

이런 많은 생각들이 오고 가고 있습니다. 불교에는 나는 누구인가를 찾아봤는데, 나라고 할 게 없다는 무아(無我) 사상이 있는데, 그럼 무엇이 윤회를 한다는 것이냐 그렇게 물을 수 있습니다. 윤회는 산스크리트어로는 삼사라(Samsara)라고 합니다. 또 많은 사람의 경우 죽음에 임박해서, 보통 때 종교를 악세사리 정도로 생각하고 있던 사람들이 잘 묻는 말이 윤회는 정말 있느냐 하는 그런 질문을 많이 합니다.

또 지난번에도 얘기했지만, 지금 선천상극 시대 여름이 가고, 가을인 후천상생 시대로 가는 그런 과정에서 지금 코로나 사태나 그보다 더 큰 지구의 자전축이 바로 서고, 남북의 극점이 뒤바뀌는 지각의 대변동이 있는 환란기에 어떻게 살아남느냐 이런 것도 하나의 중요한 문제라고 할 수 있습니다.

(탁, 탁, 탁!) (죽비를 친다)

석가모니 부처님이 2600년 전에 부다가야의 마하보디 템플에서 새벽별을 보시고, '견명성오도'라고 하는데, 새벽별을 보고 깨달으셨다 하는데, 그 내용이 뭐냐 하면, 많은 사람들이 연기법이라고 그럽니다. 그런데, 연기법이라는 것만 가지고는 필요충분하지 못하고, 제가 말하고 싶은 것은 일심불계연기법(一心佛界緣起法)이다 그렇게 말할 수 있습니다.

연기법은 인연생기라 해가지고, '연'이라는 것은 조건을 말하는데, 그런 조건의 직접적인 것을 인(因)이라고 해서, 이 세상의 돌아가는 모든 현상은 인연과보의 원리로 돌아간다는 것이 연기법이고, 그것은 상대의 세계고, 생멸의 세계, 연기법의 세계라고 하는데, 그것은 상대세계를 말하는 것이고, 절대불변의 세계 절대 완전한 그런 세계를 일심불계라고 합니다. 법신불의 세계라고 말할 수가 있지요.

그래서 그 세계를 둘로 나누어보면, 절대 우주의 실상은 지금 여기뿐인데, 지금 여기라는 말이 시공을 말하는 게 아니라, 무시공, 시공이 없는 영원한 우주 그것뿐이다. 그래서 석가모니 부처께서 태어나실 때 '천상천하의 유아독존'이라는 것은 이 우주의 깨달은 자, 부처, 절대완전의 각(覺)뿐이 없다. 법신불의 세계다 그렇게 말한 것입니다.

이 절대의 세계는 언어도단 심행처멸이라 해서 말로 표현할 수 없지만, 부득이하게 말로 표현한다면, 不二心, 不二法 그 세계는 마음, 한마음, 진여일심이라고도 하지만 좀 더 정확히 보면, 不二心 두개가 아닌 마음, 그걸 법으로 진리로 나타내면 不二法이다, 이분법(二分法)이 아니다, 그렇게 얘기를 할 수가 있습니다.

그 밖에 진아, 참 나, 우주생명 전일광명, 대일여래, 무량광수불, 전지전능, 하느님, 자유자재 성성적적, 소소영영, 순수의식, 텅 빈 영각성, 상락아정, 무시공 또는 열반락 이렇게 절대계를 표현하는 말은 많이 있습니다. 그러나 그 표현은 정말 절대계를 나타내기에는 부족하다 그렇게 말할 수 있습니다.

그리고 절대계에는 윤회라든지 이런 변화가 전혀 없어요. 다만 절대계는 대원경지라 해서 큰 거울과 같이 상대세계에서 일어나는 여러 가지 현상을 비출 뿐입니다. 그래서 상대세계의 이것은 꿈속의 꿈이고, 거울속의 그림자와 같은 것이다 이렇게 말할 수가 있습니다.

이 우주의 상대세계는 기본적으로 생멸합니다. 그리고 고정불변의 실체가 없습니다. 그러니까 이 세상의 현상으로 나타나는 모든 것은 무아라고 그럽니다. 내가 없다. 정확히 말하면 인연과보라고 합니다. 직접적인 원인인 '인', 간접적인 원인인 '연', 그 결과인 '과', 그 결과가 익고 변해서 다른 것으로 바뀐 것을 '보'다 그렇게 얘기합니다.

그래서 연기라는 말은 인연 따라 생기한 것이다 그렇게 얘기하니까, 이것은 말하자면, 이것이 있으니까 저것이 있고, 저것이 있으니까 이것이 있고, 이것이 멸하니까 저것이 멸하고, 저것이 멸하니까 이것이 멸한다 그래서 상의상존하지, 자체적인 독립성은 없는 것이다 그렇게 말할 수 있습니다.

그래서 이것은 우리들이 알 때 분별, 집착, 망상으로 알게 되고, 여러 가지 문제가 생기고 대립갈등을 빚게 되는데, 그런 것을 다르게 표현하면 이분념(二分念), 이름으로 둘로 나누고, 이것저것 나누는 것이지요. 시비 선악 미추. 이분법(二分法)이다 그럽니다.

우리가 세상을 살아가려면 눈에 보이지 않고 들리지도 않는 불이심과 여러 가지 나누어서 보이는 이분념 이걸로 나눠서 하는데, 번뇌망상 탐진치는 이분념, 이분법에서 나오는 차별상으로 인한 것이기 때문에, 이 차별상을 놓아버려라. 그래서 선사들은 방하착하라고 그럽니다. 분별 집착 망상 차별상을 놔버리기만 하면, 번뇌망상이 없으니까 마음 편히 살 수 있는 거지요. 그래서 우리는 선교일치(禪敎一致)의 세계로 나아가야 된다 그렇게 얘기할 수가 있습니다.

그래서 이 세상의 여러 가지 일은 현상으로 나타나는데, 그것은 찰라생 찰라멸입니다. 찰라에 생겼다가 찰라에 멸하고, 또 연생연멸, 인연 따라 생겼다가 인연 따라 멸하고, 또 환생환멸, 환영으로 생겼다가 환영으로 없어집니다.

우리가 꿈을 꾸었을 때, 그 꿈속에서 여러 가지 얘기도 하고 춤도 추고 활동도 하는데, 그때는 꿈이 아니고 생시라고 생각을 하지만, 꿈을 깨면 꿈이라는 것은 없었던 겁니다. 그런데 그렇게 보면, 우리가 살고 있는 현상적인 세계 자체도 근본자리에서 보면 하나의 꿈입니다. 지금 꿈속에서 꿈꾸는 얘기를 하고 있는 거지요.

그래서 이러한 현상계를 법화경에서는 '상자적멸상(常自寂滅相)'이라고 했습니다. 항상 스스로 상이 적멸해서 없는 그러한 세계다. 제법이 종본래로 상자적멸상이다 그렇게 얘기했습니다.

그래서 연기법은 보통 12 인연을 얘기합니다. 무명, 행, 식, 명색, 육입, 촉, 수, 애, 취, 유, 생, 노, 병, 사, 이렇게 12인연으로 얘기를 하지요. 또 이 연기와 관련해서 많이 쓰이는 말이 업(業)이라는 개념입니다. 업을 산스크리트어로는 카르마(Karma)라고 얘기를 합니다.

그것은 사람에 비유해보면, 사람의 업을 세 가지로 얘기하는데, 신구의(身口意) 사람이 몸으로 짓는 행위의 집적, 입으로 하는 말로 하는 행위의 집적, 마음으로 하는 행위의 집적 이렇게 세 가지로 짓는 행위가 쌓이고 쌓여서 한참 가게 되면 그것이 세력화합니다. 그 세력화한 것을 업이라고 하지요. 그래서 우리가 직업이다 생업이다 농업이다 상업이다 공업이다 직업이다 이런 업이라고 하는데, 이것이 이제 우리가 말하는 인연가화합으로 된 나라는 것이 바로 이러한 업에서 생기는 것이다.

그리고 우리는 마음속에 수, 상, 행, 식이라는 분별된 마음의 분야가 있는데, 거기에서 아는 것을 우리는 식(識)이라고 그럽니다. 이 식은 전부 9식으로 되어있는데, 안이비설신 전오식, 6식인 의식, 7식인 마나스식(manas), 8식인 알라야식(alaya) 즉 함장식, 그 다음에는 불변의 세계를 나타낸 것이 순수지혜 나, 순수의식(pure consciousness)이라고 하는 9식이 되는데, 우리가 윤회와 관련하여 보면, 함장식이라고 하는 알라야식이 사람이 죽으면 중음신이 되어 중유로 있다가 해탈하거나, 다음에 부모를 인연으로 만나서 다시 다음 생으로 태어난다 그렇게 얘기를 합니다. 그래서 흔히 자업자득이다 또는 자작자수다 그렇게 얘기하지요. 콩 심은데 콩 나고 팥 심은데 팥 난다 그렇게 얘기를 합니다. 그래서 그런 업식에 따라서 우리는 흔히 육도를 윤회한다고 그럽니다. 지옥 아귀 축생 아수라 인 천 그밖에 극락정토나 같은 또는 아촉불 정토와 같은 걸 치면 7개 그 이상이 될 수도 있지만, 보통은 윤회하는 것은 육도윤회라 해서 여섯 곳에서 한다고 합니다. 극락정토에 가있는 사람은 성불의 길이 그렇게 확실하다고 합니다. 아나함이나, 불퇴전자위의 보살이 간다고 합니다.

그런데 부처님이라는 여래는 윤회에 관해서 취사선택하는 것이 없습니다. 그래서 진아에는 윤회가 없고, 또 상대세계에는 나라고 할 그런 고정된 실체가 없는데, 그러면 뭐가 윤회하느냐. 내가 없는데 뭐가 윤회하느냐 그럽니다. 그때는 가아가 윤회한다. 실질적인 나, 실체의 나가 아니라 가짜의 나인데, 그 가짜의 나가 바로 이 인연가화합으로 된 업식이다 이렇게 말할 수 있습니다.

그런데 이와 같은 업식이 쌓여서 우리가 무명으로 보면, 깨닫지 못한 그러한 상태를 불각(不覺)이라고 그럽니다. 불각이 삼세육추라 그럽니다. 삼세는 무명업상, 능견상, 경계상, 또 거치른 육추는 분별지상, 상속상, 집취상, 계명자상, 기업상, 업개고상 이렇게 여러 가지 번뇌망상을 나누는데, 우리가 깨달음을 얻어서 견성을 하고 부처로 나아가는 길을 가려하면, 십신(十信)으로부터 쭉 올라가서 3현을 지나고 선재동자에 나오는 것처럼 10지의 처음인 41번째 지위가 환희지입니다. 항상 기쁜 마음으로 사는 지이고, 48번째 부동지로 가려면 삼세육추의 육추, 거친 번뇌가 다 사라져야 되고, 다 사라지게 된다고 합니다. 그리고 나머지 미세한 번뇌는 부동지 선혜지를 지나 50번째가 법운지인데, 여기로 나아가야 삼세육추의 모든 번뇌가 사라지고, 그 위가 등각보살인 문수보살 보현보살 관세음보살 지장보살 하는 그러한 보살이고, 그리고 52위가 묘각의 지위로 부처의 자리가 됩니다.

불각에서 환멸문으로 진여일심을 깨닫는 것이 시각(始覺)인데, 이는 불각에서 상사각, 수분각을 거쳐 구경각(본각)에 이른다.

부처님께서는 윤회에 관해서 있다 없다 말로 하신 것은 없고, 다만 윤회생사의 고통에서 벗어나라고 그렇게 말씀하셨습니다.

여래는 무경계의 세계죠. 윤회를 두고 취사선택하지 않고 있으니까 윤회는 없습니다. 그런데 우리는 실질적으로 행주좌와 어묵동정 또는 실제 생활에서 견문각지를 합니다. 보고 듣고 느낌으로 알고 또 생각으로 알고, 의식으로 알고 하는 행위를 합니다. 그런 것도 전부 여래라고 할 수 있는 '각'이라고 할 수 있는 부처님 자리에서 나오는 겁니다. 그런데 우리가 그것을 못 보는 거지요. 그 자리를 보면 견성인데, 견문각지로 보이는 이런 것들에 생각이 붙거나 다른 작용이 들어가면 그런 것은 꿈이 되는 겁니다. 그래서 우리가 이렇게 손을 들거나 했을 때 그것을 보여주는 것, 그것은 바로 몽각불이 이다. 꿈과 각이 둘이 아닌 경계이다 그런 거지요. 그것을 다른 말로 하면 이이불이(二而不二), 그러니까 절대계와 상대계 두 개이지만, 여기서 二는 상대계를, 不二는 절대계를 나타내는데, 그것이 하나이지요. 다른 말로 하면, 부처님의 가르침은 불이중도(不二中道)라 그럽니다. 두개가 아닌 중도, 그러니까 우리가 시계를 보면 시계추가 있는데, 시계추가 양쪽에서 살아있으면 왔다 갔다 하는데, 이변중도를 말합니다. 그 변두리, 시계의 벽은 닿질 않습니다. 그 다음에 항상 자기 있을 시간, 자기 있을 자리에 알맞게 있는 것이 중도인데, 그것을 용수존자는 팔불중도라고 그렇게 말했습니다.

그래서 불이의 자리에서 보면, 열반과 윤회는 둘이 아니고, 의상조사 법성게에서는 '생사열반 상공화' 그렇게 얘기했습니다. 이것은 다시 말해서 청천백일과 구름, 바다와 바다에서 일어나는 파랑, 거울과 거울 속에 드리운 그림자, 이게 불이지요. 다른 거 같은데 둘로 나눌 수 없다. 그래서 불이중도라고 얘기합니다.

탁, 탁, 탁!

우리는 앞에서 진여본각인 참 나는 윤회가 없고, 인연가화합인 가아(아바타)에는 윤회가 있다고 얘기를 했습니다. 그러면 실제 윤회에 관한 애기를 실례를 들어보겠습니다. 윤회는 본래 인도 브라만교에서부터 있었던 것이고, 그 다음에 불교가 그것을 수용해서 사용하고 있고, 또 유대교의 탈무드라든지, 기독교에도 윤회의 내용이 있습니다. 많은 사람들이 잘 모르는데. 윤회의 애기를 보면, 불교에서 나오는 중요한 애기하나는, 마갈타국의 빈비사라 왕이 있었습니다. 그러니까 죽림정사를 처음 세우고, 그다음에 법화경을 설하신 영축산이 있고, 또 최초 1차 결집을 한 것이 마갈타국인데, 마갈타국의 빈비사라 왕이 불교를 믿음으로써, 죽림정사를 지어줌으로써, 불교가 번창한 그런 확실한 기초가 되었습니다.

그런데 빈비사라 왕의 부인이 위제희 부인인데, 자식을 낳지 못했습니다. 그래서 어떤 사문에게 물으니, 자기들에게 와서 빌고 하면 찾아보겠다. 그래서 찾아보니까, 왕이 될 만한 재목이 사문으로서 어느 사원 같은 곳에 있는 거에요. 그러면 사문이 자연적으로 수명을 다해서 나왔을 때 빈비사라 왕의 아들로 태어나야 되는데, 빈비사라 왕이 성미가 급하니까 사문을 죽였어요. 죽이긴 죽였는데, 태어나기는 빈비사라 왕과 위제희 부인 사이에 태어났어요. 그 왕이 아자타사투, 또는 아사세 왕이라고도 말합니다.

태어날 때부터 위제희 부인은 꿈이 좀 그래서, 지우려고 했으나 못 지웠고, 태어나서 나중에 가만히 있어도 왕위에 나아갈 수 있는데, 아자타사투 왕이 아버지에 대해서 쿠데타를 일으키고 감옥에 가둔 겁니다. 음식도 안 주고.

그래서 부인이 몸에 몰래 꿀 같은걸 발라서 먹이고 살리고 했는데, 빈비사라 왕은 그 당시에는 부처님을 믿게 되어 그랬지만, 자식이 반역하고 가두고 죽이려는 걸 알면서도 저항을 하지 않고 다 수용하고 거기서 부인이 갖다 준 음식도 먹지 않고 굶어서 죽었습니다. 자식이 살생하는 것을 막으려는 부성애가 있지요. 그래가지고 나중에 아자타사투 왕은 부처님의 사촌형으로 반란을 일으켰던 데바다타와 결탁해서 부처님께 해를 끼치려고 했지만, 나중에는 참회하고 부처님의 제자가 됩니다. 그 후에는 여러 선정도 베풀고 그러는데……. 그런 게 있고…….

다음에 기독교의 성경에 보면, 구약성서 말라기 4장 5절에 보면, 트고 어려운 날이 오기 전에 엘리야를 다시 보내겠다. 그런 성경 구절이 있습니다. 그리고 누가 복음 1장 13절, 17절, 마태복음 11장 11절, 14절에 선지자 엘리야가 환생해 올 것이니, 그것이 세례요한으로 환생할 것이다. 그래서 세례요한이 왔으니까 다시 오기로 한 엘리야가 바로 세례요한이니까 들을 귀가 있는 자는 들어라. 이렇게 세례요한을 얘기하고, 세례요한이 예수 그리스도의 사촌형으로 먼저 태어나서 여러 가지 준비를 갖추었다고 그럽니다.

그 다음에 또 하나는 우리나라 조선시대 정조 시대에 어사 박문수의 태어남과 순조 대왕, 순조 대왕으로 관련된 환생하는 이런 얘기도 있습니다.

이게 어디에 있느냐면, 통도사 극락암에 계시던 경봉 스님이라고 계신데, 경봉 스님이 "야반삼경에 문빗장을 만져 보거라" 그런 책을 썼는데, 그 안에 있습니다. 그것은 "늘 깨어있어서 내 마음을 도둑맞는지 않는지를 보라"는 그런 책을 쓰셨는데, 저는 경봉 스님과 인연이 있습니다.

사람이 공부를 하려면, 훌륭한 스승님들도 만나고, 또 도반도 만나야 되는데, 저는 많은 스승님을 만났고, 또 도반도 많이 있지만, 특히 박준수 변호사라는 제 친구가 60년 도반이자 친구이고, 또 나에게 많은 선지식 역할을 했습니다. 1980년대 대구에서 판사로 일할 때 극락암으로 같이 갔습니다. 박준수 판사가 선재 법사라고도 하는데, 나에게 화두를 주라고 경봉 스님께 부탁드리니까, 화두를 결택해 주신 바가 있습니다.

먼저 어사 박문수라고 유명한 조선왕조의 청백리지요. 이분이 태어나게 된 계기가 그 부모가 쭉 태어나기를 바라고 그랬는데, 자식이 태어나질 않아서 절에 가서 스님께 말씀드렸더니, 5일날마다 돌아오는 장에 가서 꼭 스님을 모셔다가 공양을 해라 그래서 하인을 시켜서 3년 동안 그 일을 했습니다. 그런데, 3년을 채우려는데 가보니까 스님이 없는 거예요. 그래서 하인이 걱정을 하는데, 스님이 문둥병에 걸리고 피고름이 쏟아지는 스님이 한 분 계신 거예요. 그래도 주인 얘기가 있으니까, 스님을 모시고 집으로 오니 주인이 잘 모셔왔다 하고 음식을 잘 대접했습니다. 그런데 주인이 피고름 나던 그 문둥병 스님에게 어디 가서 "우리집에서 식사했다는 얘기를 하지 말라"고 부탁을 한 겁니다. 그 스님이 하는 말이 "어디 가서 문수보살을 친견했다는 말을 하지 말라"고 했습니다. 그러니까 문수보살이 뜻이 있어서 문둥병 환자로 화현해가지고 거기에 와서 대접을 받으면서, 그 공덕으로 그 다음해에 아들이 태어났습니다.

그래서 이름도 문수보살의 문수를 쓸까 하다가, 너무 좀 외람되다 그래서 빼어날 '수'자를 써서 어사 박문수가 태어난 겁니다.

그리고 그 어사 박문수가 쭉 활동을 많이 하는데, 또 하나는 조선왕조 시대에 사찰에 있는 스님들 시켜서 사역을 많이 시킨 모양입니다. 그런데 이것은 순조 대왕의 환생에 관련된 얘기인데, 팔공산 파계사에 용파 대사가 있습니다. 용파 대사가 사찰의 사역을 적게 하려고 궁궐을 찾아가고자 얘기하기 위해 서울로 올라왔습니다. 그런데 3년이 지나도 인연이 닿지 않아서, 그동안 물장사를 해서 먹고 산 거지요. 그때 정조 대왕의 꿈에 남대문 어디에 가니까 황룡이 이렇게 얽혀있는 꿈을 꾼 거에요. 그래서 신하를 보내보니까 용파 대사가 낯설게 있는 거에요. 이름이 용, '용'자니까. 그래서 모시고 들어와서 사정을 듣고 얘기하니까 정조 대왕이 사역하는 건 내가 해결해줄 테니까 한 가지 원이 있는데, 그것은 내가 지금 자식이 없으니 자식이 있으면 좋겠다며 백일기도를 부탁합니다.

용파 스님은 금강산 만해암에 있던 농산 스님이 그때 서울로 와서 있었는데, 정조 대왕께 얘기해서 농산 스님과 둘이 백일기도를 하겠습니다 하니까 마음대로 하라고 합니다. 그래가지고 두 스님이 정조 대왕의 자손을 위해서 백일기도에 들어갔습니다. 70일이 지났는데, 아무리 봐도 왕 재목이 없는 거에요. 그래서 용파 스님이 생각하기를, 용파 스님 본인이나 농산 스님 둘 중에 한 사람이 죽어서 다시 태어나야겠다고 판단을 한 거에요. 그래서 용파 스님은 농산 스님께 편지를

셨습니다. 북한산 금선암에서 기도를 하고 있었는데……. 전후 사정을 얘기하며 하는 얘기가 나는 지금 본사에 일이 있어서 죽지 못하니, 당신이 좀 일찍 가서 왕으로 다시 태어나서 불교도 중흥시키고, 왕조의 일을 돕는 게 어떻겠느냐 하고 편지를 쓴 겁니다. 농산 스님이 그것을 보고 수락을 한 후에 결심을 하고 편지 답장에 쓰기를, 회향하는 날 보자 그랬습니다.

그래서 입적하기 전에 '아 내가 망건을 쓰고 40년을 살아야겠구나' 그랬어요. 그것은 왕 노릇을 하느라 40년을 보내야 된다 그런 뜻으로 얘기한 거지요. 순조 대왕이 40년을 한 겁니다. 그리고 정조 대왕과 그 왕비의 꿈에 현몽을 한 겁니다. 그런데 금선암에서 회향하는 날 농산 스님이 입적을 했다 하니까, 정조 대왕이 놀라서 용파 스님을 오라고 한 겁니다. 그래서 용파 스님은 본인이 농산 스님에게 쓴 편지 사본과 농산 스님의 답장, 본인이 회향하는 날 입적하겠다고 얘기한, 그 편지 둘을 가지고 와서 정조 대왕께 보여드렸습니다. 그래서 농산 스님이 다시 태어나서 순조 대왕이 되었다는 것을 확실히 말씀하고자 경봉 스님께서는 책에 쓰신 겁니다.

현상세계에서 보면, 윤회는 있는 겁니다. 불이의 세계, 그런데 이것은 워낙 꿈속이고, 그림자 속 같은 세계지요. 그러나 진여세계에는 윤회가 없는 겁니다. 그러니까 우리는 직지인심 견성성불해서 깨닫고 진여수연으로 나가면서 인과에 불매하고, 성불로 회향하고 성불하면 중생을 구제하는 데로 회향을 해야 됩니다. 그러니까 견성을 하고 진여수연을 하면서 열 가지 보살도를 행하는 겁니다. 보시, 지계, 인욕, 정진, 선정, 지혜, 방편, 서원, 10력, 비지. 이런 걸로 쭉 회향해 나가면, 제8지인 부동지에서 거친 번뇌가 다 사라지고, 더 나아가서 오십 번째 지위인 법운지에서 미세한 번뇌까지 다 없어져서 그 후에 관세음보살, 보현보살, 문수보살과 같은 보살이 되고, 그 다음에 나아가서 부처님, 석가모니불이나 아미타불, 미륵존불 같은 부처가 된다고 석가모니 부처께서 말씀하시고 있는 것입니다.

여기까지 하고, 모두 직지인심 견성성불 하십시요.

제8회 꿈꾸고 있는 부처가 중생이다

보살대중 여러분 반갑습니다. 석가모니불께 경배찬탄합니다. (합장) 미륵존불.

탁, 탁, 탁! (죽비를 침)

오늘 깨달음 세계 제8회 본각선교원 목요법회 주제는 '꿈꾸고 있는 부처가 중생이다'입니다.

요즈음 목요법회를 하고 있는 군포시 산본 수리산길에는 진달래꽃, 개나리, 산수유 등이 활짝 피고, 게다가 산벚꽃까지 흐드러지게 펴서 완연히 봄을 나타내고 있습니다.

또 문제의 코로나도 우리나라에서 조금씩 잦아들고, 21대 총선도 끝나서 많은 사람들이 편안한 마음으로 봄날을 맞이할 수 있을 것 같습니다.

"꿈꾸고 있는 부처가 중생이다" 하는 것은 말을 바꾸면, "중생이 꿈을 깨면 부처다" 그런 얘기입니다. 이 우주의 실상은 모두 부처뿐입니다. 완전히 깨어있는 자가 부처입니다. 그래서 우리 중생은 본래 성불이라고 그렇게 얘기하지요. 그래서 일불성도, 하나의 부처님이 성도를 하면 일체중생이 이미 성불한 것이다 그렇게 얘기를 합니다. 우리는 지금 도반으로서 미륵존불 시대에 견성성불의 길을 함께 가고 있습니다. 저도 오랜 방황을 했습니다만, 사람에 따라 견성체험은 다른데, 이 법회가 시작될 때 보면, 시절인연이 닿은 사람은 첫 법회에서 은호 스님의 애기에서 견성한 분이 나오시기도 했습니다. 여러 차례가 지나가도 아직 깨닫지 못하신 분은 많이 답답하고 그러실 텐데, 이것을 비유하자면 그렇습니다. 많은 경우에 서울에서 인천을 가려고 하는데, 그 방향을 잘 잡고 가야하지만, 시작은 그렇게 했으나 실제는 지금 강릉이나, 대전 지방에 가서 헤매고 방황하고 있는 분이 많이 계십니다. 그래서 상당히 안타까운 일이고, 방황을 줄이는 데, 제가 도반으로서 좀 도움을 드릴 수 있는 바, 부처님은 확실히 '내가 누구냐' 했을 때 '마음이 부처다' 그렇게 말씀하셨습니다.

탁, 탁, 탁!

그래서 오늘은 깨달음에 이르는 데 기본적인 문제를 중심으로 해서 살펴보도록 하겠습니다. 첫 번째는 우리가 견성성불에 길로 가려면, 절대긍정의 발심을 하고 지극정성의 간절한 마음으로, 선교일치로 직지인심을 해야 합니다. 직관자심해야 합니다. 그래서 지혜안, 정법안장 그런 안목이 생겨야 됩니다. 자기 마음을 꿰뚫어보는 마음 그런 것이 생겨나야 된다 그런 말입니다.

두 번째 살펴볼 것은, 보통 우리 중생의 출발점이 잘못되어 있는 것입니다. 어떻게 잘못되었냐면, 우리들은 보통 학교 공부나 사회생활 하듯이, 중생에서 출발해서 부처가 되는 것이다 이런 착각을 하고 있는 것입니다. 출발점이 잘못된 것이지요. 그게 아니라 우리는 본래 부처가 되어 있는데, 그것을 깨닫지 못하고 있으니까 출발점을 부처로 잡아야 됩니다. 그래서 의상 조사는 '행행도처 지지발처' 그렇게 애기했습니다. '가고 가도 이르는 곳이 그 출발점이다' 그런 뜻입니다. 우리 자신이 부처임을 확인하면 되는 겁니다. 우리는 꿈꾸고 있는 부처인데, 그걸 모르고, 부처인 줄 잊어버리고 있기 때문에, 본인이 부처라는 것을, 잠을 깨고 눈을 떠서 확인하면 되는 거다 그렇게 말할 수 있습니다.

그렇기 때문에, 절대진리로 가는 문은 따로 없어서 무문관이라고도 그러고, 방법도 따로 있는 것이 아닙니다. 무문관이라는 뜻은 따로 문도 없고, 방법도 없다 그런 거지요. 그래서 보편타당한 절대적인 진리는 언제나 어디에나 있고, 지금 여기에 늘 있습니다. 시공간을 떠난 지금 여기에 언제나 있는 것이 진여이고, 진리고 부처님입니다. 그래서 우리는 지금 여기 있는 대로 보고, 들리는 대로 들어서 그 보고 듣는 것을 알아채는 마음, 알아채는 자, 주시자를 확인하면 됩니다. 그래서 '촉목보리(觸目菩提)'다 그렇게 얘기합니다. 눈이 닿는 것마다 깨달음이다 하는 뜻이죠.

세 번째는 진리인 나를 찾는 방향이 스스로 마음먹는 방향이 잘못된 경우가 많이 있습니다. 우리는 흔히 눈으로 보고, 귀로 듣듯이 마음이 밖으로 향해 있는데, 밖으로 향해서 물건의 모양을 보거나 소리를 듣거나 하는 것을 그대로 보지 말고 돌이켜서 비춰봐야 합니다. 그것을 막향외멱(寞向外覓), 밖으로 향해서 찾지 마라. 회광반조(廻光返照), 마음의 빛을 돌이켜서 거울 비추듯이 마음을 비춰봐라. 시즉견성, 그렇게 하면 견성한다 그렇게 얘기합니다.

또 하나 주의할 것은, 우리가 견성체험을 하려고 하는데, 우리가 생각의 차원으로 하려는 경우가 많이 있습니다. 특히 학문하는 경우가 그런데, 저도 학문하는 사람이라 그런 방황을 많이 했습니다. 진여를 깨달으라는데, 생각의 차원으로는 안 되고, 생각의 차원을 넘어서 분별 집착 망상을 끊어서 판단중지를 해야 됩니다. 학문하는 교수님들이나 의사나 또는 변호사 이렇게 특히 인텔리전트라고 하는 사람들은 자기 생각으로 똑똑하게 정리하면 견성할 것이라고 생각하는 사람들이 있는데, 생각의 차원을 떠나지 않으면 견성은 불가능한 일입니다(不可思議). 그래서 옛날 선사들은 깨달음은 '지부지(知不知)는 도에 속하지 않는다', 알고 모르는 것은 도에 속하지 않는다 그렇게 얘기했습니다. 뇌기능이 멈추다시피 델타파로 생각이 멈춰야 합니다.

지식이 많고 적고는 깨달음과 관계가 없다는 그런 것입니다. 생각의 차원을 뛰어넘어야 됩니다. 그리고 또 하나 유의할 것은, 그리스 신화에 Pygmalion Effect라는 것이 있습니다. 그리스 신화에 피그말리온이 갈라테아라는 여인의 조각상을 만드는데, 진실한 마음으로 사랑하고 아끼니까, 나중에 아프로디테 신이 거기에 미적 생명을 불어넣었습니다. 그래서 마음이 원하는 대로 이루어지는 것이 피그말리온 효과입니다. 일이 잘 풀릴 것으로 기대하면 잘 풀리고, 안 풀릴 것으로 기대하면 안 풀린다는 효과, 그게 피그말리온 효과입니다.

그래서 이는 간절히 소망하면 불가능한 일도 이룰 수 있다는 자기충족적 예언이며, 간절히 원하고 기대하면서 정신집중을 하면 모두를 이룰 수 있다는 것은 동서양을 막론하고 모두 같다고 할 수 있습니다. 부처님 말씀도 그렇고, 피그말리온 효과도 그렇습니다.

탁, 탁, 탁!

우리가 견성체험을 하려면, 직지인심 견성성불 이심전심 하라고 그럽니다. 말하자면 직지선이나 조사선을 나타내는 말인데, 조사선을 공부하려면 선지식의 말을 듣다가 언하에 대오하는 경우도 있고, 어떤 물건의 소리, 물건 떨어지는 소리, 대나무에 뭐 부딪히는 소리, 새벽녘의 닭울음소리 이러한 소리를 듣고 깨닫는 사람이 많이 있습니다.

그래서 경전에는 '문종성 번뇌단'이라는 말도 있고, 능엄경에 나오는 25가지 깨닫는 방법 중에 가장 중요한 것이 반문문성 이근원통(反聞聞聲 耳根圓通), 우리가 어떤 소리를 들을 때 듣는 소리를 돌이켜서 듣고, 그래서 돌이켜 듣는 소리를 듣는 자가 귀의 뿌리, 이식의 뿌리로 완전 통했을 때 견성할 수 있다 그런 거지요. '문종성 번뇌단 반문문성 이근원통' 그렇게 말합니다. 견성은 진여자성을 보는 것이고, 진여일심을 보는 것입니다. 그래서 부처님이나 또는 마조 대사는 즉심시불(即心是佛)이라고 얘기했습니다. 또 마조 대사는 때에 따라서 비심비불(非心非佛) 그렇게도 얘기했고, 혜능 조사는 본래무일물(本來無一物)이라고 얘기했습니다. 그리고 황벽 선사는 단능무심 변시구경, 단지 무심(無心)할 수 있으면, 궁극의 경지이다 그런 뜻입니다.

그러니까 우리가 꿈에서 깨서 눈을 뜨고, 영통해서 자기를 깨닫고 자기 자신을 이기는 승리자가 되도록 결심을 단단히 해야 된다 그렇게 말할 수 있습니다.

선의 기원은 물론 석가세존의 직지선으로부터, 삼처전심으로부터 나왔지만, 본격적으로 조사선이라는 말이 쓰이기 시작한 것은, 달마 대사가 중국에 와서 시작한 것이고(여래선+ 조사선), 그게 육조 혜능에 와서 정착을 했고, 조사선의 중흥조는 마조도일(馬祖道一) 선사라고 얘기합니다. 마조도일 선사 밑에는 입실 제자, 즉 조실방에 들어와서 깨달음을 얻으신 선사만 139명이나 되었다고 합니다. 그 후에 조사선이 발전되어서 대혜 종고 스님이 간화선을 창출했고, 그에 반대되는 개념이 묵조선입니다. 마조도일로부터 백장회해, 또 황벽 희운, 임제 스님 이 분들하고, 또 하나 마조도일 선사의 제자 중에 남전보원 선사가 있습니다. 남전보원 선사의 제자가 그 유명한 조주 선사 입니다. 조주 고불이라고 할 정도로 유명한 분이지요. 그러니까 조사선에서 유명한 분은, 일반적으로 할 제일인 임제 스님과 조주 고불이라는 조주 스님을 꼽습니다.

선지식들이 제자를 깨닫게 하는 방법은 단도직입으로 하는 조사선적인 파주(把住)와 노파심적으로 일깨우는 여래선적 방행(放行)이 있습니다.

그러면 우리가 조주 스님에 관련된 여러 가지 사자상승과 여러 가지 화두 등을 살펴봄으로써 직지인심 견성성불하는데 도움이 되고자 합니다.

조주 종심이라고 불리는 조주 선사는 조주성 관음원에 살아서 조주 종심 화상이라는 이름이 생긴 당나라 때 유명한 선사이십니다. 이 분은 14살 때 남전 보원 선사를 찾아갔습니다. 그런데 이른 봄이라 날씨가 차서 그런지, 남전 보원 선사가 양지바른 곳에서 낮잠을 자고 있었습니다. 그러다 깨어서 14살 먹은 조주가 오니까 어디서 왔느냐 묻습니다. 서상원에서 왔습니다 하니까, 서상이라는 것은 상서로운 코끼리인데, 그럼 서상은 이미 보았겠군. 14살 먹은 이 소년이 "서상은 모릅니다만, 여래는 보았습니다." 그러는 거예요. 서상은 못 봤지만 지금 누워계신 여래, 와여래, 즉 남존 보원 선사를 여래라고 칭하면서, 와여래를 보았습니다 그런 겁니다. 이 소년이 보통 사람이 아닌 거지요. 남존 보원 선사는 이놈이 보통 놈이 아니고, 선기가 아주 뛰어난 놈이겠구나 하면서 "너에게 스승이 있느냐" 묻습니다.

그러니까 "아직 추운 계절인데, 스승님께서는 건강하시니, 무엇보다 다행입니다." 지금 찾아와서 이쪽의 승낙을 받아야 제자가 될 텐데, 오고 가는 말속에 주인정신이 투철해서 이러한 표현으로 선기가 번뜩여서 사제관계를 맺어 놓고 있는 겁니다.

거기에서 남존 보원 선사가 하나의 법기로 본 거지요. 그래서 조주 스님은 40년 동안 남존 보원 선사 밑에서 시중도 들고, 수행을 했습니다. 남존 보원 선사가 입적하실 때까지 계속 모셨습니다. 그때가 조주 스님이 60세였습니다. 옛날 60세면 할아버지로 환갑 때니까 아주 늙었을 텐데, 이 분은 그때부터 전국의 사찰이나 산을 편력하면서 수도를 하는 피나는 노력을 했습니다. 그래서 그 유명한 조주 스님이 된 건데, 이 분은 승찬 대사의 신심명이라는 책을 좋아했습니다. 그래서 120세까지 사시면서 많은 선화자를 지도했는데, 임제 스님은 "할"로 거친 방법을 많이 썼는데, 조주 스님은 아주 부드럽고 자상하게 그렇게 했습니다.

그래서 승찬 대사의 신심명에 아주 유명한 구절이 있습니다. 그게 뭐냐면, 지도무난 유혐간택(有嫌揀擇), 지극한 도 절대적인 진리는 어렵지 않으니, 오직 문제가 간택하고 선택하고 분별 집착하는 데 있다 그렇게 말합니다. 단막증애, 다만 애증만 없으면 통연명백하다.

좋아하고 싫어하고 사랑하고 미워하는 것만 없으면, 그 진리가 명백하고 투명하다는 거지요. 이 조주의 지도무난 화칙은 벽암록이라는 유명한 선사들의 말씀과 일을 적은 책의 제2칙에 '조주지도무난' 그렇게 되어 있습니다.

거기에 보면, 조주 스님께서 지도무난에 대해 한 말씀 하셨는데, 처음 운수납자가 법거량을 해오는 게 있습니다. 질문을 하는 거지요. 그 제자가 스님은 절대경지에 사로잡힙니까? 하고 물으니까, 나는 절대경지에는 사로잡히지 않는다고 대답합니다. 현존하는 자연만물이 지극한 도의 모습이다 그렇게 얘기를 했습니다. 그 다음에 조주 스님은 제자들에게 불법의 대의가 뭐냐 또는 '조사서래의', 달마 조사가 서쪽에서 온 뜻이 뭐냐? 그런 화두도 던지셨지만, 또 하나는 무'無'자 화두도 많이 택해서 전해주었습니다. 그래서 조주 스님이 하신 말씀 중에 이런 것이 있습니다. 어떤 운수납자가 개에게 불성이 있습니까 그렇게 묻는 겁니다. 그러니까 조주 스님이 '無' 그랬습니다. 불성이 없다는 거지요. 이 세상의 모든 존재는 다 불성이 있다고 했는데, 왜 무라고 했을까? 이렇게 던져주는 거지요. 또 어떤 사람이 와서 "개에게 불성이 없습니까?" 하고 물으니까, 이때는 '有' 그렇게 대답했습니다. 그래서 말에 구애받지 않고, 대자연에 나오는 그대로를 받아들일 줄 아는 그런 것을 얘기했습니다. 그래서 조주 스님을 비롯해서 많은 사람들이 여러 가지 불법대의나 또는 조사서래의를 가지고 얘기했는데, 조주 스님이 한때 법당에 앉아계신데, 어떤 운수납자가 찾아왔습니다. 그래서 "언제 여기 와본 적이 있느냐?" 하고 물으니까 "있습니다." 그러니까, 끽따거, "차나 마시고 가게." 그랬습니다.

또 다른 사람이 와서, 여기에 와본 적이 있느냐 하고 물으니까 "없습니다." 그랬습니다. 앞사람은 있다고 하고, 나중 사람은 없다고 그랬습니다. 그런데도 차나 마시고 가게(喫茶去. 끽다거) 그랬습니다. 그랬더니 거기에 원주가 "아니 스님, 왔다간 사람도 끽따거, 안 왔다간 사람도 끽따거 그러면 어떡합니까?" 하니까, "원주도 차나 마시게(끽다거)" 그렇게 얘기했습니다.

그리고 조사서래의가 뭡니까? 달마 조사가 서쪽에서 온 뜻이 뭡니까? 그래서 정전백수자, 뜰 앞에 잣나무니라 그랬습니다. 그밖에 그와 같은 화두와 관련된 말씀 중에 뜰 앞에 잣나무다. 또 어떤 사람이 와서 조사서래의가 뭐냐고 물으니까, "판치생모(앞이빨에 털이 났다)"고 했습니다. 선사들의 얘기는 우리가 주인정신을 갖고, 잘 판단하지 않으면 안 됩니다. 그래서 뜰 앞에 잣나무다, 판치생모다, 마른 똥막대기다, 누가 불두에 황금똥 쌌나, 동산수상행(동산이 물위로 간다). 1+2=5이다 그렇게 얘기합니다. 그럼 그것을 아무 생각이나 헤아림 없이 받아들이면 그게 '각'입니다. 그런데, 많은 사람들은 자연적으로 보이는 것, 즉 본체나 본성이 저절로 나타나는 것을 보는 게 아니라, 거기에 생각을 붙이고 헤아림을 붙이니까 그게 꿈이 되는 겁니다. 1+2=3인데, 왜 5이지? 그렇게 생각하기 시작하면 깨달음으로부터 십만 팔천 리 먼 거다 그렇게 말할 수 있습니다.

그러니까 이 우주의 절대적인 자리는 법신불, 본체본성이라고 해서 그것이 움직여서 그 모습 그대로를 보여주는 것, 일차작용이라고 말할 수 있고, 일차작용으로 우리가 알면, 알아채면 그게 각인데, 거기다 생각이나 헤아림을 붙여서 이차작용이 들어가면 그걸 망상, 꿈이라고 합니다. 일차작용으로 아는 것을 primary, 이차작용으로 아는 것을 secondary라고 그럽니다. Secondary로 아는 것은 꿈이고, primary라고 알아채는 것은 깨달음이어서, 현실로 일어나는 여러 가지를 보면서 각몽일여, 불이심은 절대와 상대인 이분법, 이것이 하나로서 각몽불이다. 각과 몽이 둘이 아니다. 각몽교몽하라 그럽니다. 꿈에서 깨어나서 꿈이라고 알아채면 그게 깨달음이다 그렇게 말할 수 있습니다.

탁, 탁, 탁!

그래서 오늘은 꿈꾸고 있는 부처가 중생이다 그랬습니다. 그래서 중생은 꿈꾸는 부처이니까 스스로 형상의 세계가 환생환멸하니 꿈인 줄 늘 깨어서 확인하거나, 아니면 옆에 도반 같은 분들이 그 사람을 흔들어 깨워서 깨어나 있게 하고, 깨어 있는 삶을 살아가게 해야 합니다.

보살 대중 여러분, 모두 직지인심 견성성불 하십시요.

제9회 진여자성 찾는 심우도(尋牛圖)

보살대중 여러분 반갑습니다. 석가모니불께 경배찬탄합니다. (합장) 미륵존불!

탁, 탁, 탁!

오늘 깨달음 세계 제9회 목요법회 주제는 "진여자성 찾는 심우도, 소를 찾아가는 그림"입니다.

우리의 진여자성인 본래 면목을 찾기를, 목동이 소를 찾아타고 집으로 돌아오는 내용을 십 단계 그림으로 나타낸 것으로, 열 단계라 해서 십우도라고도 애기합니다.

심우도에 대해서는 여러 가지가 있지만, 그 중에서도 중국 송나라 때 임제종 양기파인 곽암 선사가 그린 것이 대표적이라고 그렇게 말할 수 있습니다.

소에 대한 얘기는 많이 있습니다. 우리나라 사람들은 좋아하는 가축으로 소, 좋아하는 나무로는 소나무를 많이 찾고 그럽니다. 특히 우리나라의 소나무는 유명해서 일본 국보 1호인 교류지의 미륵보살 반가사유상은 하도 신비로워서, 독일의 철학자 칼 야스퍼스가 일본열도가 완전히 침몰해서 모든 문화재가 바다 밑으로 다 가라앉을 경우, 우선 첫째 건져야 될 게 미륵보살 반가사유상이라고 그렇게 얘기했는데, 이것은 우리나라의 적송으로 만든 것이고, 신비롭기가 이루 말할 수 없어 세계 최고라고 합니다.

일본 미륵보살 반가사유상은 목조인데, 우리나라 국보 78호는 같은 것이지만 금동으로 되어있는 차이가 있습니다. 문화가 같았다는 얘기지요. 백제, 신라, 고구려와 연계되어서 그 불상을 만들었다고 얘기를 합니다.

소는 우리 가축, 특히 농경문화에 있어서는 아주 필요한 존재로, 인간과 친밀하고, 일도 하고, 물건도 운반하고, 번성도 하고, 이런 면으로 아주 친하고 꼭 필요한 존재인데, 구도자에 있어서는 호시우보(虎視牛步)라고 해서 평소에는 소처럼 걷고, 눈은 호랑이 눈처럼 떠라, 그래야 필요한 경우에 호랑이가 짐승을 잡아먹듯이 자기 목적을 달성할 수 있다. 그러한 뜻으로 얘기를 합니다.

법화경에는 비유품에 삼계화택의 비유라는 게 있습니다. 인간이 사는 세계, 욕계 색계 무색계까지 합쳐서 그것이 마치 불난 집과 같다는 겁니다. 우리 중생들은 지금 불난 집에 살고 있는 것과 마찬가지다. 그런데 어느 장자가 어디 갔다 와보니까 자기 집이 불이 나있는 겁니다. 타고 있는 거에요. 난리가 나서 사람들이 불을 끄려고 하는데, 어린 자식들은 불이

난 줄도 모르고 불난 집 안에서 장난을 치고 있는 거예요. 불이 났다고 얘기해도 이 아이들이 못 알아 들어요. 그때 아이디어를 내서, 너희들에게 이리로 나오면 양 메운 수레, 사슴 메운 수레, 소 메운 수레를 주겠다 그렇게 얘기를 합니다.

양 수레, 사슴 수레, 소 수레는 흔히 불교에 성인 그룹에 속하는 성문 연각 보살을 상징합니다. 그래서 아이들은 불난 줄도 모르고 있다가, 장난감 준다는 말에 밖으로 나와서 장난감을 달라고 합니다. 그때 장자는 자식들에게 양 메운 수레, 사슴 메운 수레, 소 메운 수레들을 주는 게 아니라, 모두 흰 소 메운 수레를 줍니다. 인도에서는 소를 신성시하는데, 소 중에서도 흰 소를 최고로 치고, 인도에서는 소를 함부로 못 건드리게 하고, 길을 갈 때도 소가 있으면 사람이나 차가 비켜갈 정도로 존중을 받는데, 소가 보살을 상징한다면, 흰 소는 부처님을 상징해서 유일불승, 오직 부처님이 이 세상에 오신 것은 모든 중생을 깨쳐서 성불하게 하고자, 견성성불하게 하고자 하는 데 있다. 그래서 그것을 삼계화택의 비유라 하고, 백우거의 비유라고도 얘기를 합니다.

또 소는 진리를 상징하는 경우가 많기 때문에, 맨 처음에 얘기했듯이 호은 스님이 대처승이고 나이가 많고 사판승이었는데, 80년 전에 지리산 천은사에서 선법회를 크게 했습니다. 그때 호은 스님이 자기도 거기 끼어달라고 했는데, 그때 최혜암 스님이 소를 타고 소를 찾는 뜻이 뭐냐? 이렇게 물어서 얘기가 진행이 되었는데, 그때 조실 스님이었던 통도사의 박성월 스님이 나한테 다시 한 번 정식으로 물어라 합니다.

그래서 최혜암 스님이 의발을 갖추고 삼배를 하고 소 타고 소 찾는 소리가 무슨 뜻입니까? 이렇게 물어본 거예요. 그러니까 박성월 스님이 "찾는 소는 그만두고, 타는 소를 가져와라."고 얘기합니다. 그런데 거기에 선만 전적으로 해오던 선사, 선화자들이 많이 있었는데, 아무도 답을 못했는데, 대처승이고 사판승 노인인 호은 스님만이 "타는 소를 찾았다."고 하면서 춤을 추는 거예요. 그래서 박성월 스님이 조실방으로 데리고 가서 여러 가지 점검을 하고 나왔지요. 그래서 인가를 했습니다. 호은 스님이 오도송을 지었는데, '홀문기우멱우성 돈각즉시주인공 불생불멸 법성신 부증불감 반야봉' 이렇게 읊었습니다. '홀연히 소타고 소 찾는다는 소리를 들었네. 홀연 깨닫고 보니, 내가 주인공일세. 불생불멸하는 게 법신불이고, 늘지도 줄지도 않는 게 반야의 지혜다' 이렇게 오도송을 얘기했습니다.

그리고 얘기하기를 박성월 스님께서 거기에 참여시켜주고, 이런 좋은 가르침을 주셔서 내가 수없이 도는 무명의 겁 속에서 윤회할 것을 면하게 되었다며 삼배를 하고 아주 고마워했습니다. 그게 소를 타고 소 찾기, 그러니까 깨달음은 아주 어렵다고 생각하는 분도 많고, 또 평생 화두를 들어도 깨닫지 못하는 스님도 많고, 어떤 분은 세수하다 코 만지기보다 쉽다 또는 소타고 소 찾기다, 바다에 있는 물고기가 물 찾는 것과 같다는 비유도 있어서, 기본적으로는 어렵지 않다는 겁니다. 그래서 출발점부터 잘해서 방향을 잘못 잡지 않으면 깨달을 수 있습니다. 이 마조어록에도 '소 키우기' 라는 그러한 회칙이 있습니다. 그건 뭐냐면, 마조 대사가 공양간에 들어갔는데 거기에 있는 석공 스님에게 물었습니다. "뭘 하고 있느냐?" 하니까 "소 키우기를 하고 있습니다." 그럽니다. 그래 어떻게 키우느냐 하니까, 소가 곡식밭에 들어가면 코뚜레를 잡아끌어서 어거합니다 하고 대답을 합니다. 그래서 마조 대사가 "아, 소를 잘 키우고 있구만." 그럽니다. 이건 뭐냐면, (손짓으로 주먹, 잘했다는 칭찬은 이런 거지요~ 손으로 앞을 가리킴) 그게 마조록에 나오는 '소 키우기'라는 선의 회칙이었습니다.

탁, 탁, 탁!

그러면 본격적으로 진여자성 찾는 심우도, 십우도를 보면,

여기에서 소는 진여자성이나, 자기의 본래 면목을 상징한다고 말할 수 있습니다.

이런 심우도에 첫 번째는 심우입니다. 그러니까 목동이 잃어버린 소를 찾으러 나서는 겁니다. 우리가 부처님 공부 시작할 때 방황하면서도 찾는 것과 같지요. 밖으로 찾는 거지요.

2단계는 견적입니다. 소의 흔적, 소의 발자국을 찾는 겁니다.

3단계는 그 발자국을 따라가다 보면, 견우(見牛), 소를 본 거지요.

4단계는 득우라고 그럽니다. 소를 잡는 거지요. 쇠고삐를 잡는 거.

5단계는 목우(牧牛)라고 그럽니다. 목동이라고 하고, 또 목자라는 말처럼 소를 길들이는 거죠. 우리가 보통 마음공부하고 수행한다는 개념이 이 목우가 됩니다. 처음에 볼 때 소는 까맸는데, 목우의 과정을 거치고 나면, 소의 색깔을 그릴 때 반은 검게, 반은 하얗게 그리는 게 보통입니다. 그만큼 알게 모르게 변화되었다는 거지요.

6단계는 기우귀가, 소를 타고 집으로 돌아오는 겁니다. 이 때 소는 하얗게 변해있습니다. 아까 삼계화택의 비유에서 얘기한 것처럼 소중에도 흰 소, 유일불승을 비유해서 그렇게 쓰는 것입니다.

7단계는 망우존인(忘牛存人), 소를 잊어버리고 사람만 있는 것입니다. 집에 돌아왔으니까 이제 소 생각을 할 필요가 없고, 자기가 찾던 것이 자기한테 와있으니까 소는 잊어버리는 겁니다. 밖에서 찾을 게 없었던 거지요.

8단계는 인우구망(人牛俱忘), 소를 잊어버리고 사람까지 잊어버리니까 이건 완전히 분별을 벗어나서 무아(無我)의 경지에 간 거지요. 이 우주의 이치는 불이중도라고 해서 불이법입니다. 궁극의 진리는 불이법인데, 우리가 고민하고 그러는 것은 이분법(二分法), 이분념(二分念)으로 인한 겁니다. 우리가 어떤 물건에 이름을 붙이거나 생각을 해가지고 둘로 나누는 거. 그 다음에 생사라든지 유무, 시비, 선악, 이렇게 둘로 나눠 가지고 좋아하고 미워하고 이러는 게 번뇌망상인데, 이분념법 또는 이분법이라고 하죠.

그래서 상대세계가 번뇌망상이 되는 건데……. 인우구망이 되어서 완전히 분별심을 벗어나는 거죠. 그래서 분별 집착 망상으로 인한 차별세계를 떠나서, 방하착해서 불이법의 세계로 넘어가는 그런 것이 인우구망이죠.

그 다음 9단계에 반본환원(返本還源), 아무것도 찾지 않았던 이전으로 돌아가서 자기가 자기 고향집, 자기집에 완전히 돌아와 있는 겁니다. 전에 내가 얘기했듯이 연야달다의 견성체험과 똑같은 거지요. 반본환원이라고 해서 찾기 이전, 주객미분전으로 돌아오고, 부모미생전, 천지미분전으로 돌아오는 거지요. 그 다음 10단계 입전수수, 보통 사람으로 살아가는 겁니다. 시장에도 나가고 사회생활도 하고, 직장도 나가고 이런 것을 입전수수라고 합니다. 거리 생활에 어울리면서 살아가는 거지요. 다만 뭐가 다르냐, 심우도를 통해서 산의 정상에 가서 전체의 진리를 보고 왔기 때문에, 진여수연성으로 인과에 불매하게 되고, 소소영영하고, 성성적적하게 자유자재로 살아갈 수 있는 거죠.

그래서 이것이 우리가 견성성불하는 과정을 곽암 선사가 선의 심우도 또는 십우도로 설명했고, 절에 가면 십우도를 그린 벽화가 아주 많이 있습니다.

그래서 깨달음은 어렵지 않을 수 있는데, 이와 같은 선의 십우도와 맞춰서 화엄경에 선재동자의 수행단계를 53 선지식을 만나서 52 지위로 나누는데, 십신 십주 십행 십회향 그 다음에 십지입니다. 40부터 50까지가 십지인데, 그거와 맞먹습니다.

그것은 환희지, 기쁜 마음의 땅, 그런 지위, 티끌 이런 게 다 없어진 이구지, 그 다음에 발광지, 빛이 나는 경지, 네 번째는 염혜지, 불꽃이 일어나서 따뜻하게 하는 그러한 지위. 다섯 번째는 난승지 - 이기기가 어려운 그러한 경지. 그 다음에 원행지, 그런 것을 뛰어넘어서 번뇌가 찾아오기 어려운 멀리 가있는 경지. 그 다음에 현전지, 진여가 눈앞에 나타나는 경지. 그 다음에 48번째 지위가 부동지입니다. 부동지까지 가면, 다시는 보통의 그러한 범부처럼 번뇌로 후퇴할 가능성이 없어지고 완전히 성인 쪽으로 가는 거지요. 49위가 선혜지, 착한 지혜만이 있는 그러니까 자비롭고 지혜로움이고, 50위가 법운지입니다. 법의 구름, 진리의 구름만이 있다. 하늘에 구름이 있어도 구름이 있는 둥 마는 둥, 청천백일과 같은 그런 것.

그 위 51위가 등각보살, 문수, 보현, 관세음, 대세지, 지장, 미륵보살처럼 등각보살이 있고, 52위가 묘각이어서 부처님의 지위다 그렇게 말할 수 있습니다.

이와 같은 것은 십보살도와 관계가 있습니다. 보시, 지계, 인욕, 정진, 선정, 지혜, 방편, 서원, 10력, 자비희사지 이러한 십보살도를 지켜야 된다. 우리가 견성을 했더라도 그걸 바탕으로 향상일로를 가서 십보살도를 행할 때 성불제중의 길로 간다 이런 애기입니다.

깨달음은 어려울 수도 있고 쉬울 수도 있지만, 어렵지 않다는 예가 하나 있는데, 석가세존 당시에 아주 순수한 마음을 가지고 있는 어린이가 있었습니다. 그리고 지금 여기를 잊지 말라고 스승인 사리불이 애기했는데, 그 어린이가 7살인 빤디따였습니다. 7살이었는데 사리불이 잘 지도하고 해서 8일 만에 깨쳐서 아라한의 지위에 갔습니다. 저 같은 범부에 비하면 아주 탁월한 거지요. 물론 거기에는 여러 가지 깨닫게 하기 위한 석가세존의 배려가 있었습니다. 자비로운 삼매에 들고,

지혜를 발휘하게 하는 석가세존의 배려가 있긴 했지만, 7살 먹은 어린이가 8일 만에 깨쳤다는 얘기가 되겠습니다.

그래서 중요한 것은 지금 여기입니다. 지금 여기뿐입니다. 진리는 보편타당한 것이어서 언제나 어디에나 있습니다. 바다에 사는 물고기가 물을 찾을 필요가 따로 없듯이, 확인만 하면 되는 겁니다. 지금 여기는 시간과 공간이 없는 겁니다. 시간과 공간은 생각하기 위한 범주로 만들어놓은 것이지, 워낙 불이중도의 석가모니 부처님 법에는 없는 그런 것이다 그렇게 말할 수가 있습니다.

우리는 요새 조금 좋아지긴 했지만, 아직 코로나19 사태로 많이들 고생하고 있습니다. 지금 목요법회를 하고 있는 이 군포 산본 수리산에는 라일락꽃이 막 피어서 향기를 내뿜고, 또 여기에는 유명하고 넓은 철쭉 동산이 있어서 4월말 5월초에는 철쭉축제가 열리는데, 올해는 동산이 폐쇄가 되고 그래서 축제도 폐지되어서 볼 수는 없습니다만, 여하튼 그러한 경우가 우리나라 뿐 아니라 전 세계상에 일어나는 대환란의 시대에 들어섰기 때문에 그런 겁니다. 그런데 우리는 여기서 선천상극의 시대를 뛰어넘어서 상생후천의 시대에 그러한 대동세계 지상선계, 미륵존불의 시대를 만들려면 많은 마음의 준비를 하고 생사를 뛰어넘는 견성성불의 길로 나아가지 않으면 안 됩니다.

그래서 다가온 미륵존불 시대를 맞이해서 "깨달음 아리랑"이라는 노래를 개사해 봤습니다. 아리랑은 워낙 의미가 "알이랑"입니다. '알'이라는 것은 알, 씨알, 한알, 한올, 한울 그래서 하느님, 부처님을 말합니다. 부처님, 법신불.

알이랑은 하느님과 함께, 부처님과 함께라는 그런 뜻이 됩니다. 미륵존불 시대를 위해서 약간 개사를 해서 제가 노래는 잘 못하지만, 한번 불러보겠습니다.

<깨달음 아리랑>
아리랑 아리랑 아미타불
아리랑 고개로 넘어간다
참 나 버리고 가시는 님은
십리도 못가서 발병난다

아리랑 아리랑 석가문불
깨달음 고개로 넘어갔다
청천 하늘엔 별도나 많고
중생가슴엔 수심도 많다
아리랑 아리랑 미륵존불
한마음 고개로 넘어간다
가자 가~자 알알이 가자
알아차리는 깨달음 세계

시청자 여러분!
수고하셨습니다. 모든 존재여 행복하소서.
모두 직지인심 견성성불 하십시요.

제10회 불계일심연기법(佛界一心緣起法)

보살대중 여러분 반갑습니다.
석가모니불께 경배찬탄합니다. (합장)
미륵존불!
오늘은 불기 2564년 부처님 오신날인데, 깨달음 세계 열번째 목요법회 주제는 불계일심 연기법입니다.
궁극적인 진리는 말길이 끊어진 언어도단이지만, 그래도 부처님 태어나신 날을 즈음해서 부처님이 대각하신 내용이 무엇인지 정확히 알아볼 필요가 있다고 생각합니다.

오늘은 불기 2564주년 불탄절, 부처님 오신날이지만, 불기는 부처님 탄생하신 날로부터 센 것이 아니라, 부처님 입멸하신 날로부터 계산했기 때문에 석가세존께서는 81세, 만으로 80세에 돌아가셨기 때문에 실제 부처님 탄생일은 그 80년 전인 2644년 전 BC 624년이 되겠습니다.

인류 역사에 있어서 일대사인연, 가장 큰 일은 석가세존께서 태어나시고 대각을 하시며, 그것을 인류평화를 위해서, 인류의 행복을 위해서, 인류의 고통을 없애기 위해서 널리 펴셨다는 일이다 그렇게 말할 수 있습니다.

석가세존께서는 수많은 전생이 있지만, 인도의 가비라국 정반왕과 마야 부인 사이에 싯다르타 태자로 태어나기 전에는 도솔천에 호명보살로 계시다가 입태를 하셨습니다.

그래서 입태를 하신 어머니, 마야 왕비께서 친정인 대바다하로 가시는 도중, 중간에 있는 모친의 정원 룸비니 공원에서 산기가 있어서 무우수를 잡고 있는 가운데 석가세존께서 옆으로 태어났다고 그럽니다. 종족명은 고담, 씨족은 석가족이었습니다. 어떻게 옆으로 태어났을까 하는 말도 있지만, 인도 크샤트리아 계급의 탄생 이야기입니다.

그래서 석가세존은 정반왕의 아들로 태어났는데, 어머님이 일주일 만에 돌아가셨습니다. 그래서 그 동생인 마하 파자파티 부인, 그 이모가 양모가 되어서 어머니 역할을 대신했는데, 자기가 할 수 있는 정성을 다해서 싯다르타 태자를 키웠습니다. 그래가지고 여러 가지 문무를 익히고, 야소다라 공주와 결혼도 하고 아들 라훌라도 낳고 그랬지요. 그러나 근본적인 물음, 나는 누구인지, 나는 어디에서 와서 어디로 가는지, 생노병사라든지 이런 여덟 가지 고는 왜 생기는 것인지, 이 고통을 없앨 수는 없는지, 그래서 이 인간이 누구나 겪는 팔고라면, 이 고통을 완전히 없애는 방법을 찾기 위해서 나는 출가를 해야 되겠다 해서 유성을 한 거지요. 성을 넘어서 출가를 했는데, 그때가 스물아홉 살 때였습니다. 태어날 때도 아지타 선인이 찾아와서 이 분은 앞으로 전륜성왕이 되거나, 아니면 붓다가 될 것이라고 그렇게 얘기했고, 싯다르타 태자는 여러 가지 수행을 하면서 신선도 계통의 아라라 까라마, 우따카 라마부타 이러한 스승들을 만났습니다. 그래서 사티, 여러 가지 관찰법도 하고, 수식선도 배우고 그래서 무소유처정 그 다음에 비상 비비상처정으로, 9차 제정 그 8단계까지는 갔습니다.

그리고 마하비라라고 자이나교의 교주인데, 그쪽에서 하는 고행자들을 만나서 고행하는 방법도 익히셨습니다. 그런데 결국은 궁극적인 깨달음을 얻지 못했기 때문에 거기서 떠나서 혼자 히말라야 산맥이나 전정각산이 있는 산맥 그런 곳에 가서 고행도 하고 6년간을 수행을 했습니다. 그런데 피골이 상접할 정도로 고행도 했는데, 결국은 성도를 하지 못했습니다. 그래서 얼핏 생각하기에 고생한다고 해서 되는 게 아니고, 고생과 쾌락 그 어디에도 치우치지 않는 중도로 나아가는 것이 도움되지 않을까 얼핏 그런 생각이 들었습니다. 그래서 동굴에서 나와서 수자타의 우유죽도 받아 마시고 하면서 건강을 회복하고, 니련선하를 건너서 부다가야의 마하보디 템플이 있는 자리에 보리수 밑에 와서(그 당시에는 그것이 피팔라수였는데, 석가세존이 그 밑에서 깨닫고 나니까 그 이름이 보리수로 바뀐 겁니다) 길상초를 깔고 앉아서 내가 대각을 하지 않으면 일어나지 않겠다 그러고 좌선에 드신 것입니다. 그래가지고 십 수 일이 지나서 새벽에 새벽별을 보고 크게 깨치셨습니다. 그래서 그것을 견명성오도(見明星悟道)라고 하지요. 새벽별을 보고 크게 깨쳤다 궁극의 깨달음을 얻었다 그러는 겁니다.

그러면 석가세존께서 대오하신 깨달음의 내용이 무어냐 그렇게 물으면, 사람마다 얘기하는 것이 조금 다른데, 교 쪽에서는 많은 사람들이 연기법이라고 그럽니다. 연기법이라 그러면 필요조건은 될 지 모르지만, 필요충분조건은 안 되기 때문에 그것을 가능한 범위 내에서 표현을 한다면 "불계일심연기법(佛界一心緣起法)"이다 이렇게 말할 수 있습니다.

새벽별을 보고 깨쳤는데, 교 쪽 사람은 연기법이라 그러고, 선을 하는 선사나 이런 분들은 별을 보고 깨치기 전에는 별이었는데, 깨치고 나니까 별이 아니었다. 그것은 물질에 따르지도 않고 유정한 것도 아니다 그렇게 얘기를 합니다.

그래서 우선은 이 세계가 돌아가는 것이 연기법이라고 하는 것은 맞습니다. 이 세상의 모든 것은 인연 따라 생기고 인연 따라 멸하고, 인연생기멸 또는 인연과보(因緣果報)라 그럽니다. 직접적인 원인인 인, 간접적인 원인이나 조건은 연, 결과는 과, 과가 충격을 받거나 특별한 사정이 있어서 다른 것을 이룬 것을 보, 그래서 인연과보라 그럽니다. 거기에는 십이인연법을 쭉 얘기하지요. 무명행식(無明行識)으로부터 생노사까지. 십이인연법으로 그렇게 설명하는데, 결국 상대세계의 현상은 상호의존 관계로 되어 있다. 상의 상존 관계다 하는 것이 연기법입니다. 인연 따라 일어나는 법이다.

그리고 깨달으신 법의 중요한 하나는 일심을 깨달으신 겁니다. 이 세상을 이 우주를 삼계로 말하면, 욕계 색계 무색계인데, 삼계가 오직 유심이다 그렇게도 얘기를 하고, 또 석가세존께서 깨달음을 얻으시고 맨 처음 삼칠일간 설하신 게 화엄경인데, '응관법계성 일체유심조(一切唯心造)'라고 얘기했습니다.

이 세상의 모든 법은 일체가 마음이 만들어내는 것이다. 마음공장은 모든 것을 제조합니다. 마음이 창조하는 것이다 그래서 일심, 대승기신론에서는 진여일심이라고 그럽니다. 일심이 있고 그게 기본이고, 그것이 진여문과 생멸문으로 나누고, 진여문은 절대 쪽이고 생멸문은 상대 쪽이어서 생겨나고 멸하고 한다 그런 거지요. 그럼 일심연기법은 되었는데, 이 전체 우주는 뭐라고 할 수 있느냐, 또 새벽별을 보고 깨쳤는데, 깨치고 나니까 별이 별이 아니었다 그럽니다.

그건 뭐냐면, 별을 보기 전에는 별이었는데, 오후는 그게 마음이고 나고 부처였던 겁니다. 그래서 이 우주는 하나의 부처의 세계다. 불계라 그럽니다. 그리고 그런 부처를 법신불이라 그러지요. 비로자나불, 또는 대일여래 이것은 특히 화엄경에 나오는데, 그 다음에 여러 가지 인연과보의 과정을 거쳐서 그 결과로 태어난 부처는 보신불, 노사나불이라 그러죠.

그래서 대일여래가 실제 현전해서 설법할 때는 노사나불이라 그러고, 삼신불의 하나는 화신불인데, 화신불은 석가모니불과 같은 경우를 대표적으로 화신불이라 말할 수 있습니다. 천백억 화신 석가모니불이다 그런 거지요. 그러면 이 우주에 살고 있는 인간이나 모든 중생도 사실은 모두 화신불입니다. 그런데 자기가 부처라는 것을 잊어먹고 전도몽상에 차있고, 도견을 하고 있습니다. 그래서 그것을 구별하기 위해서 석가모니 부처의 경우에는 바를 정(正)자를 써서 정화신불, 보통 아직 견성을 하지 못한 중생들은 자기가 알던 모르던 깨쳤든 못 깨쳤든 편(偏)화신불이다 이런 말을 쓰시는 분도 계십니다.

그런데, 오늘 부처님 오신날을 맞이해서 살펴볼 것 중 하나는, 어떤 분은 석가모니 부처님이 45년간 설법했다고 하시고, 어떤 분은 49년간 설법했다고도 하고, 석가세존이 80세까지, 아니면 81세까지 살았느냐 그런 논쟁을 합니다. 그러면 석가세존이 태어나신 것은 BC 624 년입니다. 돌아가신 것은 BC 544년 입니다. 그러면 이것은 빼면 80인데, 보통 모태에 들어가 있던 기간을 합치면, 태어나면 한살이니까 만으로 하면

80이고, 보통 81이 됩니다. 81이라는 숫자는 하나부터 열까지 숫자가 있는데, 열은 구족수이고, 미완성의 수가 9인데, 9x9=81 그래서 81세에 돌아가셨다고 합니다. 석가세존께서 80세 연말에, 앞으로 3개월 후에 내가 열반에 든다 그러셨는데, 2월 15일이니까 그 다음해 81세에 가신 게 됩니다.

그리고 설법기간이 얼마냐 그러면, 부처님이 29세에 출가해서 35세에 깨달으셨습니다. 그럼 81세에서 35를 빼면 46입니다. 그런데, 들어가는 해가 있으니까 결국 +1 하면, 설법하신 기간은 47년간이 맞습니다. 그럼 45년 설법이나 49년 설법은 어디에서 잘못된 거냐 하면, 보통 얘기할 때 대각을 하시고 삼칠일 동안 그 위대한 화엄경을 설했는데, 알아듣는 대중이 많질 않아요. 그래서 방편을 써서 석가세존께서 인간과 범천의 요청을 받아들여서, 아주 쉬운 데서부터 점점 어려운 데까지 간 거지요.

그래서 처음이 아함경인데, 아함 12, 다음 대승으로 나아가서 방등 8, 반야경을 21년 설하고, 법화열반경 08년. 이게 전부 더하면 49가 됩니다. 그런데, 49년 설법했다고 하는 사람들은 중간에 겹치는 둘을 빼야 되는데, 안 뺀 겁니다. 그리고 45년이라고 하는 사람들은 49에서 무조건 1년이 안 되었다고 빼니까 45가 되는데, 그래서 부처님께서는 일반적으로 29세에 출가하셔서 35세에 대각을 하시고, 81세까지 47년간 설법을 하셨다 그렇게 정확하게 말할 수가 있습니다.

그래서 불교계 여러 가지 설이 있기 때문에, 이것을 한번 정리해볼 필요가 있어서 말씀드렸습니다.

그리고 부처님은 그 가르침이 여러 가지가 있지만, 크게 선교로 나누어볼 때, 선은 수식선과 직지선이라고 말할 수 있습니다.

(죽비를 친다. 탁, 탁, 탁!)

부처님이 실제 수련하신 선은 수식선이라고 하는 아나파티

사티, 수식법이 있고, 또 그중에 특별한 것, 지관, 멈추고 관찰하는 선정에 들고 관찰하는 사마타 비파사나법이라고도 하고, 또 하나는 사티파타나(Satipattana.Mindfulness 알아차림)라고 해서, 사티라는 것은 정념(正念), 관찰인데, 그렇게 설명을 합니다.

단전호흡을 하면서 호흡 들고 나는 자기 몸을 관찰하면서, 4념처관 신수심법, 몸, 느낌과 마음과 법(법이라는 것은 생각의 대상)을 관찰하죠. 수식선정법은 6묘문이라 하는데, 처음에는 수식, 즉 호흡수를 세는 것, 그 다음엔 상수로 호흡수를 세지 않고 그냥 호흡과 마음이 같이 어울리게 내버려 두는 것, 그 다음에는 그 모든 것을 멈추는 것(止). 그 다음에는 모든 것을 멈추고 관찰하는 것. 그 다음에는 관찰하는 것(觀)을 안으로 회광반조해서 근본자리를 보는 것(還). 그리고 나중에는 그 본래 자리(淨), 청정무구심(淸淨無垢心) 자리로 가게 하는 그런 게 기본이었습니다. 그리고 나중에 조사선의 기초가 되는 그런 것은 삼처전심이라고 하는 직지선을 가르치셨습니다.

그 하나가 유명한 왕사성 기사굴산에 염화시중의 미소라는 것이고, 또 하나는 기원정사 인근에 있는 다자탑전 앞에서 분반좌입니다. 다자탑 앞에서 법회를 하고 있는데, 마하가섭이 조금 늦게 왔습니다. 그러니까, 석가세존께서 자기의 방석의 반을 내주시면서 같이 앉아서 법회를 하셨고, 그 다음에 사라쌍수 곽시쌍부, 석가세존께서 입멸을 하셨는데, 반열반에 드실 때 그 장소가 구시나가라 사라쌍수 밑입니다. 거기에서 다비식을 하려고 하는데, 이상하게 불이 붙질 않았어요. 그러던 중, 멀리 가있던 마하가섭이 오니까, 관 밖으로 양발을 내보여서 사라쌍수 곽시쌍부라고 얘기합니다. 그래서 다비식을 끝냈습니다.

그 다음에 47년 설법은 아까 다 말씀드렸지만, 기본적으로 보면 초전법륜은 지금 세상에서 말하면 소승이지요. 그리고 제2의 법륜은 대승을 설하신 것이다. 녹야원에서 다섯 제자에게 처음 초전법륜을 할 때는 사성제 팔정도를 중심으로 해서 견성에 나아가게 하고, 안심을 하게 하면서 결국은 그 제자들이 깨달음을 얻어서 아라한이 되었습니다. 아르하트(arhat)라고도 하지요. 그것이 중심이었는데, 그 다음에 가르침은 카르마(Karma)에서 다르마(Dharma)로 나간 거지요. 카르마라는 것은 업 중심인데, 보통 사람이 살아가는 것은 신, 구, 의 삼업으로 되는데, 우리가 보통 일상생활하면 거기에 스트레스가 생기죠. 스트레스가 쌓이는 것은 카르마이고, 인간들이 다르마, 법에 따라 살게 되면 카르마가 안 생기는데, 그래서 석가세존은 대승으로 나아가서 그때는 불이중도, 둘이 아닌 유일한 마음에서 중도, 고통도 쾌락도 아닌, 유도 무도 아닌, 생도 사도 아닌, 그런 중도로 나아가고, 팔정도 대신에 육바라밀, 거기다 4가지를 더해서 십바라밀로 나아가서 견성뿐 아니라 견성성불에까지 나아가도록 하셨다 그렇게 말씀드릴 수 있습니다.

아까 우리가 부처님에 관한 것을 얘기할 때, 삼신불을 얘기했습니다. 대승기신론은 진여일심을 법신불, 생멸심을 보신불, 생멸신을 화신불로 표현합니다.

법신불은 비로자나불, 보신불은 노사나불, 화신불은 석가모니불 그러는데, 이 세 가지 면을 잘 골고루 갖춘 분이 아미타불입니다. 무량광불, 또는 무량수불이라고 하지요. 그것은 법장비구가 48대 원을 가지고 수행을 하고, 갈고 닦아서 아미타불이 되신 거지요. 그리고 무량광 무량수, 시작도 끝도 없이 무량무변 무량광 무량수명, 그건 법신불이나 마찬가지입니다.

그래서 우리나라 신앙 형태를 보면, 아미타불과 관세음 신앙이 가장 강합니다. 그래서 나무아미타불 관세음보살 그러는 거지요. 아미타불의 좌우보처가 관세음보살과 대세지보살이니까. 그러한 애기가 어디 있느냐면, 법화경의 16번째 여래수량품이라는 게 있는데, 처음에 부처님이 서품을 설하시고 쭉 설하다가, 열다섯째 품이 종지용출품인데, 그게 수많은 부처님과 거기에 딸린 수십만의 보살들이 땅속에서 한꺼번에 올라와서 공중에 머무는 그러한 것이 있습니다(地湧보살들).

그러니까 그때 우리가 미륵보살이 아일다 혹은 아지타라고도 하는데, 자씨보살 이라고. 그래서 맨 처음에 서품에 석가세존이 몸에 변화를 보이고 백호광명을 띄워서 수많은 부처와 보살들이 모이고, 일만 이천 아라한들이 모이고 그런 현상이 일어날 때 문수보살에게 어떻게 이런 현상이 일어나는지 물으니, 과거에 일월등명불 시대 예를 보건대, 법화경을 설하시려는 거 같다 이런 애기를 합니다. 거기도 미륵보살이 나오고, 이 종지용출품부터 여래수량품 그 다음에 분별공덕품 또는 수희공덕품까지 미륵보살이 계속 나오고, 석가세존으로부터 수기도 받고 그럽니다. 수기 받는 것은 다음에 부처로 온다는 거지요. 그런데, 그 수많은 부처와 보살들이 몰려오니까 거기 있던 사람이나 천이나 불보살들이 모두 놀라서 이게 무슨 일이냐 하니까 석가세존께서 이런 분들이 다 내가 구제하고 교화한 그런 불보살들이다 이렇게 말을 하니까, 많은 사람들이 의문을 갖는 겁니다. 석가세존이 부다가야에서 깨달으신지 40여 년밖에 안되었는데, 어떻게 이 많은 불과 보살 또는 아라한들을 교화했을까 이런 의문을 갖게 합니다.

그래서 다음번에 나오는 것이 여래수량품입니다. 그것은 내가 가비라국에 태어나고 또 부다가야에서 성불하고 그런 것은 하나의 드라마처럼, 인류에게 또는 불보살들에게 보여주기 위한 것이지, 내가 실제 성불한 것은 '무량무변 백천만 억 나유타 아승지겁'이라 그랬습니다. 무시로 무시이래 이전에 성불을 해서 부처님법을 편 것이고, 왕사성 기사굴산에도 언제나 있어서 부처님법을 편다는 겁니다. 이것은 보통 사람들 생각으로는 이해하기 어려운데, 그래서 석가세존께서는 아함경부터 방등경, 반야경, 법화열반경 차츰 해서 화신불, 보신불, 법신불 이런 삼신불을 하나로 통일하는 그런 법문을 법화경 여래수량품에서 했습니다. 거기에는 무량수불, 무량광불, 무량광수불 이러한 얘기가 다 나옵니다. 오늘 부처님 오신 날을 맞이해서 우리는 온 인류가 경배찬탄하고 경축하면서 그 일생과 가르침을 살펴보았습니다.

탁, 탁, 탁!

지금 여기일 뿐입니다. 깨달음, 각뿐입니다. 우리는 먼저 한생명 상생으로 측은히 보고, 어여삐 보는 자비로운 마음으로 우선 자기 자신을 사랑하고, 감사히 여기는 것이 우선적으로 필요합니다.

모든 존재여 행복하소서. 직지인심 견성성불 하십시요!

제11회 마음(心)과 무심(無心)은 불이(不二)다

보살대중 여러분 반갑습니다.

석가모니불께 경배찬탄합니다. (합장) 미륵존불!

오늘 본각선교월 깨달음 세계 제11회 목요법회 주제는 "마음과 무심은 불이다." 즉, 마음과 마음 없음은 둘이 아니다 그런 제목으로 말씀드리겠습니다.

탁!

우리가 일상생활 하는 견문각지 행주좌와 어묵동정은 지금 여기일 뿐입니다. 과거와 미래는 없습니다. 과미무체라고 하고, 현재라고 해도 금방 지나갑니다. 시간과 공간은 생각의 범주로 있는 것이지 실재하는 게 아닙니다. 지금 여기 일, 그것이 전부 각이고, 전부 부처인 겁니다.

그리고 진리라는 것은 보편타당성이 있어서 언제나 어디에나 있는 겁니다. 언제나 어디에나 있는 것이다. 그리고 우리가 부처와 금의 비유를 하면, 보통 금이 귀하니까 금광산에서 돌에 섞여 있는 금광석을 채취해서 제련해서 순금을 만들어 냅니다. 그 순금으로 여러 가지 형상의 물건들을 또 만듭니다. 불상도 만들고, 목걸이, 팔찌, 반지 등 황금으로 똥도 만들 수 있는 것이고, 여러 가지 모양의 형태를 가진 것들을 만들 수 있는 것입니다. 그 형태는 달라도 금은 언제나 금입니다. 우리들은 모두 불자로서 부처, 화신불인데, 자기가 부처인 줄 깨달은 사람도 있고, 아직 꿈을 깨지 못한 사람은 아직 모르지만, 그 사람이 모른다고 해서 부처가 아닌 건 아닙니다. 그러니까 표현하는 사람에 따라 다르지만, 석가모니 부처님 같은 경우는 정화신불이라 하고, 아직 그렇게 견성성불 이전의 분들은 편화신불, 좀 편중된 부분이 있는 화신불이다 그렇게도 설명을 합니다.

그러면 우리가 세상 살아가는 데 무엇에 주의해야 되느냐 그러면, 불취명상 여여부동이죠. 여여부동이라는 것은 진리로서 항상 부동의 자리에 있는 것, 그렇게 되려면 명상(名相)을 취하지 말아라, 즉 생각이나 이름, 말, 모양에 따라가거나 속거나 휘둘리거나 이런 걸 하지 않으면 바로 여래다. 그래서 깨달음은 불각, 깨닫지 못함에서 온다. 불각은 말하자면 무명이 있는 거지요. 그래서 우리가 어떤 물건을 보자기로 덮어놨을 때 그 보자기를 제껴 놓으면 그 본래의 모습이 드러나는 것처럼, 우리는 무명이나 불각 또는 자기가 취해있는 이름이나 이미지, 생각, 모양에 빠져있는 것, 그것을 제거해버리면 그대로 각의 자리, 깨달음의 자리다 그렇게 말할 수 있습니다.

탁, 탁, 탁!

오늘은 그런 뜻에서 벽암록 제 73칙인 마조사구백비(馬祖四句百非)라는 그런 선화를 살펴보겠습니다.

사구백비라는 것은 불교의 논리입니다. 기본적으로 사구는 이 세상의 존재나 법은 유무, 역유역무, 비유비무 이렇게 사구가 있고, 또 그것을 다시 보면 하나마다 네 개가 배당이 되고 그것이 과거 현재 미래로 해서 거기에 곱하고, 또 거기에 이루어졌느냐 안 이루어졌느냐 이렇게 하면 25가 되어서 4를 곱하면 100이 됩니다. 불교에는 아닐 비, 빌 허, 빌 공, 없을 무 이런 글자들이 상당히 많지요.

마조는 마조도일 선사인데, 한 스님이 마조 대사를 찾아와서 이렇게 질문을 했습니다. '이사구절백비', 사구를 떠나고 백비를 끊었을 때 '조사서래의', 조사가 서쪽에서 오신 뜻이 무엇이냐. 달마 대사가 오신 뜻이 무엇이냐 이렇게 물은 겁니다. 이런 것에 관해서 조주 스님 같으면, '정전백수자', 뜰 앞에 잣나무 혹은 '판치생모', 앞이빨에 털났다 이렇게 한 대답이 유명한데, 마조 대사는 뭐라고 답변했느냐 하면, 지금 피곤하다 "뿌능설 뿌능쉐" 말로 할 수 없다. 그러니 지장에게 가서 물어봐라. 서당 지장 대사인데, 이때는 마조 대사의 제자로 있을 때거든요. 그래가지고 그 스님이 지장 스님을 찾아가서 물으니, 나는 지금 두통이 있으니까 불능설, 말할 수 없다. 그러니 해형을 찾아가라. 해형은 백장회해의 끝 자가 '바다 해'자니까 백장 스님을 찾아가라고 얘기한 겁니다. 찾아가서 물으니까, 백장 스님은 '불회(不會)' 그랬습니다. 모른다 그랬습니다. 우리나라 지눌 스님은 '단지불회 시즉견성'이라고 했습니다. 모를 줄 알기만 하면, 견성을 하는 거다 그런 뜻입니다. 그런데, 질문한 스님이 여러 분한테 물어봤지만, 세 번의 기회가 있었는데 깨닫지 못하고 다시 마조 스님에게 가서 경과보고를 했습니다. 그랬더니 마조 스님이 "장두백 해두흑" 그랬습니다. 장두백은 지장의 머리는 희고, 회해의 머리는 검다 그렇게 답을 한 것입니다. 이건 중국의 기는 놈 위에 나는 놈 있다는 고사가 있어서 그것을 하는 건데, 기는 놈, 나는 놈이 다 있구나 이렇게 대답을 한 겁니다. 보면 평범한 거 같지만, 불능설 또는 불회 이런 걸로 지혜안이 열려있으면 알아듣고 견성할 수 있는데, 이 사람은 그렇게 못한 거지요. 그래서 우리는 직지인심 견성성불하는 직지선에서는, 명안종사를 만나야 된다. 눈 밝은 종사를 만나야 된다. 활안, 활짝 깨어있는 눈을 가진 분을 만나야 된다. 또 일척안, 이것은 두 눈 이외에 제3의 눈이라고 하는 미간, 백호광명 자리, 거기가 열린 사람. 혜안, 심지법안 이런 것이 열린 분, 그런 것이 중요하지, 말 자체는 중요하지 않다. 우리는 마음과 무심 그러면, 반대말일 거 같지만, 불이(不二)다 그렇게 얘기를 했지요. 그래서 마음과 무심은 불이고, 부처이다. 앞서 조사서래의를 물었는데, 달마어록에 보면, '달마혈맥론'에는 "부처는 마음"이라 그러고, 또 무심론에는 "부처는 무심"이다 그랬습니다. 일반적으로 상식적인 논리를 가지고 있는 사람들은 모순일 거라 생각하는데, 그와 같은 것을 자세히 알아보기 위해서 달마어록을 한번 살펴보겠습니다.

탁, 탁, 탁!

달마조사께서 '마음이 부처다' 그런 얘기를 하는 겁니다. 이건 김태완 선생이 역주한 달마어록인데, 삼계가 뒤섞여 일어나지만, 함께한 마음으로 돌아간다. 앞부처와 뒷부처가 마음을 가지고 마음에 전하고, 문자를 세우지 않는다. 묻는다. 만약 문자를 세우지 않는다면 무엇으로 마음을 삼습니까? 답한다. 그대가 나에게 묻는 것이 곧 그대의 마음이고, 내가 그대에게 답하는 것이 곧 나의 마음이다. 나에게 만약 마음이 없다면, 어떻게 그대에게 답할 수 있겠으며, 그대에게 만약 마음이 없다면 어떻게 나에게 물을 수 있겠는가? 나에게 묻는 것이 곧 그대의 마음이니, 시작 없는 아득한 과거로부터 움직이고 행동하는 것이 언제든지 어디서든지 모두가 그대의 본래 마음이고, 모두가 그대의 본래 부처이다. 마음이 바로 부처라는 말 역시 그와 같다. 이 마음을 제외하고 얻을 수 있는 다른 부처는 결코 없으며, 이 마음을 떠나 밖에서 깨달음과 열반을 찾을 수는 절대로 없다. 스스로의 본성은 진실하여 원인도 아니고 결과도 아니다. 법은 곧 마음이라는 뜻이다. 스스로의 마음이 바로 깨달음이며, 스스로의 마음이 바로 열반이니, 마음 밖에서 부처와 깨달음을 얻을 수 있다고 말할 수는 없다. 부처와 깨달음이 모두 어디에 있겠는가? 비유하자면, 사람이 손으로 허공을 붙잡으려는 것과 같으니, 붙잡을 수 있겠는가? 허공은 다만 이름일 뿐이고 모양은 없어서 가질 수도 없고 버릴 수도 없다. 허공을 붙잡을 수 없는 것처럼, 이 마음을 없애고 밖에서 부처를 찾을 수는 결코 없다. 부처란 스스로의 마음이 만들어내는 것인데, 어떻게 이 마음을 떠나 따로 부처를 찾을 것인가? 앞부처와 뒷부처가 다 그 마음을 말할 뿐이다. 마음이 곧 부처이고, 부처가 곧 마음이다. 마음 밖에 부처 없고, 부처 밖에 마음 없다. 만약 마음 밖에 부처가 있다고 한다면, 부처는 어디에 있는가? 마음 밖에 이미 부처가 없는데, 왜 부처라는 견해를 일으켜서 서로 속이고 속는가? 본래 마음을 깨닫지 못하면, 저 무정물에게 사로잡혀서 자유로울 수 없다. 만약 믿지 않는다면, 스스로를 속일 뿐 이익이 없다. 부처에게는 허물이나 근심이 없는데, 중생이 너무 거꾸로 되어있다. 깨닫지 못하고 알지 못해도, 자기 마음이 바로 부처이다.

이게 달마조사가 말한 달마혈맥론에서 마음이 부처다라는 얘기이고, 다음에는 달마조사께서 말씀하신 무심론 1권에 이번에는 '무심이 부처다' 그러는 겁니다.

무릇 지극한 이치에는 말이 없으나, 말을 빌려서 이치를 드러내야 한다. 대도는 모습이 없으나 영성의 경험을 통해서 그 모습을 드러낸다. 이제 가짜로 두 사람을 만들어 무심을 함께 말하도록 하겠다.

제가가 화상에게 묻는다. 마음이 있습니까, 마음이 없습니까? 답한다. 마음은 없다. 묻는다. 마음이 없다고 하신다면, 누가 보고 듣고 느끼고 알 수 있으며, 누가 마음이 없음을 압니까? 답한다. 도리어 마음없음이 보고 듣고 느끼고 알며, 도리어 마음없음이 마음없음을 알 수 있다.

묻는다. 이미 마음이 없다면, 보고 듣고 느끼고 아는 일이 없어야 하는데, 어떻게 보고 듣고 느끼고 알 수 있습니까? 답한다. 나에게 마음은 없으나, 볼 수 있고, 들을 수 있고, 느낄 수 있고 알 수 있다. 묻는다. 이미 볼 수 있고 들을 수 있고 느낄 수 있고 알 수 있다면, 마음이 있는 것인데, 어찌하여 없다고 말씀하십니까? 답한다. 다만 보고 듣고 느끼고 아는 것이 곧 마음없음이다. 보고 듣고 느끼고 아는 것을 떠나 어디에 다시 마음없음이 있겠느냐?

내가 이제 네가 이해하지 못할까 염려되어, 하나하나 풀어서 말하여 네가 참된 이치를 깨닫도록 하겠다. 이를테면, 보는 일의 경우에는 하루 내내 보고 있어도 여전히 본다는 일은 없으니, 본다는 것에도 마음은 없고, 듣는 일의 경우에는 하루 내내 듣고 있어도 여전히 듣는 일은 없으니, 듣는 일에도 마음은 없고, 느끼는 일의 경우에는 하루 내내 느끼고 있어도 여전히 느끼는 일은 없으니, 느끼는 일에도 마음은 없고, 아는 일의 경우에는 하루 내내 알고 있어도 여전히 아는 일은 없으니, 아는 일에도 마음은 없고, 하루 내내 행동하여도 행동함에 행동이 없으니, 행동함에도 마음은 없다. 그렇기 때문에 보고 듣고 느끼고 앎에 모두 마음이 없다고 한다. 묻는다. 어떻게 해야 마음없음을 알 수 있습니까? 답한다. 너는 다만 자세히 찾아보아라. 마음에 무슨 모습이 있느냐? 그 마음을 다시 얻을 수 있겠느냐? 마음이냐 마음이 아니냐, 안에 있느냐 밖에 있느냐 중간에 있느냐, 이와 같이 세 곳에서 마음을 찾아보아도 마침내 얻을 수 없다. 나아가 모든 곳에서 찾아보아도 역시 찾을 수 없다. 그러므로 분명 마음은 없음을 마땅히 알아야한다.

우리는 여기에서 달마 조사는 부처가 마음이라고도 표현하고, 마음이 쏙 빠져서 무심이 되어도 부처라고 하고, 그것이 바로 부처님이 말한 진리, 불이중도다, 둘이 아니다. 불일불이, 하나도 아니고 다른 것도 아니다 그런 뜻이 되겠습니다.

다음은 끝으로, 법정 스님 얘기를 한번 들어보겠습니다.

우리들 불자뿐 아니라, 일반 국민들에게도 많이 친했던 스님들이 성철 스님과 법정 스님인데, 법정 스님은 영혼의 모음이라던지, 무소유라던지 이렇게 많은 책을 써서 국민 대중들과 굉장히 친했습니다. 무소유, 그러니까 소유가 없다는 것은 소유를 하지 말아라 이런 게 아니고, 필요한 것만 소유하고 불필요한 것은 욕심을 내서 소유하지 않는 게 좋다 이런 얘기입니다.

저는 1970년대 민주화 운동 시절에 법정 스님을 여러 차례 뵙고, 송광사 불일암에도 찾아가 뵈어서 법담도 나누고, 또 봉은사에서도 만나 뵙고 그런 적이 있습니다.

기억나는 것은, 법정 스님께서 쓰신 책에서 본 건데, 어떤 사람이 스님에게 가서 "살아 있는 부처를 어떻게 하면 볼 수 있습니까?" 그렇게 물었습니다. 그랬더니 스님 말씀이, "옷을 뒤집어 입고, 신발을 거꾸로 신은 사람이 생불이다." 이런 얘기를 하셨습니다. 그래서 이 불자는 스님 말만 믿고 생불 만나기 위해서 전국을 찾아다니면서 옷을 거꾸로 입고 신발을 거꾸로 신은 생불이 있나 하고 찾아다녔습니다. 그러나 어디에도 그러한 생불은 없었습니다. 그래서 3년 동안 찾아다니다가 기진맥진해서 집으로 돌아오게 되었습니다. 집에 돌아오니까, 자기 어머니가 옷을 뒤집어 입고, 신발을 거꾸로 신은 막

자식을 찾아서 3년 동안 그렇게 기다리고 걱정을 했으니까……. 와가지고 껴안아주는 겁니다. 그래서 그때 그 불자는 '아! 우리 어머니가 생불이구나.' 하는 것을 깨달았다는 겁니다.

저 같은 경우도 우리 어머님을 생각하면, 그런 생불이다 하는 생각을 많이 하는데, 어떤 분의 얘기는 부처님이 일일이 다 중생들을 가르치고 접하기 어려우니까, 어머니라는 분을 계시게 했다 이러한 얘기도 있습니다.

아미타불의 보처인 관세음보살은 어머니이고, 대세지보살은 아버지 같다고도 합니다.

모든 일은 지금 여기 일 뿐입니다. 지금 여기 일 아닌 것은 하나도 없습니다. 지금 여기라는 것은 시간 공간이 아니고, 무시간 무공간에 무한한 우주인데, 그것은 바로 지금 여기 일 뿐입니다. 이것이 '각(覺)' 입니다. 깨달을 각, 이것이 여래이고 부처인 것입니다. 그래서 우리는 항상 언제나 어디에나 있는 지금 여기 일, 깨달음에 늘 마음을 두어서 직지인심 견성성불해서 바로 나아가면 좋겠습니다.

견성한다는 것은 공부의 끝이 아니고, 견성하기 이전은 그냥 방황일 뿐입니다. 제가 전에 말씀드렸듯이, 서울에서 인천을 가려고 했는데, 인천을 가지 않고 강릉 쪽에 가서 어영부영하고 있는 것이 보통 사람들의 방황하는 모습입니다. 견성이전은 방황이지, 그것은 수행이 아닙니다. 그래서 바르게 견성을 하고, 견성을 한 다음부터 그때부터가 공부가 시작이 되는 겁니다. 공부를 하고, 회향을 해가게 되면 십보살도를 행하는 거지요. 보시, 지계, 인욕, 정진, 선정, 지혜, 방편, 서원, 10력, 자비희사지, 이렇게 십보살도를 갖춰 가면, 선재동자의 52위 성불로 보면, 41위 환희지부터 50위 법운지까지 되고, 여래의 십력을 갖추게 되어 등각, 묘각으로 나아가게 됩니다. 그래서 견성한 사람들은 회향하는 게 성불이고, 성불한 분은 회향하는 게 중생을 제도하는 겁니다. 소승에서는 스승님이 있고 그 위에 부처가 있지만, 대승에서는 부처가 계시지만, 부처님보다도 더 위에 중생이 있어서 어폐가 있을지 모르지만, 대승불교에서는 중생이 최고의 지위에 있다. 왜냐하면, 중생이 없으면 부처님이 회향할 길이 없기 때문에, 그래서 표현상 문제가 있을진 모르지만, 중생이 그렇게 중요한 대접을 받는 게 대승불교다. 그래서 법화경에서는 유일불승이다, 오직 부처가 되게 하는 거 하나뿐이다 그랬습니다. 그래서 우리는 세상살이하면서 평상심이 도니까, 생각, 이름, 말, 이미지, 모양에 속지 않고, 무심위에 평상심으로 항상 당당히 청정하게 나아갈 필요가 있습니다.

모든 존재여, 행복하소서. 직지인심 견성성불 하십시요!

제12회 평상심(平常心)이 도(道)다

보살대중 여러분 반갑습니다.

석가모니불께 경배찬탄합니다. (합장) 미륵존불!

본각선교원 깨달음 세계 제12회 목요법회 주제는 "평상심이 도다"입니다. 도는 평상심이다라는 뜻입니다.

지금 여기일 뿐입니다. 지금 여기 시공을 떠난 자리, 과미무체, 과거와 미래는 지금 여기 실체가 없고, 그래서 과거도 없고 미래도 없고, 견문각지 행주좌와 어묵동정이 모두 이것뿐입니다. 이것이 와 닿아야 됩니다. 지금 여기는 영어로 'now here"입니다. 그러나 이것을 붙여 쓰면 'nowhere'가 되어서, 어디에도 없는 무시공이라는 그러한 뜻이 됩니다. 시간과 공간이 없는 무시공의 영원 우주이니, 그게 부처이고 도며, 깨달음 각이고, 하느님이니 언제 어디에나 있는 것이 도이며 각이다 그렇게 말씀드릴 수가 있습니다.

그런데, 우리 마음은 항상된 마음인 진여일심이 있는데, 이것이 평상심이고, 흔히 심왕이라고도 그럽니다. 한편 우리 마음에는 상대세계에서 생멸하는 그런 생멸심, 그걸 심소, 또는 마음부수라고도 그렇게 얘기도 하고 나눕니다. 그러니까 여기서 말하는 평상심은 곧 심왕을 말하는 겁니다. 진여심을 말하는 거지요.

탁, 탁, 탁 !

그러면 여기서 이 도에 관해서 마조 선사의 선어록을 보도록 하겠습니다.

먼저 마조어록을 보면, 도통, 도에 통달함에 관한 것이 나와 있습니다.

그 스님이 다시 물었다. 어떤 견해를 내어야 도에 통달할 수 있습니까? 마조가 말했다. 자성은 본래부터 완전하여 모자람이 없다. 그러므로 다만 선이니 악이니 하는 일에 머물지 않기만 하면, 도 닦는 사람이라고 일컬을 것이다.

선에 머물고 악을 제거하며, 공을 관하고 선정에 들어가는 것 등은 곧 조작에 속한다. 만약 다시 밖으로 치달려 구한다면, 더욱 더 멀어질 뿐이다. 그러므로 다만 삼계를 해하려는 마음이 없게만 하여라. 한생각 허망한 마음이 곧 삼계에서 태어나고 죽는 뿌리가 되니, 다만 한생각이 없기만 하면 곧 삶과 죽음이라는 문제의 뿌리를 없애는 것이다.

그러니까 본래 우리의 마음은 완전하고, 완전히 구족이 되어서 모자란 게 없다. 그러니까 한생각 일으켜서 번뇌망상 탐진치, 분별 집착 망상만 없으면 그대로 진여심이고, 또 평상심인 도다 이렇게 말할 수가 있습니다.

그 다음에 도는 닦을 필요가 없다는 마조 선사의 유명한 말씀입니다(道不用修).

법당에 올라 말했다. 도는 닦을 필요가 없다. 다만 더럽히지만 말라. 어떤 것이 더럽히는 것인가. 분별하는 마음으로 조작하고 추구하기만 하면, 모두 바로 더럽히는 것이다 그랬습니다. 보통 우리는 많은 경우에 수행을 하고 닦아서 도를 이룬다고 하는데, 혜능이나 마조 대사 같은 분은 도는 닦을 필요가 없다 그럽니다. 다만 오염되지만 말아라 그럽니다. 그럼 뭐가 오염이냐 그러면, 우리의 마음이 생사심, 조작심, 추구심, 여기선 취향이라고 말했지만 쉽게 말하면 추구심, 이 세 가지가 바로 오염이니까 이 세 가지만 갖지 않으면 그대로 평상심이고 도니까 오염되지 말아라 이렇게 표현을 합니다.

그 다음에는 평상심이 도다 그랬는데, 마조 선사의 얘기를 보면, 즉시 도를 알고자 하는가? 평상심이 바로 도이다. 무엇을 일러 평상심이라 하는가? 조작함이 없고, 옳고 그름을 따짐이 없으며, 피하거나 버림이 없고, 끊어짐과 이어짐이 없으며, 범부도 없고 성인도 없는 것이 바로 평상심이다. 경전에 말하기를, 범부의 행위도 아니고, 성인의 행위도 아닌 것이 바로 보살의 행위이다 이렇게 말씀을 하셨습니다.

결국은 우리가 세상을 살아나가는데 있어 여러 가지 마음을 쓰는데, 제 7 마나스식에 의해서 분별하고 집착 망상 착각을 일으켜서 번뇌망상의 괴로움을 당하니까 결국은 무분별지로 나아가야 된다 이러한 말씀입니다.

석가세존은 정각의 방법으로 기본적으로 수식선정을 해서, 초선 이선 삼선 사선과 공무변처정 식무변처정 무소유처정 비비상처정까지 갔는데, 스승들에게서 배워서 거기까지 갔으나 나중에 마지막 9차 멸진정에 못 들어갔기 때문에 독자적 중도로 멸진정에 들어가고, 부다가야 보리수 밑에서 새벽별을 보고, 대각을 하신 것입니다. 그리고 47년간 설법을 하시면서 직지선으로 세 곳에서 삼처전심을 해서 그것이 중국으로 와서, 달마 조사로 시작해 혜능 조사에서 정착된 조사선, 나아가서 화두선이나 또는 묵조선 등 분등선이 발전된 거죠. 한편 우리가 살고 있는 이 세상을 보면, 지구의 대환란기를 겪고, 미륵존불 대동시대가 왔는데, 많은 종교들은 긍정적인 면도 있지만, 너무나 많은 문제점을 제시했어요. 그런 문제의 종교들을 뛰어넘으려면, 상호이해도 필요하고, 또 서로 화합해가는 이러한 면도 필요하기 때문에, 석가모니 부처님께서 물론 세계 제일의 성자시지만, 그 밖에도 많은 성자나 철인들은 성도방법론으로 명상을 공통으로 제시했기에, 노자, 공자, 예수, 마호메트, 소크라테스와 우리 민족의 신선도 등을 한번 점차 살펴볼 필요가 있습니다.

Meditation(瞑想). 세계의 성자들이 제자들에게 가르치는 방법론으로 말하자면, 넓게 봐서 명상이라고 말할 수 있습니다. 부처님도 그렇고, 공자, 노자, 소크라테스, 마호메트, 소크라테스, 우리 민족의 신선도까지 다 하나로 말하면, 명상이라는 방법을 가지고(표현은 조금 다르긴 하지만), 그렇게 가르치신 겁니다.

명상에 관해서 요새 많은 얘기가 있고, 많은 방법들이 제시가 되고 있지만, 명상이 뭐냐 그러면, 고요히 생각의 근원자리로 돌아가는 것입니다. 또 마음으로 말하면, 마음을 보고 또 마음을 쉬고, 또 마음을 쓰는 그러한 마음의 기술이 명상이다 이렇게 얘기할 수가 있습니다.

그래서 오늘은 그런 많은 성인 가운데, 중국의 도교를 창시한 노자와 장자의 그러한 명상을 살펴보겠습니다.

노자와 장자의 명상은 좌망(坐忘)이라고 합니다. '앉아서 모든 것을 잊어버린다' 그런 뜻이죠. 명상은 눈을 감고 고요히 생각하는 것이다. 생각의 근원자리인 한생명으로 돌아가는 것이다. 명상은 선, 참선, 묵상, 지감, 지관, 관상, 관찰, 좌선, 좌망, 묘각, 사유수, 무사, 심일경 등 여러 가지로 불리고, 여러 가지 방법이 있습니다.

명상은 세계 유수의 종교나 도, 기법 등이 관계되고 있으며, 명상수련으로 지고체험인 무아경, 삼매(Samadhi)에 이르고, 거기서 나오는 정혜력으로 고통의 근원인 무명을 사라지게 하고, 생사를 초월하게 하여 한생명이 되는 것이다. 명상을 시작하면, 베타파인 뇌파가 알파파로 바뀌고, 사마디에 들면, 델타파로 바뀝니다. 델타파로 바뀐다는 것은 살아있으면서도 뇌파가 제로 상태로 간다는 것입니다. 이같은 명상 기도 문화나 선정 문화는 인류의 최고 문화라고 할 수 있습니다. 명상은 자기 한계를 넘는 핵심공부로, 마음은 내면으로 향하면 진아, 즉 진리인 안심낙원이 됩니다. 세상에는 많은 명상법들이 있고, 사람은 또 각자 쉼과 움직임, 영어로 'go and stop' 또는 'rest and play' 그러한 생체리듬이 있어, 어떤 수행법이 자기에게 꼭 맞는 것인지 알기가 쉽지 않지만, 맞는 것을 찾아야 한다. 등산에 비유를 들면, 백두산 정상에 올라가는 길은 동서남북 등 여러 가지 코스가 있다. 그 가운데 하나를 자기 입맛에 맞게 선택하여 정진하면 되는 것이다. 사람마다 입맛이 다른 것과 같은 맥락이다. 동이족인 노자를 교조로 하는 도교는 무위자연으로 돌아가는 것을 기본으로 하며, 그 대표적 경전이 도덕경과 장자 남화경이다. 도덕경 수행에 관하여는, 이른바 기의 운행에 관해서 차크라, 그 기가 올라가는 구멍을 말하죠. 그 구멍을 막고 그 문을 닫는다. 그 날카로움을 꺾고 그 얽힌 것을 푼다. 그 빛을 부드럽게 하고, 속진과 하나가 된다. 이것이 현명한 도와 하나됨이다. '현동'(玄同)이라고 합니다. 이는 구멍이 뚫려 있는 감각기관을 막고, 생명력인 기가 나가는 문을 닫는다. 예를 들면, 명상할 때 눈을 일단 감는 것은 기가 새는 것을 막기 위해서라는 측면도 있습니다. 밥 잘 먹고, 똥 잘 누고, 잠 잘 자는 것을 노자의 삼락이라고 합니다.

장자는 하루 착함을 생각지 않으면, 제악이 스스로 일어난다고 말했습니다. 다음에는 마음을 정리하는데, 마음이 밖으로 나가는 것과 사물이 안으로 들어와 얽히는 것을 차단하여 마음에 긴장을 푼다. 그리하여 텅 빔에 지극하고, 텅텅 빈 공을 생각할 수 있죠. 고요함을 독실히 지키면, 홀로 있어 바뀌지 않고, 빛을 발하게 된다. 그 빛을 하나로 부드럽게 하여 안으로 거두고 속진과 하나 되는 것, 즉 초월해서 범상한 색으로 돌아옴이 현묘한 도라고 하였다. 선의 십우도, 심우도에서 입전수수와 같은 경우다 그렇게 말할 수 있습니다.

장자는 명상을 좌망이라고 하였습니다. 장자의 명상법은 먼저 마음을 가지런히 하여 텅 비게 한 다음, 그것을 심재(心齊)라고도 합니다. 마음을 가지런히 한다 그러한 말이죠. 몸과 마음 일체를 잊어 영악함을 쫓아내고 형태를 벗어나 아침처럼 맑을 수 있었고, 그 뒤에 시간을 초월하여 불생불사의 자리에 드는 것이다. 이는 포일(抱一), 하나로 포용이 된다 그러지요. 불교는 만법귀일에서 귀일, 도교는 포일(抱一), 유교는 일이관지 그래서 관일(貫一), 그렇게 얘기합니다.

그리고 도교는 수심연성(修心練性)을 방법으로 한다. 유교는 존심양성, 불교는 명심견성 이라고 그렇게 말할 수 있습니다. 우리가 아까 얘기할 때, 오염이 없는 평상심이 도다 그랬는데, 그것을 좀 더 살펴보면, 불취명상(不取名相)이라고 할 수 있습니다. 생각과 이름과 말이나 모양, 이런 것을 따라가서 거기에 속으면 안 된다 그렇게 말할 수 있습니다. 금강경에는 불취어상 그래가지고, 모양에만 속아서 취하지 않으면 된다고 하는데, 좀 더 자세히 얘기하자면 불취명상 입니다.

그래서 화엄경 법성게에 보면, 본래 부처님의 법은 두 상이 없다. 본래 부동하고 고요하다. 그래서 무명무상 절일체, 이름과 모양, 생각과 말, 그러면 무명무상 절일체 증지소지 비여공, 그것을 확실히 깨달으면 그 다음에 다른 것이 없다 그럽니다. 명상이라고 할 때 특히 이름에 관해 하면, 우리가 세상살이하는데, 이런 저런 이름을 가지고 합니다. 이름이라는 것은 실재가 아니고 가짜입니다. 그 가짜로 우리가 살고, 거기에 속아 넘어가고 해서 세상을 어렵게 하고 그러는데, 그 이름이 실재가 아니라는 것을 확실히 깨달아야 되고, 그것을 나타내는 말도 마찬가지입니다. 그래서 이름은 생각을 해서 이분념법(二分念法)이 됩니다. 그래서 이름과 말에 속지 말고 또 하나 상은 모양이지만, 相은 想 과 통합니다. 그래서 생각을 통해서 우리가 이것과 저것을 나눕니다. 생사 유무 선악 시비 미추를 나눕니다. 그게 이분법입니다. 이분법은 우리가 여기에서 출발해서 분별 망상으로 수행을 해서 어디에 도달한다면, 그것은 이법이기 때문에, 이법은 불법이 아닙니다. 결국 그래서 우리는 이분법이 아닌 불이법(不二法)이 부처님법이니까, 불이법으로 나아가야 된다. 불취명상 여여부동 그러한 이름이나 말, 생각이나 모양을 취하지 않으면, 여여부동이어서 진여의 자리가 바로 그 자리다. 부처의 자리다. 각의 자리다 그렇게 말할 수 있습니다. 그 자리를 다른 말로 하면, 부동의 원동자라고 그럽니다. 맨 처음에 움직이게 한 자리지만, 그 자체는 진여, 진리 자체는 움직임이 없습니다. 다만 비출 뿐이죠. 그래서 그 자리를 부동(不動)의 원동자(原動者)라 애기합니다.

지금 여기일 뿐입니다. 이름 말 생각 모양에 따라서 속지만 않으면, 모든 견문각지 행주좌와 어묵동정이 모두 각입니다.

모든 존재여, 행복하소서. 모두 직지인심 견성성불 하십시요.

제13회 상불경 보살의 성불

보살대중 여러분 반갑습니다.

석가모니불께 경배찬탄합니다. (합장) 미륵존불!

본각선교원 깨달음 세계 제13회 주제는 "상불경(常不經) 보살의 성불"입니다.

탁, 탁, 탁! (죽비로)

우리는 지금 여기, 죽비를 봤고, 죽비의 소리를 들었습니다. 지금 여기일 뿐입니다. 시간과 공간이 없는 지금 여기일, 이것이 바로 각입니다.

깨달음은 간단하고 확실합니다. 부처님께서는 모든 법이 일체유심조이고, 한마음뿐이라고 그렇게 말씀하셨습니다. 무시공의 당처에서 무위이화하면, 자연스럽게 나오면 그것이 각이다. 다만, 그 본처에서 나올 때, 생각이나 분별이나 기억 같은 것으로 헤아리거나 그러면, 그것은 각이 아니고 꿈이고, 환상이고, 거울 속 그림자이고, 산 속의 메아리다 그렇게 말할 수 있습니다.

당처에서 무위이화하면 견문각지 행주좌와 어묵동정이 모두 각이다 그렇게 말할 수 있습니다. 부처님께서는 각을 불이중도(不二中道)라고 말씀하셨습니다. 불이중도는 뭐냐 그러면, 둘이 아닌 중도이다 그렇게 말하는데, 이것은 우리가 벽시계 같은 걸 보면, 벽시계의 시계추가 왔다 갔다 합니다. 그래서 중도는 이변중도라 해서, 양변을 떠나야 합니다. 시계추가 양변까지 닿으면, 그것은 죽은 시계이고, 고장난 거지요. 또 중앙에 있을 때도 있는데, 항상 중앙에만 시계추가 있으면, 그것도 죽은 것이어서 불이중도가 아닙니다. 그래서 이변중도라 하고, 항상 시계추가 왔다 갔다 하면서 그때그때 있을 자리에 있는 것, 그것이 중도인데, 용수보살은 팔불중도(八不中道)라고 얘기했습니다. 8개의 아닌 중도. 불생, 불멸, 불거, 불래,

불일, 불이, 불상, 부단. 그것이 팔불중도라고 말할 수 있습니다. 우리가 불이중도를 말하면, 벽시계에서 시계추가 살아서 왔다 갔다 하는 것을 보면, 이변중도로서 늘 살아있으면 그것이 중도다 이렇게 말할 수가 있습니다.

오늘은 상불경보살의 성불이라고 했습니다. 묘법연화경 제 20품을 보면, 상불경보살품이 있습니다. 상불경이라는 것은 항상 당신을 가볍게 여기지 않는다, 우리 민주사회에서 말하자면, 인격을 최대한 공경하고 존중하는 보살이다 생각하면 됩니다. 법화경 제 20 상불경보살품을 보면, 석가모니 부처와 득대세보살간의 대화로 시작이 됩니다. 득대세보살은 대세지보살, 대세보살 이렇게 얘기해서 아미타불의 보좌로서 관음보살과 함께 계신 보살입니다. 그것은 지혜와 힘이 있는 보살이다 그렇게 말할 수 있습니다. 우리가 법화경을 수지독송해설서사 공양하면, 우리의 안이비설신의 육근이 청정하고, 그를 비방하면, 법화경을 비방하면 큰 죄보를 받는다 그렇게 처음에 나옵니다. 그 다음에 아주아주 오랜 옛날에 위음왕 여래가 나옵니다. 부처님의 지혜를 가진 위음왕 여래, 보통 여래는 10호라 그래서, 여래는 응공, 정변지, 명행족, 선서, 세간해, 무상사, 조어장부, 천인사, 불, 세존. 여래 말고도 10개의 별호가 있는 거지요. 그런데, 위음왕이 또 성법 말법 시대가 지나고, 다음에도 또 위음왕 여래가 되는데, 그 다음 위음왕 여래 때 상법시대에 증상만 비구들이 많았다고 합니다. 교만한 비구 스님들이지요. 그때 거기에 한 보살이 있었으니, 그게 상불경보살입니다. 상불경보살은 비구, 비구니, 우바새, 우바이, 이런 사부대중을 만나는 사람마다, 만나는 불자마다 예배찬탄하면서 깊이 공경하고 가볍게 여기지 않겠다. 그리고 당신은 보살도를 행해서 꼭 성불할 것이다 그렇게 얘기를 하고 다녔습니다. 그랬더니, 받아들이는 사람도 있지만, 일부에서는 화내고 또 마음을 깨끗지 않게 욕도 하고, 비방도 하고 그러한 사람들이 있을 뿐 아니라, 심지어는 돌을 던지고 작대기로 때리는 사람도 있었습니다. 네가 뭔데 그렇게 허망하게 수기를 두고 다니냐 그런 거지요. 그렇게 돌을 맞거나 작대기를 맞아도 상불경보살은 자기가 만나는 불자마다 "늘 당신을 공경하니 당신은 보살도를 행해서 꼭 성불할 것입니다." 그렇게 얘기하고 다녔습니다.

그래서 육근이 청정해지고, 법화경을 해설하고 찾고 그러니까, 비방하는 자들도 나중에는 믿고 따르게 되었고, 나중에는 천만억의 무리가 무상정등정각에 머물게 하는 효과를 가져왔습니다. 그런 부처님 시절이 지나고, 그 다음에 일월등명불 시대가 왔습니다. 그때도 또 법화경을 설했고, 운자재등왕불 시대가 오는데, 그때에도 상불경보살은 좀 더 발전해서 상불경보살마하살이 되어서 또 많은 사람들을 공경하고, 존중하면서 가볍게 여기지 않고 당신은 보살도를 행해서 꼭 성불할 것이라고 얘기하고 다녔습니다.

그래서 상불경보살은 그러한 서원의 공덕을 오래오래 심었기 때문에 성불했는데, 그렇게 해서 성불한 분이 바로 석가모니불이다 그럽니다.

바로 나의 전신이었다 그럽니다. 그러니까 부처가 되는 것은 그렇게 간단한 게 아니고, 견성한 후에 시작을 해서 계속 상불경보살처럼 회향하고 그러는 거지요. 이런 분들은 현대 민주사회에서 남녀노소 신분계급 이런 걸 다 떠나서 인간을 최고의 가치로 존중하는 거니까, 이 시대에도 맞는다 그렇게도 말할 수 있습니다.

그리고 상불경보살 시절에 상불경보살에게 욕도 하고, 돌멩이도 던지고 한 사람들은 큰 고통을 받았는데, 그 사람들도 다 상불경보살이 교화했는데, 석가세존 당시에 오백보살 비구, 오백 비구니, 오백 우바새, 이런 사람들이 거기에 있었습니다. 이 분들도 모두 깨달음을 얻어서 불퇴전의 지위에 나아갔다. 그래서 법화경을 수지해서 공부하고 해설 서사하고 그런 법사 노릇을 하고 그러면, 반드시 성불한다 이런 것을 얘기합니다.

다음에는 석가모니 부처님의 법을 이은 게 마하가섭이죠. 삼처전심이라고 해서 직지선을 전해 중국의 조사선이 발달하게 한 것이 가섭존자이고, 그 다음이 부처님을 21년간 모셨던 아난존자가 가섭의 후임이 되고, 그 다음에 상나화수, 그 다음에 우바국다(아쇼카왕 스승), 제다가, 그 다음에는 마명존자, 용수존자, 세친존자 이런 분을 거쳐서 27대가 반야다라고, 28대가 동토의 초조인 달마 대사가 됩니다.

그런데, 아난존자는 부처님을 그렇게 모시면서 말씀하신 법을 다 기억하고 있었어도, 석가세존이 반열반에 드실 때까지 깨달음을 얻지 못했어요. 그래서 제 1차 결집을 할 때 아난존자와 우바리 존자를 앉혀놓고, 가섭존자가 중심이 되서 불경을 결집을 했는데, 결국은 아난존자는 가섭존자의 가르침을 받아서 깨달음에 이르게 됩니다. 이것은 무문혜개 스님이 쓴 무문관이라는 책으로, 김태완 선생이 역주한 것인데, '가섭의 찰간'이라고 되어있습니다. 이게 뭐냐면, 가섭이 그 절 앞에 깃봉 꽂는 대, 찰간을 세우는데, 이것과 연관된 이야기입니다.

고칙. 가섭에게 아난이 물었다. 석가세존이 돌아가신 후지요. 가섭이 법을 부촉받았으니까 아난이 묻는 거지요. 세존께서 금난가사를 전하신 것 이외에 따로 어떤 물건을 전하셨습니까? 가섭이 아난을 불렀다. "아난아!" "예." "눈앞의 찰간을 무너뜨려라, 눈앞의 찰간을 넘어뜨려라." 바로 그겁니다.

그렇게 당처에서 나오는 바로 무이위화의 그 말. 눈앞의 찰간을 넘어뜨려라. 거기에서 결국 아난 존자가 한소식을 하게 됩니다.

다음에는 중국의 유명한 구지화상 이라고 있습니다. 불법의 대의가 뭐냐? 또는 조사가 서쪽에서 오신 뜻이 뭐냐고 물으면, (검지손가락으로 하늘을 가리키며) 이렇게 손가락을 올리는 것으로 평생 써먹고도 남았다 그럽니다. 직지인심 견성하면 그렇게 간단한데, 그렇게 실제로 와서 마음에 닿는 건 그렇게 생각처럼 쉬운 건 아니죠. 무주구마산 구지화상. 무주구마산에 구지화상이 머물고 계셨다 그런 얘긴데, 한번 읽어보겠습니다.

구지화상이 처음 암자에 머물 때에 실재라는 이름의 비구니가 찾아왔다. 삿갓을 쓰고 석장을 쥐고서, 구지를 세 바퀴 돌고서 말했다. 말씀하시면 삿갓을 벗겠습니다. 이렇게 겸손하지만, 실제로는 일러라 그러는 겁니다. 자기 당처를 일러라. 이와 같이 세 번을 물었으나, 구지는 모두 대답하지 못했다. 비구가 비구니의 그런 물음에 대답을 못한 거지요. 비구니가 곧 떠나려 하자, 구지가 말했다. 날이 저물었는데, 머무는 게 어떻소? 비구니가 말했다. 말씀하시면 머물겠습니다. 구지는 다시 대답하지 못했다. 비구니가 간 뒤에 구지는 탄식하며 말했다. 내가 비록 대장부의 모습을 가지고는 있으나, 대장부의 기개가 없구나. 암자를 버리고, 여러 곳의 선지식을 찾으러 가는 것이 좋겠다. 그렇게 참회하는 마음이 들었던 거지요. 그날 밤에 산신이 나타나 말했다. 여기를 떠날 필요가 없습니다. 장차 육신 보살이 와서 스님께 법을 말씀하실 것입니다.

세상에 나가서 견성하기 위해서 선지식을 찾아다니려고 하는데, 이 스승이 찾아와준 격이 됩니다. 그래서 인연이 어떻게 닿느냐 그런 것은 딱 정한 게 없다.

열흘이 지나자, 과연 천령(天嶺) 스님이 암자에 이르렀다. 구지가 영접하여 인사를 드리고 앞서 예를 말씀드리니, 천령이 손가락 하나를 세워 보여주었다. 구지는 즉시 깨달았다. 이로부터 배우는 자가 찾아와 물으면, 다만 손가락 하나를 들 뿐이었고, 다른 가르침이 없었다. 행주좌와 어묵동정 견문각지가 전부 중간에 다른 작용만 없으면, 전부 각입니다.

사람들이 구지에게 말했다. 스님, 동자도 불법을 압니다. 묻기만 하면 언제나 스님처럼 손가락을 세웁니다. 구지는 어느 날 소매 속에 칼을 숨기고서 동자에게 물었다. 네가 불법을 안다고 소문이 났던데, 사실이냐? 이렇게 물은 겁니다. 그러니까 구지 스님이 밖에 나가고 없을 때 어떤 스님이 견성하기 위해 찾아왔는데, 구지 스님이 안계시니까 그 동자가 제가 말씀드릴 수 있습니다 하고, 불법의 대의가 뭡니까 하고 물으니까 손가락 하나를 들어 보인 겁니다.

동자가 대답했다. 그렇습니다. 무엇이 부처냐? 동자가 손가락을 세우자, 구지는 칼로 그 손가락을 잘라버렸다. 동자가 비명을 지르며 도망가자, 구지는 동자를 불렀다. 동자가 머리를 돌리자, 구지가 물었다. 무엇이 부처냐? 동자는 손을 들었는데, 손가락이 보이지 않자 확 열리면서 그때 깨달았다.

구지는 세상을 떠날 때가 되어 대중에게 말했다. 나는 천령 스님에게서 한 손가락 선을 얻었는데, 일생 동안 사용하고도 다 쓰지 못했다. 말을 마치고, 세상을 떠났다.

다음에는 우리가 후천 상생 시대, 지상선계, 대동세계, 미륵존불 시대를 열기 위해서 세계의 성자들을 골고루 살피고 있습니다. 세계의 성자들이 도(道)를 이루는데, 방법론은 모두 이름은 좀 달라도, 명상(참선, 관찰 등 포함)입니다.

명상(Meditation)이기 때문에, 지난번에는 노장에 관해서 얘기했는데, 오늘은 공자 맹자 등 유가 쪽에 그러한 성인들의 가르침을 살펴보겠습니다.

『누가 불두에 황금똥 쌌나』 라는 제가 쓴 책에, 공맹의 무사 심재를 읽어보겠습니다.

동이족인 공자를 교조로 하는 유교는, 오상인 인의예지신을 기본으로 하여 내성외왕, 즉 안으로는 성인의 인격, 밖으로는 제왕이 되는 것을 목표로 하고, 사서오경이 기본경전이다. 그 가운데 대학은 인간수행에 관하여 팔조목을 논하고 있는데,

이는 격물치지, 성의정심, 수신제가 치국평천하 이다.

격물치지란 욕심 없이 사물을 접하여 궁구함으로써, 감통(感通)에 이르러 이치를 알게 되는 것이다.

성의정심은 자기를 속이지 않는 성실한 뜻과 삿된 마음이 없는 바른 마음이 되어야 수신이 되고, 가정을 가지런히 하며 나라를 다스려 천하를 평화롭게 할 수 있다는 것이다. 바른 마음(正心)이 중요한데, 이는 중용과 통한다. 하늘이 명한 것을 성이라 하고, 성을 따르는 것을 도라 하며, 북송의 주자학자 주렴계는 태극도설에서 태극이 움직여 양을 낳고, 움직임이 극하면 고요함이 되고, 고요함은 음을 낳고, 고요함이 극하면 다시 움직여 움직임과 고요함이 서로 뿌리가 되어 만물이 생멸하는데, 일음일양을 도라 한다. 도를 닦는 것을 교라 한다. 즉, 일음과 일양이 교차하는데, 거기 중심에 태극이 있을 때 그것을 길 도(道)라고 그렇게 얘기하는 겁니다.

지나친 것도 부족한 것도 없는 것이 중용(中庸)이다. 어디에도 치우침이 없는 것이 중(中). 항상 떳떳한 게 용이다. 희로애락의 오욕칠정이 안 나온 게 중이고, 나왔는데도 중절인 적정교정이 화이니, 중화(中和)라고 합니다.

중용은 항상 떳떳한 알맞음이다. 유교의 명상에 대하여 공자와 안회의 대화로 좌망, 지난번 노장 사상할 때 '앉아서 모든 걸 잊어버리는' 좌망, 심재, 마음이 가지런히 해서 청정한 것을 얘기하고, 주희의 스승 이연평은 주희에게 묵좌징심을 가르치기도 했으나, 경전상 시경엔 사무사 이무사라 하여, 삿됨이 없는 순수한 생각과 행동을 말하고 있다. 채심은 마음이 나은 것이 하늘이며, 심경은 속에서 스스롤 바르며 늘 깨어있는 법, 성성적적한 법이다 그렇게 애기했습니다.

환역(桓易)에서 나온 주역의 역경은 태양계 우주의 변화를 적은 책이다. 역경의 계사전에는 방법론으로 무사무위가 나와 있다. 그것을 보면, 역은 무사야 무위야하여야 적연부동이라가 감이수통 천하지고 이다. 역은 생각함이 없고, 또 함이 없다. 하염없이 아주 고요하고 움직이지 않는 자리인데, 그때 천하와 통하는 자리, 그게 역이다 그렇게 말했습니다.

역은 생각이나 함이 없어서, 적연히 움직이지 아니하나 감동하여 드디어 천하 이래 통하나니, 천하의 지극한 신이 아니면 그 누가 능히 이에 참여하리오? 불교의 무아를 주역에선 무짐이라고 표현했습니다.

여기서 무사무위는 한마디로 무심으로서, 그 무심의 묘에 계합하여 역의 지신(至信)이 나의 지신이 되리니(지신이라는 것은 지극한 신념입니다), 나와 우주가 하나가 되는 것이다. 맹자도 부동심과 호연지기 및 존심(存心)을 말하였다. 여기서 존심은 욕망에 의해 본심에 해하지 않게 본연상태로 두어 잊지 아니함을 뜻한다. 공자는 '아침에 도를 깨치면 저녁에 죽어도 좋다' 고 했다. 성인답죠.

공자가 지은 계사 중 곤(坤)괘를 보면, 황중통리(黃中桶理)라 하였다. 무극이고, 무극이 처음 움직이는 게 태극이고, 태극이 움직여서 움직이기 시작할 때 그 중심이 되는 게 황극인데, 무극 태극 황극은 사실상 하나나 마찬가지지만, 또 차이가 있죠.

황중(땅 색이 황색)의 이치가 하늘의 막힘없이 통하여 땅(곤괘, 어머니 덕)에 바른 자리에 있으면, 아름다움이 그 안에 있다고 하였다. 선의 십우도에서 애기했지만, 부처님 선의 구차제정에서 보면, 비상 비비상처정에 해당한다고 말할 수 있습니다.

유교는 관일(貫一), 일이관지, 존심양성이고, 지난번에 도교는 포일, 수심연성이라 했습니다. 불교는 만법귀일이라고 그러죠. 명심견성이다 이렇게 말할 수 있습니다.

유고, 불교, 도교 모두 하나로 통하는데, 표현만 좀 다릅니다. 존심양성이냐, 수심연성이냐, 명심견성이냐 그러는데, 명심견성은 바로 불교의 얘기다 그렇게 말할 수 있습니다.

유교는 관일이며, 존심양성이다. 이에 비하여 불교는 귀일이고, 명심견성, 본마음을 밝히고, 볼 수 없는 성품을 보는 것이라고 볼 수 있습니다.

모두가 지금 여기일 뿐입니다. 불취명상 여여부동이니, 견문각지 행주좌와 어묵동정 그것이 무위이화해서 모두 마음에 와 닿아서 각에 이르게 되시기를 바라겠습니다.

모든 존재가 행복하기를 빕니다. 모두 직지인심 견성성불하십시오.

제14회 우주는 허공심(虛空心)이다

보살대중 여러분 안녕하십니까?

석가모니불께 경배찬탄합니다. (합장) 미륵존불!

본각선교원 깨달음 세계 목요법회 제14회 주제는 "우주는 허공심(虛空心)이다" 입니다.

지금 여기일 뿐입니다. 이게 각이고, 여래이고, 부처다 그렇게 말할 수 있습니다.

현존일념. 현존일각입니다.

우리가 보고 듣고 하는 가운데, 그런 대상이 아닌 그런 것이 언제나 홀로 빛나는 것, 그것이 우주생명 전일광명입니다. 상방대광명입니다.

견문각지 행주좌와 어묵동정 이런 것, "알아차리는 한마음" 그게 각이다 그렇게 말할 수 있습니다. 각이고 부처인데, 스스로 깨어나는 힘, 그것이 부처입니다. 그런데 그것을 우리가 찾으면 없고, 안 찾으면 언제 어디에나 있습니다.

그래서 우리는 자타일시 성불도이니 석가모니불 성불하실

때, 우리가 성불했으니까 본래 성불이고, 밖에서 찾지 말라 그랬습니다. 그리고 바로 직지인심해서 그 마음(빛)을 회광반조하여 돌이켜서 그 마음을 보면, 결국은 심안, 지혜안이 열려서 깨달음에 이르게 된다. 그러니까 찾는 소가 곧 타고 있는 소다 이렇게 말할 수가 있습니다.

예전에 보면, 한때 대학생들이 착각은 자유다 그랬습니다. 생각이 자유니까, 착각은 자유다 그랬는데, 세상이 지금 복잡다기해지고 그렇습니다. 온/오프라인해서 유비쿼터스 세계이고, 또 성신여대 최민자 교수가 최근에 '호모 코넥터스'라는 책에서, 우리 사회는 사람과 물건과 사물 인터넷 이런 것이 인공지능과 어울려서 굉장히 호모 코넥터스, 그러니까 초연결사회다 그렇게 말했습니다. 워낙 인간 사회는 호모 사피엔스- 슬기 사람, 호모 사피엔스 사피엔스- 슬기 슬기 사람 그러다가 호모 포노포노- 핸드폰을 가진 사람 그러다가 이제 호모 코넥터스까지 왔으니까, 이 세상에서 복잡한 것도 있고, 복잡다기해가지고 착각을 일으키고 그런 것이 많이 있게 됩니다. 알기 어려운 시대지요. 그래서 착각은 크게 세 가지 종류로 볼 수 있습니다.

하나는 전도몽상인데, 우리가 보통 오온으로 되어있는 내가 상락아정이라고 그러는데, 이것은 가아이고, 진짜 상락아정이 되려면, 참 나를 찾아야 된다. 또 세 가지 덮여있는 게 있는데, 그게 뭐냐면 탐진치 삼독입니다. 이 삼독으로 일어나는 생각에, 순수한 마음이 덮여있는데, 덮여있는 것을 치워야 됩니다.

또 하나는 우리가 세상 살아가는 데 흔히 사용하는 이분법이라고 말할 수 있습니다. 우리가 생각을 하고, 어디에 이름을 붙이고, 말로 표현하고 그러면 그게 이분법의 세계가 되어서 대립 갈등 이런 것이 많이 어렵게 되는 그런 것이어서 불이의 세계로 들어가야 된다. 그런데, 착각만 자유가 아니라,

정각도 자유입니다. 우리가 정각을 할 수 있는 게 자유인데, 누가 방해하는 사람이 없지만, 우린 정각을 하지 못하고 많이 방황을 합니다. 그래서 석가세존께서는 보리수 밑에서 견명성 오도를 하시고, 응관법계성 일체유심조, 일체 마음먹기에 달려있다고 했습니다. 그래서 우리가 세상을 살려면, 마음먹기와 음식먹기 이 두 가지 먹기가 중요하다 그렇게 말할 수 있습니다.

그리고 존재 전체를 우주라고 그러는데, 우주는 십팔계로 표현됩니다. 육경, 육근, 육식 이것이 18계인데, 유식무경이라 해서 여러 가지 경계는 없는 것과 마찬가지니까 결국 우주는 육식으로 돌아갑니다. 안, 이, 비, 설, 신, 의식 이렇게 육식이죠. 부처님은 삼계 삼세가 유심이다 그랬습니다. 현재, 과거, 미래, 욕계, 색계, 무색계, 이게 우주인데, 이게 오직 마음뿐이다 그랬습니다. 그리고 심외무법- 마음 외에 따로 법이 없다. 그리고 유식무경이라고도 말했지만, 육식을 다시 말하면 유심유식(唯心唯識)이다 그렇게 말할 수가 있습니다. 오직 마음과 오직 앎뿐이다. 이것을 나눠서 얘기할 때, 유심은 표현이 안 되고 나타나질 않죠. 그런데, 앎은 나타나서 우리가 뭘 알았다 몰랐다 이런 것을 알 수가 있습니다. 그래서 마음을 얘기할 때는 미현심, 유식을 말할 때는 표현식 이렇게 얘기하니까, 우주는 우리가 하늘을 볼 때처럼 허공인데, 거기에 유심이고 유식이니까, 결국은 이 우주는 허공심이다 그렇게 얘기를 합니다. 아무것도 없는 것 같아도, 우주는 아무것도 없는 게 아니고 허공심이다. 그래서 어떤 분들은 텅 빈 영각성이라고 그렇게 얘기를 합니다. 텅 비어 있는데, 지성, 거기 신령스럽게 깨닫는 마음이 있다 이렇게 얘기를 합니다.

능가경을 비롯해서 식에 관해서 보통 구식(九識)을 얘기합니다. 우리가 표현된 것은 육식으로 했지만, (5+6+7+8+9) 아홉개의 식으로 부처님은 말씀하셨습니다. 전5식은 안, 이,

비, 설, 신식, 그 다음에 6이 의식이고, 7이 마나스(manas)라고 해서 이것도 바로 의(意)입니다. 육식의 대상이 되는 게 의(意)지요. 그 다음에 8식은 알라야식(alaya), 9식은 아말라식(amala)- 청정무구식이다 그렇게 얘기합니다.

전5식이라는 것은 비항비심, 항상 있지도 않고 분별하지도 못하고, 6식은 항상 아니며 분별인 비항이심, 7식은 마나스식이어서 역항역심- 항상성도 있고, 분별심도 있고, 그래서 결국은 항상 분별하고 그런 게 있기 때문에 이것이 분별 망상 집착하는데 문제가 된다. 그리고 8식이 알라야식이라고 해서, 함장식 또는 여래장이라고도 그러죠. 그러니까 우리가 어떤 심구의(心口意) 삼업을 지으면, 그것이 쭉 쌓여서 그런 행동을 할 때 현행으로 나타나고, 현행으로 나타난 것이 들어가서 종자가 되고 그러는 것이 함장식이다 이렇게 말할 수가 있습니다. 그리고 아말라식이라는 게 청정무구식, 청정무구심 또는 순수의식 또는 순수지혜 이렇게 얘기를 합니다. 그래서 아말라식이 결국은 제9식으로서 심왕이다 이렇게도 표현을 합니다. 그래서 부처님께서는 이런 여러 가지 앎이 지혜로 바뀌어야 된다 그래서 깨달음을 얻으려면 전식득지다 그렇게 말씀을 하셨습니다. 그래서 전5식은 성소작지로, 6식은 묘관찰지로, 7식은 평등성지로, 8식은 대원경지로, 9식은 워낙 존재하는 아말라식이면서 동시에 법계체성지가 된다 이렇게 말씀하셨습니다.

석가모니 부처님께서 보리수 밑에서 견명성오도를 하시고, 삼칠일 동안 화엄경을 설하셨는데, 그 핵심이 응관법계성 일체유심조 입니다. 일체 마음이 만들어 내는 것이라는 뜻인데, 이 마음이 뭐냐면 심여공화사 능화제세간- 마음이 화가와 같으니, 능히 세상살이의 그런 것을 자기 마음대로 그릴 수 있다라고 얘기를 하고, 그 다음에는 심불급 중생이 시삼무차별- 마음과 부처와 중생이 아무 차별이 없다 그랬습니다. 석가모니불께서도 대각을 하셨지만, 우리나라의 유명한 원효 스님도 그런 대각하신 것으로 유명합니다. 그 얘기를 하자면, 원효 스님께서는 서기 661년 의상 조사와 함께 당나라로 불교 공부를 하러 떠나셨습니다. 경주 쪽에서 올라오셨겠지요. 그 당시에 우리나라와 중국의 교역을 하고, 많은 사람들이 오고가는 곳이 지금 화성의 당항포라고 하는 남양만입니다. 그래서 구봉산 근처에 다다랐는데, 나중에 그게 어디냐 그러니까 마도면 해문리 또 그 뒤에 고분이 있는 백곡리 거기였다고 그럽니다. 송고승전에는 당주의 해문리인데, 이 해문리가 바로 화성시 마도면 해문리 그 자리이고, 백곡리 삼국시대의 고분도 있습니다. 그래서 원효 스님과 의상 스님이 거기에 해문리 구봉산 인근으로 왔는데, 날이 저물어서 자고 가야 되는데, 어두운 가운데 하나의 움막이 보였습니다. 그래서 움막에 들어가서 두 분이 잠을 청했는데, 잠을 자다 보니까 목이 말라서 원효 스님께서 옆에 바가지에 있는 물을 마침 잘됐다 싶어서 마셨는데, 그게 감로수처럼 물맛이 아주 달고 좋았다고 합니다. 그러다가 그 다음날 새벽이 되어서 의상 조사가 깨어보니까, 거기가 움막이 아니고 무덤이었던 겁니다. 그걸 알고 놀랐고, 또 원효 스님이 보니까 본인이 먹은 바가지의 물이 바가지가 아니고 해골바가지였습니다. 해골바가지라고 생각이 드니까, 갑자기 구토가 일어났습니다. 전날 밤에 그렇게 달게 마셨던 것이 구토가 일어나서 토할 지경이 된 거지요. 그래서 원효 스님은 "왜 그럴까?"하고 많이 생각을 했습니다. '아 일체가 마음먹기에 달려있구나' 그것을 원효 스님이 거기서 깨달았다고 합니다. 그래서 원효 스님은 거기서 깨달았으니까 중국에 가질 않고, 돌아서서 경주로 돌아갔고, 의상 조사께서는 중국에 가서 화엄경 공부를 많이 하셔서 해동화엄종의 종조가 되셨습니다. 그래서 그때 원효 스님께서 일체유심조를 깨닫고 지은 그러한 글이 있는데, 심생고종종법생(心生故從從

法生)- 마음에서 괴로움이 생기니까 여러 가지 법이 생겨난다. 일반적으로 말하면, 마음에 고가 생기니까 여러 가지 법이 생겨나고, "심멸고 종종법멸" 마음이 멸하니까 여러 가지 법이 멸한다 이렇게 해야 되지만, 원효스님께서는 이거 대신에 감분불이(龕墳不二)- '감'은 움막이나 집 같은 걸 말하고, '분'은 무덤을 말합니다. 움막인 집과 무덤이 둘이 아니다 그런 뜻입니다. 부처님 가르침이 불이중도다 그러는 바로 이 감분불이이고, 그 다음에 이어서 '삼계유심'- 욕계, 색계, 무색계의 삼계가 오직 마음뿐이고, '만법유식'- 이 세상에 수많은 만가지 법, 존재가 오직 식뿐이다. '심외무법 호용별구'- 마음에 따로 법이 없으니, 내가 어찌 또 달리 구하러 가랴? 이렇게 게송을 읊으셨습니다. 그게 원효 스님의 게송인데, '감분불이' 이게 상당히 상징적이죠. 그냥 바가지의 감로수냐, 해골바가지의 썩은 물이냐 하는 것도 일체 마음먹기에 따라서 같은 걸 가지고 달리 봤던 거지요. 그래서 전에 제가 법화경을 배운 설송 큰스님께서는 도(道)에 관해서 '구득 불구득은 도지시야요, 불구득 자구득은 도지종야니라.'

이것이 무슨 뜻이냐면, 우리가 여러 가지 많이 구함이 있습니다. 인생 8고중에 뭔가를 구하는 것도 속하는데, 우리가 이 세상을 살아가면은 갈애의 사랑에 대한 갈증으로 여러 가지 집착도 하고 구하기도 하는데, 많이 구합니다. 도도 마찬가지이고. 구하려고 하는데 구해지지가 않아요(불구득) 이것이 도의 시초이고, 나중에 자기 도가 무르익어서 열매 맺을 때가 되면, 내가 얻으려고 구하지 않는데 저절로 얻어진다(불구득 자구득). 저절로 얻어지고 닿는 거지요. 이것이 도의 끝이다(도지종) 그랬습니다.

그래서 우주는 하나의 허공심입니다. 우주는 우리가 하늘을 보듯, 그렇게 허공이고 거기에 텅 빈 영각성이 있어서 아무것도 없는 것은 아니다. 그에 비해서 우리가 지금 살고 있는

'나'라고 하는 것. '인연아'나 '오온아'는 무엇인가? 이것은 허공꽃입니다. 허공꽃이라는 것은 공화라고 해서, 우리가 눈병 나거나 그럴 때 생기는 꽃입니다. 우리가 인생 태어났다 가는 것은 허공꽃이 허공심으로 사라지는 거다 이렇게 말할 수도 있고, 불변의 하늘을 보면, 청천백일이 있죠. 청천백일이 있고, 거기에 구름이 있어서 왔다 갔다 합니다. 그래서 인생은 '일편부운기 일편부운멸'- 한조각 구름이 생겨났다 사라지는 것과 같다. 그래서 인생을 "하나의 구름 나그네"다 그렇게 얘기를 합니다. 하늘은 언제나 밝습니다.

모두 행복하시기를 기원합니다.

모두 직지인심 견성성불하십시요.

제15회 불도는 불이중도다

보살대중 여러분, 안녕하십니까?

석가모니불께 경배찬탄합니다. (합장) 미륵존불!

본각선교원 깨달음세계 오늘 제15회 주제는 "불도는 불이중도(不二中道)다"입니다.

흔히 불교는 삼보로 이루어졌다고 합니다. 불보, 법보, 승보이지요. 불법은 불도라고 하는데, 그 불도가 불이 중도다 하는 겁니다.

불보, 부처는 깨달은 분을 말하고(覺者), 또 깨닫는 힘이라고도 말합니다.

법보, 각자 부처가 가는 길을 법보라 하고, 승보인 상가는 불법을 믿고 따르는 청정화합교단을 말합니다.

석가모니불께서도 견명성오도하실 때 그 전에는 쭉 고행을 아주 심하게 했습니다. 피골이 상접할 정도로 고행을 하셔가지고 견디기가 어려울 정도로 되었는데, 그때 한 생각을 바꾸셨습니다. 전에 선정에 들고, 평안했던 그런 때를 되돌아서 고나 락 어느 양변에 치우치지 않고, 중도로 나아가야 되겠다 그래가지고 부다가야 보리수 밑에 앉아서 깊은 선정에 드셔서 멸진정에 이르시고, 새벽별을 보고 깨치셨죠. '견명성오도' 다 그렇게 말할 수 있습니다.

이것이 바로 고락유무생사 이런 양변 이원주의, 이법(二法), 듀얼리즘 이런 것을 떠나야 깨달을 수 있다는 그게 바로 불이중도 입니다.

우리가 세상을 살면서 불도에 가는 데 가장 장애가 되는 것은 생각과 이름입니다. 우리는 생각을 하고 이름을 지으면, 그 이름에 따라서 두개로 나누어집니다. 그래서 이름을 따르지 않는 것 그것이 견성하는데 가장 첫째 조건이고, 두 번째는 자기가 본래 부처라는 것, 그리고 밖에서 찾지 않는 것 이런 것이 아주 중요한 것이다 이렇게 말할 수 있습니다.

좀 더 종합적으로 말하면, '불취명상 여여부동' 부처의 자리, 부동불, 여여한 자리, 진여의 자리는 이름과 모양, 생각과 말 이런 것에 따라서 속거나 하지 않는 것이 중요하다. 그래서 부처님께서 깨달으신 것은 중도를 깨달았다 그렇게 말할 수가 있습니다.

우리의 인생을 부처님이 고집멸도라고 하셨는데, 인생이 괴로운 것은 그 원인이 갈애집착입니다. 사랑에 대한 갈증과 그에 대한 집착으로 분별 집착 번뇌 망상이 일어나서 전도몽상을 하는 것이지요. 그게 이법은 불법이 아니니까, 궁극적인 진리로 나아가려면 유일절대하고 그래서 부처님께서 탄생할 때 게로 말씀하신 '천상천하 유아독존' 이 우주에 홀로 빛나는, 언제 어디에나 있지만 구하면 없는, 그것이 바로 진여이고, 불이다 그렇게 말할 수 있습니다.

절대적인 의미의 하느님이나 초월자, 법신불 이런 것이 바로 그러한 불이중도의 핵심이다 이렇게 얘기할 수 있습니다.

불이중도를 예를 들어서 말하면, 벽시계가 있을 때 벽시계를 보면, 시계추가 있습니다. 시계추가 있어서 살아있는 시계의 태엽을 감아주면 왔다 갔다 하지요. 그때 이변중도라 합니다. 양변을 떠났다. 또는 쌍차이변, 이변을 막았다 그럽니다. 시계추가 왔다 갔다 하다가 양쪽 끝에 닿으면, 그 시계는 죽게 되니까 그건 아니고, 그렇다고 중앙에 있다고 해도 서면 안 됩니다. 좌든 우든 중이든 시계가 서면 죽는 거니까 그건 아니다 그렇게 말할 수 있습니다.

그 다음에 이변중도라고도 얘기하고 또 한편으로는 쌍차쌍조라고 얘기합니다. 양변을 떠나되, 시계가 왔다 갔다 하면서, 광명으로 치면 본래자리인데 그것이 좌건 우건 똑같이 비추니까 그러한 불이중도의 자리를 쌍차쌍조라고도 그렇게 얘기를 합니다.

이것을 중관론에서 나가르주나(용수존자)는 팔불중도라고 얘기했습니다. '불생불멸' 나지도 않고 멸하지도 않고, '불거불래' 오지도 않고 가지도 않고, '불일불이' 하나도 아니고 다르지도 않다, '불상부단' 항상하지도 않고 끊어지지도 않는다. 그래서 팔불중도라고 그렇게 얘기를 하는데, 또 부처님께서 한때 중도가 뭐냐는 질문에 그 사람이 전생에 출가하기 전에 뭘 했냐 그러니까 거문고를 탔다고 그럽니다. 거문고를 탄 경우에 줄을 너무 팽팽하게 되면 줄이 끊어지고, 너무 느슨하게 하면 제 소리가 안 나니까 알맞게 가는 것, 항상 적중하는 거지요. 그것을 또 중도라고 그렇게 말씀을 하셨습니다.

그리고 불이중도를 변증법적으로 설명한 것은 진공묘유중도(眞空妙有中道)입니다. 우주는 텅텅 비어 있습니다. 텅텅 빈 우주, 본래 무일물이라고도 하고, 가유(묘하게 써 모양이 생기는 묘유)라고도 하지만, 묘유라고도 합니다. 진공묘유가 바로 중도입니다. 진공인 동시에 묘하게 있는 것, 그래서 불이

중도를 진공묘유중도다 설명을 합니다. 그래서 이런 진공묘유 중도는 지금 여기일 뿐입니다.

그리고 유명한 삼대거사의 한분인 유마 거사는 불이법문이라는 유명한 법문을 했습니다. 유마 거사가 아파서 석가세존께서 문병을 가라고 여러 보살들에게 얘기했는데, 아무도 자신이 없어 했습니다.

유마 거사는 깨달은 분인데, 과거에 경험을 보니까 자기들이 당할 수가 없었습니다. 그래서 석가세존은 지혜제일의 문수보살에게 유마 거사를 찾아가 문병을 하라고 했습니다. 많은 보살들이 함께 갔는데, 유마 거사가 '중생이 아프니까 제가 아픕니다'라고 얘기하는데, 많은 보살들이 유마가 물은 불이법문, 불이법에 대해 설명하는데 다 유마 거사의 마음에 들지를 않았어요. 그때 문수보살이 답하는 것이 불이법은 말로 표현할 수가 없습니다 그러는 거예요.

우리가 흔히 진리를 얘기할 때 언어도단 심행처멸 불가사의 그러지요. 말길이 끊어지고 마음길도 끊어지고 생각으로 할 수 없는 거다. 그래가지고 문수보살이 유마 거사에게 불이법이 무엇입니까 하고 묻습니다. 그때 유마 거사는 아무 말도 하지 않고 침묵을 지켰습니다. 그 침묵을 보통 양구(良久)라고 합니다.

문수보살은 양구할 건데, 말로 표현할 수 없다고 말을 했습니다. 그런데 유마 거사는 말로 표현하지 않으니까 바로 보인 거지요. 유마 거사가 한 수 위였다 이렇게 말할 수 있습니다. 석가모니 부처님께서는 이러한 깨달음의 길을 가기 위해서 하는 방법으로 명상법인 여래선을 하셨습니다. 수식선정 그래서 사선과 사정 그 다음에 9차 재정인 멸진정까지 이르셨습니다. 그리고 또 하나는 직지선인데, 직접 마음을 가르쳐서 삼처전심을 마하가섭에게 하셨죠. 그래서 직지인심 견성성불을 얘기하셨고, 이것은 중국 쪽으로 오면서 조사선으로 발전이 되었고, 그 밖에 간화선과 묵조선이 나왔습니다. 그리고 남방 쪽으로 가서는 사마타 비파사나, 삼마발제 이것도 결국 보면 '지관(止觀)-적정 멈춰서 관찰해 적정에 드는 것이다' 이렇게 말씀드릴 수 있습니다.

우리는 전에 하나의 평화세계를 위해서 이웃 종교나 철인들의 가르침을 살펴왔는데, 전에는 공자와 맹자, 노자와 장자의 그러한 명상법, 심재나 좌망 같은 것을 살펴왔는데, 오늘은 예수 그리스도, 마호메트, 소크라테스 이런 성인이나 철인들에 관한 명상법을 살펴보도록 하겠습니다.

예수 그리스도로부터 시작되고, 사랑을 기본으로 하는 기독교는 그 경전인 성경에 묵상이나 관상인 명상이라는 표현이 많다.

보병궁 복음서등을 보면, 예수 그리스도가 젊은 시절에 인도, 네팔, 카슈미르, 페르샤, 그리스, 티벳, 아시리아, 이집트 등에서 비밀형제교단을 통하여 묵상수련을 많이 하고, 영지주의 에세느파에 명상교사를 하기도 했습니다. 에세느파 명상은 내 안에 하느님이 있고, 하느님 안에 내가 있으므로, 믿음과 소망과 사랑을 바탕으로 자기의 이성, 감성, 의지 등의 표상을 어두운 밤의 과정으로 보고, 이를 정화하여 하느님의 현존을 알게 되는 것입니다.

기독교의 묵상은 처음에 이성과 의지를 이용해 조용히 생각하고, 점점 더 깊어지면 저절로 감성적으로 느끼게 되는 감성묵상, 거기서 더 나아가면, 성령으로 하느님과 하나인 것을 보게 되는 관상 이런 것이 있는데, 이 관상에는 수행하여 얻는 수득관상이라는 것도 있습니다.

기독교 이전 구약의 유태교는 카발라 명상으로 자재신의 무량광을 명상했으며, 기독교에는 기도를 위한 주기도문이 특별하게 있습니다. 예수 그리스도는 누구든지 성령으로 거듭나야 하늘나라로 들어갈 수 있고, 하늘나라는 밖에 있는 것이 아니라 네 안에 있다고 그렇게 말씀하셨습니다.

명상 기도를 기본 방법으로 하는 기독교 한국 100년사가 낳은 인물로, 그리스도의 경지에 나아가 동양의 성자라 불리는 다석 유영모 선생은 십자가를 통해서만 구원을 받을 수 있다는 배타적 보험주의를 거부하고, 내면을 향한 깊은 명상과 기도를 통하여 자신 속의 하나님인 얼나를 찾는 것, 즉 하나님의 얼로 거듭나는 체험을 핵심 가르침으로 하였으며, 진리에 이르는 길에는 여러 가지가 있고, 예수 그리스도는 그 중에 하나이다 그렇게 밝혔습니다.

예수 그리스도께서 인도 베나레스에 있을 때 거기서 가르친 걸 보면, 내가 말하는 하느님께서는 안 계신 곳이 없다. 벽으로 둘러쌀 수도 없고, 어떤 한계로 가두어 둘 수도 없는 분이다. 사람은 누구나 하느님을 모시지만, 아무도 하느님의 모습을 볼 수는 없다. 이 우주신 하느님은 지혜, 의지, 사랑이다라고 설교하기도 했습니다.

다음에는 마호메트의 고행명상 입니다. 평화의 뜻인 이슬람교는 마호메트에 의해 창교된 정교일치의 종교로서, 유대교와 구약성서의 영향을 받고 아브라함, 모세, 예수를 선지자로 인정하며, 정의 인의 관용을 기본사상으로 하며, 코란 또는 쿠란을 경전으로 합니다. 회교라고도 하는 이슬람교는 또 알라신을 유일신으로 하고, 인간은 알라신 안에서 철저히 평등한 것으로 본다. 인도 요가의 영향을 받은 이슬람 명상법, 수피즘, 홀로 고행명상하는 사람을 수피라고 하는데, 그들이 하는 명상법을 수피즘이라고 합니다. 항상 알라신을 부르는 소위 알라 외에는 없다고 억념합니다. 수피춤을 춘다. 들숨과 날숨은 물론 항상 깨어있는다. 무소유로 금욕과 고행하면서 알라신을 찾아가 결국 신이 함께 있는 것을 느끼는 순간이 온다. 계속하여 수피명상을 하면, 나와 신과 신을 찾는 행위가 하나가 되고, 더 나아가면 가아는 없어지고 신과 하나임을 확실하게 알게 됩니다. 수피 명상은 거기서 더 나아가 개체의식과 전체의식이 하나되어 항상 신과 함께 살아가는 최고의 경지인 바카에 이른다.

보통 이슬람교에서 신은 창조주이고, 인간은 피조물이어서 피조물이 신이라고 하는 것은 신성모독이라고도 얘기하나, 실상은 바카상태가 나는 이미 사라지고 나는 알라이다 이렇게 해서 확실하게 깨닫게 된다고 합니다.

이밖에 앉아서 시작하되 억누름이 없이 마음에 떠오르는 것을 다 쏟아내어 침묵 속에서 자각하는 지보리시 명상과 눈에 안 보이는 것을 믿고 탐구하여 현실화하여 깨달음을 얻는 신합일의 명상인 무하마드 이크발 명상 이런 것도 이슬람 명상에는 있습니다.

세계제일의 철인이라는 그리스의 소크라테스의 자기관찰(自己觀察)을 보겠습니다. 자기 내면을 들여다보고 살피는 거지요. 소크라테스는 지혜를 사랑한 철인인데, 다른 사람들과 대화할 때 명상인 자기관찰을 하라고 말했다고 합니다. 대화법을 개척한 분이기도 하지요. 너 자신을 알라(Gnothi seauton, Know thyself) 이런 것은 우선 자기의 무지를 알라는 것인데, 이 글은 아테네 델포이 신전 입구에 '너 자신을 알라 그러면 너는 신을 알게 된다' 고 써 있는 것의 앞부분이었습니다.

소크라테스는 '나는 모른다는 것을 안다'고 말했으며, 우주질서의 원천인 정신 영혼을 느끼려고 노력했다. 이는 석가모니의 다만 모른다는 것을 알면 견성이다라는 것과 그 맥을 같이 한다. '단지불회면 시즉견성(但知不會 是即見性)'이라고 우리의 보조 스님도 말씀하셨죠. 단지 모를 줄 알면, 그것이 바로 성품을 보는 것이다 는 뜻이죠.

그는 독배를 마시고 죽을 때도 자신의 목숨을 관찰하였다. 내면의 신인 다이몬의 소리(Dimonion), 내부양심의 신호명령인 dimonion을 듣고 생각이나 말, 행동을 하는데 기준으로 삼아 자기 실존에 다가갔습니다.

우리는 석가세존의 선정을 비롯해서 세계적인 성자들의 명상(meditation)을 통해서 우리가 견성하는 여러 가지 길을 살펴봤습니다.

부처님법은 불이중도 입니다. 그것은 우주의 본체는 절대유일하고 그것은 진여일심이고, 본체를 본성을 보면 텅 빈 영각성입니다. 나타나는 작용으로 보는 현상은 상대생멸심, 이것과 저것이 연기되어서 상대의 세계를 이루며, 그것은 찰라생찰라멸, 환생환멸, 또 연생연멸하는 그러한 생멸의 자리에 있습니다. 그래서 그것을 법화경에서는 상자적멸상이라고 그럽니다. 이 세상에서 보이는 모든 것이 꿈속의 꿈과 같고, 거울속의 그림자와 같다는 겁니다. 이러한 체상용의 입장에서 봤을 때 몽각불이(夢覺不二)이다. 지금 여기일 뿐이 없는데, 이것이 생각(現存一念), 헤아림이 들어가면 이것은 꿈이고, 생각이나 헤아림이 없이 그냥 지금 여기일 뿐이면 그것이 바로 각이다(現存一覺). 그래서 몽각불이, 몽각이 둘이 아니다. 그리고, 각몽교몽 그렇게 얘기합니다. 우리가 살고 있는 겉의 모습이 꿈이라고 알아채고, 깨어나는 것 그것을 각몽교몽 그렇게 얘기합니다. 몽각불이 각몽교몽을 통해서 우리는 진여수연의 길을 가야합니다. 불이중도의 길을 가면서 또 우리는 육신 오온이 있기 때문에 인연따라 가는데, 다만 인과에 불매해야한다. 그러면서 보살도의 길을 가야 된다 그렇게 말할 수 있습니다. 우리가 특히 유념할 것은 이름에 따라가지 않는 것, 또 하나는 생각을 나로 착각하지 않는 것 이것이 중요합니다. 생각 이전을 선에서는 최초 일구자라고 하고, 생각이 끝난 후를 말후구라고 그럽니다. 최초일구자나 말후구는 모두가 중도이고 진여입니다. 그러니까 우리는 이 세상을 살아가면서 불이중도를 깨치고, 성불의 길로 나아가는 10바라밀 보살도를 행하는 것이 아주 중요하다 그렇게 말할 수 있습니다.

모든 존재가 행복하기를 바랍니다.

(합장!) 모두 직지인심 견성성불하십시요.

第16회 불일보조국사(佛日普照國師)의 깨달음

보살대중 여러분 안녕하십니까?

석가모니불께 경배찬탄합니다. (합장) 미륵존불!

오늘 본각선교원 깨달음세계 법회 第16회 주제는 "불일보조국사의 깨달음"입니다. 불일보조국사는 고려 중기(AD 1158-1210) 보조 지눌 스님이고, '목우자'라고도 합니다. 소를 키우는 목동처럼 중생을 인도한다는 목우자 스님인데, 대표적인 저작으로 수심결과 원돈성불론 같은 책이 있습니다.

그래서 오늘은 불일보조국사의 간단한 생애와 수심결에 나오는 깨달음의 내용을 말씀드리도록 하겠습니다.

보조 스님은 황해도 서흥군에서 출생하셨고, 선과 교를 통합해서 회통 불교를 하셨으며, 정혜쌍수를 하셨습니다. 선정과 지혜가 함께 간다. 지관 사마타 비파사나 또는 사마타 사티가 함께 가는 지관겸수라고도 하는 이런 것을 말씀하셨고, 그 다음에 돈오점수를 말씀하셨습니다. 수행을 하다보면, 몰록 대각을 해서 돈오이지만 그건 절대계를 깨닫는 것이지만, 상대계에는 사비돈제라고 해서, 업식, 업장 이런 것 때문에 쌓여 있는 게 있어서, 이걸 다 녹이려면 돈오점수를 해서 견성한 후에 성불제중으로 회향해야 한다 그렇게 말씀하셨습니다.

그리고 보조스님께서는 정혜결사운동을 해서 지혜와 자비가 구족하는 그러한 불교 대개혁 운동을 벌이신 분입니다.

보조 스님께서는 1165년 구산선문 사굴산문에 종휘 선사에게 처음에 출가하셨고, 1182년에 불교국가 고려 때 승과가 있었는데, 그 승과에 급제도 하셨습니다.

처음 견성한 것은 창평 청원사에서 육조단경을 읽으시다가 참 나인 진여자성이 일념- 한번 관찰함에 육근으로부터 일어나는 견문각지 행주좌와 어묵동정 이런 걸 하면서 어떤 경계에도 머물지 않는 그런 자재한 깨달음을 얻으셨다고 합니다.

다음에 1185년 경북 예천 학가산 보문사라는 절에서 화엄경 여래출현품을 읽으시다가 여래의 지혜는 중생들이 이미 구족해 있는데도 단지 어리석어서 부지불각할 뿐이니, 중생은 부처가 꿈꾸고 있는 상태다. 그래서 꿈만 깨면 바로 각, 깨달음이다 이렇게 얘기하셨습니다. 이것은 석가세존이 깨닫고 나서 모든 중생이 본래 성불, 부처 지혜덕상을 갖췄는데 중생들이 그걸 모르고 무명으로 인해서 잊어버리고 깨어나지 못하는 것을 안타까워했다는 것과 똑같습니다.

그 후 1200년경에 승보사찰(지금의 순천 송광사- 십육 고려의 국사가 모셔져 있음)에서 정혜쌍수와 돈오점수를 내세워서 중생교화에 나셨습니다. 그래서 한때 우리나라에서는 돈오점수에 대해서 전 조계종 종정 성철 스님께서 돈오돈수를 얘기해서 돈오돈수와 돈오점수 논쟁이 일어나기도 했습니다.

1210년 열반을 하셨는데, 희종 임금께서 불일보조국사라는 시호를 내리셨습니다. 1210년 열반에 드시면서 이 속에 천 가지 만 가지가 다 있다. 생각을 넘어선 곳으로 회광반조하면 그것이 순수의식이고 부처의 자리다 이런 말씀을 하시고 입적하셨다고 합니다.

그러면, 보조 스님의 깨달은 내용을 수심결에 나오는 것을 중심으로 해서 말씀드리겠습니다.

깨달음을 얻었을 때 기본적으로 순수의식이나 순수지혜라고 하는 절대계의 깨달음을 얻고 나서 거기에 그치는 게 아니라,

상대계인 현상계에서 10바라밀을 행해야 한다 그랬습니다. 그리고 돈오점수라는 것은 서산 대사께서도 말씀하셨듯이, '이즉돈오 사비돈제(理卽頓悟 事非頓除)' 이치로 몰록 깨닫지만 여러 가지 행위나 이러한 것으로 나타나는 일은 돈제- 갑자기 제거가 되지 않는다. 수많은 억겁의 업장 스트레스 등이 쌓여서 그것을 녹이는 데 세월이 필요하기 때문에 성불제중으로 회향해 가면서 그것을 녹이는 점수가 필요한 것이다 그렇게 얘기를 했습니다.

그리고 우리의 본래 면목, 본래 얼굴을 밝히는 것은 곧 마음을 밝히는 것이고, 마음을 밝히는 것이 각성입니다. 그래서 사람에게는 체성, 본체나 본성이 있고, 그것은 부동(不動)의 원동자(原動者)여서 움직이지 않습니다. 그것이 움직여서 작용을 할 때 일정한 상을 나타내게 됩니다. 그래서 체, 용, 상을 삼대라고 그러는데, 그때 체성에서 바로 움직여서 바로 나오면 그게 각이고, 공적영지라고 그럽니다. 아주 더할 수 없이 고요하고 적적한데, 고요한 게 전부가 아니라 신령스럽게 안다. 우리가 보통 육식으로 아는 것과 다르게 신령스럽게 안다고 해서 어떤 분들은 그것을 영각성이라고 표현합니다. 그래서 우리는 그런 공적영지의 부처 씨앗을 가지고 있고, 그래서 불자(佛子)라고 합니다. 부처의 자녀이며, 부처의 제자다. 사람의 자녀나 제자는 사람이기 때문에, 우리가 본래 부처다 하는 그러한 얘기가 되겠습니다.

그래서 공적영지한 마음은 텅 빈 한마음이고 또 허공심이라고도 하고, 또 그것을 마음이라고 표현하는 분도 있지만, 나중에 수행이 더 깊이 들어가면 마음이라는 것도 물통이 밑으로 쑥 빠지듯이, 마음마저도 빠져서 무심의 자리로 간다 그렇게 말합니다.

그러니까 이 세상에 나오는 여러 가지 육근으로 보는 경계들이 있지요. 어떤 물건이 보인다던지, 어떤 소리가 들린다던지 또는 생각이 나오는 것을 알아챈다고 할 때 알아보고 알아듣고 알아차리는 그 본래의 자리가 깨달음의 자리다. 그것을 생각의 근원자리라고 해서, 생각의 근원자리에 가는 것을 깨닫는다고도 얘기를 합니다. 생각의 근원자리에 가는 방법을 명상이라 합니다.

공적영지한 것은 자심(自心)이라고 그럽니다. 스스로의 마음이다. 그런데 자심은 자기 마음을 알 수가 없습니다. 왜냐하면 자기 마음은 주체인데 객체는 될 수가 없기 때문에, 그것은 구하거나 해서 찾거나 해서 알 수 있는 게 아닙니다. 그래서 법화경에는 대통지승불이 성불하려고 십겁을 앉아 있었어도 깨달음이 오지 않아서, 무상 정등 정각이 오지 않아서 많은 세월을 보내셨다 그런 얘기가 있습니다.

그런데, 생각의 근원자리는 불이의 자리지만, 생각은 분별로 인해서 그것이 둘로 갈라서 이분념법(二分念法)이나 또는 이법이다 그럽니다.

그리고 보조 스님은 안반수의경에서 말하기를, 깨달음을 하기 위해서는 출입식을 세고 주시하라 그랬습니다. 그런 후에 출입식을 주시하는 나를 또 주시하라. 출입식을 주시하는 순수한 나, 그것이 바로 근원자리이고 부처의 자리라고 그렇게 얘기했습니다.

그 다음에 우리가 소리를 듣는 것을 통해서 깨닫는 것은 능엄경에 자세히 나와 있습니다. 번뇌를 끊으려고 하면, 종소리를 듣고, 이근원통- 귀로 소리를 듣는 것을 들으면서 관통해야 된다 그래서 '문종성 번뇌단 반문문성 이근원통 (聞鍾聲煩惱斷 反聞聞聲 耳根圓通)'이렇게 얘기를 합니다.

일념으로, 이때 일념이라는 것은 생각을 말하는 것이 아니고 Sati 즉 관찰하라는 것입니다. 한마음으로 집중해서 소리를 듣는 나를 돌이켜 듣고, 듣는 귀를 통해서 저 깊은 곳에서 알아듣는 이근원통의 순수한 나로 돌아가라는 거지요. 그래서 이러한 여러 가지를 육조 혜능 스님도 말씀하셨지만, 기본적으로 무념(無念) 무상(無相) 무주(無住)라 했습니다. 종교의 마루로 삼는 것은 무념입니다. 생각을 나오지 않게, 생각이 없게 하라. 그러니까 깨달음은 생각 이전의 최초구이고, 생각이 끝난 후의 말후구다 그렇게 얘기합니다. 또 무상, 여러 가지 형상을 짓지요. 어떤 체성에서 나와서 쓰임이 있어서 여러 가지 모양이 있는데, 그 모양에 끄달리지 말아라. 모양은 찰라생 찰라멸 연생연멸 환생환멸하니까 거기에 끄달리지 말아라. 특히 이름이나 생각에 끄달리지 말아라. 무주, 무주는 어디에 집착하고 머무르는 것을 주라고 하지요. 금강경에서 무주상보시, 무주생심, 집착을 받지 않고 아무 생각 없이 보시를 하고 어디에 기대는 바가 없이 바로 마음을 내라. 응무소주 이생기심 이러한 가르침들이 금강경에는 자세히 나와 있습니다.

그래서 무념 무상 무주를 통한 이러한 가르침을 통해서 정혜가 같이 가는 정혜등지의 경우로 나아가야, 그것이 견성성불의 자리로 간다 그렇게 보조 스님께서는 말씀하셨습니다.

특히 보조 스님께서는 이러한 깨달음의 세계를 말씀하시면서 특히 경계할 점을 말씀하셨는데, 하나는 선방 마구니가 되지 말아라 그랬습니다. 선방에서 오래 앉아서 이론은 다 아는데, 실제는 깨달음에 이르지 못하는 것을 선방 마구니라고 합니다.

예를 들면 어떤 사람이 국가고시 공부를 시작했는데, 10년 20년이 되어도 합격이 안 돼요. 이론적으로는 뭐가 어떻고 저렇고 아주 너무 잘 아는데, 실제 실력이 되지 않아서 합격이 안 되는 그런 사람과 같은 경우를 선가에서는 선방 마구니라고 그러니까 선방 마구니가 되지 말아라 그랬습니다.

또 하나는 우물가에서 숭늉을 찾지 말라 그랬습니다. 우리가 수행을 하다보면, 특히 스님들 같은 경우도 그렇지만, 모든 것을 걸고 깨달으려고 하는데 깨달음이 오지 않으니까, 수행하다보면 여러 가지 신통스러운 것들도 보고 그러니까 그런데 끄달려서 그것이 깨달은 게 아닌가 이런 생각을 하는데, 그렇게 하지 말라 이겁니다. 육신통이라는 것이 있지요. 삼명육통. 천안통, 천이통, 숙명통, 타심통, 신적통, 누진통. 깨달음은 여섯 번째인 누진통이니까 다른 여러 가지 신통력 이런 것에 대해서는 자연히 얻어지면 그것은 좋지만, 그것을 목적으로 해서 움직이거나 하지는 말아라 그렇게 말씀을 하셨습니다.

요새 세계 종교계를 봐도 그렇고 우리나라를 봐도 그렇고, 종교 신자가 많이 줄어든다고 그럽니다. 그 대신에 명상이나 선 이런 것, 새로운 시대의 그런 르네상스, 명상법이 세계적으로 퍼져나가고 있는데, 우리나라는 세계 어느 나라보다 명상이나 선정에 대한 전통이 확실하게 있어서 견성성불의 길이 다른 나라보다는 훨씬 쉬운 편이다 그렇게 말할 수 있습니다. 어렵지 않다 이런 얘기지요.

그래서 저는 이런 깨달음 세계라는 것을 하는데, 특히 모든 사람에게 해당하는 거지만, 다가오는 미륵존불 시대에 대비하기 위해서는 견성성불의 길로 나가야 되고, 또 하나는 우리 민족의 뿌리역사가 참으로 영광된 역사라는 것을 알아서 그만한 자긍심을 갖는 것이 좋다 그런데, 오늘은 특히 제가 관계했던 두 단체 분들에게 부탁 말씀을 하려고 합니다.

하나는 한국교수불자연합회인 교불련 창립회장이고, 또 하나는 제가 한국대학생불교연합회를 1963년에 최초로 창립발기한 사람입니다.

먼저 교불련에 대해 애기하려고 하면, 30년 전에 창립할 때부터 선원을 건립하고자 해서 지금까지 6천여만 원 정도 모여 있는 것으로 아는데, 교불련 선원을 건립하여 모두 잘되고 견성의 길로 나아갔으면 좋겠습니다.

또 하나는 우리 역사의 중요한 역사적인 주제는 민족평화통일 입니다. 민족이 평화통일하려면 사상적으로 통합을 해야 하는데, 그러면 북쪽의 유물사관이나 아니면 주체사상 이런 것을 통합할 수 있는 것은 불교뿐이 없습니다. 황장엽 씨가 만든 그런 주체사상은 자주성, 창의성, 의식성인데, 이와 같아서는 기본적으로 수처작주 입처개진- 어디 가나 주인정신을 잊지 말아라. 또 일체유심조- 일체는 마음이 창조하는 것이다. 그리고 불교에서는 삼계유심, 우주가 마음으로 되어 있고 또 유심유식, 마음과 여러 가지 식으로 되어있고, 유식무경- 경계가 없다 그러니까 그러한 주체사상이 나온 근거가 불교이기 때문에, 교수불자연합회를 중심으로 해서 북쪽 대학들과 서로 교류해서 사상적인 융섭통합의 길, 평화통일로 나아가고 또 더 나아가서 바라는 것은 세계교수불자연합회를 만들어서 세계불교에 좋은 영향을 줬으면 좋겠다 그렇게 말씀을 드립니다.

다음은 한국대학생불교연합회인데, 이것은 제가 돌이켜보면 서울법대 1학년 때 초파일에 이청담 스님의 마음법문을 처음 들었습니다. 그 후에 거기 법불회에 가입하고 룸비니 학생회도 가고 했는데, 3학년이 되니까 제 친구인 신호철씨가 법불회 회장을 맡았어요. 그래서 불교의 지성화 대중화 청년화를 위해서 한국대학생불교연합회를 만들자 제안을 해가지고, 그 다음에 대각사에서 있었던 룸비니회의 지도법사가 불교활동이 많으신 방울 스님 김홍도 스님이었습니다. 그래서 한국대학생불교연합회를 만들자고 홍도 스님과 의논해서 신호철 법불회 회장과 나중에 법보신문 사장을 한 동국대 최동수씨, 육사 불교부 학생생도 부장인 하장춘씨, 그리고 외국어대 여학생 한 분, 이화여대 졸업반 여학생 두 분 그렇게 맨 처음에 조계사 대한불교청년회 회의실에서 만나서 합의하여 한국대학생불교연합회를 창립하게 되었습니다.

1963년이죠. 그 후에 저는 불교 활동을 여러 가지로 하면서 많이 도와주지는 못했지만, 초대 한국교수불자연합회장이 되어서 교법사단을 만들어서 법회하는 것은 무료로 할 수 있도록 한 적이 있습니다. 그래서 교불련 관련 교수불자나 대불련에 속해있는 대학생 불자나 모두 견성성불에 뜻을 두어서, 다가온 미륵존불 시대를 열어가지고 우리나라에 많은 깨달은 분이 나오고 또 신명나는 우리역사에 나오는 것처럼, 환한 민족, 태양족, 광명족 또는 밝은해 민족, 천손족 이런 영광된 역사를 앉고 어려운 대재난 후 홍익인간 광화세계인 미륵존불 후천상생 세계를 리드해 나갔으면 좋겠습니다.

모든 존재하는 것이 행복하기를 빕니다.

모두 직지인심 견성성불하십시요. (합장!)

제17회 서산청허대사의 불이(不二)세계

보살대중 여러분 안녕하십니까? 석가모니불께 경배찬탄합니다.

(합장) 미륵존불.

본각선교원 깨달음 세계 제17회 법회 주제는 서산청허대사의 불이세계 입니다.

둘이 아닌 세계지요. (손을 위로 쳐든다)

서산 대사의 법호는 청허이고, 법명은 휴정이고, 주로 묘향산에서 많이 주석을 했기 때문에 서산 대사라고 흔히 불리지요.

대선사이셨습니다. 우리의 살림살이는 행주좌와 어묵동정 견문각지로 드러납니다. 보고 듣고 감각하고 아는 것, 이게 우리의 보통 삶이죠. 여기서 보이는 물건이나 들리는 소리나

드러나는 생각이 아니라 그걸 회광반조해서 알아보고 들어보고 알아채는 자, 즉 주시자가 참 나이고, 깨달음 각의 각이고, 부처이고, 불이중도인 진여라고 할 수 있습니다.

지금 여기뿐입니다. 시간 공간을 떠난 무시공, 무한 차원의 지금 여기입니다. 을지문덕 장군의 나팔소리나 서산대사의 눈꽃소리나 이순신 장군의 칼소리가 바로 지금 여기일입니다. 지금 여기뿐입니다.

서산대사는 일반국민들에겐 조선 선조 때 임진왜란 중에 팔도 양종 도총섭으로 1500명을 거느린 승군의 승병장으로 명군과 함께 왜구에게 내주었던 평양성을 수복하고 나중에 한양을 수복한 명장으로 잘 알려져 있는 애국자이십니다.

한편, 서산대사는 조선조 전체를 통틀어 최고의 경지에 오른 대각자로서, 스님으로서 전쟁터에 나가서 적이나마 사람을 살상하고 이런 것에 대해서 고민이 많이 있으셨을 겁니다. 그러나, 한 차원 높게 국가를 구하고 민족을 구하는 호국불교의 맹장으로서 이 분은 세간과 출세간을 뛰어넘은, 또 세간과 출세간을 아우르는 불이중도의 구현자였습니다. 그래서 지금 대둔산에는 표충사 사당이 있습니다.

그리고 근현대 애국자이신 백범 김구 선생이 평소 좌우명으로 삼은 시가 있습니다. '눈 덮인 들판 갈 때 마땅히 어지럽게 걷지 마라. 오늘 내가 걸어간 발자취가 뒷사람의 이정표가 된다.'

이것은 바로 서산 대사의 말씀을 선택해서 자기의 좌우명으로 삼은 것입니다. 그리고 일본군을 물리칠 때 명나라의 유명한 장수 이여송은 서산대사에게 송시를 헌납했습니다.

'그것은 공리에 관심 없이 불도만 닦더니, 나라일 위급함에 산을 내려오셨네.' 이렇게 되어 있습니다.

서산 대사의 간략한 생애를 보면, 서산 대사께서는 서기 1520년 완산 최씨 세창씨를 아버님으로, 한남 김씨를 어머님으로, 평안 안주 창화라는 곳에서 태어나셨습니다. 그런데 10살 때 어머니를 여의고, 11살 때 아버지를 여의는 이런 일이 생겼습니다. 인생을 깊이 고뇌하게 되서 불가로 가는 그런 계기가 되었던 것입니다.

그런데 워낙 태어날 때부터 서산 대사의 아버님이나 어머님은 50세까지 자식을 못 두었습니다. 50 넘어서 어머니가 입태를 하게 되니까, 부부 사이에 농담을 했습니다. 늙은 조개에서 진주가 나왔다. 이게 아마 하늘의 뜻인가 보다 하는 농담을 부부가 한 게 있고, 몇 해 지난 후 한 스님이 나타나서 아기 스님께 인사한다고 하면서 이름을 '운학'(구름 雲에 학 鶴), 고고한 학 정처 없이 떠도는 구름, 이런 이름을 지으라고 했다고 합니다.

10살 11살에 부모님이 다 돌아가셔서 그게 당시에 안주 목사 이사증에게 알려져서, 이사증이라는 목사가 서산 대사를 불렀습니다. 그래가지고 공부가 어느 정도인지 테스트를 했는데, 운을 던지니까 그에 맞춰서 시를 짓는데 대답을 아주 잘 했습니다. 그래서 안주 목사 이사증의 양자가 되어가지고, 양아버지를 따라서 12살 때 한양으로 가서 성균관에서 공부를 했습니다. 그 후 과거를 봤는데, 낙방을 했습니다. 그래서 마음도 달랠 겸 친구들과 함께 6개월 동안 쭉 남쪽으로 왔는데, 지리산 원통암에서 숭인장로라는 분을 만났습니다. 그래서 숭인장로와 얘기를 나누고 하면서, 거기서 심공(心空)급제가 뭔지 아느냐? 하니까 모릅니다 하고 대답을 합니다. 그러니까 숭인장로가 눈을 껌뻑하면서 알겠느냐? 모르겠습니다. 그래가지고 그때부터 불도에 관심을 갖고 출가해서 반야심경, 화엄경, 법화경, 유마경, 원각경 이런 경전과 혜심국사의 선문염송이나 전등록 이런 선어록을 공부하게 되었다고 합니다.

그래서 몇 해 후에 깨달음을 얻었고, 그 후에 명종 6년 그때는 승과가 있었는데, 과거지요. 승과에 급제를 하게 되고,

406명 중 수석을 하셨다고 합니다. 그 후에 보우 대사가 했던 봉은사 주지를 맡아가지고 그 직에 임했습니다.

그러다가 1592년 임진왜란이 일어나자, 선조가 부탁해서 팔도 16선종 도총섭을 맡게 되셨던 겁니다. 그래서 아까 말씀드린 것처럼, 전국의 승군을 모아가지고 사명 대사라든지 또는 다른 많은 승군을 합쳐서 1500명, 처용 대사도 있었는데, 국가의 위난을 구하셨습니다. 그러면서 임진란이 끝나고 몇 해 후에 사직서를 내고 묘향산으로 돌아가셨고, 그 후에 금강산 지리산 묘향산 이런 곳에 여러 가지로 운수납자로서 다니시기도 하고, 또 저서로는 청허당집, 불교의 선가귀감과 함께 유가, 도가귀감, 선가귀감까지 해서 삼가귀감이라고, 유불 도를 통섭하는 그런 동양학을 총체적으로 통합하신 저서를 내시고 그랬습니다.

그리고 1604년 열반에 드시게 됩니다. 그게 선조 37년인데, 연세로는 85세, 선납은 67세 그렇게 되겠습니다. 법맥은 편양 대사와 유정 대사에게 맡기셨습니다. 그러면 서산 대사가 깨달으시고 중생을 교화하면서 하신 오도송이나 또는 열반송 이런 것을 한번 살펴보도록 하겠습니다.

처음 깨달으신 말씀입니다.

홀연 들려오는 소쩍새 소리에 창밖을 보니, 봄빛 물든 온 산이 고향이구나. 물 길어 오는 길에 문득 매둘려서 수많은 청산 흰구름 속에 솟았네.

이것이 처음 깨달으셨을 때 소리이고, 그 후에 정진을 하시고, 보임을 하시면서 남원 시골 마을에 갔는데, 한낮에 닭 울음소리를 들으시고 그때 홀연히 절대적인 진여의 경지를 깨치셨습니다. 그때 서산 대사께는 '부모미생전 본래면목'- 즉 부모한테서 내가 탄생 전에 본래의 내 얼굴이 뭐냐? 진여자리가 뭐냐? 이런 것을 깨치셨다고 했는데, 그걸 보면, '머리는 세어도 마음은 안 늙는다고 옛사람이 말했네. 오늘 닭 우는 소리를 들으니, 대장부 할 일을 마쳤네. 홀연 제 집을 발견하니 모든 게 이것이다. 천만억 경전들이 완전한 빈 종이였었다.' 이렇게 읊으셨습니다.

그러니까 우리가 타향살이하다가 깨닫는다는 것은 고향의 자기 집으로 간 겁니다. 고향의 자기 집에 가서 자기 방에 그게 여래의 방이죠. 여래의 옷을 입고, 여래의 좌에 앉은 세상에 더할 수 없는 편안한 자리가 된 겁니다. 그때의 자기 방을 여래의 방이라 해서 자비심이고, 입은 옷인 여래의는 유화인욕심이고, 그 다음에 여래의 좌는 일체법공좌입니다. 일체의 법이 텅 빈 영각성의 자리이다 그렇게 말할 수 있습니다. 그 후에 서산 대사께서는 금강산, 태백산, 오대산, 묘향산, 이런 전국의 많은 산을 갔는데, 그 중에 금강산에 갔을 때 삼몽사(三夢詞)라는 시를 지으셨습니다.

삼몽사가 뭐냐면, '주인몽설객 객몽설주인 금설이몽객 역시몽중인' 그렇게 했습니다. 그게 무슨 말이냐면, 주인이 손님에게 꿈 애기를 했다. 손님도 주인에게 꿈 애기를 했다. 지금 두 사람이 꿈 애기를 했는데, 이 두 사람 모두 몽중인이다. 꿈 속 사람이다 그런 겁니다. 그러니까 우리들이 생각하는 현실이라고, 생시라고 생각하는 이것이 부처님 진여 자리에서 보면, 꿈과 똑같다는 겁니다. 우리는 꿈을 꿀 때 꿈속에서 꿈이라고 생각 안하고 생시라고 생각하고, 여러 가지 말도 하고 춤도 추고 다투기도 하고 비행기도 타고 그러는데, 깨고 보면 꿈이죠. 마찬가지로 우리가 살고 있는 이 세상이 몽중사다. 즉 꿈꾸는 자는 여래라고 말씀하신 것입니다.

그 다음에 많은 사람들에게 세간과 출세간을 겸해서 하신 해탈시가 있는데, 그것을 보면,

'근심걱정 없는 사람 누군고? 시기질투 없는 사람 누군고? 출세하기 싫은 사람 누군고? 흉허물 없는 사람 어디 있소? 가난하다 서러워 말고 장애 있다 기죽지 마소. 못 배웠다 주

눅들지 말고, 세상살이 다 거기서 거기외다. 세상엔 영원한 것 없어라. 삶은 한조각 구름 일어남이요, 죽음은 한조각 구름 슬어짐이니, 구름은 본시 실체가 없는 것. 죽고 살고 그 오고 감이 다 같소.'

생사여거가 없고 다만 그런 변화에 그런 형태만 있다는 그런 얘기입니다.

그리고 서산대사께서는 가실 날을 예감하고, 묘향산 원적암에서 자신의 초상화를 봤습니다. 젊은 날의 초상화인데, 그 초상화를 보고서 한 말씀 하셨습니다.

'팔십년전 거시야 팔십년후 아시거'

80년 전에는 저 초상화가 나였더니, 80년 후에는 내가 바로 저 초상화구나.

그러고 임종에 드시게 되는데, 그 때 임종게가 '천개만사량 홍로일점설 이우수상행 대지허공렬' 이런 임종게 열반송을 읊으셨습니다.

무슨 얘기냐면, 천 가지 만 가지 생각하고 헤아림이요, 붉은 화로에 녹는 한 점 눈송이여라. 진흙소가 물위를 가고, 대지와 허공이 찢어졌어라 아~.

우리가 버려도 버려도 버릴 수 없는 참 나만이 영원히 살아 있는 것을 알고 그대로 입적하셨습니다. 한 사람이 지는 것은 구름이 지는 것이라고도 할 수 있고, 또 허공심에 허공꽃이 사라짐이다 이렇게도 말할 수 있습니다. 지금 여기뿐입니다. 어느 스님이 이렇게 얘기했습니다.

'가히 우습구나. 소 찾는 자여! 소를 타고 다시 소를 찾는구나.'

모든 존재가 행복하기를 빕니다. (합장) 모두 직지인심 견성성불 하십시요.

제18회 화살로 자기 마음을 쏜 사냥꾼

보살 대중 여러분 안녕하십니까? 석가모니불께 경배찬탄합니다. (합장)

미륵존불!

본각선교원 깨달음 세계 제18회 주제는 '화살로 자기 마음을 쏜 사냥꾼'입니다.

(손을 위로 쳐든다)

지금 여기뿐입니다. 우리가 세상살이하면 행주좌와 어묵동정 또는 견문각지라고 그렇게 얘기하는데, 우리가 생각이나 말이나 이름 붙이거나 모양을 취하지 않고 끌려다니지만 않는다면, 그대로 각이고 깨달음이고 부처입니다.

언제 어디나 보편타당하게 있는 것이 진리인 부처입니다. 이 우주는 두두물물 모든 게 부처라고 말할 수 있습니다. 다만 명, 상 즉 이름이나 모양을 취하지 않아야 합니다. 그래서 불취명상(不取名相) 여여부동 이라고 그렇게 애기를 했지요. 그것을 이상멸상(離相滅相) 즉 적멸 이라고도 합니다. 모양을 떠나면 상이 멸해서 적멸에 들어가니까 그것이 적멸이고 열반이고 부처다 그렇게 얘기를 합니다.

그래서 지금 여기뿐인 깨달음은 무한차원의 일이고, 시간과 공간을 떠난 겁니다. 시간과 공간은 생각의 차원에서 생각의 범주로서 일어나니까 무한차원에 들어가면 그것을 법신불, 비로자나불이라고도 하고 또는 아미타불(아미타불은 무량광불 또는 무량수불) 그렇게도 얘기를 합니다.

우리가 세상살이하면서 문제가 되는 것은 분별 집착 망상으로 인한 분별지, 그것에 따라서 집착하고 망상을 피우고 대립 갈등을 빚는 것인데, 그것이 무분별지로 돌아가야 합니다. 그래서 견성을 하더라도 진여수연이니까 깨달음의 자리에 있으면서도 인연 따라 가되, 인과에 불매한다. 불매인과. 인과에 어둡지 않게 분별자재하게 그렇게 살아가야 된다 그런 애기를 할 수가 있습니다.

오늘 화살로 자기 마음을 쏜 사냥꾼은 유명한 중국 선의 황금시대에 마조도일 대사와 혜장 제자와의 관계인데, 이 석공 혜장이 사냥꾼이었습니다.

그런데, 마조 대사를 살펴보면, 일찍이 마하가섭으로부터 28대인 달마 조사가 동토 중국에 와서 초조가 되었는데, 그때 27대 스승이 반야다라 존자였습니다. 그런데, 달마 대사에게 애기하기를, 자네가 중국에 가게 되면 자네 밑에서 망아지 한마리가 나와서 천하를 휩쓸 것이다 그렇게 애기를 했는데, 그 분이 바로 마조도일 입니다. 육조 혜능 밑에 남악회양 선사가 있고, 그 선사의 제자가 마조도일 선사인데, 처음에 육조 혜능을 찾아뵀는데 육조 혜능 대사가 머지않아서 열반에 들 시간이었기 때문에 남악회양에게 배우도록 그렇게 한 것이지요.

그래서 마조도일 선사 밑에는 깨달은 분이 많이 나왔는데, 깨달으신 입실제자 스님이 130명이 나왔다고 합니다. 그 밑에 유명한 분 중 한분이 백장회해 선사이고, 그 밑에 황벽 희운, 임제 의현, 임제종을 연 그런 분이 있고, 또 한분이 서당 지장이고, 서당 지장의 밑에서 위앙종을 만든 위산과 앙산이 나오고, 우리나라 조계종의 개산조인 도의 국사도 이 서당 지장에게 배워서 우리나라에 선을 퍼뜨렸습니다.

마조도일 밑에 또 유명한 분이 남전 보원 선사인데, 이 분 밑에서 나온 또 유명한 분이 조주 선사입니다. 그런데, 이렇게 과거에 스님이나 깨친 분들을 보면 그 제자를 가르치는데 대개는 할, 방등 한두 가지 방법으로 이렇게 하지요. 언하대오(言下大悟) 한다든지 소리 듣고 깨친다든지, 그런데 이 마조도일 대사는 그 방편이 무수히 많아가지고 그때그때 환경과 분위기를 만들어서 많은 제자를 깨우치게 한 그런 스님으로 아주 유명합니다.

그러면 마조어록을 보도록 하겠습니다. 마조 같은 분은 창조적인 스승이다. 그래서 제자를 깨우치게 하는 데 성공률이 아주 높은 스승이었습니다.

마조는 제자들을 다룸에 있어 효과적인 방법을 찾아내는 뛰어난 재주를 갖고 있었다. 이것은 석공 혜장과의 대화에서 잘 나타난다. 혜장은 원래 사냥을 생업으로 삼고 살아가며, 승려와 마주치는 것을 꺼렸습니다. 어느 날 한 떼의 사슴을 쫓다가 마조 대사가 머무르는 암자를 지나가게 되었는데, 마침 밖에 나와 있던 마조와 마주쳤습니다.

혜장이 물었다.

"혹시 사슴이 지나가는 것을 보지 못했습니까?"

이에 마조가 되물었다.

"그대는 누구인가?"

"사냥꾼입니다"

"그대는 활 쏘는 법을 아는가?"

"물론 잘 쏘지요."

"화살 한 대로 몇 마리나 맞출 수 있나?"

"화살 한 대로는 한 마리밖에 못 맞추지요."

"신통치 않군."

"스님은 잘 쏘십니까?"

"암, 잘 쏘지."

"화살 하나로 몇 마리나 잡으십니까?"

"한 번에 떼거리 전부를 잡는다네."

"이도 저도 다 생명이 있는 것들인데, 그렇게 마구 잡아도 되겠습니까?"

"그렇게 잘 알면서, 왜 그대 자신을 쏘지는 않는가?"

"저 자신을 잡으려 해도 어떻게 손을 쓸 수가 없습니다."

이에 마조가 말했다.

"그대는 영겁 동안 무명 번뇌를 쌓아왔다. 그러나 오늘 그 끝없는 과정은 돌연 멈추었다."

혜장은 그 자리에서 화살을 꺾어 팽개쳤다. 그리고 출가하여 마조의 제자가 되었다. 그리고 세월이 얼마쯤 지난 후에 그 혜장이 부엌에서 일하고 있는데, 마조가 물었다.

"무엇을 하고 있는가?"

혜장이 말했다.

"소를 돌보고 있습니다."

"어떻게 돌보는가?"

"풀밭에 들어갔다면, 즉시 고삐를 바짝 잡아당깁니다."

마조가 말했다.

"자네는 소를 돌볼 줄 아는군."

이렇게 깨달음을 인가한 것입니다.

여기 처음에 보면 혜장 선사는 사슴 사냥할 생각밖에 없습니다. 그래서 사슴이 지나간 것을 보지 못했습니까? 그러니까 마조가 되물었죠. 상황이나 분위기를 확 자기 뜻대로 바꾸는 거죠. 사슴과는 관계없이 그대는 누구인가? 이렇게 묻는 겁니다. 그러니까 사냥꾼입니다 그렇게 말하지요. 그대는 활 쏘는 법을 아는가? 물론 자긴 잘 쏜다고 생각했지. 화살 한 대로 몇 마리를 맞출 수 있나? 이렇게 되면 이 사냥꾼이 자기가 상황을 마음대로 해서 말할 수 없는 상황이 되어가기 시작하는 겁니다. 화살 한 대로는 한 마리밖에 못 맞추지요. 신통치 않군. 화살 한 대로 한 마리만 잡으면 완전 백발백중인데 신통치 않다고 하니까 생각이 막히기 시작하는 거지요. 스님은 잘 쏘십니까? 잘 쏘지. 화살 하나로 몇 마리나 잡으십니까? 한 번에 떼거리 전부를 잡는다네. 그래가지고 말로써 이 사람의 사냥꾼으로서 가지고 있던 상황을 완전히 반전시켜서 결국 이 사람이 이도 저도 생명이 있는 것들인데 그렇게 마구 잡아도 되겠습니까? 해가지고 이제 본격적인 자기의 생명, 사슴의 생명 이런 쪽으로 확 바뀌어서 자기 마음의 틈이 보이게 되는 거지요. 그 틈에 그렇게 잘 알면서 왜 그대는 자신을 쏘지 않는가? 그래서 이제 자기 살림에 관심을 갖게 되니까 이 사람은 총으로는 자기를 쏠 수 있지만, 화살로는 자기를 쏠 수가 없으니까 무슨 말인가? 이런 생각을 하고서 거기에 마음의 텅 빈 공간이 생기니까 거기를 비집고 들어가서 각성을 불어넣는 거지요. 오랜 동안 무명 번뇌를 쌓아왔는데, 그 무명 번뇌는 이걸로 돌연 멈추었다. 그 말을 듣고 스승은 번뇌에다가 화살을 쏘았고, 그것을 알아들은 이 혜장 선사는 자기 화살로 자기 마음을 쏜 격이 되어서 거기서 사냥꾼을 그만두기로 하고 마조의 제자가 된 겁니다. 그래서 마조의 제자가 되어서 여러 과정을 거치고 나중에 부엌일을 하게 되었는데, 무엇을 하고 있느냐니까 소를 돌보고 있다고 했습니다. 사슴 사냥꾼이었지만, 여기서 소는 보통 진리를 상징하는 경우가 많습니다. 인도에는 특히 소, 흰 소가 부처님을 상징하기도 하는데, 어떻게 돌보는가? 풀밭에 들어갔다 하면 즉시 고삐를 바짝 잡아당깁니다. 목우를 한 후에 소를 마음대로 해서 자유자재롭게 하면 그것이 자유자재인이 되는 거니까. 스승인 마조가 말했습니다. 자네는 소를 돌볼 줄 아는군, 이렇게 얘기를 했습니다.

그리고 소에 관해서 말씀드릴 분이 한 분 계신데, 근세 우리나라 선계에 선맥에 있어서 제일인자라는 경허(鏡虛) 성우(惺牛) 스님이 있습니다. 성우는 깨어있는 소라는 뜻입니다.

이 분이 깨치게 되는 것도 소에 관한 얘기로 깨치게 되었습니다. 이 분은 조선조 선조 때 서산 대사 이후로 이조의 불교 말살 정책으로 많이 퇴색하고 그랬는데, 우리나라 근대에 선맥을 이어서 혜성처럼 뛰어난 분인데, 머리도 좋고 경도 많이 읽고 수행도 많이 한 분인데, 아직 깨치지는 못하고 있었습니다.

경허 성우 스님이 계신 절에 한 사미승이 옆에서 시중을 드는데, 속성은 이씨라. 그의 부친이 좌선을 여러 해동안 하여 스스로 깨달은 것이 있어서 사람들이 다 이 처사라고 불렀습니다. 처사라고 존중해서 부른 거지요. 사미의 사부가 마침 그 집에 가서 처사와 얘기를 하는데, 처사가 말하기를, 중이 필경에는 소가 된다하니 그 스님이 말하기를, 중이 되어 마음을 밝히지 못하고 다만 신도의 시주만 받으면 반드시 소가 되어서 그 시주의 은혜를 갚게 된다고 그 사미의 스승 되는 스님이 말한 겁니다.

그러니까 깨달음 얻은 처사가 꾸짖어 이르기를, 소위 사문의 대답이 이렇게 도리에 맞지 않습니까? 하고 스님을 나무란 겁니다. 그 스님이 이르기를, 나는 선지를 잘 알지 못하여서 그러하오니, 어떻게 대답해야 옳습니까? 하니까, 이 처사가 이르기를, 어찌 소가 되어도 콧구멍 뚫을 곳이 없다고 이르지 않는고? 이렇게 가르쳐 주었습니다. 그렇게 질문한 거지요. 그런데 그 스님이 그 말을 듣고 깨닫지 못해가지고 절에 돌아와서 사미에게 이르기를, 너의 아버지가 이러이러한 얘기를 하는데 나는 무슨 뜻인지 모르겠다 하니까 그 사미가 이르기를, 저 방에 경허 성우 화상이 계시니까, 저 분은 선공부를 많이 하셨으니 가서 한번 물으십시요 하는 겁니다.

그래서 그 스님이 흔히 예배를 마치고 앉아서 이 처사의 말을 전하는데, 소가 콧구멍이 없다는 말에 이르러 화상의 안목이 정히 움직여 옛부처가 나기 전 소식이 홀연히 앞에 나타나고, 대지가 꺼지고 만물과 나를 함께 잊으니 곧 옛사람의 크게 쉬고 쉬는 경지에 도달하였다. 백천 가지 법문과 헤아릴 수 없는 묘한 이치가 당장에 얼음 녹듯 기와가 깨지는 듯하니, 때는 고종 16년 기묘 동짓달 보름께였다.

그러니까 소로 태어났는데, 콧구멍 뚫을 데가 없다. 무비공(無鼻孔). 콧구멍이 없다는 얘기를 들은 거지요. 그러니까 생각해보면, 본래 태어날 때 소는 코를 가지고 태어났는데, 인위적으로 코뚜레를 뚫어서 부자연스럽게 했는데, 이것은 콧구멍이 없다 그러니까 그 인위적인 생각 이전 자리를 나타낸 거지요. 그래서 여기서 경허 성우 스님은 크게 깨치고 오도송을 읊었습니다.

그걸 보면, '홀문인어무비공 돈각삼천시아가 유월연암산하로 야인무사태평가' 이렇게 오도송을 읊었습니다.

그걸 쉬운 말로 옮기면, 문득 콧구멍이 없다는 소리에 삼천대천세계가 내 집임을 깨달았네. 타향에서 고향 찾아 다니다가 이제 자기 고향에 고향집에 온 겁니다. 세상에 불편한 것도 두려울 것도 거리낄 것도 없는 상태가 된 거지요.

유월연암산 아랫길에 일없는 들사람들이 태평가를 부르네 이렇게 말한 겁니다.

이것이 경허 성우 선사의 오도송입니다.

그러니까 불교에서는 진리나 진여를 달에 비유해서 손가락으로 달을 가리키기도 하고, 또 진리를 소로 나타내서 소를 찾게 하기도 합니다. 유명한 곽암 선사가 선의 심우도, 그래가지고 소를 찾는 그림을 열 가지로 나타낸 것이 십우도라고 애기했습니다. 그렇게 소를 찾아가는데, 찾다보니까 소발자국이 있는 거에요. 견적이 되는 거지요. 그리고 발자국을 따라서 쭉 가다보니까 소를 보게 되니까 견우가 되고, 소를 보고 가서 코뚜레나 이런 걸 잡아가지고 득우가 되고, 그 다음에 그것을 여러 가지로 길들여서 자기가 뜻대로 할 수 있게 하는 목우, 목동이라는 목자지요. 소를 길들이는 그런 목우가 되고, 완전히 길이 들면 기우귀가, 그 소를 타고 집으로 돌아옵니다. 집으로 돌아오면, 이제 망우존인- 소는 잊어버리고 사람만 존재한다. 왜냐하면 자기가 탔던 진리는 그 소가 아니라 내 안에 있으니까. 그 다음에 인우구망- 소뿐 아니라 다음에는 나도 다 잊어서, 반본환원- 본래 자리로 돌아가지요. 그런 후에는 입전수수. 점포에 나가서 팔짱끼고 장사도 하고 농사도 짓고 또 물건도 만들고 일도 보는 그런 걸 입전수수라고 합니다. 보통 사람과 다름이 없지만, 산 정상에 올라가서 전체를 보고 내려온 다음이니까 세상에 알 걸 다 알면서 다른 사람과 어울려서 조화롭게 살아가는 것, 화광동진, 그것이 입전수수라고 애기할 수 있습니다.

그래서 자고로 유명한 선사들은 불보의 대의가 뭐냐 또는 조사가 서쪽에서 온 뜻이 뭐냐 그러면, 조주 스님 같은 경우는 "뜰 앞의 잣나무다" 또는 "판치생모- 앞이빨에 털났다" 그렇게도 얘기하고, 운문 스님같은 경우는 '마른 똥막대기다' 라고 얘기하고, 또 혜암 선사 같은 분은 "부모미생전 본래면목 이뭣고" 이런 화두를 주기도 하고, 또 "동산수상행, 동산이 물위로 간다." '하나 더하기 둘은 다섯이다' 이렇게도 얘기합니다. 대자연에 있는 그대로 나오는 것은 그대로가 각이고 깨달음이고, 거기에 생각이 붙거나 이름이 붙거나 모양에 집착하거나 이런 것이 붙어서 이차적인 작용이 들어가면 망상이고 꿈입니다. 그래서 우리가 사는 이 세상은 어떻게 보면, 꿈속에서 꿈 얘기를 하는 거고, 또 깨어있으면 그것이 각이고 부처입니다. 그래서 몽각불이 라고 그러지요. 꿈과 깨달음은 둘이 아니다. 그리고 각몽교몽, 꿈이라고 알아차리고 깨어나라 그것이 깨달음에 이르는 길이다. 우리는 본래 성불을 했으니까 밖으로 찾지 말고 그 마음을 회광반조해서 안에서 찾으면, 그것이 바로 내가 가고자 하는 그 자리이다. 생각의 근원자리이고 본래 부처의 자리이다 이렇게 말씀드릴 수 있습니다.

모든 존재가 행복하기를 기원합니다. 모두 직지인심 견성성불 하십시요. (합장)

제19회 인과에 불매한 붉은 수염 오랑캐

보살 대중 여러분, 안녕하십니까? 석가모니불께 경배찬탄합니다. (합장)

미륵존불.

본각선교원 깨달음 세계 제19회 법회 주제는 인과에 불매한 붉은 수염 오랑캐입니다.

인과에 불매하다는 것은 인과에 어둡지 않다 그런 얘기가 되겠습니다.

(탁, 탁, 탁! 죽비 소리)

나는 누구냐? 이것을 찾아가는 데 결국은 지금 여기뿐입니다. 생각의 범주에 나오는 시공이 아니라, 무시공에 절대무한한 자리이다. 그게 지금 여기일이다. 과거는 흘러가서 없고, 미래는 오지 않아서 없고, 현재는 현재라고 말하는 순간 이미 흘러가 버립니다. 일반적으로 우리가 세상살이하는 데 지금 여기라는 것은 저쪽 일이 아니라 이쪽 일, 여기 일이라는 것입니다. 우리가 세상 살림살이하려면 행주좌와 어묵동정 견문각지 이런 걸로 모든 사람의 나타난 생활을 얘기합니다.

그런데, 우리가 어떤 물건을 보게 되면, 보이는 대상이 있고, 그것을 보는 뿌리가 있고, 그 사이에 인식이 있는데, 그 인식의 뿌리가 뭐냐? 또 우리가 어떤 소리를 듣는데, 들리는 소리 그 대상과 듣는 뿌리, 귀죠. 그 사이에 생기는 식, 이식이라고 할 수 있는데, 그 뿌리가 뭐냐? 인식의 뿌리이며, 알아차리는 심지, 이것이 결국 우리가 찾는 바로 참 나라고 할 수 있습니다.

그래서 우리들은 눈으로 어떤 물건을 볼 때, 그것을 시각이라고 그럽니다. 시각, 보는 각이다. 또 듣는 것은 청각이다. 냄새 맡는 것, 취각이다. 또 미각, 혀로 맛보는 것. 촉각, 몸으로 느끼는 것. 또 생각하고 인식하는 것. 이런 게 전부 각이다 그렇게 말할 수 있습니다.

그러니까 우리가 그런 대상인 경계에서 찾지 말고, 한 생각 회광반조해서 언제 어디나 깨어있는 그러한 주체인 참 나를 찾아서 거기에 닿아야 된다 그렇게 말할 수 있습니다. 그러면 심안, 지혜안이 열립니다.

말이나 이름에 속거나 따라가지 말아야 됩니다. 왜냐면 이름은 나, 너, 태양, 달, 산, 풀 이런 것들은 실재가 아니라 이름일 뿐이고, 그러니까 실재가 아닌 것에 따라가거나 속으면 안 되고, 또 이 세상에서 생활하다보면 여러 가지 모양 모습에 부딪히게 되는데, 그 상이라는 것은 찰라생, 찰라멸, 연생연멸, 환생환멸 하게 됩니다.

그래서 금강경 사구게를 보면, '범소유상 개시허망 약견제상비상 즉견여래' 라고 했습니다. 모든 모양 있는 상은 허망한 것이니, 만일 제 모양이 모양이 아닌 줄 알면 즉시 여래를 본다. 여래를 본다는 것은 곧 불성을 본다는 것이어서, 견성이다 그렇게 말할 수 있습니다.

금강경에는 불취어상(不取於相) 여여부동 그렇게 말하지만, 그것을 좀 더 정확히 말하면 名相, 불취명상 여여부동만 쭉 잘해나가면 우리가 나는 누구냐 하는 참 나를 찾는데 굉장한 발전이 있을 것입니다. 왜냐하면, 우리는 본래 성불이라고 했습니다. 한 시대에 부처님이 나와서 성불하면, 그 시대의 중생들이 모두 깨치게 돼 '초발심시 변성정각'이다 그렇게 애기를 합니다. 첫발심이 곧 깨달음이다.

그것은 화엄경 야마천궁 게찬품에도 '응관법계성 일체유심조'라고 했습니다. 일체 마음이 지은 것이다.

'심여공화사 능화제세간' 마음이라는 것은 화가와 같아서 이 세상의 어떤 것도 그릴 수 있고, 마음과 부처와 중생은 차별이 없다. 중생과 부처는 근본자리에서 한마음으로 차별이 없다는 그러한 얘기가 되겠습니다.

지금 인과에 불매한 붉은 수염 오랑캐는 선사들의 말이 때로는 거칠 때가 있는데, 그렇게 선사들이 유명한 달마 대사, 그 분은 깨달으신 분이고 불법을 동토에 전하신 위대한 어른인데, 그 분을 인과에 불매한 붉은 수염 오랑캐라고 애기했습니다.

오늘 애기할 것은, 백장회해 선사의 선화인데, 백장회해 선사의 야호입니다. 백장 선사가 법문을 할 때 여우가 한 마리 와서 듣게 되었는데, 여우의 말을 듣고 몸을 벗게 해주고, 또 그걸 가지고 장례도 해주고, 또 나중에 그런 문제 가지고 백장 선사가 제자인 황벽과 애기를 하게 되는데, 황벽이 한소식을 애기하자 인가를 해주는 뜻으로 '여기 붉은 수염 오랑캐가 또 하나 있구나' 이렇게 말한 것입니다.

오늘 애기할 백장회해 선사는 유명한 마조도일 선사의 수제자로, 중국 불교선을 굉장히 우뚝 솟게 해서 선원만으로 절을 운영하는, 그래서 백장산에 대지 수성 선사를 열어서 개조가 되었고, 또 백장 청규라고 선원에 해당하는 규범을 만들어서 '선농일여' 참선과 농사가 한 가지로 해서 열심히 일하고 열심히 선을 닦아서 깨치게 하는 그런 규범을 최초로 만드신 분입니다.

그래서 일일부작이면 일일불식이다. 하루 먹으면 그만큼 일해야 되고, 하루 일하지 않으면 하루 먹지 말아라 이런 엄격한 청규를 말씀하셨는데, 오늘은 김태완 선생이 쓴 백장어록을 한번 같이 보도록 하겠습니다.

붉은 수염 오랑캐, 백장이 상당설법을 할 때에 늘 법문을 듣는 노인이 있었는데, 법문이 끝나면 대중과 함께 흩어졌는데, 어느 날은 법문이 끝났는데도 가지 않고 있는 거에요. 그래서 당신은 누구요? 하니까 그 노인이 말했습니다.

"저는 과거 가섭불 시대에 이 산에 머물렀습니다." 그랬습니다. 과거 칠불 중에 석가모니 부처님 앞에 있던 부처님이

가섭불이고, 그 가섭불이 우리나라에 계셨다는 얘기가 있습니다.

삼국유사에 보면, 경주에 가섭불 연좌석이 있다고 되어 있습니다.

그때 어떤 학인이 노인에게 물었습니다.

"지극히 수행한 사람도 인과에 떨어집니까? 저는 인과에 떨어지지 않는다고 대답하여 여우의 몸이 되었습니다. 이제 스님께서 저를 대신하여 한마디 구제말을 해 주십시오."

불락인과(不落因果)

이건 뭐냐면, 지극히 수행한 사람은 인과에 떨어집니까, 안 떨어집니까? 물으니까, 떨어지지 않는다고 얘기한 거예요. 그렇게 답변 한번 잘못했기 때문에 자기는 여우의 몸을 받아서 500생을 고생해왔는데, 이제 백장 스님 같은 훌륭한 스님을 만났으니까 제가 바로 깨쳐서 몸을 벗고 싶습니다 그런 거예요.

백장이 말했다.

"물어만 보시요."

노인이 물었다.

"지극히 수행한 사람도 인과에 떨어집니까?"

백장이 말했다.

"인과에 어둡지 않습니다."

노인은 그 말을 듣고 크게 깨닫고는 백장에게 작별인사를 하면서 말했다.

'불락인과(不落因果) 불매인과(不昧因果)'

이게 한 글자 차이인데, 그렇게 말을 잘해야 한다 그러지요. 그래서 우리는 정구업진언 같은 걸 해서, 말로 일어나는 여러 가지 잘못이나 화를 면하자고 그런 얘기를 하는데…….

그래서 이 백장여호의 선화 이후에 백장 전과 백장 후로 시대를 나누기도 합니다.

"저는 이미 여우의 몸을 벗었습니다. 산 뒷쪽에 있으니, 죽은 스님의 예법에 따라서 화장하여 보내주시기 바라겠습니다."

여우의 몸인데, 이제는 그걸 벗었으니까 스님의 예로 화장해 달라 이런 거지요.

백장은 유나에게 명하여 대중에게 식사한 뒤에 죽은 사람을 장사 지낸다고 알리게 하였다.

대중은 모두 깜짝 놀랐다. 식사한 뒤에 대중이 산 뒤로 가니, 바위 속에 과연 한 마리 죽은 여우가 있었기에 땔나무를 모아 화장을 하였다.

죽은 사람이 없는데 화장한다니까 첨엔 놀랐는데, 알고보니까 그런 내용이 있었습니다.

그래서 그 날 백장은 저녁에 법당에 올라가서 낮에 있었던 일을 애기했는데, 황벽이 물었다. 황벽 희운 선사라고, 백장 선사의 법을 이은 분이죠.

"옛사람은 한마디를 잘못 말하여 여우의 몸이 되었습니다. 그런데 오늘날 사람이 말할 때마다 잘못 말하지 않는다면 또 어떻습니까?"

백장이 말했다.

"가까이 오너라. 너에게 말해주겠다"

황벽은 백장에게 다가가서 백장을 손바닥으로 한 번 때렸습니다. 보통 상식적으로 있을 수 없는 일이죠. 제자가 스승이 오라는데 가서 스승을 때리다니……. 그래서 선은 알다가도 모를 일이라고 그러죠.

백장이 말했다.

"오랑캐의 수염이 붉은 줄은 알고 있었지만, 붉은 수염의 오랑캐가 여기 또 있구나."

말하자면, 그렇게 인정을 한 거지요.

그때 위산이 백장의 문하에 전좌로 있었는데, 사마두타, 선승이 여우의 이야기를 가지고 전좌에게 물었습니다.

"어떻습니까?"

전좌가 손으로 문짝을 세 번 흔들자, 사마두타가 말했다.

"매우 엉성합니다."

전자가 말했다.

"불법은 이런 도리가 아닙니다."

훗날 황벽이 백장에게 여우 이야기를 물은 일을 가지고 위산이 앙산에게 물었습니다. 앙산이 말했다. 위산과 앙산은 백장의 제자의 제자로서, 뛰어난 분이지요. 위앙종을 창종했으니까.

"황벽은 늘 이러한 솜씨를 부리는군요."

여러 가지 쓰임, 대용, 활용 이런 것을 말하지요.

위산이 말했다.

"날 때의 타고난 솜씨일까? 남에게 배운 솜씨일까?"

앙산이 말했다.

"스승에게 이어받은 것이기도 하고, 스스로 근본에 통한 것이기도 합니다."

위산이 말했다.

"그렇다, 그렇다."

다음에는 아까 백장회해 선사가 선원만의 독자적인 절을 건립하고, 백장청규라는 그러한 규범을 만들어서 중국선의 기본을 확립한 분인데, 일일부작이면 일일불식이라고 그렇게 얘기를 했지요.

백장은 절에서 할 일이 있으면, 반드시 대중에 앞서서 일을 하곤 하였다. 대중이 늙은 백장의 노고를 보고 견디다 못하여 일하는 도구들을 몰래 감추고서 백장에게 쉬기를 청하였다.

노인이 젊은 사람과 같이 일하니까, 제자들이 보기에 송구스러워서 그렇게 도구들을 감춘거지요.

이에 백장이 말했다.

"나에게 덕이 없는데, 어찌 남을 수고롭게 할 수 있겠느냐?"

그리고 곧 이곳저곳에서 일하는 도구를 찾았으나, 찾지 못하자 밥을 먹지 않았다.

본인이 솔선수범해서 일하지 않으면 공양을 안 드시니까, 제자들이야 저절로 따를 수밖에 없죠. 그리하여 하루 일하지 않으면, 하루 먹지 않는다. 일일부작이면 일일불식이다 라는 말이 세상에 널리 퍼지고, 그것이 규범이 되었던 겁니다.

무문 혜개 선사는 무문관에서 결국 깨달은 것을 일척안, 지혜안이나 또는 심안이 열리는 것이다, 제 삼의 눈이 생기는 것이다 그렇게 말했습니다.

(한손을 든다)

지금 여기뿐입니다. 언제 어디나 있는데, 그래서 찾지만 않으면 모든 게 각, 깨달음입니다. 본래 우리는 성불한 자리에 있으니, 몸과 마음으로 가리지만 않는다면 그대로 그 자리가 드러나게 됩니다.

소를 타고 소를 찾을 필요는 없습니다. 안 찾아도 됐지요. 왜냐하면, 언제 어디나 그것인 것처럼 각 아닌 게 없으니까. 내 맘 내 몸이라는 것이 그 무명으로 가리지만 않는다면, 즉 무아만 되면, 그대로 각, 깨달음이 드러난다 그렇게 말할 수 있습니다.

모든 존재가 행복하기를 빕니다. 모두 직관자심. 회광반조. 돈오자심하여 견성성불 하십시오. (합장)

제20회 본원 청정심이 부처이고 뚜리야(Turiya)다

(한손을 높이 들다)

보살 대중 여러분, 반갑습니다. 석가모니불께 경배찬탄합니다. (합장)

미륵존불!

본각선교원 깨달음 세계 제20회 목요법회 주제는 '본원 청정심이 부처이고, 뚜리야(Turiya)다'입니다.

사람이 갖는 일반적인 질문은 나는 누구냐? 나는 어디서 와서 어디로 가느냐? 우주란 무엇이냐? 이런 것이라고 말할 수 있습니다.

결국 나 자신을 깨닫는 일이 가장 중요하다고 생각할 수 있습니다. 그것은 지금 여기입니다. 그런데, 우리가 나를 찾아가는 여행에 있어서 한번 생각해보면, 나는 보통 세 가지로 얘기할 수가 있습니다.

하나는 몽중아, 또 하나는 오온아 혹은 인연아, 세 번째는 참나 혹은 비인연아라고 말하는 것입니다.

물론 선문에서는 시심마, 이뭐꼬, Who am I?, What is this? 등 이런 것을 하나의 수트라, 간화, 화두로 생각해서 참고해 들어가기도 하지만, 우선 나라고 이르는 몽중아는 꿈속에서 활동하는 나입니다.

꿈꿀 때는 그것이 생시처럼 움직이고, 활동하고, 춤도 추고, 노래도 하고 그러지만, 깨고 나면 꿈이라는 것은 없는 것입니다. 다만 꿈을 꾸는 자, 꿈꾸미는 있었지요.

두 번째는 오온아, 색수상행식으로 이루어지고, 인연아, 인과법에 영향을 받는 그런 보통 생각하는 우리라고 말할 수 있습니다. 인연과보에 따라서 하는 보통 내 몸이다, 내 마음이다, 내 기운이다 하는 이런 것인데, 그런 것을 찾아보면 결국은 나라는 것이 없습니다. 그러나 우리가 보기에는 생시로 보여서 이게 전부 뚜렷한 거 같지만 결국은 참 나의 자리에서 보면, 이것이 꼭 꿈과 같은 존재다. 그래서 우리는 '무아(無我)'다 이런 애기를 합니다. "없이 있는 나"지요.

세 번째는 우리가 생활하고 있는 행주좌와 어묵동정 견문각지를 하는 근본바탕의 본원적인 존재, 본원 청정심이라고 애기하지요. 그게 참 나인데, 우리는 참 나를 깨달아야 됩니다. 물론, 참 나라는 말 자체도 방편이지만. 그래서 부처님은 그것을 불이중도라고도 애기하시고, 텅 빈 영각성이라고도 애기하시며, 그래서 여러 가지 모양은 그 근본자리에서 보면 적멸상이다. 상에서 마음을 떠나고, 그러면 상이 없어지게 되는 건 마찬가지이니까 적멸상이 되는 것이다 이렇게 말할 수 있습니다.

우리가 구름 나그네라고 할 때, 청천백일은 늘 여일하지만, 구름은 잠깐 가리어 나타났다가 사라지고, 청천백일은 드러나며, 또 우리는 파도 나그네라고 해서, 바다에서 파도는 늘 치고 하지만, 그게 중요한 게 아니라 워낙은 바탕인 바다가 중요하다. 그리고 하늘과 바다는 영원한 것이다.

그 다음에 그림자와 거울로 보면, 거울은 늘 비추지만 그림자는 그냥 모양만 나타내지 실체가 아니다 이렇게 말할 수가 있습니다. 그래서 몽각불이, 우리가 지금 여기에서 하는 여러 가지 견문각지 행주좌와 어묵동정이 아무런 머무름 없이 있는 그대로 본체에 묘용으로 나타나면 그게 각이고, 거기에 생각, 말, 모양, 이름이 붙어서 거기에 집착하고 그러면, 그게 꿈이다. 그래서 우리는 그것을 몽각불이라고 합니다. 꿈과 각이 둘이 아니다.

그래서 옛날부터 선사들은 각몽교몽(覺夢覺夢)이라고 했습니다. 모두 깨달을 각, 꿈 몽인데, 앞의 것은 각몽, 뒤의 것은 교몽이라고 읽습니다.

그러니까 우리가 살고 있는 이 세상이 꿈이라고 알아차리면, 꿈에서 깬다. 깨닫는다 이겁니다. 각몽교몽, 이것이 깨닫는 방법에 있어서 선사들이 가르쳐 주는 아주 중요한 방법이다 그렇게 알면 되겠습니다.

그런데, 실제 그런 보통 사람들 오온아의 하루 생활을 보면, 24시간을 삽니다. 그런데, 그 사는 걸 보면 잠자는 시간이 있고, 꿈꾸는 시간이 있고, 또 의식적으로 생활하는 그런 세 가지 상태로 나눌 수가 있습니다. 누구나 그렇죠. 물론 특별하게 예외도 있겠지만, 우리가 24시간 사는 걸 보면 의식적으로 생활하는 상태, 잠을 자는 상태, 꿈을 꾸는 상태 이렇게 세 가지인데, 그 세 가지 말고 잠자고 꿈꾸고 의식생활하는 그 바탕에 있는 제4상태를 인도에서는 요가나 또는 초월명상 이런 데서 뚜리야(Turiya). 심지라고 했습니다.

이게 말하자면, 우리의 의식 중에 순수의식, 순수지혜, 아말라식, 청정무구식 그거를 뚜리야라고 그럽니다.

그래서 의식적인 생활에서 잠으로 가는 데는 그 사이에 간격이 있을 수 있습니다. 또 잠자다가 꿈으로 가는 사이에도 틈이 있을 수 있습니다. 또 꿈을 꾸다가 꿈을 깰 때도 의식으로 넘어가는 과정에 틈이 있을 수 있습니다. 그래서 그렇게 늘 깨어 있는 사람은 그 틈새에서 자기가 깨어 있는 자기의 존재, 각의 상태를 경험할 수 있다 이렇게 얘기를 합니다.

이러한 뚜리야가 순수의식, 깨달음, 부처, 참나, 부동의 원동자이고, 또는 창조지성이라고도 그렇게 얘기를 합니다.

그래서 이것도 수행하는데 중요한 방법 중 하나다 그렇게 얘기를 합니다.

오늘은 지난번에 백장 선사의 선어록을 살펴봤는데, 오늘은 백장 선사의 제자인, 중국선의 황금시대에 마조도일, 백장, 황벽, 임제로 이어지는데, 그 황벽 희운 선사에 관한 책이 있는데 그걸 "전심법요"라고 합니다.

동국대학교 정유진 교수가 쓴 '전심법요와 완릉록 연구'라는 책이 있습니다. 오늘은 거기를 바탕으로 해서 살펴볼까 합니다.

전심법요를 보면, 마음이 부처다 그럽니다. 일체유심조라는 부처님의 가르침과 똑같죠. '유시일심(唯是一心)' 오직 유일한 것은 하나의 마음이다 그런 것입니다.

그것을 일심즉불- 하나의 마음이 곧 부처다.

심외무법, 심외무불- 마음 외에 부처가 따로 없고, 마음 외에 따로 법이 없다. 그래서 그러한 마음이자, 불이자, 법은 불생불멸이고, 무형이고, 무상이다 그랬습니다.

결국 이 우주에는 혜능 스님이 말씀하신 것처럼, 본래 무일물입니다. 본래 이 우주에는 한 물건도 없습니다. 부처뿐이죠. 본래성불심(本來成佛心)이죠. 그것을 마음이라고 표현하는 거죠. 마음도 눈에 안보이니까. 그런데, 많은 사람들이 부처가 마음이다 그러니까 마음이 있는 것으로 생각하고 거기에 집착하고 머무르니까, 그 집착과 머무름을 떼 주기 위해서는 마음이 마음이 아니라 무심(無心)이라고 그럽니다.

없이 있는 마음이죠.

또 어떤 분은 여기도 머물지 말라고 해서, 대무심이라고 얘기하는 분도 있습니다. 다른 말로 하면, 무심지심(無心之心), 즉 무심의 마음이다 이렇게 얘기할 수도 있고, '무심은 무분별지다' 그렇게도 얘기할 수 있습니다. 그래서 무심은 본원청정심이고, 진여법심인데, 황벽 선사가 하신 말씀 중에 가장 핵심적인 가르침이 '단능무심 변시구경(但能無心 便是究竟)' 입니다.

이게 무슨 말이냐면, 다만 무심할 수 있으면, 이것이 구경이다. 더이상 뭐가 없다는 겁니다. 그러니까 이 우주는 본래 물일물이니까, 처음엔 마음이라 그러지만 거기에도 집착하지 말고 무심으로 들어가라 그렇게 얘기를 하는 것입니다.

그러면, 이 무심이 결국 본원청정심 이라고, 그게 부처이고 뚜리야다. 순수의식이고 청정무구심이다 이러한 얘기입니다.

전심법요에서 본원청정심 분야를 한번 같이 읽어보도록 하겠습니다.

본원청정심, 이 마음이라는 본래의 부처에는 실로 그 어떤 하나의 물건도 없어서, 실체가 없어서 텅 비어 고요하며, 밝고 오묘하며, 안락할 뿐이다. 스스로 깊이 깨달아 들어가면 지금 그대로 부처이어서 모든 덕이 원만히 구족하여 다시 모자랄 것이 없다. 본래무일물. 본래천진불을 말합니다.

설사 삼대아승지겁을 정신수행하여 모든 지의 단계를 거칠지라도, 한 생각 증득하는 순간에 이르러서는 단지 원래 자기가 부처를 깨달을 뿐, 그 위에 그 어떠한 것도 더할 것이 없다. 망념이 사라질 뿐, 얻은 것은 없다.

이 깨달음의 경계에 도달하고 난 다음, 지금까지 지나온 긴 세월 동안의 수행을 돌이켜보면, 모두 꿈속의 허망한 소행이라는 것을 알게 될 것이다. 그러므로 여래께서 말씀하시기를, 내가 아뇩다라 삼막삼보리에서 실로 얻은 것이 없다. 만약 얻은 것이 있다면, 연등불께서 나에게 수기를 주지 않았을 것이라고 하셨다.

석가모니불은 전생에 연등불에게서 수기를 받으셨죠. 쭉 계보를 찾아 올라가보면, 연등불로부터 25번째가 석가모니불이고, 보통 우리는 7불을 얘기하지만, 연등불은 이렇게 오래된 부처이고, 연등불로부터 석가모니불이 수기를 받으신 거죠.

또 말씀하시기를, 불이법은 평등하여 높고 낮음의 차별이 없기 때문에, 이것을 보리, 최고의 바른 깨달음이라고 이름한다고 하셨다. 바로 이 본원청정심은 중생과 제불, 산하대지의 모양 있는 것과 모양 없는 것 등은 시방세계의 일체 모든 것과 평등하여 너다 나다 하는 차별의 모양이 없다.

그래서 이 세상은 무상(無相)이라고 그러죠. 우리가 모양보고 많이 살지만, 실제로 그것은 찰라생 찰라멸, 연생연멸,

환생환멸하는 것이지 꿈같고, 그림자 같아서 실체가 아니다 그렇게 얘기할 수 있습니다.

이 본원청정심은 항상 스스로 원명하게 널리 일체를 비춘다. 그런데 세상 사람들은 이 내적인 빛을 깨닫지 못하고, 다만 외적인 견문각지를 마음 그 자체라고 생각하여 그 견문각지에 가려 덮혀서 그 결과, 순수하고 모자람이 없는 밝은 본체를 보지 못하고 있다.

밝은 본체를 그래서 소소영영, 영영소소 또는 성성적적, 적적성성 또는 공적영지 라고도 얘기를 하지요.

그러므로 도를 배우는 사람이 다만 견문각지만을 축으로 하여 영위하고 행동하는 것이나, 그 근거가 되는 견문각지를 텅 비워 버리면, 곧 사념의 길이 끊어져 어느 곳에도 사념이 들어갈 틈이 없게 된다. 다만 보고 듣고 느끼고 아는 것에서만 본래의 마음, 본원의 마음, 본원청정심 그것을 깨달아 알아라. 그렇지만, 본래의 마음 자체는 보고 듣고 느끼고 아는 것에도 속하지 않으며, 그렇다고 해서 견문각지와 떨어져 있는 것도 아니다. 몽각불이라고 했지요.

중요한 것은 단지 자신의 견문각지에 서서 견해를 일으켜서는 안 되고, 또한 견문각지 상에서 생각을 움직여서도 안 되며, 또한 견문각지를 떠나서 마음을 찾아서도 안 되고, 또한 견문각지를 버리고 법을 취해서도 안 된다. 도가 현현하지 않은 것이 없다.

도는 언제 어디나 나타납니다. 지금 여기 언제나 가능한 것이 도이고, 감출 것이 하나도 없다고 합니다. 견문각지로 나타난 그것이 본원청정심이 아니고, 그것을 근본적으로 알아채는 신령스러운 존재, 그래서 텅 빈 영각성이라고 그랬죠. 그 텅 빈 영각성, 알아챔, 알아채는 자가견성 즉 깨달음이다 그렇게 말할 수 있습니다.

그렇기 때문에 밖으로 향하지 않고, 안으로 회광반조해야한다. 우리가 눈으로 뭘 보거나 귀로 뭘 듣거나 하면, 마음이 그쪽을 향해 가죠.

밖으로 향하는 것을 거꾸로 되돌려서, 그것을 회광반조라고 그럽니다. 마음의 빛을 돌이킨다. 회광반조해서 그쪽에서 가장 깊은 곳에 있는 것이 마음 바탕이고 심왕인 뚜리야이고, 순수의식, 제 9식이다 이렇게 말할 수가 있습니다.

우리가 보통 우주를 우리의 육근이 육경을 상대해서 육식이 생긴다 그러지만, 안 이 비 설 신 식과 의식(6식), 7식인 마나스식, 8식- 여러 가지가 과거에 그러한 행위를 한 업식이 쌓여있는 것을 알라야식, 근본 자리에 순수의식을 제9식 또는 청정무구식, 아말라(amala)식 그렇게 얘기를 하는데, 결국 본원청정심이나 뚜리야 이런 것은 'pure awareness', 순수하게 아는 의식 또는 순수지혜다 이렇게 말할 수가 있습니다.

우리가 보고 듣고 말하고, 걱정하고 두려워하는 모든 것을 마음속에서 알아채는 자, 알아차리는(Satipatthana, mindful ness) 자가 바로 이러한 순수의식이고, 본원청정심이고, 뚜리야다 그렇게 말할 수가 있습니다.

그것이 곧 깨달음이고, 참 나이며, 각이고 부처다 이렇게 말할 수가 있습니다.

언제나 지금 여기 멈추고 마음을 회광반조해서 알아채는 자, 주시하는 자, 그것을 자기가 알아차릴 필요가 있다고 하겠습니다.

모든 존재여, 행복하소서. 모두 직지인심 견성성불하십시요. (합장)

제21회 임제선사의 할 방 절 타

보살대중 여러분 안녕하십니까? 석가모니불께 경배찬탄합니다. (합장)

미륵존불!

(오른손을 높이 든다)

본각선교원 깨달음 세계 오늘 법회 주제는 임제 선사의 '할 방 절 타'입니다.

임제(臨濟) 선사는 황벽 선사 밑에서 깨달음을 얻으실 때, 불법의 대의가 뭐냐고 세 차례 물었는데, 세 차례 모두 다 20대씩 몽둥이를 얻어맞았습니다. 말하자면, '방(榜)'이라고 할 수 있습니다.

그런데, 실제 제자들을 가르칠 때는, 할을 많이 사용하셨고, 경우에 따라서는 절을 하기도 하고, 또 어떤 때는 편타라고도 하는데 때리기도 하셨습니다.

이것은 깨달음의 세계로 들어가기 위한 방편으로서, 불법의 대의가 뭐냐? 또 어떤 말을 할 때 밖에서 찾지 말고 자기 자신에게 회광반조(廻光返照)해서 찾아라 그런 의미가 있는 것입니다.

우리는 지금 직지인심하여 견성성불하고자 합니다. 우리의 삶은 앎이고, 그 본체는 텅 빈 영각성입니다. 공적영지(空寂靈知)입니다. 성성적적, 소소영영이라고 합니다.

절대적인 진리는 언어도단 심행처멸이어서, 말길이 끊어지고 마음길이 끊어졌다는 것입니다.

나는 누구냐?, 이뭣꼬?, Who am I?, What is this?, 시심마 그런 것들이 들어가는 하나의 방편인데, 우리는 지금 나를 찾아서, 나를 찾아보니까 사실 찾아지지가 않아서 무아라 했는데도, 참 나를 찾아서 여행을 하고 있습니다.

지금 여기, 이것뿐입니다.

우리는 흔히 바깥의 모양을 보고, 구름 나그네다, 꿈속 나그네다, 파도 나그네다, 그림자 나그네다, 메아리 나그네다, 이슬 나그네다, 그림 나그네다 또는 고향 나그네다 그럽니다.

우선 여러 가지 바깥 세상, 우리가 의식으로 생활하는 이 바깥 세상에 이름이나 형상에 붙인 이름이고, 이런 것은 전부 찰라생 찰라멸이고, 환생환멸, 연생연멸입니다. 그래서 우리가 찾아야 할 참 나는 구름에 대해서 청천백일이라고 비유를 할 수가 있습니다. 변하지 않는 거지요.(불생불멸)

꿈속 나그네의 불변의 자리는 꿈꾸미이고, 파도 나그네에 있어서는 파도가 일어나는 바다라고 할 수 있습니다.

그림자는 모든 물건을 비추는 거울이 불변의 자리입니다. 거울은 무엇이 오든 그대로 비춥니다. 사람의 지혜로 봤을 때는 대원경지라는 말을 쓰지요.

그리고 산속에 들어가서 소리를 치면 메아리가 있는데, 우리는 메아리와 같은 나그네지만, 거기서 변하지 않는 것은 산이라고 할 수 있고, 또 이슬 나그네라고 했을 때, 이슬은 풀숲에 잠시 붙었다가 금방 사라지죠.

그리고 일체유심조에서 말한 것처럼, 우리는 그림과 같습니다. 화가가 그림을 자기 마음대로 그리듯, 우리의 마음은 화가인데, 실제 우리의 오온아는 그러한 그림과 같습니다.

우리는 고향 나그네라고 합니다. 우리는 이 우주가 내 고향이고 집인데, 거기에 타향을 하나 설치했습니다. 그리고 고향으로 자꾸 가려고 그럽니다. 애씁니다. 근데 알고 보면 타향이 고향이거든요. 그래서 그 착각을 정각으로 바꾸어야 하는데, 내가 고향 나그네임을 깨달으면 고향집에 도착하게 됩니다.

고향집에 도착해서 여래의 방에 들어가서(대자비심을 갖고), 여래의 옷을 입고(유화인욕심을 갖고), 여래의 방에 정좌하는 겁니다. 그 자리는 일체법공좌입니다. 아공, 법공, 구공의 텅 빈 자리, 텅 비어있긴 하지만, 묘유가 있고, 신령스럽게 아는 성품, 불성, 본성, 자성이 있습니다. 그래서 그것을 텅 빈 영각성(靈覺性)이다 그렇게 설명을 합니다.

그러면 임제 선사의 할 방 절 타 에 관해서 말씀드릴 텐데, 오늘은 이진오 김태완 선생이 지으신 '임제할'이라는 책이 있습니다. 여기에서 그것을 살펴가도록 하겠습니다. 아까도 말씀드렸지만, 임제 선사는 임제할 덕산방 그래가지고, 임제 스님은 '할' 활용을 많이 하셨습니다. 덕산 스님은 '방' 몽둥이로 때리는 거죠. 여기서는 임제 스님이 할도 하고, 몽둥이도 들고, 때리기도 하고(打), 절도 하는 그런 것이 나오는데, 그런 것을 임제 스님을 통해서 살펴보도록 하겠습니다.

임제가 어떤 스님에게 물었다.

"어디에서 오느냐?"

그 스님이 곧바로 "악" 하고 소리 지르니, 임제는 곧장 두 손을 모으고 절하며 자리를 양보하였다. 이에 그 스님이 무슨 말을 하려고 머뭇거리자, 임제가 바로 때렸다. '타'지요. '할'에 대해서 '타'로 답한 거죠.

그 다음에는 바로 때리다인데, 임제가 어떤 스님이 오는 것을 보고는, 곧 불자(拂子, 불교에서 먼지떨이, 총채)를 세웠다. 그 스님이 절을 하자, 임제는 바로 때렸다. 그것을 인정하는 거죠.

또 어떤 스님이 오는 것을 보고 역시 불자를 세웠는데, 그 스님은 돌아보지도 않았다. 임제는 그래도 때렸다.

지금 여기에서 그와 같이 인정하고 서로 긍정하고, 그래서 그런 것을 현성공안(現成公案)이라고 얘기를 합니다.

다음은 낙처가 어디인가입니다.

임제 스님이 상담하니 어떤 스님이 나와서 절을 하였다.

임제가 곧 바로 "악!" 하고 할을 외치니, 그 스님이 말하였다. 노스님께서는 사람을 떠보지 않는 것이 좋을 것입니다.

임제가 말했다.

"낙처가 어디인지를 그대가 말해봐라." 네 마음자리가 돌아갈 궁극의 당처가 어디냐 이것을 말해보라는 것이다. 그 스님이 바로 "악!" 했다. 또 어떤 스님이 물었다.

"어떤 것이 불보의 큰 뜻입니까?"

임제가 바로 할을 하니, 그 스님이 절을 하였다. 임제가 말했다.

"그대는 말해보라. 이것은 좋은 할이냐?"

그 스님이 말했다.

"도둑이 극에 있는 것 같습니다."

여기서 도둑이라는 건 임제 스님한테, 이 선가에서 쓰는 용어가 좀 거친데, 임제 스님을 말합니다.

"허물이 어디에 있느냐?"

"재범은 허용치 않겠습니다."

임제가 곧 "악!" 하고 말했다.

이날 동당과 서당의 숫자가 서로 만나자, 동시에 "악!" 하고 할을 내밀었다. 한 스님이 임제에게 물었다.

"손님과 주인의 구별이 있습니까?"

내 문제인 줄 아느냐 이걸 물은 겁니다. 손님과 주인이 분명하다. 대중들아! 나의 빈 주구를 알고자 한다면, 당주의 두 수좌에게 물어보도록 하라. 당주의 두 수좌라는 것은 여기에서 조사가 법문하는 자리에 있는 두 기둥을 말합니다. 그것은 곧 저 자신에게 물어보라. 자기 마음자리, 직시인심을 가지고 말함입니다. 그렇게 말씀하시고는 바로 법좌에서 내려왔다.

다음은 '자리 없는 참사람- 무위진인(無位眞人)'입니다. 그게 참 나이고, 부처고, 텅 빈 영각성이고, 절대자고 초월자인데, 임제 스님은 무위진인 이라고 말했습니다.

임제가 상담하여 말했다.

"붉은 고깃덩이 하나 위에 자리 없는 참사람, 무위진인이 있어서 늘 그대들의 면문으로 출입하니, 아직 밝히지 못한 자는 잘 보아라."

우리가 일상생활할 때, 눈으로 보고, 귀로 듣고, 코로 냄새 맡고, 입으로 맛보고, 몸으로 촉감을 느끼고, 생각이 들락날락 하는 이게 면전에 늘 드나듭니다. 그러면서 그 근본자리는 변하지 않는데(心地), 그것을 일러보라는 거지요.

그때 어떤 스님이 나와서 물었다.

"어떤 것이 무위진인입니까?"

임제가 선상을 내려와 그를 움켜잡고 말했다.

"말해라 말해!"

그 스님이 뭔가 말하는 듯 머뭇거리자, 임제가 그를 탁 놓아버리고 말했다.

"자리 없는 참사람이라니, 무슨 마른 똥막대기 같은 소리냐?"

그리고 곧 방장으로 돌아갔다. 자기 방으로 돌아가셨다는 얘기죠.

다음은 백장의 선판입니다. 이것은 여기서 임제 스님과 그 스승인 황벽 스님에 관한 얘기인데, 거기에 황벽의 스승이신 백장 선사의 선판 얘기가 나옵니다.

임제가 어느 날 황벽에게 작별인사를 하니, 황벽이 물었다.

"어디로 가느냐?"

"하남이 아니면 하북이겠죠."

황벽이 바로 몽둥이로 때리자, 임제가 맞받아 쥐고는 손바닥으로 황벽을 쳤다. '타'지요.

황벽은 크게 웃고는, 곧 시좌를 불러서 백장 선사의 선판과 궤안 책상을 가져오라고 하였다. 임제가 말했다.

"시자야, 불도 가지고 오너라." 불은 불자(拂子)로서, 총채 같은 거지요.

황벽이 말했다.

"비록 그렇긴 하지만, 너는 가지고 가거라. 이후로는 앉아서 천하 사람들의 혀를 물리치도록 해라."

뒷날 위산이 앙산에게 물었습니다. 위산과 앙산은 백장 선사의 제자들이기도 합니다.

"임제 스님이 황벽 스님을 져버린 것이 아니냐?"

앙산이 말했다.

"그렇지 않습니다."

"너라면 어떠냐?"

"은혜를 알아야 바야흐로 은혜 갚을 줄 압니다."

"옛사람에게는 비슷한 일이 있었느냐?"

"있었습니다만, 연대가 너무 오래 되어서 스님께 말씀드리고 싶지 않습니다."

"그렇지만, 내가 알고 싶으니 너는 말해라."

석가세존 때 일이기 때문에, 처음 앙산이 얘기하지 않으려 했는데, 위산이 얘기하라고 하니까 얘기하는 겁니다.

"예컨대, 능엄의 회상, 능엄경을 말씀하시는 회상에서 아난 존자가 부처님을 찬탄하여 말하기를, 이 깊은 마음을 가지고 티끌 같은 국토를 받드니, 이것이 이름하여 부처님의 은혜에 보답하는 것입니다라고 하였으니, 이 어찌 은혜에 보답한 일이 아니겠습니까?"

이것이 아난의 찬불게라고 하는 겁니다. 위산이 말했다.

"견해가 스승과 같으면 스승의 덕을 반감하니, 견해가 스승보다 뛰어나야 바야흐로 스승의 가르침을 전해줄 만하다." 이렇게 얘기했습니다. 우리가 견성성불하기 위해서는 아주 특별한 사람을 제외하고는, 선지식이나 스승이 필요합니다. 그리고 부처님을 믿고 자기가 본래 성불했다는 것을 믿고 쭉 나아가야 됩니다.

선지식의 말을 믿고 따라야 하며, 선지식이 아니라 판단하면 떠나야 된다. 그런데 한참 공부하다가 보면, 나중에 스승을 너무 존경하는 나머지, 스승에게 매여서 쩔쩔매는 경우가 있습니다. 그래서 그런 경우를 위해서 참된 스승은 '학불종사 - 배움은 스승을 따르지 않는다' 또는 '배사자립- 스승에 등을 돌리고 스스로 서야 된다' 그러니까 참된 견성성불의 스승은 제자가 자기를 넘어서 가려고 할 때 깨달음에 이르기 때문에, 이런 것을 얘기하는 거죠.

이것은 쉽지 않은 문제지만, 임제 선사처럼 훌륭한 선사는 이렇게 가르쳐줬습니다.

우리가 지금 깨달음 세계로 들어가는 공부를 하고 있는데, 견성을 하려고 그러면 첫째는 생사를 걸고라도 견성을 하겠다는 결정심이 있어야 됩니다. 초발심이 변정각이라고 합니다. 그 다음 출발은 내가 모두 본래 성불해 있다는 거, 나와 부처의 근본 성품은 똑같다는 거로부터 출발해서, 수식선정을 하고, 막향외멱, 밖으로 찾으면 안 되고 그것을 돌이켜서 마음을 밖으로 보고 듣는데 경계해 나가는 그 마음을 되돌이켜서, 마음의 빛으로 자기 마음을 돌이켜보는 자심반조 수처작주로 한참 가다보면 지혜안이 열려서 깨닫게 됩니다.

막향외멱, (밖으로 찾지 말고) 회광반조, 자기 마음의 빛을 돌이켜 직지인심하는 것처럼 안으로 돌이켜서 계속 바라보라. 그래서 본원의 자리에 있는 알아차리는 자, 주시자 이것을 깨우쳐야 됩니다. 우리가 그런 길로 가려면, 다음을 유의해야 합니다. 부처님께서는 수타 니파타(경집)에서 이런 말씀을 하셨습니다.

'소리에 놀라지 않는 사자처럼,(사자는 짐승의 왕입니다. 어떤 소리에도 놀라지 않습니다.) 그물에 걸리지 않는 바람처럼, 흙탕물에 물들지 않는 연꽃처럼, 무소의 뿔처럼 혼자서 가라' 그랬습니다. 여기서 무소라는 것은 외뿔 코뿔소 입니다. 외뿔 코뿔소의 뿔이라는 것은 힘과 정력이 대단해서 파사현정의 길로 가게 합니다. 혼자서 가라 그러는 겁니다. 왜냐하면, 석가세존께서 룸비니 동산에서 태어나실 때, 그러한 기본적인 가르침을 주셨습니다. 룸비니 동산에서 어머니 마야부인에게서 태어나, 범천왕의 도움을 받아가지고 일곱 발자국씩 사방을 걸으면서 하신 말씀이 '천상천하 유아독존 삼계무안 아당안지' 그랬습니다. 천상천하에 오직 내가 홀로 높으니, 삼계가 편안치 않으니 내가 이를 편안케 하리. 이것은 자기 개인을 말하는 게 아니고, 참 나, 부처, 절대자, 초월자, 법신불 이런 걸 말하는 겁니다. 이 세상에 실제로 존재하는 것은 이것 하나뿐입니다. 여기서도 무소의 뿔처럼 혼자서 가라 그랬습니다. 외로운 길이지만 혼자서 가라. 이런 좋은 말씀을 부처님께서 하셨습니다.

보살대중 여러분, 모든 존재가 행복하기를 빕니다.

모두 직지인심 견성성불 하십시요. (합장)

제22회 임제 선사의 직지견심(直指見心)과 수처작주(隨處作主)

보살 대중 여러분, 안녕하십니까? 석가모니불께 경배찬탄합니다. (합장)

미륵존불.

본각선교원 깨달음 세계 오늘 법회 주제는 지난주 임제 선사에 이어서 오늘도 임제 선사의 직지견심과 수처작주 입니다.

임제 선사는 황벽 희운 선사의 제자로서, 중국선의 황금기의 마지막을 장식했다고 할 수 있는 그런 스님인데, 본래는 직지인심 견성성불이죠. 자기 마음을 직접 보고, 성품을 봐서 부처가 되라. 그런데, 직지견심하면 한 단계 더 나아간 거죠.

마음을 바로 봐라. 그 마음이 태어난 자리가 심성이니까, 견심이나 견성이나 마찬가집니다.

그리고 수처작주는 임제 선사께서 말씀하기를, 핵심을 수처작주 입처개진(立處皆眞)이라 했습니다. 수처작주는 어디에 있든지 자기가 주인공으로 살아라, 그러면 그가 서있는 곳 어디든지 참이고, 진리고, 참 나고, 부처다 그런 거지요. 임제 선사의 직지인심과 수처작주는 바로 마음으로 다가가서 밖으로 향하지 말고 언제나 자기 마음이 주인이라는 것, 참 나라는 것, 부처라는 것을 잊지 말고 늘 깨어있어라 이런 얘기가 되겠습니다.

(오른손을 높이 올린다)

우리가 세상을 살아가는데 지금 여기뿐입니다. 과거는 흘러가서 없고, 미래는 오지 않아서 없고, 현재라고 해도 금방 흘러가고, 또 밖으로 향하지 않고 마음 안으로 향하면 유일절대 진리는 진여일심으로 지금 여기 이 자리입니다. 언제 어디서나 알아차리는 주인공, 그러니까 우리가 물건을 볼 때 보는 물건이라는 경계를 향하지 않고, 그 보는 인식의 가장 바탕이 되는, 밑바탕에 있는 알아차리는 자, 소리를 들을 때도 그 묘음을 듣는 자, 들리는 소리가 아니라 소리를 듣는 그 마음, 근본 바탕에서 알아차리는 마음, 그것이 바로 참 나이고 우리 마음이다 이렇게 말할 수가 있습니다.

우리의 삶은 앎이라고 할 수 있습니다. 우리는 지적 생명체로서, 이 세상을 다 알아서 주인공으로서 환경과 관계를 맺으며 살아갑니다. 그래서 이것을 지성(知性)이다 그렇게 얘기할 수 있습니다. 아는 성품, 지적 가능성이다. 이걸 다른 말로 하면, 아는 마음(知心)을 만드는 자리, 생하는 자리가 지성이다 그렇게 말할 수 있습니다. 그런데, 우리가 안다는 것은 분별, 집착, 망상이 있을 때는 그것을 망지(妄知)라고 그럽니다. 분별, 집착, 망상으로 아는 것, 헤아려서 아는 것, 분별해서 이분념법으로 아는 것, 그것은 망지죠. 그것이 아니고, 대자연이 있는 그대로 아는 것은 신령스럽게 안다 그래서 영지(靈知)라고 그럽니다.

그런데, 근본 자리는 이것이 하나의 우주로 꿰뚫려 있기 때문에, 정확히 가능한 표현을 하면, 공적영지(空寂靈知)다 그렇게 애기를 합니다. 저 허공이 아주 오랜 옛날부터 고요하듯이, 그렇게 고요하고 텅 비고 신령스럽게 아는 것, 이게 우리의 참 나고, 부처이고 그렇습니다. 이것은 살아있는 절대유일의 진리이고, 또 적적성성이라고도 그럽니다. 고요하고 고요한데 활짝 깨어있는 적적성성, 또는 성성적적 그렇게도 말하고, 자성청정심, 또는 순수의식, 또는 심왕(心王), 마음의 왕이다. 심왕의 반대말은 부수적인 심소(心所)라고 합니다.

결국엔 이것을 도로 표현하면, '성상불이중도'다 그렇게 애기합니다. 둘이 아닌 적정한 길, 바른 길 그렇게 말할 수가 있습니다. 본래의 선은 석가세존께서 직지선이라 그래서, 바로 마음을 가르치는 직지인심 견성성불하는 선인데, 중국에 와서 달마, 혜능, 마조, 임제 이런 분을 거치면서 조사선이 되었고, 나중에 임제의 후제자 가운데, 대혜종고 스님이 나와서 간화선, 화두를 참구해서 깨닫는 그런 선법을 중국에서 창조했습니다.

그래서 불법의 대의가 뭐냐? 달마조사가 서쪽에서 온 뜻이 뭐냐? 이렇게 물어보면, 뜰 앞의 잣나무다 또 앞이빨에 털 났다, 마삼근, 마른 똥막대기, 누가 불두에 황금똥 쌌나?, 동산수상행, 하나 더하기 셋은 다섯, 이런 것이 모두 참 나 자리를 가르치는 그러한 선어라고 말할 수 있습니다. 백척간두 진일보입니다.

그와 같은 것을 의상조사 법성게에서는 '법성원융무이상-법의 성품은 원융해서 두 개의 상이 없다' '제법부동본래적-모든 법은 움직이지 않고, 본래가 고요하다' '무명무상절일체

- 이름과 모양을 완전히 끊으면' '증지소지비여경- 그것이 깨달음의 지혜고 다른 것은 없다'

그 다음에 이어서, '불수자성수연성- 본래의 성품은 있지만, 그것이 자기를 지키지 않고 여러 가지 모양은 인연 따라 이루고', '궁좌실제중도상- 궁극적인 자리는 중도의 그러한 자리다' '구래부동명위불' 옛날부터 이것을 부동의 자리, 부동불, 움직이지 않는 부처자리라고 얘기를 합니다.

그래서 오늘은 여기 쓴 것처럼, 임제 선사에 관해서 지난번에 덕산 선사의 방, 몽둥이질 하는 것, 그것에 대해서 할을 해가지고, 할 방 절과 때리는 것을 살펴봤는데, 오늘은 거기서 임제 백할에 나오는 또 다른 것을 살펴보도록 하겠습니다.

임제 스님이 할하고, 덕산 스님이 몽둥이로 때리는 것은 불법이 뭐냐? 이렇게 질문을 던지면 바깥에서 찾는데, 그것을 못하게 막고 질문이 사라지게 하는 하나의 방법이다 그렇게 말할 수 있습니다.

먼저 살펴볼 것은, 사료간, 네 가지 불요한 자료다. 그리고, 사료간을 다른 말로 하면 사구(四句)라고도 얘기합니다. 네 가지 구, 그건 존재로 말하면, 유와 무, 존재와 비존재, 비유비무- 유도 아니고 무도 아니다, 역유역무- 유이기도 하고 무이기도 하다, 이런 건데, 워낙 그런 깨달음의 자리는 주객이 나눠지기 전이어야 합니다. 자기 주인인 사람의 마음과 경계가 나눠지기 이전이어야 되고, 우리가 세상살이할 때는 주객이 나눠져 있는데, 결국 그것이 주객이 하나로 통합되어서 주객미분전으로 돌아가야 된다 이런 얘기를 하고 있는 것입니다.

임제가 저녁 설법에서 대중에게 말했다.

어떤 때는 사람은 빼앗으나 경계는 빼앗지 않고, 어떤 때는 경계는 빼앗으나 사람은 빼앗지 않으며, 어떤 때는 사람과 경계를 모두 빼앗고, 어떤 때는 사람과 경계를 모두 빼앗지 않는다.

사람은 주관이고, 경계는 객관이죠. 그래서 이것을 임제의 사빈주라고도 얘기합니다.

그때 어떤 스님이 물었다.

"어떤 것이 사람은 빼앗고 경계는 빼앗지 않는 것입니까?"

"봄볕이 왕성함에 땅을 뒤덮은 비단 같고, 어린 아이의 늘어뜨린 머리카락은 하얀 실타래 같구나."

자기를 놓치고 또 경계만 있는 그런 거죠.

"어떤 것이 경계는 빼앗고 사람은 빼앗지 않는 것입니까?"

"왕의 명령은 이미 천하에 두루 시행되었고, 장군은 국경밖에 전쟁을 멈추었도다."

왕과 장군만 있죠. 그래서 이 주인이 주인 노릇을 하고, 경계는 사라진 거죠.

"어떤 것이 사람과 경계를 모두 빼앗는 것입니까?"

"병주와 분주는 소식을 끊고, 각기 따로 독립하여 있도다."

주객도 없고, 소식도 끊고 각기 놀아서 서로 단절되고 멍하게 있는 겁니다.

"무엇이 사람과 경계를 모두 빼앗지 않는 것입니까?"

"제왕은 보배궁전에 오르고, 시골노인은 태평가를 부르는구나."

주객이 합일되어 있고, 본래 대자연의 본지풍광을 그대로 드러내는 것이기 때문에, 이게 주객미분전으로 돌아가서 주객이 합일된 그런 것이라고 할 수 있습니다.

다음은 말해도 30방, 못해도 30방.

30방은 몽둥이로 때린다는 겁니다. 그래서 여기에 임제할 덕산방으로 유명한데, 덕산 스님이 나옵니다.

덕산 스님이 대중에게 말할 수 있어도 30방을 때리고, 말하지 못해도 30방을 때린다라고 말한다는 것을 듣고, 임제는 제자 낙보를 시켜 가서 이렇게 묻게 하였다.

"말할 수 있는데 왜 30방을 때립니까?"라고 물은 뒤, 그가 너를 때리기를 기다렸다가 방망이를 붙잡고 한 번 밀치고서 그가 어떻게 하는지 보아라 하고 시켰습니다.

낙보가 그 곳에 도착하여 시킨 대로 물었더니, 덕산이 곧 방으로 때렸다. 낙보가 방망이를 붙잡고 한 번 떠밀자, 덕산은 곧 방장으로 돌아갔다. 낙보가 돌아와서 임제에게 그대로 말하자, 임제가 말했다.

"내가 전부터 이 사람을 눈치채고 있었다. 비록 그렇긴 하나, 너는 덕산을 알아보았느냐?"

임제가 보니까, 덕산을 알아보지 못하고 그냥 시키는 대로 심부름만 하고 온거지요. 결국 밖에서 찾지 않고 자기 마음을 회광반조해서 깨닫지 못했기 때문이죠.

낙보 제자가 머뭇거리고 대답을 못하니까, 스님이 바로 때렸다. 바로 때려서 깨우치게 하는 거죠.

다음은 바른 눈인데, 깨달음에는 정안(正眼) 또는 안목(眼目)이 중요합니다.,

임제가 하루는 하북의 부청에 가니, 부주인 왕상시가 임제를 청하여 법좌에 오르게 했다. 그때 마곡이 나와서 물었다. 마곡 스님도 대단한 스님이었던가 봐요.

"대비천수안의 천개의 눈 가운데 어느 것이 바른 눈입니까?"

임제가 말했다.

"대비천수안의 천 개의 눈 가운데 어느 것이 바른 눈입니까? 어서 말하시요 어서!" 이렇게 똑같이 되돌려서 말한 거죠.

마곡이 임제를 법좌에서 끌어내리고, 자기가 대신 법좌에 앉았습니다.

임제가 가까이 다가가 말했다.

"안녕하시지요?"

마곡이 머뭇거리자, 임제 역시 마곡을 법좌에서 끌어내리고 그 자리에 대신 앉았다.

선사끼리 깨달음의 세계에서 노는 모습을 보여주는 겁니다.

마곡이 곧 밖으로 나가버리자, 임제도 바로 법좌에서 내려왔다.

법좌에는 깨달았다면, 견성을 했다면, 너도 앉을 수 있고 나도 앉을 수 있다. 그러니까, 견성한 사람은 말을 따라가지 말고, 어떤 행위가 중요한 게 아니고, 정안, 바른 성품을 보는 정안, 안목이 중요하다. 그래서 불취명상 여여부동- 이름과 모양과 말과 상을 취하지 않으면 여여해서 부동불이다 그렇게 말할 수 있습니다.

다음에는 허공에 말뚝을 박지 말라 입니다.

질문을 하는 것은 본인이 몰라서 할 수도 있지만, 질문으로 가면 개념에 빠져서 결국은 허공에 말뚝 박는 것처럼 아무 쓸데가 없습니다. 그래서 그러한 질문으로 가서 답을 구하기보다는, 질문이 근본적으로 사라지게 하는 것이 임제 선사를 비롯한 선사들의 가르침입니다.

어떤 스님이 물었다.

"무엇이 불법의 큰 뜻입니까?" 불법대의가 뭐냐고 물은 거지요.

관념세계로 유도하는 그러한 질문이고, 하나의 통과하려는 관문을 설치하려고 하니까, 임제가 바로 할을 해서 그걸 깨버렸습니다. 질문을 막아버린 거죠. 그러니까 그 스님이 절하였다.

임제가 말했다.

"그래도 이 스님과는 그래도 이야기를 나눌만하구나."

그 스님이 물었다.

"스님께선 누구의 노래를 부르시며, 종풍은 누구를 이어받았습니까?"

“나는 황벽 스님 아래에서 세 번을 물었다가, 세 번을 얻어 맞았다.”

세 번을 얻어맞은 게 아니라, 세 차례, 한 번에 몽둥이로 20차례씩 60방을 얻어맞은 거죠. 깨우치게 하려고. 근데 그 스승의 자비를 모르고, 거기를 떠나려고 하는데, 수좌의 권고도 있고 해서 떠나갈 때 어디 갈 데 있느냐 그럴 데 없다고 하니까, 그럼 대우 스님을 찾아가라. 그래서 거기를 찾아가서 대우 스님에게 얘기를 했으니 그때 깨달아서 다시 황벽 스님에게로 와서 그 법을 이은 거죠.

스님이 무언가 말하려다가 머뭇거리는데, 임제가 곧바로 할을 하고 때리면서 말했다.

“허공에다가 말뚝을 박아서는 안 된다.”

그러니까 질문을 해가지고 관념의 세계에 들어가기 시작하면 안 되니까, 직지견심해라 하는 얘기가 되겠습니다.

직지견심 수처작주 해라. 그래서 여기는 직지인심해서 한 단계 나아가서 견심을 하고, 견심에서 조금 더 나아가면 돈오자심하여 마음이 나오는 자리에 계합하면 직지견성이고, 깨달은 자가 늘 깨달아 있으면 ‘성불’이 되는 거지요. 수처작주 입처개진도 똑같이 언제 어디나 늘 깨어있어서 주인노릇을 하면, 그것이 바로 언제나 자기가 서있는 곳이 참 나고, 부처고, 깨달음이다 그렇게 말할 수 있습니다.

그래서 견성, 깨달음에 관해서 얘기를 해보면, 우리나라의 보조 스님은 ‘단지불회 시즉견성- 단지 모를 줄 알면 그게 바로 견성이다’ 그렇게 얘기했습니다. 왜냐? 다른 것은 우리가 생각해보고, 대상으로 보고 듣고 바라보고 그럴 수 있지만, 마음은 바라볼 수가 없어요. 마음이 마음은 모르는 거죠. 다만 회광반조할 때, 그것이 지혜의 바른 안목이 열려서 통하게 되는 경우, 그게 회광반조해서 깨닫는 건데, 그래서 모른다, 모릅니다, 몰라 이렇게 하는 것이 가장 훌륭한 답변이 될 수가 있는 겁니다.

또 우리나라 근대 불교의 중흥조 경허 성우 스님의 제자인 해월 스님이 있었는데, 그 분이 제자인 운봉 스님에게 전법게를 내렸습니다. 자기의 법을 내려준다.

그게 뭐냐면, 일체유위법, 일체 우리가 하는 행동의 법은 '본무진실상- 본래 진실한 모습이 없'는데, '모양에 모양이 없음을 알면', 즉 그 이름이 바로 견성이다, 그럽니다.

다음에 금강경에는 범소유상 개시허망, 무릇 모든 상은 다 허망한 거죠. 그래서 우리가 보는 이 세상은 꿈속 같은 나라라고 그러잖아요.

약견제상비상 즉견여래, 제 상이 상이 아닌 줄 알면, 부처를 본다, 참 나를 본다, 본래의 성품인 불성을 본다는 거죠.

보살 대중 여러분, 모든 존재가 행복하기를 빕니다.

임제 선사의 직지견심과 수처작주를 마치겠습니다.

모두 직지견심 수처작주 하십시요.

제23회 방한암 선사의 최초일구자(最初一句子)

보살 대중 여러분, 안녕하십니까? 석가모니불께 경배찬탄합니다. (합장)

미륵존불!

본각선교원 깨달음 세계 오늘 법회 주제는 "방한암 선사의 최초일구자(最初一句子)"입니다.

최초일구자는 선문에서 쓰는 용어로 본래 면목 또는 말후구, 최청정법계, 본지풍광, 법신불 이러한 얘기가 되겠습니다.

(오른손을 번쩍 든다)

지금 여기 이 자리입니다.

선교일치의 구도자로, 화엄경을 중히 여기셨고, 돈오점수 정혜쌍수의 길을 걸으시고 1941년 조선불교 조계종 초대 종정을 지내신 한암 중원 선사가 27년간 머무셨던 곳이 오대산 상원사 입니다.

일제시대 문수도량인 오대산 상원사에 계실 때, 일본 조동종 명승으로(조동종은 묵조선을 하는 것으로 간화선의 반대), 경성제대(지금의 서울대) 교수였던 사토가 한국 불교계를 전부 돌아 고승대덕들을 만나보고, 마지막으로 한암 스님에게 와서 법문답을 하였습니다.

그것을 보면, 우리가 깨달음에 이르는 길, 깨달은 분의 그러한 법거량의 모습을 볼 수가 있습니다.

사토 교수는 한암 스님에게 어떤 것이 불법의 대의입니까? 하고 말문을 열자, 조용히 앉아 계시던 한암은 이 물음에 대하여 거기 놓여있던 안경집을 들어보였을 뿐이다. 그러나 사토 또한 만만치 않은 위인이라 그는 또 물었다.

"스님은 일대장경과 모든 조사어록을 탐구하였을 텐데, 어느 경전과 어느 어록에서 가장 깊은 감명을 받았습니까?"

한암은 가만히 사토의 얼굴을 쳐다보다가 대답했다.

"적멸보궁에 참배나 갔다 오라."

한참 있다가 사토는 또 물었다.

"스님께서는 젊어서부터 입산하여 지금까지 수도하여 왔으니, 만년의 경계와 초년의 경계가 같습니까 아니면 다릅니까?"

한암은 즉시 대답하였다.

"모르겠노라."

그때 사토 교수가 일어나 절을 하면서, 활구법문을 보여주어서 대단히 감사하다고 인사하였습니다. 사토도 뭔가 아는 사람이죠.

이 인삿말이 끝나기도 전에 한암은 말했다.

"활구라고 말하여 버렸으니, 벌써 사구(죽은 말)가 되고 말았구나."

사토는 삼일 동안 유숙하고, 한암이 살던 상원사를 떠났습니다. 뒷날 여러 사람이 모인 어느 강연 석상에서 사토 교수는 한암 스님은 일본 천지에서도 볼 수 없는 인물임은 물론이고, "세계적으로도 둘도 없는 존재"라고 한암을 평한 일이 있습니다.

그 일 후에 조선총독부의 고관들이나 우리나라를 방문한 세계 저명인사들이 상원사로 한암을 찾아오는 일이 잦았습니다. 그리고 그들은 한암 스님과 법담을 주고받으면서, 모두 감명을 받고 떠났다고 그렇게 얘기를 합니다.

방한암 스님 제자 중에는, 저도 김탄허 스님의 말석 제자지만, 김탄허 스님, 안양 한마음 선원의 이생 대행 스님, 보문스님, 난암 스님, 만화 스님, 각성 스님, 무비 스님, 혜거 스님 이런 분들이 탄허 스님의 제자입니다.

오늘 방한암 선사에 관한 얘기는 주로 탄허 스님께서 한암스님의 행장을 기록한 '현대 불교의 거인 방한암 스님'이라는 것을 주로 살핀 것입니다.

한암 스님은 서기 1816년 강원도 화천 땅에서 태어났습니다. 집안의 고향은 본래 평안도 맹산 우두암이 있는 그런 곳이죠. 그리고 부친은 '방'자 '기'자 '순'자 이고, 모친은 선산 길씨라고 합니다. 한암은 자요, 이름은 중원이니, 한암 중원이라고 보통 얘기하고, 온양이 그 분의 본관입니다.

이 분이 태어나서부터 늘 궁금했던 것이 인간과 우주의 근원에 대한 의문이었고, 특히 아홉 살 때 중국의 역사서 사략을 읽으면서 그 얘기가 시작이 됩니다.

한 시골 서당에서 나이 아홉 살인 소년 하나가 사략을 읽고 있었다.

태고에 천황씨가 있었다. 첫 대목을 읽던 소년은 선생에게 향하여 물었다.

"태고에 천황씨가 있었다는데, 그러면 천황씨 전엔 누가 있었습니까?"

당돌한 물음에 선생은 당황했다.

"그렇지. 천황씨 이전엔 반고씨라는 임금이 있었지."

소년은 그것으로 만족하지 않았다.

"그렇다면 반고씨 전에는 누가 있었을까요?"

선생은 그 이상 소년의 의문을 풀어줄 수가 없었습니다.

이 소년이 바로 한국 선교사의 한 페이지를 장식한 선사 방한암입니다.

그는 어릴 때부터 우주와 인간의 근원에 대하여 이렇게 탐구했으며, 어떤 것이든 해답을 얻지 않고는 못배기는 성미였습니다. 그는 천성이 영특하고, 총기가 빼어나, 한번 의심이 나면 풀릴 때까지 캐묻기를 주저하지 않았습니다. 아홉 살 때 사략을 읽다가 떠올린 반고씨 전에는 누가 있었을까? 하는 회의는 그 후 10여 년 동안이나 유학의 경 사 략 자 집 을 널리 공부하고 있을 때에도 그의 머리를 떠나지 않았습니다. 불교식으로 얘기하자면, 화두가 되었던 거지요.

그러나 유학의 세계에서는 아무리 깊은 사색을 되풀이하고자 파고들어도, 그 회의가 해명되지는 않았습니다. 아니, 오히려 유학에서는 그 문제를 해결할 길이 막혀있을지도 모른다는 새로운 의문이 일어났습니다.

한암은 나이 20대 때 우연히 명산인 금강산 구경을 갈 일이 있었습니다. 이 나라에 산은 많지만, 그 가운데서도 금강산은 기암절벽이 많기로 유명하고, 그 가운데서도 비로봉을 비롯한 보살의 자비상을 닮은 거대한 암벽과, 앞에 서있으면 그 엄숙한 모습에 위압되지 않는 사람이 없다고 합니다.

젊은 한암도 아마 금강산의 위용을 접했을 때, 강렬한 종교적 감흥을 느끼고 충격을 억제하지 못했을 겁니다. 그래서 때로는 명상에 잠겼는데, 그때 입산수도할 것을 결심하게 됩니다. 당시 금강산의 명찰 장안사에 있던 행릉노사를 의지하여 그는 수도의 첫 걸음을 디뎠습니다.

그는 출가할 때 첫째로 자기 마음의 진성을 찾아보자. 둘째로 부모의 은혜를 갚자. 셋째로 극락으로 가자는 세 가지를 자신에게 맹세하였습니다. 서원을 세운 거죠.

한암은 불교 공부를 하기 위해서 신계사의 법문강회에 나갔는데, 어느날 우연히 보조국사 수심결을 읽어내려 가다가 한 대목에서 크게 깨달은 바가 있었습니다. 그것은 만일 마음 밖에 부처가 있고, 자성 밖에 법이 있다면, 그런 생각에 집착하여 불도를 구하고자 한다면, 소신연비의 고행을 하고 팔만대장경을 모조리 독송하더라도 이는 마치 모래를 쪄서 밥을 지으려는 것과 같아 오히려 수고로움을 더할 뿐이다. 심외무불, 심외무법, 여기에서 극한의식도 느끼면서 한소식이 왔다고 합니다.

바로 그때 또 장안사의 해을암이 하룻밤 사이에 불타서 잿더미가 되었다는 소식을 들은 순간, 한암은 무상관을 뼈저리게 체득하였다고 합니다. 모든 것은 몽중청산 입니다. 여러 가지 우리 눈에 보이고 귀에 들리는 모든 것은 꿈속의 한 모양이다 그렇게 말할 수 있습니다.

한암은 그 후에 동지인 하매 선사와 동반하여 구름처럼 전국을 떠돌아다니는 운수납자의 길을 가다가, 나중에는 경북 성주 청암사 수도암에서 경허 화상을 만났습니다. 우리나라 근대불교의 개조라고 할 수 있는 경허 성우 스님을 만난 거지요. 부처님과의 인연, 스승과의 인연이 아주 좋은 분이라고 말씀드릴 수 있습니다.

경허 화상을 뵙자, 경허 화상은 금강경에서 한 구절을 인용하셨습니다.

그것은 범소유상 개시허망 약견제상비상 즉견여래, 즉 모든 상은 허망한 것이니, 만일 제상이 상이 아닌 것을 알면 여래를 본다, 즉 견성을 한다 그런 말입니다.

한암은 이 구절을 듣자 안광이 홀연히 열리면서 한눈에 우주 전체가 환히 들여다보였다. 듣는 거나 보는 거나 모든 게 자기 아님이 없었습니다. 100년 3만6천일 아침마다 같은 것의 반복이었던 거죠.

아홉 살 때 서당에서 반고씨 이전에 누가 있었던가 하는 것이 비로소 아침 안개 사라지듯이 확 사라지고, 모든 것이 풀렸다고 합니다. 그때 나이가 24세, 입산하여 3년째 되는 가을이었습니다. 반고 이전의 면목이 최초 일구자고, 그것이 말후구이고, 유교에서는 통체일태극, 도교에서는 천하모(천하의 어머니), 불교에서는 최초일구자, 말후구, 최청정법계, 자성청정심 그렇게 여러 가지로 말할 수 있고, 본래 면목, 법신불 이렇게도 표현할 수 있는 것입니다.

그래서 그때 한암 스님은 시를 한 수 지었습니다.

'본래 안팎이나 중간은 없는 것, 절름발이가 걷고 소경이 봄이요, 북산은 말없이 남산을 대하고 있네.'

이것은 선어록에 나오는 하나의 구절인데, 거기에는 남산에 구름이 일어나니 북산에 비가 내린다는 말을 인용해서 이렇게 시를 지었던 것입니다.

그런데 바로 경허 스님이 남산에 구름이 일어나니 북산에 비가 내린다. 이게 무슨 일이냐고 경허 스님이 묻자, 아무도 대답을 못했는데, 한암만이 창문을 열고 앉았으니, 와장이 앞에 있다고 대답하였습니다. 이것은 상식을 초월한 지금 여기 이 자리죠. 이 선어록을 보면, 같은 내용이지만 이런 것도 있습니다.

익주에서 소가 여물을 먹었는데, 병주의 말이 배탈이 났다. 그래서 난징의 의사가 베이징에 있는 돼지뼈에 침을 놓았다. 이게 무슨 소리냐? 이러한 물음도 있습니다.

창문을 열고 앉았으니, 와장이 앞에 있다. 뜰 앞에 잣나무와 같은 얘기죠.

최초일구자, 일초직입여래지, 백척간두 진일보죠.

그래서 이를 들은 경허 화상은 이튿날 법상에 올라가, 대중을 돌아보면서 한암의 공부가 개심을 초과하였다. 개심은 마음을 열어 보이고 깨달음에 들어갔다 이런 인가의 말을 한 겁니다. 그러니까 스승이 알아본 거죠.

그래서 경허 스님 밑에는 많은 제자가 있었습니다. 삼월이라고 해서 해월, 수월, 만공 월면 이렇게 많은 제자가 있는데, 지음(知音)이라고 할 만한 분은 방한암 스님이었다고 그렇게 얘기를 합니다.

한때 해인사 선원에서 한암은 경덕 전등록을 펴들고 읽은 일이 있었다.

약산 선사가 석조 선사의 물음에 대답하기를, 마음속에 한 가지 생각도 하는 것이 없다고 한 대목에 이르러 심로가 완전히 끊겼다. 언어도단 심행처멸이죠. 마치 통 밑이 빠져버린 것 같은 그러한 경계를 맛보았습니다. 은산철벽이 뚫린 거죠.

경허 화상은 그해 겨울에 함경남도 삼수갑산 등지를 긴 머리에 수염도 깎지 않은 모습으로 방황하면서, 한암에게서 자취를 감추었습니다. 그때 경허 화상이 해인사에서 한암을 함께 데리고 가고 싶어 하며, 서문 한편과 시 한 구절을 지어서 한암에게 준 적이 있었습니다.

그 간절함이 많은 제자 가운데 마음이 얼마나 깊었겠습니까? 무애행의 경허 선사가 같이 가고 싶었겠지요. 그 구절과 한암 스님의 대답을 보면,

> '북해에 높이 뜬 붕새같은 포부, 변변치 않은 데서 몇 해나 묻혔던가? 이별은 이사라서 어려운 게 아니지만, 부생이 흩어지면 또 볼 기회 있으랴?'

이것은 깨달으신 경허 선사 입장에서 그 세계에 대한 것은

물론이지만, 아마도 우리가 생각하기에 민족이 나라를 잃고 백성들이 고통스러워하는 것을 보고, 지켜볼 수 없어서 함경도 삼수갑산 등을 다니면서 무애행을 했던 것입니다.

한암이 쓴 시 한 수는 이렇습니다.

> 설국과 설중매는 겨우 지나갔는데, 어찌하여 오랫동안 오실 수가 없을까요? 만고에 변치 않고 늘 비치는 마음의 달, 쓸데없는 세상에서 뒷날을 기약해 무엇하리?

이렇게 한암 스님은 경허 스님과의 이별을 아쉬워했지만, 따라가지는 않았습니다.

그 후에 경허 선사께서는 그렇게 객지에서 왔다 갔다 하시다 돌아가셔서, 처음엔 제자들도 그 분이 언제 어디서 돌아가신지 몰랐는데, 한참 세월이 지난 후에, 만공 스님께서 제자들을 대표해서 삼수갑산 지역에 가서 경허스님의 유해를 찾아가지고 잘 모셨다고 합니다.

그 다음에는 개오(開悟)의 경계입니다.

한암은 30세 되던 1905년 봄에, 양산 통도사 내원 선원으로부터 조실로 와달라는 초청을 받고, 거기에 가서 젊은 선중들과 더불어 5-6년 세월을 보냈습니다. 1920년 봄에 선중들을 지도하시다가 다시 평안도 맹산 우두암에 들어가서 홀로 앉아 보림을 힘쓰고 있었습니다.

어느날 부엌에 홀로 앉아 불을 지피다가 홀연히 개오를 하게 되었습니다. 그 개오한 경계가 성주의 청엄사 수도암에서 개오할 때와 조금도 차이가 없으나, 다만 한줄기 활로가 분명해졌다. 해탈로가 분명해졌다. 구경각을 이뤘다는 겁니다. 그래서 시를 두 개 보는데,

> 부엌에서 불붙이다 별안간 눈 밝으니, 이것조차 옛길이 인연

따라 분명하네. 날보고 서래의를 묻는 이가 있다면, 바위밑 우물소리 젖는 일 없다하리.

서래의라는 것은, 달마 조사가 서쪽에서 온 뜻이 뭐냐? 이런 거에 대한 답변입니다.

마을개 짖는 소리에 손님인가 의심하고, 산새울음 소리는 나를 조롱하는 듯, 만고에 빛나는 마음의 달이 하루아침에 세상바람을 쓸어버렸네.

이렇게 구경각을 얻으시고, 언제 어디서나 종횡무진으로 선풍을 떨치고 그러한 제자들을 키우는 방한암 선사의 시대가 열렸던 것입니다.

방한암 선사는 그 후 1925년 50세가 될 때에 봉은사의 조실로도 있었으나, 안 되겠다 생각하고 오대산으로 들어가서 오대산을 27년 동안 나오지 않았습니다. 6.25사변 때는 오대산 상원사와 월정사를 지켜낸 그러한 일도 하셨습니다.

76세 나이로 인생을 거기서 마쳤고, 때에 법납은 54세였습니다. 출가한 후 54년이 되었는데, 그때 오대산에서 처음 들어올 때 소지했던 단풍나무 지팡이를 중대 뜰 앞에 꽂았는데, 지금 오대산 중대 앞에 있는 정자나무가 바로 그 방한암 스님의 지팡이였다는 전설이 있습니다.

같은 얘기로, 부석사에는 의상 대사가 꽂았다는 지팡이가 있고, 순천 송광사에는 보조 국사가 꽂았다는 지팡이가 지금도 자라고 있습니다. 전설적인 얘기죠.

한암은 주변에 여러 가지 얘기만 남겼을 뿐, 평소부터 저술하여 후세에 남기는 것을 좋아하지 않아서, '한암 일발록' 이라는 한 권을 저술했을 뿐입니다.

한암은 1951년 76세에 가벼운 병이 생겼습니다. 병이 난지 7일이 되는 아침에 죽 한 그릇과 차 한 잔을 마시고, 손가락을 꼽으며 오늘이 음력 2월 보름이지 하고 말한 후, 사시에 이르러 가사와 장삼을 찾아서 입고 선상 위에 단정히 앉아서 태연한 자세를 갖추고 가시었습니다. 좌탈입망이라고 합니다. 쉽지 않은, 선사로서 아주 바른 모습, 훌륭한 모습을 보인 거죠. 옛날부터 득도한 분들이 생사자재 용무생사의 그러한 경계에 이르렀다는 것을 보여줍니다. 당나라의 등은봉 선사는 거꾸로 물구나무 서서 돌아가셨다고 하며, 광계는 자기 몸을 태울 화장나무를 미리 준비하고, 그 위에 앉아서 제자들에게 불을 지르라고 한 마디 명령하고, 그 불이 다 붙기 전에 돌아갔다고 합니다.

고려의 보조국사는 법상을 차려놓고 제자들과 백문백답을 끝마친 뒤 법상에서 내려와 마루에 걸터앉은 채, 그대로 열반하였다고 합니다.

이렇게 생사를 초월하는 모습, 그것을 구체적으로 보여주신 거죠.

보살 대중 여러분, 모든 존재가 행복하기를 빕니다.

오늘 본각선교원 깨달음 세계 "방한암 선사의 최초일구자(最初一句子)"를 마치겠습니다.

모두 직지견심 성불제중 하십시요. (합장)

제24회 허공에 뜬 보름달 송만공 선사

보살 대중 여러분, 안녕하십니까? 석가모니불께 경배찬탄합니다. (합장)

미륵존불!

본각 선교원 깨달음 세계 오늘 법회 주제는 "허공에 뜬 보름달 송만공 선사"입니다.

(탁, 탁, 탁 죽비를 친다)

우리가 부처님법에 따라 견성성불의 길로 가고 있는데, 그것은 지금 여기뿐입니다.

견문각지 행주좌와 어묵동정이 모두 특별한 작용만 없으면, 그대로 각이고 깨달음입니다. 지금 여기뿐입니다. 하늘이 맑다, 뜰 앞에 잣나무다, 마른 똥막대기다, 누가 불두에 황금똥 쌌나 이런 것들이 전부 그런 것이라고 할 수 있습니다.

그런 깨달음의 세계를 가려면, 조사선에서는 우선 발심하는 것을 강조합니다. 발보리심이라 해서 발 아뇩다라삼먁삼보리심, 즉 발 무상정등 정각심, 대각하는 마음을 발한다는 뜻이지요. 그래서 초발심시 변성정각이라고도 얘기하고, 그 다음에 직지인심(直指人心)이니 가장 가까운 게 자심(自心)이니까, 자심을 가리켜서 자심을 보면 되는 겁니다. 왜냐면 마음이 나오는 자리가 성품이니까 자심을 보면 자성을 보게 되는 것이죠. 다만 그렇게 할 때, 마음을 밖으로 향하지 말고, 막향외멱이라고 하죠. 안으로 돌려라. 우리가 물건을 보거나 듣거나 냄새 맡거나 할 때, 마음을 밖으로 향하게 되는데 밖으로 향하는 마음을 되돌려서 자기의 마음을 봐라. 즉 자심반조(自心返照)해라 그런 얘기가 되겠습니다.

그런데 마음은 마음을 볼 수가 없습니다. 왜냐하면, 마음은 주체여서 객체인 인식대상이 될 수가 없죠. 그래서 단지불회시즉견성이라고 얘기합니다. 오직 모를 줄 알면, 그것이 바로 견성이다 그렇게도 얘기합니다.

그 다음에 우리가 보통 선이나 또는 지관(止觀)수행이나 정혜쌍수(定慧雙修) 이런 수행을 하는데, 마음을 되돌려서 자기 마음을 본다 그것을 회광반조라 그럽니다. 마음의 빛으로 자기 마음을 본다. 그렇게 하다보면 서로 통해서 밝아지고, 마음이 하나가 되는 것을 알게 됩니다. 명심견성이죠.

견통명심(見通明心)인데, 결국 견심이 되죠. 견심(見心)은 곧 견성(見性)으로 연결이 됩니다. 왜냐하면, 성품이라는 성은 마음이 나오는 자리이기 때문에, 그 마음을 보면 성품을 보는 게 되는 겁니다. 그래서 견심 즉 견성으로 견성을 하게 되면, 그 다음에 성불제중의 길로 향상일로를 걸어가게 됩니다.

송만공 선사에 관한 얘기는 제가 쓴 '활빨빨한 금강경'에 송만공 선사에 관한 것을 주로 살펴보겠습니다.

송만공 월면 스님은 주로 덕숭산 수덕사에 주석하시면서 근대 한국불교의 중시조인 경허 성우 스님의 선맥을 이은 한국불교의 거성이자 보름달, 만월이다 이렇게 말할 수 있습니다. 경허 스님 산하에는 수많은 깨달은 제자들이 나왔는데, 대표적인 제자 세 사람을 삼월(三月)이라고 합니다.

달 월자가 들어간 세 스님이 있는데, 한 분이 수월(水月), 또 한분이 혜월(慧月), 또 한 분이 월면(月面)이죠. 이 중 월면 스님이 송만공 스님이다 그렇게 말할 수 있습니다.

만공 스님에 관해서 여러 가지 이야기를 할 수 있는데, 가장 대표적인 얘기는 일제시대의 조선 총독이 우리나라에 와서 크게 힘을 쓰고 아무도 그 앞에서 크게 얘기 못할 때, 송만공 선사께서 그러한 총독에게 호통을 치신 일이 있습니다.

1937년 3월 11일 만공은 총독부에서 열린 전국본산 주지회의에서 마곡사 주지로 참석해 죽음을 두려워하지 않는 선사가풍의 기개를 보여준 바 있습니다. 총독 미나미가 사찰령을 제정해 승려의 취처(아내를 둠)를 허용하는 등, 한국불교를 왜색화한 전 총독 데라우치를 칭송했다.

이때 만공은 탁자를 내려치고 벌떡 일어나 "조선 승려들을 파계시킨 전 총독은 지금 죽어 무간 아비지옥에 떨어져 한량없는 고통을 받고 있을 것이요. 그를 구하고 조선 불교를 진흥하는 길은 총독부가 조선 불교를 간섭하지 말고 조선 승려에게 맡기는 것"이라고 일갈한 뒤 자리를 박차고 나왔다.

이날 밤 만공이 안국동 선학원에 가자 만해 한용운 스님은 기뻐서 맨발로 뛰쳐나오며 “사자후에 여우 새끼들의 간담이 서늘하였겠소. 할도 좋지만 한 방을 먹였더라면 더 좋지 않았겠소”했다. 방으로 치지 그랬느냐 이런 얘기지요. 이에 만공은 “사자는 포효만으로도 백수를 능히 제압하는 법”이라며 껄껄 웃으면서 시 한수를 읊으셨습니다.

> 허공(虛空)은 마음을 낳고,
> 마음은 인격(人格)을 낳고,
> 인격은 행동을 낳느니라.

그리고 송만공 선사께서는 우리나라 독립운동사에 유명한 대첩인 청산리 대첩에서 승리를 이끄신 김좌진 장군과 동향이면서, 많은 교류를 했다고도 합니다.

그러면, 송만공 선사의 출생과 승려 생활을 보겠습니다.

만공 월면은 1871년(고종 8년) 충남 서산군 태안면 상일리에서 태어나셨는데, 아버지는 송신통이며, 어머니는 김씨였습니다. 본관은 여산으로 본명은 송도암(宋道巖)이셨고, 법명은 월면, 만공은 법호입니다.

1883년 13살 때 전라북도 김제군 금산사에 갔다가 어느 날 불상을 보고 감동하여 출가를 결심, 그 길로 내려와 공주군 동학사에 입산하여 진암 스님 문하에서 행자 생활을 시작하였다.

그러다가 1884년(고종 20년) 경허 성우 스님의 인도로 서산군 천장사에서 태허를 은사로 출가하였고, 경허를 계사로 사미십계를 받고 득도하였습니다. 출가를 정식으로 한 거죠. 만공 선사께서는 스승의 복이 많다 그렇게 말씀드릴 수 있습니다.

그래서 23세 때 화두를 받기를, ‘만법귀일 일귀하처’를 공부하다가 의심 덩어리가 더욱 영롱하여지니, 화두 들기 공부에 전념하기 위해 온양 봉곡사로 갔고 합니다. 그런데, 거기서 아침 새벽 종소리가 울리는 가운데, "존재하는 모든 사물이 제 눈에 안경식의 주관적 해석에 지나지 않는다"는 '일체유심조'를 외우다가 중생심의 고정적 관념이 무너지고 천지가 새로 열리는, 천지가 개벽하는 첫 번째 깨달음의 법열을 경험하였다.

일체유심조는 화엄경의 유명한 구절인데, 가슴에 꽉 차있던 일체의 의단이 화엄경의 '일체유심조'란 구절을 보는 순간 무너졌다. 존재의 근원, 법의 변화, 이 모든 것이 마음이 만들어낸다는 것을 깨치게 된 것이다. 그가 기쁨에 젖어 한 수를 지으니, 바로 만공 스님의 오도송이다.

빈 산에 서릿기는 고금 밖이요
흰 구름 맑은 바람 스스로 가고 오네
무슨 일로 달마는 서천을 넘어 왔나
축시엔 닭이 울고 인시엔 해 뜨네.

그리고 만공 스님은 공주 마곡사의 토굴에서 3년을 참선공부하는데 경허 스님이 방문을 하셨습니다. 그래서 불길 속에서 연꽃이 피는 것 같다고 칭찬하고, 화두를 바꿔주셨습니다. 조주의 '무자(無字)' 화두를 준거죠. 그러니까 부처님께서는 모든 중생이 다 불성이 있다고 하셨는데, 어느 제자가 조주 스님께 "개도 불성이 있습니까?"하니까 "무" 그랬습니다. "구자무불성(狗子無佛性)" 그런 화두를 새로 받아서 그것을 다시 참구하기 시작했습니다.

그러다가 31세 때 양산 통도사 백운암에서 새벽 종성소리를 듣고 두 번째 큰 깨달음을 경험했고, 그 후엔 흔들림 없이 보임(保任) 공부를 계속했다고 합니다.

그리고 얼마 후 34세 되던 해 7월 15일 스승인 경허 성우 스님께서 무애행을 하시면서 함경도 백두산 근처에 삼수갑산으로 가셔서 만행에 나서시게 되었는데, 가시기 전에 천장사에 들러서 만공의 법을 인가하고 전법게를 주었습니다. 법을 전하는 거죠. 그걸 보면,

구름 달 산과 내가 도처에 같으니
자네의 끝없는 대가풍 같네
은근히 글자 없는 인을 분부하노니
한 조각 기(機)와 권(權)이 눈 속에 살아있네.

그래서 만공 선사께서는 덕숭산 금선대에 머물고, 수덕사 정혜사 견성암을 중창하고, 또 삼하안거를 강원도 유점사에서 보냈고, 간월암을 중창하셨습니다. 그리고 덕숭산 전월사라는 작은 토굴에서 지내시다가 해방 이듬해인 1946년 세수 75세에 입적을 하시게 되었습니다. 그때 만공 선사께서는 시를 남기셨는데, 임종게지요.

1946년 어느날 저녁 공양을 들고 난 스님은 거울 앞에 앉아 "이 사람 만공, 자네와 나는 70여년을 동고동락했는데, 오늘이 마지막일세. 그동안 수고했네."라는 말을 남기고 열반에 드셨다고 합니다.

그러니까, 선사들의 경우에는 자기 자신과의 대화를 하는 분이 많이 있습니다. 안에서 구하자는 뜻도 있지만, 확실하게 다짐을 하는 뜻도 있을 것입니다. 그래서 어떤 선사는 주인공아~ 하고 자기를 부릅니다. 그러면 네~ 하고 대답하고, 속지 말아라~, 네~.

생각과 이름, 말과 글, 모양에 속지 말아라~, 네~ 알겠습니다~. 자기와 자기의 대화를 이어가는 경우도 많이 있습니다.

만공 선사의 그러한 일제강점기의 활동을 보면, 덕숭산, 수

덕사, 정혜사, 견성암, 간월암 등을 중창하고, 1920년대 초 유명한 선학원 운동을 참여하셨고, 그 후에 선승들의 결사체인 선우공제회 운동에도 참여를 하셨습니다.

1927년 '현양매구'라는 글을 지었는데, 임제 제32대 사문 만공이라 하여 임제종풍의 계승자임을 선언했습니다. 물론, 중국의 달마, 혜능, 마조, 백장, 황벽, 임제 스님들을 비롯해서 선의 황금시대 분등선에 5가7종이 있지만, 주로 임제종의 상속자임을 나타낸 것이고, 조선 총독부의 한국불교 말살 왜곡 정책에 반대해서 조선불교를 지키려 하였고, 1940년 5월 조선총독부의 창씨개명을 거부하고 수행과 참선에만 전심전력하셨습니다.

1942년 선학원에서 개최한 전국고승법회에서 계율을 올바로 지키고, 선을 진작시켜 한국불교의 바른 맥을 이어갈 것을 강조하셨습니다.

그리고 간화선 수행에 주력하라고 말씀을 하셨고, 특히 많은 사람에게 무자 화두에 전념할 것을 강조하셨습니다.

덕숭산 상봉에 전월사라는 암자를 짓고 계시다가 입적하셨다는 얘기는 아까 하였는데, 입적하신 후에 '만공어록'이라는 책이 발간되기도 했습니다.

만공 선사의 수행활동을 보면, 존재본체, 우주 자체를 마음, 자성, 불성, 여여불, 허공, 주인공, 본래면목, 자심, 동그라미(○) 등으로 표현하였습니다.

그는 개인의 참된 본질이 우주 만물의 본체와 하나라고 보았습니다. 만공 스님에 의하면 불교의 진수는 인간이 스스로 마음을 깨닫는 데 있으며, 인간의 가치있는 삶도 이 깨달음을 성취함으로써 찾아진다고 하셨고, 그래서 인류의 스승은 바로 깨달은 사람이고, 그 분이 더 나아가면 부처이고 스승이며, 자유와 자비를 구하는 수행법으로는 참선을 으뜸으로 보셨습니다. 그리고 수도하는 제자들에게 방법으로는 침묵의 양구,

할, 방, 절, 격외의 대화, 동그라미(일원상) 이런 여러 가지 방법을 자유자재로 사용하셨습니다.

그 후, 함경도 삼수갑산으로 간 경허 스님이 입적하셨다는 소리를 듣고, 삼년 후에 해월 스님과 함께 삼수갑산에 있는 경허 스님의 묘 앞에 이르러 만공 스님은 윽, 윽, 울음을 삼키며 노래를 읊고 그것을 또다시 태워서 정리하고 그러면서 돌아오셨는데, 그때의 경허 스님의 묘 앞에서 지은 글이 있는데, 그게 무애소의 자아(自我), 무애는 무애행을 하셨던 경허 스승님을 생각해서 자, 나를 생각해보는 거죠.

<무애소의 자아(自我)>
시비에 물들지 않은 바람 같은 나그네 있어,
난득산 아래 겁외가를 그쳤도다.
경허도 가고 이 저문 날에
먹지도 못한 저 두견이 '솥 적다' 우네.

이렇게 되어 있습니다.

그리고 만공 스님은 순수하기가 어린애와 같고, 우주를 꿰뚫고 있어서 또 풍류도 있고 그래서 많은 일화를 남기고 있습니다. 딱따구리새의 노래라든지, 오랑께루 가랑께루 이런 어린이의 노래 가지고 한 것도 있고, 또 한 가지는 한 제자를 데리고 만공 선사께서 탁발을 나가셨습니다.

그런데 탁발 받은 게 많아서 제자가 좀 투덜거렸던 모양입니다. 마침 지나가는 우물가에서 물을 이고 가는 아낙네가 있어서, 그 아낙네를 보고 만공 선사께서 가서 얼굴을 대고 입을 맞추셨다고 합니다. 그 여인이 놀라니까, 옆에 같이 가던 남편이 낫을 들고 죽이겠다고 쫓아오는 겁니다. 그러니까 만공 스님과 제자 스님은 꽁지야 나 살려라 하고 도망을 가서 언덕을 넘어가서 살았다고 합니다. 그러자 그 제자가 스님이 그런 일을 하시면 어떡합니까 하고 항의하니까, 탁발한 게 무겁다며? 무겁고 안 무겁고가 마음에 달린 것이니까, 마음을 바로 먹어라 이런 뜻으로 그렇게 얘기하신 겁니다.

(오른손을 높이 들다)

지금 여기뿐입니다. 그래서 많은 선사들은 "소리에 놀라지 않는 사자처럼, 그물에 걸리지 않는 바람처럼, 흙탕물에 물들지 않는 연꽃처럼, 구름에 달 가듯이 가는 나그네, 무소의 뿔처럼 혼자서 가라" 이렇게 부처님께서는 가르치셨습니다.

오늘은 허공에 뜬 보름달 송만공 선사를 살펴보았습니다.

모두 직지자심 견성성불 하십시요. (합장)

제25회 남해 금정산의 생불 하동산 스님

보살 대중 여러분, 안녕하십니까?

석가모니불께 경배찬탄합니다. (합장)

미륵존불!

본각선교원 깨달음 세계 오늘 법회 주제는 "남해 금정산의 생불 하동산 스님"입니다.

제가 쓴 '활빨빨한 금강경' 하동산 스님 글을 중심으로 살펴보겠습니다.

하동산 대종사는 대한불교 조계종 종정을 세 차례나 지내시고, 현대 한국불교 중흥을 이루시며 삼일운동 민족대표셨던 백룡성 스님의 법맥과 계맥을 이었고, 주로 부산 금정산 범어사에 주석하시면서 많은 중생을 구제하셔서, 금정산의 호랑이나 남해의 생불로 불렸던 위대한 분이십니다.

(탁,탁,탁, 죽비 치다)

우리는 이런 도인처럼 참 나를 찾아가는 견성성불의 길로 가고 있습니다. 지금 여기뿐입니다. 우리가 인생길을 가는 나그네인데, 지금 주체성이 없는 내 몸, 이 송장을 끌고 다니는 게 뭐냐? 이런 질문을 선사들은 많이 합니다. 그에 대해서 백세 세상, 인간 백년 삼백 삼만 육천 날 아침 반복하는 게 본래 이놈뿐이다. 불생불멸의 부동자이다 이렇게 말할 수 있습니다.

우리가 모두 가장 알고 싶어 하는 것은 근본적으로 '나는 누구냐? 어디서 와서 어디로 가는가? 생사해탈은 어떻게 하는가'일 것입니다. Who am I?, 나는 누구냐?, What is this?, 이 뭣고? '이 뭣고'라는 화두를 간화선에서는 가장 많이 사용합니다. 그래서 조사서래의가 뭐냐? 불법의 대의가 뭐냐? 이렇게 말할 때, 하늘이 맑다, 뜰 앞에 잣나무다, 마삼근이다, 동산수상행이다, 마른 똥막대기다, 누가 불두에 황금똥 쌌나?, 그리고 1=3+5이다, 이와 같은 것들이 모두 견문각지 행주좌와 어묵동정이 깨달음이다 이렇게 말할 수 있습니다.

그런데 우리가 가만히 세상 살다가 "너는 누구냐?"하고 물으면, 우리는 당황하게 됩니다. 어린이는 '나요 나', 이렇게 얘기하지만, 우리는 당황하게 됩니다. 왜냐하면, 나는 내가 나를 모르는 거죠. 그게 무지(無知)인데, 이 무지가 바로 무명이죠. 밝음이 없는 것. 그리고 또 하나는 자성이 없는 몸을 나라고 생각하는 겁니다. 착각이죠. 이 착각과 무지가 우리가 인생살이를 고해로 살아가야하는 그런 원인인데, 그런 착각에서 어떤 지나친 욕심을 내거나 싫어해서 화를 내거나 또는 몰라서 어리석거나 탐진치 삼독의 마음이 여러 가지 고난의 원인이 되는 것이다 그렇게 말할 수가 있습니다.

여기서 부처님은 베나레스 마하보디 템플에서 견명성오도하시고, 처음 입을 열어서 화엄경을 삼천대천을 향해서 설하셨는데, 존재계 전체가 마음이 만든 것이다. 일체유심조라고 그렇게 얘기를 하셨습니다. 그래서 우리는 마음을 보고, 마음이 생겨난 자리인 성품을 보고 깨달아야 합니다. 그러려면 발아뇩다라삼먁삼보리심, 발대각심, 발보리심, 꼭 깨닫겠다는 결정심을 세워서 그것을 간절한 마음으로 영순위에 놓고 참구를 해야 됩니다.

직지인심 견성성불 그러는데, 조금 더 쉽게 말하면 직견자심, 직접 자기 마음을 보라. 이게 좀 더 견성해 가는데 도움이 될 겁니다. 그래서 마음으로 자기 마음을 보는 겁니다. 그런데 저런 물체나 소리나 빛을 내는 것 또는 냄새나는 물건들은 인식 대상이지만, 자기 마음은 인식객체가 될 수 없는 절대주체입니다. 그래서 보이지 않죠. 그러니까 마음으로 정혜쌍수로 나아가서 수행하면서 회광반조, 마음의 빛을 되돌려서, 마음이 밖으로 나가는 것을 되돌려서 자기 마음을 보면, 심안- (마음의 눈) 지혜안이 열려 마음이 하나의 광명으로 통해서 견성하게 되는 것이죠. 신해행이 있어야 견성증득하게 된다고 말할 수 있습니다.

하동산 대종사는 한국 불교의 어른으로 범어사와 해인사 등의 조실을 지내시고, 1954년 65세 때에 대한 불교조계종 종정에 추대되었고, 1955년과 1958년에 다시 종정으로 추대되셨습니다.

하동산 대종사는 인격 성숙이 무르익어 자비와 지혜는 물론 마음의 한 면인 용기도 드러낸 사례가 있다. 그것이 한국불교 정화 중흥의 계기가 되기도 하였다. 6.25 한국전쟁으로 인한 부산 피난 정부가 1952년 6월 6일 금정산 범어사에서 전몰장병 합동위령재를 거행하게 되었습니다. 법주는 하동산 스님이었습니다.

그때 이승만 대통령은 한 시간이나 늦게 유엔군 사령관 등과 함께 도착하여 법당 안에서 모자를 쓰고 손가락으로 부처님을 가리키며 말을 하였다.

이 모습을 본 하동산 스님이 느닷없이 이 대통령을 향해 큰

소리로 말했다.

"이것 보시오, 일국의 대통령이라는 분이 감히 어디서 모자를 쓰고 부처님께 손가락질을 하고 있단 말씀이시요."

"아이고, 이거 내가 큰 실수를 했소이다. 이 외국인들에게 부처님을 소개하느라고 그만…"하며 이 대통령이 모자를 벗자, 유엔군 사령관 등도 모자를 벗고 모두 부처님께 삼배를 했습니다.

이날 이승만 대통령과 하동산 스님은 합동위령재를 원만히 마치고, 화해원만한 관계로 서로를 각인했고, 좋은 인연이 계속되었습니다.

그 이후 이승만 대통령은 일제의 불교말살정책으로 대처승들이 절의 대부분을 차지했는데, "대처를 한 왜색승들은 사찰에서 물러가라"는 유시를 내려 한국불교정화운동에 큰 기여를 하였습니다.

이승만 대통령은 본래 태어날 때 어머니가 북한산 문수사에서 부처님께 빌어 탄생했으나, 후일 미국에서 공부하고 기독교 국가를 꿈꾸게 되었습니다.

그 후에 이승만 대통령은 하동산 스님에게 국무총리를 맡아달라고 세 차례나 청을 드렸습니다. 백성욱 박사님을 통해서도 그런 청을 드렸는데, 하동산 스님은 본인이 승려이기 때문에 할 수 없다고 깨끗하게 거절했다고 합니다.

하동산 대종사는 한국 불교의 국제화에도 노력하여 1956년 11월 15일에서 21일까지 네팔에서 열린 제4차 세계불교도대회에 효봉, 청담 스님과 함께 한국대표로 참석하고, 1958년 11월 24일 태국에서 개최된 제5차 세계불교도 대회에 이청담, 서경보 스님과 함께 한국대표로 참석하셨습니다.

그렇게 한국불교의 세계화에도 노력을 하셨는데, 그 다음에는 하동산 스님의 탄생과 출가, 수행적인 삶을 살펴보도록 하겠습니다.

5향이 흘러넘치고, 신언서판이 뛰어났던 인물 동산 대종사는 1890년 2월 25일(조선조 고종 때) 충청북도 단양군 단양읍 상방리 244번지에서 태어난 바, 부친은 하성창 씨이고, 모친은 정경운 씨였습니다. 본명은 하봉규였으며, 불문에 출가한 후의 법명은 혜일이고, 법호는 동산입니다.

속가의 성을 따라서 하동산 스님이라고도 불렸으나, 1912년 백용성 큰 스님을 만나고 스승의 지시로 금정산 범어사로 출가하면서, 석가모니 문중에 들었다 하여 석동산이라고 스스로 사용하시기도 했습니다.

사람이 세상을 살아가는데 그가 어떤 사람과 만나냐는 중요한데, 특히 부모자식 관계, 친구 관계, 배우자 관계, 사제 관계 이런 것이 참 중요하죠.

그것은 삼계현상의 일체법인 만유가 인연과보에 의해서 움직이는 연기론에 입각하기 때문에, 즉 인과 연들이 만나 과보를 이루므로, 사람과 사람이 만날 때 서로 영향을 주고받게 되기 때문입니다. 모든 법은 인연생기로 상의상존하므로, 자체성이 없어 허망한 존재라고 할 수 있다.

그래서 직견자심, 직접 자기 마음을 봐라, 자기 마음을 보는 것은 자성을 보는 것이니까 늘 직견자심을 잃지 않으면, 부처님의 길로 들어가게 되는 것이죠.

다른 사람에게 좋은 영향을 주는 것이 교육이다. 교육의 목적은 인격완성과 사회완성 즉, 견성성불제중에 있다 그렇게 말할 수 있습니다. 일반적으로 어린이가 태어날 때 태교와 어린이 교육이 중요한 것은 백지 위에 그림을 그리는 것처럼 그 자국이 크게 남기 때문입니다.

하봉규 어린이의 부모는 자식교육에 관심이 많아 일찍이 5살 때 향숙에 입학시켜 한문공부를 시켰다. 하봉규 소년은 13살 때는 익명보통학교에 진학하고, 거기서 한글로 유명한 주시경 선생으로부터 한글과 자주정신을 배웠고, 이어서 서울

중동중학에 입학해서 19살에 졸업하고, 그 후에 경성의학 전문학교에 입학하여 의사자격증을 따고 졸업을 했습니다. 경성의전에 다니는 3년 동안 안창호의 흥사단에서 운영하는 국어연구회에 나가면서 독립정신을 키우고 독립운동을 하려는 생각을 많이 가졌습니다.

하봉규 대학생이 학교를 다닐 때는 우리나라가 일본에 합방돼서 폭압정치를 당하고 있었고, 또 일본은 한국침략의 선봉으로 한국불교를 왜색화하면서 불교 왜곡 말살 정책을 폈는데, 그 앞장선 것이 후일 창가학회와 공명당을 만든 일연종과 여러 가지 종파들이 그 후에 계속 나왔습니다.

일연종은 그 대표인 사노가 김홍집 총리대신에게 청하여 승려의 서울도성 출입금지를 해제하게 하여 인심 쓰는 것처럼 하면서, 출가중이 대처식육하게 하는 일본식 불교, 왜색불교가 한국불교에 들어와 한국불교를 황폐화시켰습니다.

이어 일본 정토종 영향으로, 원흥사에 불교연구회와 명진학교를 세웠는데, 이때는 친일승의 거두인 해인사 주지 이회광의 손으로 넘어가게 되었고, 이회광은 원종의 종정이 되어 한일합방이 되자 일본 조동종과 연합조약을 체결하기도 했습니다.

그래서 한국불교의 일본예속을 막기 위해서 박한영, 한용운, 오성월, 진진응 스님 등이 순천 송광사에 임제종을 세우고 종무원을 설치했고, 그 다음에 종무원을 범어사로 옮겨 원종이 해산되게 하였습니다.

하봉규 의사는 고숙이 되는 위창 오세창 선생(삼일운동 민족대표 33인 중 한 분)의 권유와 주선으로 국민대중의 깨달음을 위한 대각교운동을 벌이고, 한용운 선생님과 함께 3.1운동을 하신 백용성 스님을 서울 대각사에서 만나 배우게 했습니다.

그래서 하동산 스님은 범어사 금어선원에서 백용성 스님을 은사로, 오성월 스님을 계사로 하여 출가 수계해서 동산혜일로 거듭나고, 부처가 되기 위한 신 해 행 증의 길을 걸었습니다.

의사인 하동산 스님이 처음 백용성 스님을 찾아뵈었을 때, 백용성 스님은 "육신의 병을 고치는 사람이 의사다. 중생의 병에는 두 가지가 있으니, 배가 아프고 종기가 나고 상처가 나는 것은 육신의 병이요, 탐욕과 성냄과 어리석음의 3독심은 마음의 병이니, 육신의 병만 고치는 것이 무슨 소용이 있을 것인가?"라는 법문을 듣고, 홀연히 발심하여 가족을 떠나 석가모니 문중에 출가를 했습니다.

그래서 여러 가지 경전도 읽고, 선어록도 읽고, 염불, 독경 등 여러 가지 공부를 하셨습니다.

그래서 동산 스님은 출가한 후, 경전공부와 사집을 읽으며 범어사 금어선원에 들어가 성월스님 지도하에 가부좌를 틀고 앉아 한철 참선수행을 하였습니다.

그는 이어 만암 스님 부탁으로 스승인 용성 스님이 백양사 운문암에서 납자들을 지도했으므로, 스스로 백양사로 갔습니다. 그는 거기 용성 스님으로부터 전등록, 선문염송, 범망경, 4분률 등을 배우며, 구족계를 받고 참선수행을 병행하였습니다. 그리고 용성스님은 마음을 쓰셔서 하동산 스님을 큰 인물로, 큰 깨달음을 얻게 하기 위해서 평안남도 맹산군 도리산 우두암에 계시던 방한암 스님을 찾아서 4교과 등을 두루 배우게 했습니다.

그 후 하동산 스님은 거기서 내려와서 범어사로 와서 영명강백 스님에게 화엄경 등 대교과목을 배워 3장 공부를 두루 철저히 하셨다고 합니다.

1919년 봄 동산 스님은 한암 스님으로부터 기미년 삼일 독립선언으로 용성선사가 감옥에 있으니, 올라가 옥바라지를 하라는 분부를 듣고 서울로 올라왔던 것입니다. 스승이신 용성 선사와 만해 한용운 선사가 불교 대표 33인으로 옥고를 치르게 되어서 하동산 스님은 용성 스님 옥바라지, 춘성 스님은 한용운 스님 옥바라지를 했는데, 그때 춘성스님 말씀이 하동산 스님은 스승님이 옥에 있는데 어찌 편히 누워 잘 것이냐? 하며 자지도 않고, 그렇게 불교공부를 정진하셨다고 합니다.

동산 스님은 또 일상생활에서 좌우명으로 감인대(堪忍待), 즉 '견디고 참으며 기다리라'는 글귀를 좋아하셔서, 불자들이 세상살이하는 데 많이 참고하게 했습니다.

그때 동산 스님은 원효암에서 내려와 범어사 금어선원에서 정진하고 계실 때인데, 선원 동쪽에 있는 대나무 숲을 쭉 거닐고 있는데, 바람에 부딪히는 댓잎 소리가 늘 듣는 소리였는데 그 날은 달랐습니다. 다르게 들렸던 거죠. 스님은 그 순간 활연히 마음이 열려서 깨달음을 얻으셨습니다. 그래서 그 순간을 서래밀지, 달마조사가 서쪽에서 온 밀지가 안전에 명명하였다, 눈앞에 밝고도 밝았다 그럽니다.

그때 소식을 전한 게 오도송입니다. 그것을 보면,

그리고 그린 것이 그 몇 해던가
붓끝이 닿은 곳에 살아있는 고양이로다
하루 종일 창 앞에서 늘어지게 잠을 자고
밤이 되면 예전처럼 늙은 쥐를 잡는다.

이렇게 되어있습니다.

의사의 꿈을 버리고 출가해서 드디어 깨달음의 길을 가시고, 또 나중에 용성 대선사로부터 지리산 칠불계맥도 이어받으셨습니다.

생노병사는 모든 사람이 겪는 과정인데, 본래의 자리는 진여문이지만 상대세계는 생사가 있는 생멸문입니다. 1965년 음력 3월 23일 오후 6시 지혜와 자비와 용기를 갖추셨던 하동산 스님은 계전 수좌가 지키는 가운데 여여하게 본래 자리로 돌아가셨습니다.

한국불교의 큰 별이 사라지면서 대적삼매에 드신 열반이었는데, 그때 하동산 대종사의 나이는 76세요, 법랍은 53년이었습니다.

그때 제자들에게 "방일 말고 부디 정진에 힘쓰도록 하라" 하시고 마지막 열반송을 남기셨습니다.

> 원래 일찍이 바꾼 적이 없거니
> 어찌 두 번째의 몸이 있겠는가.
> 백년 삼만 육천일
> 매일 반복하는 것,
> 다만 이놈뿐일세.

그러니까, 우리가 행주좌와 어묵동정 견문각지하는 그 지금 여기, 알아차리는 자, 알아채는 자, 깨어있음, 깨어있기, 그것은 불생불멸의 영원한 자리다 그런 겁니다.

그때 하동산 대종사님의 열반소식을 듣고 온 스님만 1만2천명, 신도들까지 합치면 3만여 명이 와서 추모했다고 합니다.

그때 대한불교 조계종 이청담 스님이 조사를 했습니다. 그걸 보면,

> 큰 법당이 무너졌구나!
> 어두운 밤에 횃불이 꺼졌구나.
> 어린 아이들만 남겨두시고
> 우리 어머니는 돌아가셨구나!
> 동산이 물위에 떠다니니
> 일월이 빛을 잃었도다
> 봄바람이 무르익어

꽃이 피고 새가 운다.

지금 여기 깨어있음 이 자리뿐입니다.

보살대중 여러분, 오늘 본각선교원 깨달음 세계 "남해 금정산의 생불 하동산 스님"을 마치겠습니다.

모두 직지견심 성불제중하십시요. (합장)

제26회 "산은산 물은물"의 이성철 대종사

보살 대중 여러분, 안녕하십니까?

석가모니불께 경배찬탄합니다. (합장)

미륵존불! (오른손을 높이 든다)!

아하광파!

직견자심 수처작주 돈오자심 直見自心 隨處作主 頓悟自心

지금 여기 깨어있기뿐입니다. 무시공, 영원한 우주죠.

본각선교원 깨달음 세계 제26회 법회 주제는 「산은산 물은물」의 이성철 대종사 입니다.

제가 쓴 책 '활빨빨한 금강경'의 '참선 잘하기'에 쓴 제 글을 바탕으로 알아보도록 하겠습니다.

지난번 남해 금정산의 생불 하동산 스님을 말씀드렸는데, 하동산 스님은 중생제도를 많이 하셨지만, 또 훌륭한 제자들을 누구보다도 많이 키워내셨습니다. 그 대표적인 제자가 바로 대한불교 조계종 7대 종정을 지내신 이성철 대종사이고, 또 한 분은 경기도 화성 출신의 원만상의 고광덕 스님도 그분 제자이고, 또 마카오 신사로 불렸던 지효 스님, 또 한국불교의 세계화에 기여하신 능가 스님- 올해 입적하셨는데 그 명복을 빕니다.

또 황진경 조계종 전 총무원장, 무진장 스님, 그리고 지금 부산 금정사 방장으로 계신 지유 스님 등이 모두 그 제자들이라고 할 수 있습니다.

이성철 스님은 우보호시(牛步虎視)라는 말로 많이 알려져 있습니다. 소처럼 걷고, 호랑이처럼 본다는 뜻이죠. 워낙 틀도 좋고, 잘나셨고 그래서 진리를 대변하는 소처럼 걸으면서 선기가 반짝반짝 날카로워서 호랑이눈처럼 본다. 안목이 열렸다. 이러한 별명이 붙어서 가야산의 호랑이라고도 불렸습니다.

"산은산 물은물"로 많이 알려졌는데 그것을 보면, 가야산의 호랑이인 이성철 해인사 방장님은 대한불교 조계종 7대 종정으로, 현대 한국의 대표적 선승임은 우리가 잘 아는 바와 같습니다.

성철 스님이 잘 알려지면서 많은 사람들이 깨달음의 길로 가는 불심을 일으킨 것은 1981년 1월 서울 조계사에서 있은 제 7대 대한불교조계종 종정 취임식에서였습니다.

종정 취임식인데, 성철 스님이 참여하지도 않았습니다. 또 그 취임 법어도 파격적으로 누구나 알기 쉬운 "산은 산, 물은 물" 그런 내용이었습니다.

그 취임사에 나온 구절을 한번 살펴보도록 하겠습니다.

> 원만한 깨달음이 널리 비추니,
> 적멸이 둘이 아니다.
> 보이는 만물은 관음이요,
> 들리는 소리는 묘음이다.
> 보고 듣는 이 밖에 진리가 따로 없으니,
> 아아, 사회대중은 일러라.
> 산은 산이요, 물은 물이로다.

이렇게 되었습니다.

산은 산, 물은 물이요라는 이런 선언은 성철 스님이 처음 쓰신 것은 아닙니다.

맨 처음에 당나라 청원행사 스님이 썼고, 그밖에 운문 선사, 황벽 선사, 고려 때 진각국사이신 혜심 선사, 백운화상 이런 분들이 많이 사용하신 싯구이기도 합니다.

선문에서는 개구즉착- 입을 벌리면 착오라고 하면서도, 말을 빌리지 않을 수 없으니까 의언진여로서 설명하지 않을 수가 없습니다.

그러나 워낙 이 글은

> 산은 산이요, 물은 물이다.
> 산은 산이 아니요, 물은 물이 아니다.
> 산은 산이요, 물은 물이다.

이렇게 되어 있습니다.

처음에 '산은 산, 물은 물이요'는 보통 일반적으로, 세간적으로 머릿속에 있는 그런 선입관으로 되어있는 개념적인 산, 물입니다.

그러니까 그것이 진여로 다가가려면 일단 부정을 해서 '산은 산이 아니요, 물은 물이 아니다'라고 부정을 해야 변증법적으로 발전을 해서 진공묘유중도 로 나아가는 거지요.

그래서 모든 개념을 다 내려놓고 그것을 부정했을 때, '산은 산 물은 물' 그렇게 세 번째 나오는 것은 바로 진여현전- 진리가 그대로 나타난 것 이라고 말씀드릴 수가 있습니다.

제가 보기에 성철 스님은 한평생 유복하고 뛰어난 자질과 노력에 좋은 인연들을 만나 부모나 스승 도반 이런 면에서 정말 복이 많으셨고, 뜻대로 살다간 힘찬 선승이 아니신가 하고 생각이 듭니다. 부러운 분이죠.

성철 스님의 본명은 이영주이고, 1912년 2월 19일 경남 산청에서 아버지 이상언과 어머니 강씨의 7남매 중 장남으로 태어났습니다. 이영주 소년은 좋은 부모님을 만나 살아가는데 남의 땅을 밟지 않아도 될 만큼 부잣집에서 풍성한 가운데 성장했습니다.

이 소년은 소학교를 나오고, 한학을 배웠으며, 나이 20세가 되기 전에 서양학문을 접해 칸트의 순수이성비판, 헤겔의 역사철학, 하이네 시집, 성경, 자본론 등을 읽고 동서고금의 명저들을 두루 섭렵했다고 전해지며, 일본에 가서 2년 동안 유학도 하고 돌아왔고, 독학으로 영어, 중국어, 일어, 독어, 불어 등 5개국어에도 능통했다고 전해지고 있습니다.

성철 스님은 우연히 지리산 대원사에서 불경을 읽고 감명을 받았고, 이어서 제헌국회의원을 지내신 최범술 스님의 권유로 합천 해인사로 가서 전번에 얘기한 금정산의 생불 하동산 스님을 만나 출가하고, 성철이라는 법명을 받았습니다. 아주 좋은 스승을 만난 복이 있으시죠. 이게 1935년이었습니다.

성철 스님은 범어사 금어선원 등 전국의 제 도량에서 수행정진하여 1940년 출가 6년 만에 대구 동화사에서 깨달음을 얻으셨다고 하는데, 그 7언절구로 된 오도송은 이와 같습니다.

황하서류곤륜정
일월무광대지침
거연일소회수립
청산의구백운중

이게 무슨 뜻이냐면,

황하는 서쪽으로 흘러가
곤륜산 꼭대기에 이르니

태양과 달은 빛을 잃고
산하대지는 침몰하는도다
거연히 한바탕 웃고
머리 돌려 세우니
청산은 예전 그대로
흰 구름 가운데 있구나.

이렇게 깨달음의 노래를 읊으셨습니다. 역사적인 순간이었죠.

그리고 성철 스님은 견성하신 후 문경 대승사 쌍련선원과 문경 봉암사에서 평생지기인 조계종 종정과 총무원장을 지내신 이청담 스님과 사라져가던 선풍을 진작하고 한국 불교중흥운동에 나서 "부처님법대로 살자" 정혜결사운동을 벌이셔서, 거기서 성공을 하셨습니다.

그런데 성철 스님이 그렇게 앞장서고 유명하니까 사람들이 하도 많이 찾아와서 어떤 경우는 도망도 다니셨고, 어떤 경우엔 사는 주변에 철조망을 치고 10년간 장자불와로 선기와 선풍을 드날렸다고 합니다.

성철 스님이 유명하니까, 질문하러 오는 사람들이 무척 많았어요. 그래서 성철 스님은 나를 보려면 부처님 전에 3,000배를 하고 와라고 해서, 불전 3,000배라는 관례가 생겼습니다.

또 한때는 박정희 대통령이 성철 스님을 만나려고 하는데, 결국은 성철 스님이 응하지 않아서 불발이 되었습니다.

경부고속도로를 개통한 박정희 대통령이 1977년 구마 고속도로로 개통식에 참석하고 서울로 돌아가는 길에 합천 해인사에 들르게 되었다고 합니다. 대통령 측에서 성철 스님이 백련암에서 본사 쪽으로 내려와서 대통령을 뵈었으면 좋겠다고 그랬습니다. 그러니까 해인사는 완전히 난리가 난 거지요. 성철 스님이 내려오셔야 되는데, 주지가 가서 말했습니다.

"나는 중인데, 대통령을 만날 일이 없다 아이가"하며 안 움직이는 거예요. 그래서 제자 중에 맞상좌라든지 또 늘 옆에서 시봉한 유명한 원택 스님 이런 분들이 재차 삼차 쭉 얘기해도 안 내려갔습니다. 그래서 박정희 대통령과 성철 스님의 만남은 이루어지지 못했습니다.

그리고 성철 스님은 많은 일화를 남겼는데, 그건 뒤에 보기로 하고. 결국 이 세상에 태어난 사람은 누구나 가지요.

성철 스님은 1993년 11월 4일 오전 9시 가야산 해인사 퇴설당에서 제자 스님을 비롯한 대중들이 지켜보는 가운데, 열반송을 남기고 그윽한 눈길로 제자들을 모두 둘러보았다. 그 가운데는 복스럽게도 속가시절의 따님인 불필 스님도 있었습니다. 속가 있을 때 낳은 딸인데, 결국 출가해서 스님이 된 거지요.

"그동안 내가 너무 오래 세상에 머문 것 같구나. 이제 가야 할 때가 되었나보다. 부지런히 참선들 잘 하거래이" 이렇게 말씀을 남기셔서, 나중에 여러 사람들이 추모하는 글을 모아서 '참선들 잘 하거래이' 이런 책을 출판하기도 했습니다.

가야산 호랑이 성철 스님은 그렇게 잠자듯, 꿈깨듯 82년 인연 끝에 조용히 열반에 드셨다고 합니다.

다비식이 모셔질 때까지 합천 해인사에는 100만여 명의 고해 중생들이 모여들어 성철 스님을 기리고 아쉬워했습니다.

그리고 남기신 열반송, 임종게지요. 그것을 보면 아주 특수합니다.

> 일생동안 남녀 무리를 속여
> 하늘 넘친 죄업 수미산 지나
> 산 채로 아비지옥에 떨어져서
> 그 한이 만 갈래나 되는구나

한 수레바퀴 붉음 내뿜고
푸른 산에 걸렸도다.

이렇게 열반송이 발표되자, 불교계는 물론 전 종교계, 국민들, 언론에 왜 이러한 생각하기 어려운 임종게를 남기셨을까 하는 의견이 분분했고, 지금까지도 확실한 의미가 정리된 것은 아닙니다.

이왕 나왔으니까 삼가 헤아려보면, 부처님 법어인 불이중도인 것이 핵심인데, 거기엔 죄업도 선업도 따로 없고, 지옥과 극락도 이름이 달라 말이 지옥과 극락이지 그것도 불이이고, 또 불이 이전의 근본자리, 주객미분전 자리도 모두 불이의 자리이기 때문에, 무의어(無義語)이자 진언도 불이법이다.

또 하나는 깨달음을 얻은 사람들은 부처님법을 금시법(금똥법)이라고 한다. 역시 불이법이기 때문에 그런 말이 통하는 겁니다. 선문에서는.

혹시나 이것이 제가 잘못된 해석을 해서 불두착분이 되지는 않는가 염려되기도 합니다.

성철 스님은 멋지고 당당하게 돌아가신 후에도 유복하셨습니다. 그것은 다른 큰스님들에 비해 원택 스님 등 제자들을 잘 두어서, 성철 스님 생가에 겁외사가 창건되고 성철 스님의 많은 법문과 서적, 선어록 등이 대대적으로 출판이 되었고, 또 겁외사 창건 이래로 현창사업이 들풀처럼 일어나고 지금도 그렇게 진행되고 있습니다.

저는 성철 스님이 쓰신, 해설을 하신 법보단경이나 선문정로를 보았는데, 특히 마음에 당기는 것은 '식심견성 성불제중' 입니다. 식심을 보면 바로 견성이 되고 성불이 된다는 거죠. 그것을 조금 더 알기 쉽게 말하면, 直見自心 隨處作主 頓悟自心이라고 말할 수 있습니다.

직지인심, 즉 직접 자기 마음을 봐라 이겁니다. 그리고 자기 마음을 보면서 늘 언제 어디서나 주인임을 잊지 말아라. 주인 정신을 가져라. 그러면 어느 땐가 돈오, 자심을 깨달아서, 뭘 깨닫느냐? 자심을 깨닫는 겁니다. 자심을 깨닫는 것은, 마음 심(心) 자는 성품 성(性)과 같습니다. 성품이라는 것은 마음이 나오는 자리죠. 그래서 결국은 견성해서 깨닫게 됩니다. 그래서 자심증득자심, 자심으로서 자기 자심을 견성하라 이러한 얘기가 되겠습니다. 지금 여기 깨달아 있으라는 얘기입니다.

한 가지 또 성철 스님이 남기신 일화 중에 하나는, 해인사가 화엄종찰이어서 그런지 아니면 비로자나불을 모셔서 그런지 모르지만, 태장계 만다라인 법신진언에 나오는 '아비라' 기도를 많이 권장했다고 합니다. 저도 그런 경우가 있었는데, 우리 태양족답게 아침마다 태양을 향해 감사하고 '옴 아비라 훔 캄 스바하, 옴 아비라 훔 캄 스바하, 옴 아비라 훔 캄 스바하' 이렇게 세 번을 암송하면, 자기가 부처님의 가피를 입는다 그렇게 말할 수 있습니다.

그리고 아까도 나왔지만, 친구이자 도반으로 가장 가까웠던 스님이 이청담 스님입니다. 부부 관계보다 더 가까웠다고 합니다. 연세는 청담 스님이 10년 위신데, 서로 맞붙어서 씨름을 할 정도로 그렇게 물샐틈없이 가까웠는데, 71년에 청담 스님이 돌아가셔서 성철 스님이 그렇게 슬퍼하셨다고 합니다.

다음에 성철 스님 하면 떠오르는 것은, 불교계 논쟁에서는 유명한 것인데, 돈오돈수 이론을 내세우셔서 우리나라 조계종의 중조의 한 분인 보조 지눌 스님의 돈오점수 이론을 비판해서 공격했는데, 그것이 굉장히 강하다 싶을 정도로 세게 비판을 했습니다. 그런데 묘한 게 보조 지눌 스님과 성철 스님이 그 시대에 행한 역할은 비슷합니다.

즉 보조 지눌 스님은 조계종의 중흥조지만, 그 당시에 고려의 무신정권이 들어서고 불교가 부패하고 그래서 선종을 일으켜서 불교중흥에 나섰고, 정혜결사를 했습니다.

성철 스님도 우리나라 전두환 정권이 집권하고, 10.27 법란을 일으키고 그렇게 탄압을 받고, 불교도 많이 부패하고 거기서 봉암사 결사 등 선문을 열어서 중흥시키고, 그렇게 같은 역할을 했는데, 돈오돈수냐 돈오점수냐 하는 이러한 문제에 있어서는 아주 심하다 할 정도로 그렇게 비판을 하셨습니다.

물론 일반적으로 보면, 점수점오, 차츰 닦고 차츰 깨닫고 그 다음에 점수돈오, 천천히 닦고 몰록 깨닫고, 그 다음에 돈오돈수, 몰록 닦고 몰록 깨닫고, 돈오점수, 몰록 깨닫고 그 다음에 닦는다 이런 여러 가지 경험은 사람마다 다 다를 수가 있습니다.

일반적으로 말하면, 궁극의 깨달음은 성철 스님 말씀처럼 돈오돈수가 맞습니다. 그러나 돈오돈수한 후에는 석가모니 부처님과 같이 수많은 억겁을 닦아서 성불하지 않으면, '이즉돈오사비돈제'라고 그럽니다. 이치는 몰록 깨닫지만, 업이라든지 이런 사(事)에 관한 것은 다시 십보살도를 차츰 닦아서 성불하고 중생제도하는 쪽으로 향상일로를 가야되기 때문에, 돈오돈수와 돈오점수는 다 일리가 있는 말씀이라고 얘기할 수가 있습니다.

보살 대중 여러분, 오늘 깨달음 세계 제 26회 "산은 산, 물은 물"의 이성철 대종사를 마치겠습니다.

모두 '직견자심 수처작주 돈오자심' 하십시요. (합장)

제27회 가야산의 정진불(精進佛) 김혜암 선사

보살 대중 여러분, 안녕하십니까?

석가모니불께 경배찬탄합니다. (합장)

미륵존 여래불!
미륵존 여래불!
미륵존 여래불!
(탁,탁,탁) (죽비를 친다)

본각선교원 깨달음 세계 제27회 목요법회 주제는 “가야산의 정진불 김혜암 선사”입니다.

아하광파! 지금 여기 깨어 있음뿐입니다. 시공간이 없는 영원한 우주는 빛의 파동으로 꽉 차서 늘 춤추고 있습니다.

단기 4352년 불기 2563년 서기 2019년 9월 5일 경남 합천군 가야산 해인사 보영당에서 김혜암 선사 탄신 100주년 기념 국제학술토론회가 있었습니다.

거기서 저는 혜암 선사 법문을 통해 본 선수행과 견성성불에 대하여 논문을 발표했습니다. 오늘은 제가 발표한 그 내용을 간추려서 말씀드리겠습니다.

가야산의 정진불, 55년간 장좌불와, 눕지 않고 앉아서 수행했다는 거죠. 1일 1식, “공부하다가 죽어라” 하시고, 봉암사 결사와 종단개혁을 이루시며, 제6대 해인총림방장과 대한불교종계종 10대 종정을 지내신 혜암 성관 스님께서는 위대한 업적을 남기고 열반하셨습니다.

저는 1980년대 초에 경남대학교 교수로 가서, 거기서 해인사 원당암에서 달마선원을 열어서 재가불자들을 지도하신다는 얘기를 듣고, 집사람과 함께 가서 화두도 결택받고 많은 가르침을 받았습니다. 제가 결택받은 화두는 ‘부모미생전 본래면목 이뭣고’였습니다.

그런 인연으로 해서 제가 한국교수불자연합회를 창립하고, 1주년 기념법회를 할 때 혜암 선사께서 오셔서 격려사를 해주시기도 하는 등, 많은 가르침을 받았습니다.

혜암 선사는 우선 부처님 제자이고, 주로 중국 조사선과 간화선을 이은 대한불교조계종 선사이므로, 불교 입문 이후 선수행에 관하여 우선 여래선, 수식선정을 하시고 생사해탈을 향한 부처님의 삼처전심으로 표현된 직지선, 염화시중의 미소, 다자탑전 분반좌, 사라쌍수 곽시쌍부로 직지인심 견성성불 이심전심 불립문자 교외별전의 여래청정선인 조사선을 하신 것으로 보입니다.

그리고 조사선인 최상승선의 일초직입 여래지로 직견자심하여 깨닫는 것, 즉 돈오돈수를 하셨고, 그 다음에는 주로 간화선법을 중심으로 불자 대중들에게 가르침을 주시어 교화에 매진하셨습니다.

혜암 스님은 성명이 김남영이시고, 1920년생입니다. 꼭 100년 전이죠.

17세에 일본으로 유학하여 10년 간 작은 사업도 하시다가 그만두시고, 동서양 철학과 종교공부를 하였는데, 어느날 일본 고승전 속에서 한 선사의 자모가 남기신 유언문을 보고 마음이 크게 감동되어 발심을 하게 되었다고 합니다. 즉 스님이 되기로 생각한 거지요.

그 관세음보살의 화현으로 보이는 자모의 글 내용을 보면,

> 나는 이제 사바세계의 인연이 다하여 무위의 부처님 나라로 돌아가려 한다.
> 바라건대, 너는 속히 출가승이 되어 너의 불성을 밝게 깨닫도록 하라.
> 장차 내가 지옥으로 떨어졌는지, 아니면 영원히 너와 함께 있는지 알게 되리라.
> 네가 진정 대장부라면, 불좌가 모두 너의 심부름꾼임을 알게 될 것이다.
> 책을 내려놓고 나가 사람들을 위해 일하라.
> 부처님께서는 47년 동안 설법하고서 단 한 번도 설법한 적이 없다고 말씀하셨다.
> 왜 그랬는지 너는 응당 알아야한다.

만약 네가 알아야 할 것을 마땅히 안다면, 무익한 명상은 하지 않을 것이다.

어머니가 나지도 않고 죽지도 않는 부처님 가르침은 중생을 깨닫게 하고자 있는 것인데, 네가 어떤 방편만 의지해 못 벗어나면, 너는 한 마리 무지한 벌레와 다르지 않으리.

불경을 다 읽어도 자성을 보지 못하면, 너는 내 글조차 이해하지 못할 것이다.

이것이 나의 마지막 유언이다.

이렇게 되어 있습니다.

어머니의 자비로운 마음과 날카로운 지혜의 가르침이 다 녹아있는 부처님 소리와 다르지 않습니다.

혜암 스님은 1945년, 이어서 선관책진을 읽다가 한 구절을 보고 또 발심을 했는데,

나에게 한 권 경전이 있으니, 종이와 먹으로 이루지 않았네.

펼치면 한 글자도 없지만, 항상 큰 광명을 놓도다.

이런 구절입니다.

혜암 청년은 그 후, 일본 교토의 임제종 절에서 우리나라 서옹 스님을 만나서 귀국하게 되는데, 그때 서옹 스님이 해인사 퇴설당에 계시는 인곡 스님을 추천했는데, 이 분이 혜암 선사의 스승님이십니다.

인곡 스님이 자애롭게 혜암 청년에게 물었다.

"어디에서 왔는가?"

청년은 선관책진에서 본 대로 선사들의 흉내를 내었다.

"아악~"

"자네 고향이 어딘가?"

청년은 방바닥을 힘껏 내쳤다.

그러자 인곡이 선사들이 곧잘 던지는 질문들 중에서 하나를

끄집어내어 물었다.

"우리집 소가 여물을 먹었는데, 이웃집 말이 배탈이 났다. 천하의 명의를 불러서 말의 병을 고쳐달라고 했더니, 아랫집 돼지의 넓적다리에 뜸을 떴다. 이 이치를 알겠느냐?"

이 때 혜암 청년은 주먹을 앞으로 불쑥 내밀었습니다.

그제야 인곡 스님은 미소지으며, 청년의 머리를 만졌습니다. 세상의 유무정물이 연기로 얽혀있는 이치를 알고 있느냐는 인곡의 질문에, 청년은 그것들은 결국 한몸이라고 주먹을 내밀어 답했던 것이다.

인곡의 상좌가 된 청년은 정식으로 행자가 되었습니다.

지금 여기뿐입니다. 알아차림뿐입니다. 깨어있음뿐입니다.

마침내 혜암 행자는 음력으로 10월 15일 인곡을 은사로 효봉 스님을 계사로 사미승이 되었습니다. 사미승의 법명은 성관(性觀)이었습니다.

계를 받자마자, 혜암은 가야총림이 개설돼 가야총림 선원으로 바뀐 퇴설당에서 공부하려고 했지만, 선객들이 갓 수교한 사미라 하여 반대하였다.

그러나 조실 스님인 조계종 종정을 일찍 지내신 효봉 스님이 옹호했습니다.

"공부하는데 구참 신참이 어디 있는가? 성관 수자만큼 공부한 사람이 있는가?"

혜암은 효봉의 기대를 저버리지 않았다. 행자 때부터 이어온 장좌불와의 수행과 1일 1식 수행으로 정진하며 퇴설당 대중들을 놀라게 했습니다.

혜암 선사가 들었던 화두는 '만법귀일 일귀하처'로 알려졌습니다.

'만법이 하나로 돌아가는데, 이 하나는 어디로 돌아가는가?' 입니다.

그리고 1947년 28세 때 문경 봉암사에서 이성철 스님을 중심으로 해서 청담, 자운, 우봉, 보문, 도우, 법전, 일도 스님 등 20여 납자와 더불어 "부처님법대로 살자"는 봉암사 결사를 해서 한국불교 중흥을 위해서 노력했는데, 혜암 스님도 거기에 참여했습니다.

1948년 해인사에서 상월 스님을 계사로 비구계를 수지하고, 오대산 상원사에서 한암 스님에게서도 배웠고, 범어사 동산 스님에게도 배웠고, 또 해인사 장경각에서 1951년 32세 때 어떤 것이 달마대사가 한쪽 신을 둘러메고 간 소식인 것이냐? 한밤중에 해가 서쪽 봉오리에서 떠오릅니다하고 대답하였다.

어떤 것이 유마힐이 침묵한 소식인 것이냐?하자, 청산은 본래 청산이요 백운은 본래 백운입니다라고 답하니, 인곡 스님께서 너도 또한 그러하고 나도 또한 그러하다 하시며, 다만 한 가지 일을 고금에 전해주니, 머리도 꼬리도 없지만 천백억 화신으로 나타나니라 하시고 혜암(慧庵)이라는 법호를 내렸습니다.

그리고 1957년 38세 때 겨울, 오대산 사고암 토굴에서 방에 불을 때지 아니하고 검정콩 10알과 한줌의 잣잎으로 일정식과 장자불와하며, 수마를 항복받고 5개월 동안 초인적인 고행정진 끝에 주야불문하고 의단이 독로하더니 홀연히 심안이 활개하여 깨닫고 오도송을 읊었습니다. 그것을 보면,

> 미즉생멸심 오래진여성 (迷卽生滅心 悟來眞如性)
> 미오구타료 일출건곤명 (迷悟俱打了 日出乾坤明)
> 미혹할 땐 나고 죽더니, 깨달으니 청정법신이네.
> 미혹과 깨달음 모두 쳐부수니, 해가 돋아 하늘과 땅이 밝도다.

그런 오도송을 읊으시고 나서, 동화사 금당선원, 오대산 서

대북대, 상원사 선원, 지리산 상무주암, 통도사 극락암선원, 묘음관사선원, 천축사선원, 명화사 법호선원 등 제방 선원에 나가 성불제중의 보임에 나서셨습니다.

1967년에 해인총림유나, 그 다음 3년 후에 해인사 주지를 맡기도 했습니다.

그 다음에 57세 때인 1976년 지리산 칠불암에서 더욱 용맹정진하니, 사부대중이 운집하여 다시 회상이 이루어졌으며, 그해 운상선원을 중수할 때, 먼지 속에서 작업 도중 문수보살을 친견하고, 다음과 같은 수기를 받았습니다. 당신은 언제 부처를 이룰 것이다 하는 예언을 문수보살로부터 받은 겁니다.

게송은 '진철심 금강마 조견연 섭고비(塵凸心 金剛劘 照見蓮 攝顧悲)', '때묻은 뾰족한 마음을 금강심으로 베어내고 연꽃을 비춰보아 자비로서 중생을 교화하라' 이런 뜻이 되겠습니다.

1979년 60세부터는 해인사 조사전에서 3년 결사를 시작으로, 1990년 71세까지 총림선원 대중과 함께 정진하였으며, 유나 상좌 부방장으로서 해인총림의 발전과 수행가풍 진작을 위해 노력했습니다.

1981년 62세부터는 해인사 원당암에 재가불자 선원인 달마선원을 개설하여 매 안거마다 일주일간 철야용맹정진을 지도하고, 매월 토요일 철야참선법회를 개최하여 약 500여회에 이르는 참선법문을 설하는 등, 수많은 재가불자를 오직 참선 수행으로서 20년 동안 교화하셨습니다.

이것은 운상선원에서 혜암 스님이 문수보살을 친견하고 결심을 하셔가지고, 수기를 받은 사람으로서 적극 중생교화에 나서신 것입니다.

1987년 조계종 원로회의 의원으로 선출되었으며, 1994년 75세에는 원로회의 의장으로 추대되었습니다.

1994년 조계종 개혁불사와 1998년 종단분규사태 시에는 원로회의 의장으로서, 종도들의 정신적인 지주가 되었습니다. 대쪽같이 곧고 올곧은 선사의 날카로움과 선기 이런 것이 조금도 흔들림 없는 수미산과 같은 그런 자세였습니다.

일생을 청정한 기행과 두타행으로 올곧게 깨끗이 수행정진한 스님은 1999년 4월, 조계종 10대 종정에 추대되어 종단의 안정과 화합을 위하여 심혈을 기울이셨습니다.

2001년 82세 때, 12월 31일 1년의 마지막 날인데, 오전 해인사 원당암 미소굴에서 문도들을 모아놓고, "인과가 여전하니, 참선공부 잘해라" 하고 당부를 하셨습니다. 그 임종게는 다음과 같습니다.

> 아신본비유 심역무소주(我身本非有 心亦無所住)
> 철우함월주 석사대효후(鐵牛含月走 石獅大哮吼)
> 나의 몸은 본래 없는 것이요, 마음 또한 머물 바 없도다.
> 무쇠소는 달을 물고 달아나고, 돌사자는 소리 높여 부르짖는도다

하고 편안히 열반에 드니, 세수는 82세가 되고 법납은 56년입니다.

2002년 1월 6일 해인사에서 5만여 사부대중이 운집하여 영결식을 종단장으로 엄숙히 거행하고 다비를 봉행하니, 오색영롱한 사리 86개가 나왔습니다.

혜안 성관 스님은 부처님의 불이중도인 진공묘유중도의 정견과 돈오돈수, 몰록 깨닫고 몰록 닦는 견성성불 사상을 바탕으로 해서 선수행 방법과 원리를 제시하고 중생들이 견성성불에 나가도록 그렇게 교화하셨습니다.

간화선 참구에 대하여는 대원을 전제로 신심의단분지를 강조하셨습니다. 그리고 부처님 선맥을 이어 실천제일주의로 선

수행에 진력하되, 자성게, 자성정, 자성혜의 계정혜 3학을 가풍으로 해서 1일1식, 장좌불와, 난행고행, 용맹정진으로 한길로 나아갔고, 그렇게 가르치면서 상당법문, 대중법문, 소참법문을 통해서 무수한 법보시를 행하셨습니다.

그래서 가르친 내용의 본질을 보면, 선사는 한 물건을 말하고 아무리 많은 법문을 하더라도 글자나 말만 다를 뿐, 이것 외에 다른 것은 없다고 밝힌다. 한 물건은 궁극의 실제상이요, 체득해야 할 불보의 핵심이다. 이 일문을 선사는 본래면목이나 본래신, 여의보, 대신주, 묘도, 고경(옛 거울), 일법, 일착자, 일주화, 만의주, 심경, 일구, 마음, 주인공, 깨어있음, 참 나, 등 여러 다양한 명칭으로 칭하고 있습니다. 근원의 본체에 대한 그러한 이름이라고 말할 수 있습니다.

진여는 언어도단이나 심행처멸이어서 말로 표현할 수 없으나, 조금 더 구태여 표현하면 그것은 진여일심, 절대유일, 공적영지, 성성적적, 소소영영, 법신불, 하느님, 초월자, 자성청정심, 순수의식, 청정무구식, 심왕인 제9식, 텅 빈 영각성 등으로 불릴 수 있고, 그 절대계이고 본체성이죠. 상대세계는 생멸심, 이분념법으로 상자적멸상이어서 모양이 없다, 이상멸상적멸이요 무념무상무주인 바, 몽각불이 각몽교몽이다. 진여수연(眞如隨緣)으로 마하반야의 바라밀인 십바라밀의 보살도를 걸어 보림을 하면서 십지를 넘어 근본무명을 완전히 제거하고 삼명육통의 멸진정에 들어 등각묘각에 이르러야한다. 지금 여기일 뿐입니다.

한 가지 덧붙이고 싶은 것은, 성철 스님과 혜암 스님이 함께 견지했던 것은 성철 스님이 먼저 얘기한 건데, 깨달음을 돈오돈수라 하시고, 불교 조계종의 중흥조인 보조 지눌 스님의 돈오점수를 아주 심하다 싶을 정도로 크게 비판하셨습니다.

그런데 불자는 일반적으로 말해서 신해행증의 길을 가면서 사람에 따라 점수점오, 조금씩 수행하고 조금씩 깨닫고, 또 점수돈오, 조금씩 수행하다가 몰록 깨닫기도 하고, 또 돈오돈수, 몰록 깨닫고 몰록 닦기도 하고, 또 돈오하고 점수하기도 합니다.

그런데 제가 보기에 성철 스님이나 혜암 스님의 돈오돈수도 맞고, 보조 스님의 돈오점수도 맞다고 생각합니다. 왜냐하면, 견성하기 전에 여러 가지 닦는다는 것은 방황에 불과합니다. 그래서 견성한 후에는 이즉돈오 사비돈제여서 이치는 몰록 깨닫지만, 그 사람의 습업은 부처님처럼 많은 업을 잘 닦고 그래야 성불하기 때문에, 돈오한 후에 보림하면서 향상일로로 쭉 점수를 해야 결국은 성불에 이르고, 그게 회향이고 또 성불하면서 중생을 교화하게 된다고 그렇게 말할 수가 있습니다.

깨달음은 선수행으로 깨달아 생사해탈하고, 능엄경의 연야달다처럼 자기 본래면목을 되찾는 것인데, 본래부터 그 자리에 있었던 자기 면목을 확인한 것이지 새로 얻은 것이 아닌 것입니다.(除妄念 無所得)

세계사가 선천상극시대 대환란을 지나고 지금 그 시대에 있죠. 다가온 후천상생 미륵존불 시대를 준비하면서, 선교일치로 혜암 스님과 같이 돈오돈수하여 생사해탈하고, 천손족 밝해문명의 태양광명으로 홍익광화문명을 창출하면서 한국불교문화중흥과 민족평화대통일과 함께 하나의 평화세계인 일화세계가 이루어지길 바랍니다.

그래서 끝으로 우리가 견성을 해서 깨달으려면, 발무상정각심(發無上正覺心), 발심이라고 하는데, 무상의 최고의 깨달음으로 가겠다는 결정심(決定心)이 확고하고 그것을 자기 생활신조에 0순위로 놔야 됩니다. 그 후에 직견자심, 직접 자기 마음을 보면 되는 겁니다. 어려운 게 아닙니다. 아주 쉽죠. 수처작주, 그리고 항상 자기의 주인은 자기라는 것을 어디에 가나 잊지 않고, 회광반조, 그리고 자기 마음을 되돌이켜서 자기 마음을 빛으로 비춰서 보는 겁니다. 그럴 때 몰록 깨닫게 됩니다. 무얼 깨닫냐면, 자심, 이 자심을 깨닫는 건데, 자심이 마음이 나오는 자리가 성품이기 때문에 증오자심은 증오자성과 같아서 이것이 곧 견성입니다. 그래서 무상정등정각심을 내서 그렇게 자심을 보면서 지금여기 깨어 있음으로 수행을 하고 닦아서 여러분들이 다 견성성불하시기를 바라겠습니다.

오늘은 이것으로 마치겠습니다. (합장)

제28회 태백산 현불사 불승종조 유설송 스님

보살 대중 여러분, 안녕하십니까?

석가모니불께 경배찬탄합니다. (합장)

미륵존 여래불!

본각선교원 깨달음 세계 제28회 목요법회 주제는 "태백산 현불사 불승종조 유설송 스님"입니다.

저는 1983년부터 설송(雪松) 스님의 제자법사로서 묘법연화경을 배우며, 여러 가지 법연을 맺고 10여 년 간 제자법자로서 태백산 현불사와 수원 칠보산 일광사 등 전국 선원에서 법문을 했고, 1992년 제가 보문현 법사로서 미국 조지워싱턴 대학교 교환교수로 가있으면서, 워싱턴 보현사라는 사찰을 창건하기도 했습니다. 그 뒤로 구곡사로 이름이 바뀌었습니다만.

그래서 저는 스승님에 대한 감사한 마음으로 앞으로 불승종조 유설송 스님에 관한 것, 제가 보문 법사로서 또 사제 관계, 그리고 설송 스님께서 소의경전으로 택해서 가르치신 묘법연화경의 요지를 차례로 살펴보도록 하겠습니다.

(탁, 탁, 탁. 죽비를 치다)

그에 앞서 가장 중요한 것은 지금 여기뿐입니다. 시공간을 초월해서 지금 여기 깨어 있음은 곧 견성이고 영원한 우주죠. 우리가 망상을 쉬고 이름이나 모양을 취하지 않으면, 행주좌와 어묵동정 견문각지가 전부 깨달음, 각입니다. 현존일각뿐입니다.

거기에 생각이 떠오르면, 현존일념뿐이죠. 생각이 떠오르면 그것은 꿈세계와 같습니다. 그래서 우리가 세상을 살아가려면, 몽각불이, 꿈과 깨달음이 둘이 아닌 세상으로 살아가야 됩니다. 그 불이의 사상에 비춰서 신심불이- 믿음과 마음이 둘이 아니고, 불이신심- 신심은 두개가 아닌 하나다.

그래서 우리가 진리를 찾을 때 그 진리를 서로 생각하는데, 어떤 스님은 소를 찾는 자여, 가소롭구나- 소를 타고 다시 소를 찾는구나. 그렇게 얘기했습니다.

우리가 열심히 정진해서 견성성불의 길로 가시기를 바라겠습니다.

모든 중생을 구제하겠다는 부처님은, 처음에 마하보디 템플에서 대각을 하시고 화엄경을 설하셨고, 그것을 백만인천이 잘 알아듣지 못하니까 순차적으로 아함경, 방등경, 반야경, 그 다음에 법화열반경을 최후 8년간 설하셨습니다. 가장 맨 나중에, 말하자면 대학코스와 같이 아함경은 초등학교와 같고, 중고교 과정을 이어 맨 나중에 설한 것이 묘법연화경인데, 유일불승을 목표로 합니다.

그전에는 성문 연각 보살 그렇게 3승으로 가르쳤지만, 회삼귀일이라 해서 법화경에 와서는 모든 중생을 다 부처로 만들어서 견성성불하게 하겠다는 뜻으로 일불승은 가르치신 것이 법화경이라고 말씀드릴 수 있습니다.

설송 스님은 1918년 경기도 포천에서 태어나셨고, 본명은 유(兪) 자, 길(吉) 자, 진(鎭) 자였습니다.

설송 스님은 포천군 한 공공기관에 근무하시다가, 이승만정권 자유당 치하였는데, 정치적 사건으로 인해서 옥고를 치르셨습니다. 그후 옥고를 치르고 나오니까 주변에 가까운 사람들부터 사람처럼 대하질 않아서, 에이 굶어서 죽어야겠다는 생각으로 설악산에 동굴을 찾아가서 들어가셨습니다.

사람이 죽는다는 것은 쉽게 생각해선 안 되지만, 한편으로는 죽는다는 생각을 정말 내면 아상이 죽기 때문에 도를 이루는 데 굉장히 중요한 요소가 되기도 합니다.

그래서 설악산 한 동굴로 굶어죽으려고 가셨는데, 그래도 그 속에서 날짜 세는 건 하시고 싶으셔서 나뭇가지를 꺾어서 쭉 세셨다고 합니다. 그러다가 21개를 세는 날, 막아놓은 동굴이 열리면서 햇볕이 쭉 비춰 들어오고 인기척이 나서, '내가 아직 안 죽었구나' 하고 밖을 나가보니까 한 스님께서 계셨다는 겁니다. 그 분이 설송 스님의 스승님이신 무령 조사이셨습니다.

그래서 그 분이 쌀을 주면서 하시는 말씀이 "배가 고플 테니, 데워서 먹으라" 하니까, 설송 스님께서는 불이 없다 하시니, 무령 조사께서 부싯돌처럼 나무와 나무를 마찰시키면 거기서 불이 일어나니 그렇게 해봐라 하셔서, 불을 일으켜서 음식을 따뜻하게 해서 허기를 채우셨다고 합니다.

그 후 설송 스님은 무령 조사를 따라서 성균관 대학 출신인 벽송 선생님과 함께 묘법연화경을 배우고 깨달음을 얻으셨다고 합니다.

그러면 여기서 무령 조사의 열반송인 무심(無心)과 설송 스님의 오도송을 보도록 하겠습니다.

무령 조사님 열반송,

> 노사우비고뇌를 누가 알리요?
> 무명이 동시에 일체행이니, 영과 육이 나란히 섬에 일체고요,

영과 육이 각자 나뉘니, 열반락이라.
있고 없고 이 저것이 모두 일체 마음이니,
어찌 극복하고 어찌 이기든, 무심이니라

그렇게 1987년 7월 2일 무렵 조사께서 열반송을 남기시고, 타계하셨다고 합니다.

그리고, 설송 스님의 오도송은,

구득불구득은 도지시야요,
(구하는데 얻지 못하는 것이 도의 시초요)
불구득자구득 도지종이라.
(구하지 않는데도, 스스로 얻어지는 것이 도의 마지막이니라.)
아시천지개문리 여당개관묘진실이니라
(내가 천지의 이치의 문을 열었으니, 너희들은 마땅히 그 미묘한 진실세계를 열어보라.)

이것이 설송 스님의 깨달음을 나타낸 오도송입니다.

설송 스님께서는 그 후 1960년대 전기에 인연 따라 수원 칠보산 일광사에서 부목으로 처음에 생활을 시작하셨습니다. 거기에 인연 있던 분이 적멸 스님인데, 그 후에 사람들이 왔을 때 기회가 있어 법문을 설해주시고, 또 법사라 칭하고, 그 다음엔 대법사가 되셨고 1990년대에 가서 삭발하시고 스님이 되셨습니다.

그리고 1980년대 경북 봉화군 석포면 대현리 태백산 현불사를 지어 중심 사찰로 삼고, 1980년대 중반에 문공부에 불승종 유지재단 등록을 하였습니다. 거기에 창종주 겸 종정으로 취임하셨습니다. 문공부의 불승종 유지재단 등록은 지금 각근사 주지스님으로 계시는 무진 스님과 제가 함께 수행했고, 특히 무진 스님이 더욱 많은 애를 써서 성취시켰습니다.

설송 스님께서는 2009년 5월 열반에 드셨는데, 현불사에는 중심에 아미타불을 모신 미타전, 제일 높은 산윗쪽에는 일제시대에 희생된 5만 8천 영령을 모신 영령보탑이 있고, 그 영령보탑에는 둘레로 일본사람들이 우리에게 사죄하는 조각이 모셔진 그런 기념비가 있고, 또 그 옆에는 태백산 현불사를 안내해주시는 단군왕검의 기념비가 있어서 민족자주성을 드러내고 있으며, 그밖에 김대중 대통령이 방문한 기념비가 있습니다.

1996년 10월 20일 김대중 대통령이 방문했는데, 대통령되기 어렵다고 하던 김대중 대통령이 현불사에 와서 부처님께 삼배한 그런 인연으로 대통령이 되었던 것입니다.

그리고 미타전 앞 건너는 데에는 노태우 다리도 있습니다.

다음에는 저와 설송 스승님과의 법연을 말씀드리겠습니다.

저는 서울법대 법학과를 나왔지만, 석, 박사는 국민대학교 대학원에서 했습니다. 국민대학교 박사학위 1호인데, 그때 학위받을 때 대학원장이 박희선 박사라는 선교에 아주 능통한 분인데, 그 분에게 저는 초월명상(TM)을 안내해드렸고, 그 분은 저에게 수원 일광사에 가면 도인이 계시니까 한번 만나 뵈어라 그래서, 설송 스님을 찾아가 뵙게 되었습니다.

제 가까운 친구 도반인 박준수 변호사와 4명이 찾아갔었는데, 여러 가지 얘기를 나누는 가운데, 다른 사람들이 모르는 나만의 비밀 그거를 슬쩍 지나가면서 말씀하시는 거예요. 그래서 이 분이 적어도 숙명통이나 타심통을 해서 신통력이나 도력이 굉장한 분이구나 이런 생각을 갖게 되었습니다.

저는 그때 경남대학교에 있다가 수원 경기대로 오게 되었는데, 거기 일광사에서 중흥법회하는데 무진 스님을 통해 나오라고 해서 갔더니, 끝나면서 설송 스님께서 저보고 법사가 돼달라고 하시는 거예요. 그러나 저는 묘법연화경 공부한 게 적고, 또 거기에 법화경 공부 오래한 분도 많고 해서 사양을 했습니다.

두 번째 또 말씀하시는데, 또 사양을 했더니 세 번째로 설송 스님께서 자기 일을 도와달라고 말씀하셔서, 더는 거절할 수 없고 해서 그걸 받아들이고 제자법사가 되어서, 법화경을 배우면서 전국에 법사로 법문을 하러 다니게 되었습니다.

그때 한 가지 기억할 것은, 그때 제가 한국교수불자연합회 초대회장을 했는데, 부처님법을 배우고 알리는 게 신바람나고 좋았는데, 대개 교수들이 약한 것이 재정적인 측면인데, 설송 큰스님께서 저에게 금일봉을 주셔서 여러 가지 교불련 초대회장 하는 데 큰 애로가 제거되었습니다.

수교가 되지 않은 중국불교협회와 교류도 하고, 돈황도 가고, 백두산 천지에 올라가서 한라산 흙을 가져다가 백두산 천지에서 통일을 위한 백두산 천지 한라산 백록담 흙으로 합토제도 지내고, 또 전국적인 매주 법회, 굉장히 신바람나게 일했고, 나중에 돈 쓴 걸 보고하려고 하니까 그런 건 보고하는 게 아니라고 그런 말씀을 하셔서, 부처님은 여래나 여거다. 가면 가고 오면 오지, 조건지어지지 않는다는 것을 스스로 보여주시는구나 하는 그런 깨달음을 한 적이 있습니다.

그 후에 저는 1991년에 미국 워싱턴 D.C 에 있는 조지워싱턴 대학교 교환교수로 가게 되었습니다. 그 인연으로 워싱턴 D.C 인근 Annandale(애난데일)에 연꽃이 피는 동산에 사찰을 하나 만들려고 했고, 설송 큰 스님을 직접 모셔서 중흥법회도 하고 그랬습니다.

제가 보문현 법사인데, 그 이름을 따서 워싱턴 보현사라고 이름을 지어서, 사찰을 해외에 처음으로 만들었습니다. 그 후에 이름이 워싱턴 구곡사로 바뀌었습니다.

다음에 제가 하나 말씀드릴 것은, 그 후에 아까 김대중 대통령이 다녀간 기념탑이 서있다고 했는데, 그 과정을 간단히 말씀드리면 이렇습니다.

저희 불승종 신도 중에 대한무궁화 중앙회 회장인 명승희 여사가 있었습니다. 그 분은 호남 출신이고 또 김대중 대통령 내외와도 친하고, 정치인 국회의원에도 뜻이 있었습니다. 그래서 본인의 생각은 김대중 씨를 대통령으로 만들면, 여러 가지로 호남도 좋고, 국민도 좋고, 본인도 여러 가지로 좋겠다 싶어서, 설송 큰 스님께 김대중 씨가 대통령이 될 수 있겠습니까? 하고 여쭈니까, 김대중 대통령이 김영삼 대통령에게 져서 피난 가듯이 영국으로 갈 땐데, 그런 길이 없다고 했습니다. 이무기상이어서 그런 것이 없다…….

그래서 명승희 씨가 굉장히 실망도 하고 그랬는데, DJ가 영국에 갔다가 다시 귀국해서 새정치국민회의를 만들고 그럴 때인데, 명승희 회장이 다시 설송 큰스님께 김대중 씨가 대통령 되는 길이 있겠습니까? 하고 다시 여쭈니, 그때는 있다고 대답하신 거예요.

그러니까 명승희 씨가 너무 좋아서, 어떻게 하면 되겠습니까? 하고 여쭈니, 설송 큰스님께서 "그건 김대중 씨가 현불사에 와서 부처님께 삼배를 하면 될 수 있다"고 이렇게 대답하신 거예요. 명승희 씨는 아주 기뻤죠. 근데 김대중 씨는 천주교 신자이고, 부인 이희호 여사는 개신교니까 명승희 씨가 가서 두 분께 얘기하니까 잘 먹혀들지가 않았던 것 같아요.

현불사가 조계종의 삼보사찰도 아니고 그래서 그런지, 움직이질 않았습니다. 그러니까 명승희 씨가 머리를 쓴 거예요. 제가 불승종의 법사이고, 대학교수고, 한국 교수불자연합회 초대회장도 하고, 민주화 과정에서 김대중, 김영삼 대통령과도 여러 가지 친분이 있었기 때문에 저를 활용하려고 한 거죠.

그래서 설송 큰 스님께 가서 말씀드리기를, 보문 법사가 김대중 씨를 만나면 좋겠다고 하니까, 그렇게 저에게 얘기를 하라고 하신 모양이에요. 그래서 명승희 씨가 저에게 와서 얘기해서 제가 설송 큰스님께 여쭤보고 확인을 하니까, 만나보라고 하시는 거예요. 그래서 명승희 씨가 시간약속을 잡아줘서 갔는데, 물론 DJ와 전부터 잘 아는 사이니까 반갑게 인사하고 저는 딱 두 가지만 얘기했습니다.

하나는 대선에 나오면, 캐치프레이즈로 평화적인 정권교체를 얘기하시라.

두 번째는 제가 경험한 제자법사로서 본 설송 큰스님은 도력과 신통력이 많으신 분이니까, 그 분이 DJ 가 현불사에 오셔서 부처님께 삼배하면 대통령이 될 수 있다고 하시니, 그분은 절대 거짓말을 하실 분이 아니니까 한번 가시라고 하니까, 고개를 끄덕끄덕 하시면서 좋다고 하더라구요.

그런 인연으로 해서 그 후에 1996년 대통령 선거가 있기 전 해죠. 음력 9월 9일에 한화갑 씨를 비롯해 50여명을 데리고 와서, 제가 접반사 역할을 하고 김대중 씨가 미타전 있는 마당에서 연설도 하고 했는데, 그때 김대중 씨가 큰스님과 단독으로 아랫도량 큰스님만 쓰시는 방에서 단둘이 만났다고 합니다.

그때 정치얘기를 하는데, 김대중 씨가 설송 스님에게 어떻게 그렇게 정치를 잘 아시느냐 그런 얘기도 했다고 하는데, 하여튼 설송 스님께서 "당신의 대통령 당선은 내가 생명을 걸고 보장한다" 그랬어요. 그래가지고 여러 말씀을 나누셨겠죠. 그 후 결국 김대중 씨가 대통령에 당선되고 나니까, 설송 스님을 스승으로 모시고 그런 기념비가 서게 된 겁니다.

여러 가지로 생각해보면, 그 요점은 김대중 씨가 대통령 되는 건 DJP 연합이라고 하는데, 사실 좀 더 살펴보면, DJP TH 연합이에요. 김대중 호남, 김종필 충청도, 그 담에 거기에 경상도 박태준, 경기도 이한동 씨가 나옵니다.

노태우 대통령, 김영삼 대통령은 큰스님과 그전부터 관계가 있었고, 거기에 박태준(T) 씨가 들어서서 구속되었던 전두환,

노태우와도 연결되고, 영남 세력을 나름대로 엮어서 김대중 씨를 지원한 거고, 그 다음에 또 하나 H는 이한동을 뜻하는 H인데, 이한동 총리는 설송 스님과 동향입니다. 그래서 수도권은 이한동씨가 책임지고 해서 결국은 DJPTH 연합이 성공한 겁니다.

그래서 그 후에 김대중 대통령이 되고 나서 국무총리를 하는 거 보니까, 김종필 박태준 이한동 순서로 국무총리를 하더라구요.

저에게는 정치적인 지분이 있어서 아태재단으로 오라고 했는데, 저는 지분권을 행사하지는 않았습니다. 그러면 명승희씨에게라도 그런 답례를 했었어야 했는데, 그 뒤에 보면 답례도 제대로 한 거 같지는 않습니다. 어쨌든 지금 현불사에는 김대중 대통령이 다녀간 기념비가 있습니다.

그리고 한 가지 말씀드릴 것은, 저는 선교일치로 견성성불의 중심을 쭉 뒀는데, 현불사에 오는 신도들 때문인지 아니면 설송 스님의 특성 때문인지, 이곳은 선보다는 기도가 굉장히 강해서 철야기도 같은 걸 많이 합니다. 물론 그렇게 전국에서 수천 명이 몰려오면 그렇더라도 거기 분위기가 장엄이 되고 그런 것은 설송 큰스님이 아니면 하실 수 없는 그런 부분이 있지만, 저하고는 조금 차이가 있는 부분이 있었고, 제가 설송 큰스님을 잘 이해 못한 부분도 있겠죠.

또 하나는 미국에 가기 전에 미타전 바로 앞에 설송 큰스님만 올라가시는 상당법어를 하는 자리가 있습니다. 제자들은 법문하더라도 밑에서 하는데, 그때는 저보고 위에 올라가서 관세음법문을 하라고 하시면서 왼쪽에 제일 높았던 송광 스님과 비구니 화관스님이 올라와서 보처처럼 앉아서 관세음보살 법문을 했습니다. 한참 하고 있는데 스승님께서 내려오신 거예요. 잠깐만 저에게 내려오라고 하시더니, 스승님께서 올라가셔서 보문이 법문을 해서 관세음보살이 오셨는데, 그러면 그다음에 어떻게 하라던지 이런 게 나가야 되는데 그걸 내가 못하니까 스승님께서 올라오셔서 얘기한 거다 그랬어요. 그때 스승님의 뜻을 알아듣고 그렇게 제가 했어야 했는데, 잘 알아듣지 못하고 그런 일도 있고, 어쨌든 그래가지고 설송 큰스님께서 열반하신 후에는 또 불승종단이 싸움박질이 나서 폭력배도 동원되고 소송이 걸리고 그래서 그 다음부터는 저는 현불사에 나가지 않았습니다.

그러면 법화경의 요점은 제법의 실상을 십여시로 표현한 그런 것이고, 전에 성문연각보살 삼승으로 수도해 나가는 것을 성문이고 연각이 보살이고, 모두 성불하게 해서 상근기 중근기 하근기를 비롯해서 모두 수기를 줍니다. 언제 부처가 되리라는 거지요. 사리불부터 마하가섭, 목건연, 가전연, 그 뒤에 부르나미 다라니자, 또 아야교진여, 마하파자바티, 부인 야소다라, 비구니까지, 또 아난과 라훌라 까지 쭉 다 언제 부처가 되리라는 수기를 주는 겁니다.

그래서 수기경(授記經)이라고도 그러고, 또 여기에는 법화칠유라고 해서 일곱 개의 비유가 있습니다.

묘법연화경에 중요한 가르침만 우선 보면, 법화경은 28품인데 14품까지는 적문이라고 해서 석가세존의 흔적이 남은 품이고, 15-28품까지는 본문이라고 해서 법신불, 비로자나불 대일여래 또는 무량광수 불그러한 것에 관한 품이라고 할 수 있습니다.

우선 방편품을 보면 제법이 종본래로 상자적멸상이니, 불자행도이하면 내세득작불이니라 했습니다.

모든 존재 진리는 본래 적멸상, 아무 모양이 없어요. 모양이 없는 무상으로 일상이고 일미죠. 그래서 불자가 이대로 행하면, 내세에 꼭 부처가 되리라. 여기서 말하는 부처님은 허공심이라고 말할 수 있습니다.

그리고 약초유품이라고 있는데, 거기에는 삼초이목의 비유가 있습니다.

하늘에서 내리는 비도 똑같이 내리고, 태양볕도 똑같이 비추지만, 나무의 크기와 풀의 크기에 따라 각기 자기의 분수대로 자란다.

약초유품에 나온 걸 보면,

여래지시일상일미지법하나니,

여래께서는 일상일미의 법을 아나니,

소위해탈상,

상을 뛰어넘은 해탈상이고 이상멸상이다.

마음이 상을 떠나면 멸상이 되고,

구경열반인 상적멸상이다. 앞에 얘기했죠.

종귀어공한다. 결국 끝내는 '빌 공(空)'으로 돌아가니까 결국은 진공묘유중도를 나타낸 것이라고 그렇게 말할 수 있습니다.

다음에는 제16 여래수량품 이 있습니다. 여래의 수명이 어떠냐 하는 것인데, 우리가 아는 석가모니 부처님은 부다가야 마하보디 템플 밑에서 깨달으신 것으로 알고 있지만, 그것은 중생들을 위해서 그렇게 보여준 것이지, 실제는 아주 우리가 알 수 없는 오랜 옛적부터 이미 깨달으셨다 그런 겁니다.

선남자야, 아실성불이래는 무량무변 백천만억 나유타아승지겁이니라

그랬습니다.

제자들이여, 내가 실제로 성불한 때로부터 치면, 무량무변즉, 우리가 생각할 수 없는 백천만억 나유타아승지겁 이전부터 나는 성불했다.

그런 것을 다른 말로 하면, 무량광불, 무량수불, 아미타불이나 또는 법신불로서 비로자나불 또는 대일여래 이렇게도 얘기를 할 수가 있는 겁니다.

오늘은 제28회 태백산 현불사 불승종조 유설송 스님에 관

해서 또 견성성불의 길을 살펴봤는데, 결국은 직견자심, 누구나 자심, 자기 마음을 보면서 회광반조, 밖으로 향하던 마음빛을 안으로 돌이켜서 비춰보면, 증오자심, 자기 마음을 깨닫는 거예요. 자심으로 자심을 통하여 깨닫는 거예요. 자심의 마음 심 자는 마음이 나오는 자리가 성품이니까 결국 자성을 깨치는 거니까 견성을 하게 되는 거죠. 지금 여기 알아차림, 주시의식, 주시자, 깨어 있음이죠.

직견자심 회광반조 증오자심 "直見自心 廻光返照 證悟自心"만 확실하게 알아가지고 그대로 선정을 닦아서 삼매에 들고, 깨어 있으면 어느 순간 시절인연이 맞는 순간 꼭 깨달음을 얻게 되겠습니다.

보살 대중 여러분, 모두 직견자심 견성성불 하십시요. (합장)

제29회 깨달음과 나의 선지식 · 도반

보살 대중 여러분, 안녕하십니까?

석가모니불께 경배찬탄합니다. (합장)

미륵존여래불!

본각선교원 깨달음 세계 제29회 목요법회 주제는 "깨달음과 나의 선지식 · 도반"입니다.

먼저 제가 이번 세상에 와서 한 일이 별로 없지만, 그래도 부처님법에 대해서 좋은 선지식과 도반들을 만나서 참 복을 많이 받았다고 생각하여, 저에게 가르침을 주신 여러 선지식 스승님들과 도반들에게 이 자리를 빌어 공경심으로 감사의 뜻을 전합니다. (합장)

(오른손을 번쩍 든다)

지금 여기뿐입니다. 시공을 넘은 영원한 우주뿐입니다.- 불고(不古)장금(長今)이죠.

한 선사의 말처럼 우리가 이 몸, 송장을 끌고 다니는 자가 누구냐? 하고 물었을 때, 백년 삼만 육천 일 매일 아침 반복하는 게 바로 이 놈이다.

깨어나서 늘 알아차리는 자, 깨어 있음, 주시자, 이것이 각, 깨달음이고 부처님입니다. 생각과 모양이 붙지 않으면, 견문각지 행주좌와 어묵동정이 모두 각이고 깨달음입니다.(現存一覺)

흔히 불취명상 여여부동이라고 그러죠. 생각과 이름과 말과 모양에 집착해서 취하지 않으면, 여여부동이어서 부처님 자리다 그렇게 말할 수 있습니다.

우리가 명심견성 성불제중하는 데 있어서 혼자서 견성할 자신이 없다면, 우리는 스승인 선지식을 우선 만나는 것이 제일 중요합니다.

꼭 깨닫겠다는 결정심(決定心)과 간절함이 있으면, 시절인연 따라 스승은 나타나게 되어있습니다. 다만, 부처님을 백퍼센트 믿고 자기 본성이 부처라는 것, 그리고 선지식을 정했으면 선지식을 믿고 전적으로 따라가는 것입니다.

선문에서는 공부를 하다가 어떤 모양이나 이런 것이 나타나면, 그것을 따라가지 말고 그것이 부처이면 부처를 죽이고, 조사이면 조사를 죽이라, 상으로 나타날 경우 말입니다. 그렇게 가르칩니다. 그렇게 뭔가 상에 따라가면 결국 괴로움이 생기니까 살불살조(殺佛殺祖) 하라 그럽니다.

그것이 괴로움을 없애는 길이라고 애기했는데, 그렇게 해서 선지식을 따라서 끝까지 믿고 따라가면 좋고, 만약 선지식이 아니라고 생각하면 그 선지식을 떠나는 것이 좋습니다.

사자 관계 양편으로 봐도 그렇다고 말할 수 있습니다.

또 부처님이 영산회상에 계실 때, 그 시봉하던 아난이 도를 이루는데 도반이 50퍼센트의 비중을 차지하는 것 같습니다 하고 석가세존께 말씀드리니까, 석가모니 부처님께서는 도반의 비중이 50퍼센트가 아니라 100퍼센트다 라고 대답하셨다고 합니다.

선지식과 함께 도반이 그렇게 거의 절대적으로 중요하다 그렇게 말씀드릴 수 있습니다.

저는 지금부터 약 60년 전 대학교 1학년 때, 서울법대 법불회 주최 부처님오신날 법회에서 처음으로 이청담 스님의 "마음법문"을 듣고 불교에 입문했습니다.

그리고 은사님들인 서울법대 교수 황산덕, 서돈각 총장님으로부터 많은 것을 배웠습니다.

황산덕 교수님은 법철학과 불교철학을 함께 하셔서, '창조자의 복귀'라는 책도 쓰시고, "법철학"도 쓰시고 그랬습니다.

그리고 그 부인께서는 황대법선이라고 불교학자였습니다. 그런데 한 가지 얘기는, 황산덕 교수님이 박정희 독재정권 시절에 동아일보 논설위원으로 논설을 썼는데, 그것이 집권자의 비위를 거슬려서 감옥에 가셨다고 합니다. 그때 부인인 황대법선께서 백성욱 박사님(동대 초대총장을 지내시고, 금강경 독송도 가르치고 어떤 삼독의 마음이 나면 미륵존여래불에게 바쳐라 하고 이렇게 가르침을 주셨는데), 그때 백성욱 박사께서 황대법선에게 하루에 금강경을 매일 여러 차례 읽고, 시간 나는 대로 "미륵존여래불" 하고 바쳐라 그랬습니다.

처음에는 효과가 없었는데, 상당한 세월이 흐른 후에 느닷없이 박정희 대통령이 석방을 시켰습니다. 그리고 그 인품을 알아본 박정희 대통령이 나중에 법무부장관과 교육부장관을 시켜서 그렇게 하셨는데, 그때 일부 제자들은 반대했지만 황산덕 박사님께서는 그런 현실적인 이해나 이런 걸 떠나서 나라를 생각해 장관을 수락하시고 했습니다. 성균관대 총장을 하셨습니다.

서돈각 박사님은 법명이 무애인데, 늘 학자로서 겸허하시고 원융무애한 그런 행을 하셔서 동국대 총장을 하시고 제자들에게 큰 규범이 되셨습니다.

그 후로 저는 서울법대 법불회 친구 10여명과 함께 김탄허 스님께 화엄경등 가장 많은 배움을 받았습니다.

그리고 저는 유설송 스님으로부터 법화경을 주로 배웠으며, 탄허 스님은 유불선의 삼절이어서 동양학 전반에 관해 배웠지만, 주로 화엄경을 많이 배웠습니다.

그리고 대한불교 조계종정을 지내신 김혜암 선사님과 김경봉 통도사 극락암에 계시던 선사로부터는 화두를 결택받았습니다.

선지식 거사님으로는 동국대학교 김동화 교수님을 우선 생각해볼 수 있습니다.

그분의 유명한 불교학개론, 불법승 삼보론 체계로 된 그러한 책을 사가지고 그것을 빠른 시일 안에 독파했고, 또 서울교대 교수를 하신 은정희 교수님과 함께 김동화 박사님한테 개인적으로 사사했습니다.

그리고 저는 법불회에 들어가서 3학년 때 법불회 회장이 신호철 법우였는데, 함께 제가 제안을 해서 김홍도 방울스님과 함께 한국대학생 불교연합회를 처음 만들고 그 다음에 그 창립 첫 수련법회를 속리산 법주사에서 했습니다. 그때 이기영 교수님과 서경수 교수님한테도 배웠습니다. 특히 이기영 교수님은 대승기신론을 강의하셨는데, 끝내면서 각자 자기가 얻은 결론을 써내라고 했습니다. 저도 한줄 써냈는데, 제일 칭찬을 받았습니다. 지금도 기억이 나는데, 그것은 '진여일심은 불법승 삼보다'라고 쓴 것이었습니다.

그리고 저는 대학을 졸업할 즈음에 동국대학교 불교대학 교수셨던 법운 이종익 교수님한테도 배웠습니다. 이종익 교수님은 "사명대사"라는 소설책도 쓰시고, 미륵정토 불교 10선 운동도 하시고 했는데, 저하고 은정희 교수, 김원수 교수, 권화섭 한국경제신문 국장과 함께 진관사 밖에 있는 사저에서 화엄경을 중심으로 많이 배웠습니다.

그런 그때, 특히 제가 드문 체험을 한 바, 눈을 뜨고 화엄경을 보는데, 온 우주가 살구꽃으로 꽉 차는 그런 체험을 했습니다. 아주 특이한 체험을 했는데, 그 후에 군대 가는 바람에 오래 계속은 하지 못했습니다. 법운 스님께 송구했습니다.

그 후에 또 김원수 교수, 은정희 교수와 연결이 되어서 소사에 있는 백성욱 박사의 백성 목장에 가서 한번 가르침을 받았습니다. 그것은 역시 금강경을 자주 읽고 또 하나는 삼독의 마음이나 매끄럽지 않은 마음이 나면, 공경하는 뜻으로 미륵존여래불 하고 거기에 받쳐라 그러는 겁니다. 미륵불, 앞으로 석가모니불 다음에 오실 미륵불인데, 그것은 석가모니불이 기대하는 부처가 미륵존여래불이기 때문에, 미륵존여래불에게 바쳐라 그런 것이었습니다.

저는 불교에 관심이 많다 보니까, 도반이 많이 있었습니다. 특히 서울법대 동기인 박준수 변호사, 전창렬 변호사, 김문웅 한진 사장, 명호근 쌍용 사장 또 시인 박영희 여사 등 10여명이 탄허 스님 밑에서 공부를 많이 했고, 또 한국교수불자연합회를 만들어서(초대회장) 벌써 30여년이 되니까, 교불련 관계로 유종민 교수나 정천구 교수, 연기영 교수님 같이 좋은 도반들도 많이 있습니다.

그리고 불승종의 법사로 있었기 때문에, 법화경의 법사인 무진 스님과 봉천 스님 같은 아주 훌륭한 도반도 있습니다.

특히 제일 저와 가까이 지낸 60년 친구이자 도반으로 선지식 역할을 많이 한 사람이 선재 박준수 변호사입니다. 서울법대 동기인데, 십 수 년 함께 등산도 하고, 같이 공부하고 그래서 제가 신선도 삼공선원 할 때도 도와줬고, 제가 종로 오피스텔에서 본각선교원을 할 때는 선법문을 해주고 해서 많은 도움을 받았습니다.

특히 인생을 되돌아보면, 제가 1980년대부터 약 20여 년간 박준수 변호사라든지 이종범 고대 교수나 양규모 회장이라든지 특히 등산지도를 잘하는 이승묵 선생이라든지 이런 분들과 토요일날이면 북한산 등반을 같이 했습니다. 그때 토요일이면 박준수 변호사와 저는 상명여대 앞에 가서 점심을 같이 먹고 둘이 올라가면서 여러 가지 얘기도 하고 도담도 나눴습니다. 그래서 산에 쭉 올라가서 10여명이 북한산 대남문까지 갔다가 여러 가지 얘기들도 하고 내려와가지고 목욕하고 저녁 먹고 얘기하고 그렇게 했는데, 박준수 변호사와는 20여 년을 주말이면 그렇게 보냈습니다. 가장 행복한 세월이 아니었던가 그런 생각을 합니다.

박준수 변호사는 지금 삼일선원 선불장을 열어서 많은 제자들에게 깨달음을 주고 있고, 또 박준수 변호사는 나한테 초월명상도 안내해줬고, 또 백봉 김기추 선생도 덕분에 만났고, 또 무심선원을 하는 무사인 선생도 안내해줘 공부를 하기도 해서 제가 많이 도움을 받았죠.

제가 박준수 변호사한테 해준 거는 아바타 코스를 안내한 것입니다.

그러면 다음에는 현대에 와서 현대거사불교의 선풍을 일으킨 백봉 김기추 거사님과 관계있는 한 분은 사당동에 현정선원을 세워서 운영하신 대각자 법정 대우거사님이 있습니다. 저도 그 분한테 많이 배웠고, 많은 사랑을 받았습니다.

또 그다음에 부산에 무심선원을 중심으로 해서 서울 대구 등지에서 법회를 열고, 또 수많은 책을 쓰고 해설서도 쓰고 CD로 만드는 김태완 거사님을 살펴보도록 하겠습니다.

법정님과 무사인 선생은 백봉 김기추 거사님과 인연이 있고, 특히 무사인 선생은 그 스승님이신 박홍영 선생님과 백봉 김기추 선생님과 관계가 있으셨다고 합니다.

백봉 김기추 거사님은 한국현대불교에 있어서 거사선풍을 일으키고, 보림회를 만들고 보림선원도 만들고 화두라는 말 대신에 새말귀라고도 쓰고, 또 진각국사가 쓰신 선문염송을 거의 다 번역했습니다. 또 공겁인이라는 그러한 책도 쓰시고 산청보림선원을 세웠습니다. 백봉 김기추 거사님은 1985년도에 입적하셨지만, 그 법맥은 계속 잘 이어지고 있습니다.

백봉 선생님은 1908년에 태어나셔서 일제 때 동맹휴학도 하고, 독립운동도 하고 하시느라 감옥도 갔다 오시고, 뒤늦게 불교에 인연이 되어서 절에 들어가서 화두를 잡고 선을 하다가 더워서 나와 바위에 앉아서 선정에 드셨다고 합니다.

그런데 얼마나 깊이 들어갔는지 멀리서 보는 동네사람들과 친구들이 불이 난줄 알고 와서 보니까 몸에서 방광을 했다는 겁니다. 그래서 아주 많은 사람들이 찾아오고 그래서 선풍을 일으켜 서울 부산 산청 이런 데를 중심으로 해서 법을 펴셨는데, 우리나라 춘성 선사님은 이 시대에 유마힐 거사다. 유마힐 거사는 석가세존 당시에 부처님과 같이 성불한 거사였고, 탄허 스님은 말법 시대(지금이 말법 시대이고, 미륵불 시대가 열렸는데)의 등불이라고 말씀하셨으며, 청담 스님은 나이 많이 드셨지만 지금이라도 머리 깎고 스님이 되셔서 법을 펴시라고 했고, 혜암 스님은 그냥 재가제자로서 선풍을 일으켜라 그래서 백봉 선생님은 머리 깎고 안 깎고가 중요한 게 아니니까 나는 이대로 그냥 법을 펴겠다 그래서 법을 펴시다 가셨습니다.

그러면, 백봉 김기추 선생에 관해서 오도송과 또 1985년 8월 2일에 열반에 드셨는데 그 임종게를 살펴보겠습니다. 먼저 오도송입니다.

> 홀연히 들리나니 종소리는 얼로 오나
> 까마득한 하늘이라 내 집안이 분명하다

한 입으로 삼천계를 고스란히 삼켰더니
물은 물, 산은 산 스스로가 밝더라

다음에는 백봉 김기추 선생님의 열반송입니다.

가없는 허공에서 한 구절이 오니
허수아비 땅밟을 둥근 거울이라
여기서 묻지 마라 지견놀이는
이삼은 육이요, 삼삼은 아홉이라

이렇게 열반송을 남기셨습니다.

다음에는 백봉 김기추 선생과 인연이 있던 서울 관악구 사당동에 현정선원을 열어서 중생들을 제도하고 깨우치시던 대우 거사님, 법정님이라고 하는데 제가 그 밑에서 1년 정도를 배웠고 많은 깨우침과 인정과 사랑을 주셨는데, 제가 부족해서 그것을 다 받아들이지 못했습니다. 송구스럽습니다만, 수년전에 타계하셔서 사정상 지난해 제가 나갔었는데, 보니까 법정님 녹화로 그렇게 법회를 하고 있었습니다.

이분은 거의 깨달음이 자명하고 절대적이었습니다. 그래서 이 분은 '그곳엔 부처도 갈 수 없다'는 책도 쓰시고, 그 다음에 '마음놓고 쉬는 도리' 그러한 책도 쓰셨는데, 그 책 처음에 나오는 것을 조금 살펴보겠습니다.

모든 것은 인연 따라 생멸한다. 우리는 존재에 대한 기존의 존재론적 물질관이 그 근저로부터 붕괴되는 실로 놀라운 사실에 직면했다. 일체존재는 자체의 성품이 없다는 말은 다시 말해 그런 것은 존재하지 않는다 그런 뜻이 됩니다. 결국 이 세상 그 무엇도 존재하는 것은 없는 겁니다. 일체의 물체는 본래무일물이고, 자성 정체성이 없고 변하기 때문에 연생연멸하고, 환생환멸하고, 찰라생멸한다는 것이죠.

누군가가 말했다. 저 놀라운 깨달음의 순간에 이 우주는 통일된 참된 하나로서, 경이로운 모습을 드러낸다. 그렇다면 붓다는 보리수 아래서 새벽별을 보고 깨달음을 얻었다는데, 붓다가 깨달은 것은 과연 무엇일까?

세존께서 샛별을 보시고 도를 깨치셨다. 별을 보고 도를 깨달았으나 깨닫고 나니 별이 아니네. 물건을 쫓지도 않거니와 물건 아님도 아니로다.

이렇게 쓰셨습니다.

다음은 부산에 무심선원을 중심으로 해서 서울과 대구 부산에서 법문을 십 수 년째 펴고 있고, 수많은 책을 출간했고, 또 정식 불교와 선으로 석, 박사 학위도 받으시고, 수많은 CD도 만들어서 수많은 남녀거사들이 깨달음을 얻도록 하신 분이 무사인 김태완 선생님입니다.

저도 거기에 한 1년 정도 나갔고, 레지던트 코스로 들어가서 상담을 했는데, 저에게 아바타 코스에 관한 것도 물으시고, 그 자리에서 저는 견성에 관한 얘기를 (탁 친다), 이거죠 그러니까 고개를 끄덕끄덕한 그런 일이 있었습니다.

이 분은 불교를 정식으로 했지만, 실제 깨달은 것은 하숙집 주인이셨던 박홍영 선생을 통해서 견성체험을 했다고 합니다.

현재 전국적 거사선풍을 가장 많이 일으키고 계신 분이라고 애기할 수 있습니다.

저는 무사인 선생이 쓴 책 중에서 '선으로 읽는 금강경'을 보고 많은 배움이 있었기 때문에, 책에 앞에 있는 부분을 한 번 살펴보겠습니다.

부처님이 어디에 있느냐?

여기 말속에 있습니다.

부처님!이라는 말속에 있습니다. 부처님!이라는 말이 지금 드러내고 있는 것이 부처님이에요. 부~ 처~ 님~이라는 말이 드러내고 있는 이것을 선~ 풍~ 기~라 한다고 해도 하나도

다를 것이 없습니다.

금강경의 요점을 달리 말하면, 말에 속지 말라 이거에요. 말에 속지 말고, 이름에 속지 말고, 모양에 속지 말라는 거죠.

한국불교 조계종은 간화선, 화두 불교인데, 화두의 요점도 말에 속지 말라 이겁니다. 말에 속지 않으면, 천칠백 공안이 답이 분명한 거예요. 말에 속으니까 온갖 망상이 다 나오는 것입니다. 여러 가지 망상과 말이 나오면, 갈등이 일어나고 고뇌가 생길 수밖에 없지요. 그러니까 간단히 얘기하면, 앞에 얘기한 것처럼 불취명상 여여부동 이것을 잊지 않으면 되겠습니다.

우주는 "없이 있음"의 절대와 "있이 없음"의 상대계인데, 체성과 용상이 둘이 아닌(不二) 중도(中道)입니다.

지금까지 "깨달음과 나의 선지식 · 도반"에 대하여 살펴봤습니다. 꼭 깨닫겠다는 발심을 하시고, 직견자심 회광반조 자증자심하여 견성하고 성불하십시요.

감사합니다. (합장)

제30회 불교정화중흥의 화신 이청담 인욕보살

보살 대중 여러분, 안녕하십니까?

석가모니불께 경배찬탄합니다. (합장)

미륵존여래불!

본각선교원 깨달음 세계 제30회 주제는 "불교정화중흥의 화신 이청담 인욕보살"입니다. (탁, 탁, 탁) (죽비를 친다)

지금 여기뿐입니다. 지금 여기 깨어있기, 마음뿐이죠. 각뿐이고, 정념이고, 알아차림, 알아챔입니다. 흔히, 산스크리트어로 사티(sati, 正念) 또는 알아차림(Satipatthana, mindfulness)

이라고 그렇게 얘기하는데, 지금 여기 이 마음입니다. 석가세존께서는 2600년 전 인도 부다가야에서 대각을 하시고, 모든 존재가 마음이 만든 것이라는 일체유심조를 가르치셨습니다.

우주생명 전일광명이죠.

저는 지금부터 60년 전 1961년 서울법대 법불회가 주최한 부처님오신날 초청법회에서 이번 세상에서 처음으로 이청담 대종사의 "마음법문"을 듣고 불교에 입문했습니다.

이청담 대종사의 마음법문은 우리가 행주좌와 어묵동정 견문각지가 전부 마음, 이것이 알아차리는 것인데, 그것이 눈에는 보이지 않지만 그것은 언제나 깨어있다. 그리고 특히 우리가 잠을 잘 때 이불을 푹 눌러쓰고 이불속으로 완전히 들어가도 마음은 보이지 않지만, 마음이 있다는 것을 확실히 알 수 있다고 그렇게 말씀하셨습니다. 자심이 실재한다 이런 거죠.

그러한 깨달음과 관련해서 사불견(四不見)이라는 게 있습니다. 네 가지 보지 못하는 것, 특히 일수사견(一水四見)이라고 해서 우리가 물이라고 보지만, 고기는 물로 보는 게 아니라 집으로 보고, 하늘 사람들은 유리로 보고, 그 다음에 아귀는 피고름으로 본다는 겁니다. 같은 물을 가지고.

그런데 고기는 물을 보지 못하고, 사람은 바람을 보지 못하고, 미혹한 사람은 자기 성품을 보지 못하고, 또 깨달은 사람은 허공을 보지 못한다 그럽니다.

미혹한 사람이 자기의 자심, 자기 자심이 나오는 자리가 성품이니까 그것을 보고 깨달아야 미혹을 벗어나는데, 아직 성품을 보지 못했기 때문에 미혹한 거고, 깨달은 사람은 바로 자기가 공과 하나가 되어있기 때문에 자기가 자기를 볼 수가 없어서, 깨달은 사람은 공을 보지 못한다. 네 가지 보지 못하는 것이다 그렇게 말할 수 있습니다.(四不見)

이청담 스님께서 한참 활동하실 때, 당시 한국불교의 제일

가는 분이 누구냐, 그때 이청담 스님은 대한불교조계종 종정도 지내시고, 그에 앞서 총무원장도 하시고, 또 종정을 지내신 후에도 겸손하게 또 총무원장을 하셔서 불교중흥에 매우 힘쓰셨습니다. 그 당시 한국불교에 제일을 보면, 설법제일은 하동산 스님, 정진제일은 이효봉 스님, 지혜제일은 정전강 스님, 인욕제일은 이청담 스님이다 이렇게 알려졌습니다.

그러면, 다음에는 이청담 스님의 생애를 살펴보도록 하겠습니다.

이청담 스님은 1902년 고종 때 경남 진주에서 성산 이씨 이화식 씨와 제주 고씨 모친 사이에서 태어나셨습니다. 속명은 찬호였습니다.

9살 때 한문 서당에 가서 사서삼경 등을 배웠고, 진주 제일보통학교에 들어가서 공부했는데, 그때 안중근, 안창호, 이준, 최익현 이런 분들에 대한 얘기를 선생님한테 듣고 애국심이 나고 그래서 독립운동에도 참여하시고 그랬습니다.

3.1운동 당시 대한독립만세를 열심히 하다가 일경에 잡혀서 고문을 많이 당하기도 하셨습니다.

그리고 결혼을 하셨습니다. 그러다가 1927년 고성 옥천사에서 박한영 스님을 뵙고 득도하고, 그 다음에 덕승산 수덕사 정혜사를 찾아가서 만공 스님으로부터 무(無) 자 화두를 받으셨다고 합니다.

그래서 1년 2년을 아주 집중적으로 수도를 하셔서 깨달음을 얻으시고, 만공 스님이 인가하셔서 '올연'이라는 법호를 지어주셨다고 합니다.

> 불조가 그다지도 어리석은가?
> 인간주변 만사를 다 알았다 하리.
> 누가 나에게 능한 것이 뭐냐고 물으면,
> 길가 옛탑이 서쪽으로 기울었다 하리.

이렇게 오도송을 읊으셨다고 합니다.

그 후에는 정화불사에 관한 얘기인데, 청담 스님은 항상 겸허하시고, 중밥상에는 삼찬이면 족하다고 하시며, 청빈하시면서 바른 길을 항상 위의 있게 위의를 갖춰서 다니셨는데, 특히 1950, 60년대에는 청담 스님은 성불을 한세상 늦추더라도 불교정화는 꼭 이루겠다 하셨는데, 그때 함께 종단정화중흥에 나섰던 분은 동산 스님, 효봉 스님, 금오 스님, 청담 스님 그렇게 들 수가 있습니다.

그 당시 우리나라 불교는 왜색불교화해서 사찰을 대부분 대처승들이 지키고 있었습니다. 그런데, 대통령에게 애기해서 이승만 대통령이 하동산 스님을 만나고 나서 유시하기를, "대처승은 절에서 물러나고 비구승이 절을 지켜라" 그런 담화도 발표하고 그래서, 비구승들이 정화에 나서면서 종단정화와 함께 도제양성에도 애씁니다.

많은 사람들이 모이고 또 상대방과 싸워서 이기고 그러려면, 참고 참지 않으면 조화점을 찾기가 어렵습니다. 그런데 청담 스님은 하나에서부터 열까지 참고 참고 또 견디고 시종일관 인욕정진보살로 한국불교 정화와 중흥을 이루셨는데, 특히 본격적인 것은 1954년 선학원 전국 비구승 대회였습니다.

1950년도부터는 청담 스님이 총무원장을 하셨고, 1966년에 제2대 대한불교 조계종 종정을 하셨고, 그 다음에 하심을 하셔서 1969년에는 다시 총무원장으로 내려앉으시기도 하셨습니다.

청담 스님은 결혼했다가 출가하셨기 때문에, 여러 가지 인생에 대한 고난도 많이 겪었고 또 인생을, 사람들을 구제하는 데도 깊은 배려가 계셨습니다.

우선 청담 스님은 지옥 갈 각오를 하고서 파계를 하게 됐는데, 그것은 어머님의 간곡한 절규 그것 때문에 지옥 갈 각오를 하고 파계를 하셔서 10년 동안 엄동설한에도 맨발로 다니는 그런 고행을 하셨다고 그럽니다.

이게 어떻게 된거 냐면, 진주 연화사에 초청법회가 있어서 가셨는데, 거기에 모친께서 찾아오신 겁니다. 그래서 한 가지 딱 소원이 있는데, 가문을 이을 씨앗 하나만 뿌리고 가라고 어머님이 말씀하셔서 몇 번 거절을 했으나, 그것이 절규에 가까워서 내가 지옥 갈 각오를 하고서라도 내가 효도를 해야 되겠다 그래서 집에 가서 부인과 함께 자리를 같이 했는데, 거기서 나온 게 아들이 아니고 딸이었습니다. 그래서 여러 가지로 복잡다단하게 되는데, 그 따님이 성철 스님의 제자였던 묘엄 스님이라고 수원 봉녕사를 일으키신 분이시죠.

그래서 결국은 아들이 아닌 딸을 낳아서, 시대 상황이 그래서 시어머니와 며느리 사이가 아주 안 좋고, 며느리를 핍박하고 그러셨던 모양입니다. 그 애기를 듣고 청담 스님은 어머니를 모시고 직지사로 출가시켰고, 그 다음에 청담 스님의 속가 부인은 따님인 묘엄 스님이 삭발출가시켰는데, 나중에 기회가 되어서 고부간의 쌓였던 그런 지극한 갈등과 앙금이 원만하게 따뜻하게 풀렸다고 합니다.

한번은 이런 일이 있었습니다. 춘원 이광수가 법화경 공부를 10년을 했는데, 그걸 번역한다고 그랬습니다. 그때 이광수의 사촌동생이 운허 스님인데, 운허 스님 입장에서는 그걸 오역하면 안 되겠다 해서 그 일을 이청담 스님에게 맡겼습니다. 청담 스님이 도선사에서 주석하시다가 자하문 밖에 춘원의 집을 찾아가서 7일간 애기를 나눴다고 합니다. 3일은 춘원이 애기하고 청담 스님은 듣고, 3일은 청담 스님이 애기하고 춘원 이광수 선생이 듣고, 그리고 하루는 토론하고 그랬는데, 청담 스님은 법화경은 불경의 최고의 경지이기 때문에 번역을 하려면, 계환소나 천태지자 대사의 마하지관이나 법화현의, 법화문구도 다 알아야 되고, 또 불경의 진리는 말이나 글로 하는 데 있는 게 아니라 언어도단 심행처멸이어서 깨쳐야만 오역이 안생길수 있다고 얘기를 한 겁니다.

춘원은 결국 법화경 번역을 포기했다고 합니다.

그 다음에 청담 스님은 남녀노소 많은 사람들을 대접하면서 구제해주셨는데, 빈부귀천을 안 따지고 늘 평등하게 대하셨다고 합니다.

하나는 한 보살이 와서 구해달라고 그랬는데, 남편이 딴 여자를 사귀어서 사업도 소홀히 하고 집에도 안 들어오고 하니까 구해달라는 거였습니다. 이에 청담 스님이 남편을 데려올 수 있느냐고 물으니까, 남편이 자기 말을 안 듣는다 그렇게 대답했어요. 그러면 7일 동안 매일 삼천배 용맹정진을 하되, 남편을 원망 말고 자신의 업장을 참회하고 부처님께 간절한 마음으로 기도를 하라고 했습니다.

그래서 이 보살이 매일 삼천배로 6일 동안 했는데, 효과가 없는 거예요. 그래서 청담 스님께 얘기하니까, 청담 스님이 하루가 더 남았지 않느냐? 지극한 정성으로 하루를 삼천배를 또 해라 그렇게 했더니, 7일 끝나는 날 남편이 찾아와서 잘못했다고 하면서 가자고 하더래요. 부인이 그러냐, 정말이냐 그러면서 청담 스님을 뵙고 가라 그래가지고, 청담 스님을 뵙고 거기서 같이 불교를 믿기로 하고 3일 동안 기도를 하고 돌아가서 원만하게 잘 해결되었다고 합니다.

또 하나는 청담 스님과 박정희 대통령의 부인 육영수 여사와의 만남이 있었는데, 청담 스님은 육영수 여사에게 대덕화 보살이라는 법명을 주셨습니다.

옛날에 도선사에는 차가 못 올라갔는데, 육영수 여사가 그 먼길을 찾아서 올라온 거예요. 그래서 절에 가서 부처님께 절하고 청담 스님을 뵈러 왔는데, 기본적인 것은 남을 위해 살면 보살이고, 나를 위해 살면 중생이다 그렇게 얘기하시면서, 남을 살리고 즐겁게 하고 이롭게 하고 이렇게 나아가라 그랬더니, 그 후에 육영수 여사가 여러 가지 후덕한 모습을 보였다고 합니다.

그리고 청담 스님이 애기할 때 말을 놓고 하셨나봐요. 그러니까 육영수 여사가 국모한테도 너, 너 그렇게 하십니까? 하고 물으니까, 청담 스님이 그러면 국모대접을 제대로 할 테니까 받겠습니까? 하고 정식으로 물으니까, 육영수 여사가 아닙니다 스스럼없이 대하셔서 친정아버지처럼 생각이 되어서 제가 어리광을 부려봤습니다 그렇게 대답하고 화기애애하게 잘 끝났다고 합니다.

또 한번은 원주에 있을 때인데, 6.25때 봉암사에 있을 때인가 봅니다. 그때 절살림을 맡은 원주가 쳐들어온 빨치산한테 총살을 당할 정도로 위협적인 순간이었다고 합니다. 그러면서 그 빨치산이 천당이다 지옥이다 극락이다 하는 그런 게 어딨다고 헛소리를 하느냐? 그렇게 애기하면서 원주를 총살시키려고 했는데, 그 위기를 청담 스님이 잘 막아주셔서 총살을 면하게 했습니다. 청담 스님께서는 "이 사람을 살려야 되겠다고 생각하면 그게 바로 극락이고, 이 사람을 죽여야겠다고 생각하면 그것이 바로 지옥인 것이요"라고 애기를 해서 그 원주를 살렸다고 합니다.

그리고 인욕보살 이청담 대종사께서는 1969년에 도선사에 호국참회도량을 세우시고, 1971년 11월 15일 입적하셨는데 이때가 70세로 법납이 45세였습니다. 그리고 사리는 15과가 나왔는데, 돌아가시면서 말씀하신 열반송, 임종게는

육신은 멸해도 법신은 멸하지 않는다

였습니다. 그래서 청담 스님이 주석하였던 도선사에도, 또 고성 옥천사에도 그런 청담 선사 탑비가 있는데, 특히 옥천사에는 조사전에 청담 스님 영정이 걸려있고 또 탄허 스님이

쓰신 청담대종사 비문도 있다고 합니다.

지금까지 불교정화중흥의 화신 이청담 인욕보살님에 관해서 살펴봤습니다.

보살대중 여러분.

본래 무일물이고(無一物)

본래 천진불이니(天眞佛)

진여 수연성(隨緣成)하고, 분별자재하여, 주시자로서 보살도를 가시며,

모두 행복하시기를 바랍니다.

꼭 깨닫겠다는 발보리심, 발각심, 결정심을 가지고 직견자심 회광반조하여 돈오자심하고 견성성불하십시요.

감사합니다. (합장)

제31회 영축산 통도사 극락암 김경봉 선사

보살 대중 여러분, 반갑습니다.

석가모니불께 경배찬탄합니다. (합장)

미륵존여래불!

본각선교원 깨달음 세계 제31회 목요법회 주제는 "영축산 통도사 극락암 김경봉 선사"입니다. (오른손을 번쩍 든다.)

지금 여기뿐입니다. 석가세존께서 무우수 밑에 태어나실 때, '천상천하 유아독존' 그랬습니다. 천상천하 이 우주에 오직 나 홀로 높다. 그것은 육신이 아닌 참 나를 말하는 거죠. 그러니까 이 우주에는 참 나뿐이 없는 거고, 다른 모습은 일시적인 현상이다. 그래서 우리는 참 나를 깨치기 위해서 지금 견성성불의 공부를 하고 있는 겁니다.

거기에 제일 중요한 게 뭐냐면 발보리심 그러는데, 발보리

심 그러면 사람들이 잘 못알아들으니까 그걸 쉽게 말하면, 발각심입니다. 각은 깨달을 각 자, 꼭 깨닫겠다는 마음을 내는 것 그게 가장 중요하고, 발각심이 강하면 강할수록 제일 좋은 것이죠.

그래서 의상 조사 법성게는 초발심시 변성정각, 초발심을 확실하게 내면 그것이 바로 정각을 이룬 것이고, 그래서 초발심의 공덕이 아주 크게 좋은 것이다 왜냐하면 우리는 본래 성불해 있기 때문에 내가 새롭게 중생에서 부처가 되는 게 아니라, 내가 부처라는 것을 확실하게 깨닫는 겁니다.

그래서 우리가 세상살이할 때, 우주는 18계인데(6근+6경+6식) 안이비설신의 육근으로 색성향미촉법 육경계를 봐가지고 육식이 생기는데, 그때 그 마음은 식으로서 나가는 거고 밖으로 흩어지는 마음빛을 안으로 되돌이켜서 봐라. 그래서 반조자심(返照自心)하라고 그러지요. 직접 자기 마음을 봐라. 근데 자기 마음이 자기 성품이고 부처님 성품입니다. 왜냐하면 마음이 나오는 자리가 성품이니까, 자심과 자성이 같습니다. 그럼 견성은 불성을 보고 자성을 보는 거니까, 결국 자성은 자심이니까 견성을 한다는 것은 자기 마음을 보는 겁니다.

그런데 그냥 머리로 보는 게 아니라 확실하게 깨닫는 거죠. 그래서 직견자심- 직접 자기 마음을 보고, 수처작주- 언제나 주인공이라는 것을 잊어버리지 말고, 회광반조- 자기 마음의 빛으로 자기 마음을 되돌이켜 봐서 그렇게 닦아가다 보면 언젠가 보여지는 마음과 보는 마음이 하나로 꿰뚫려서 돈오자성을 하게 된다. 깨닫게 됩니다.

그래서 직견자심 수처작주 회광반조 돈오자심 이렇게 해가지고 깨달음이 이루어지는 것이기 때문에, 깨달음은 그렇게 어렵지 않다고 말할 수 있습니다.

특히 주의할 것은 의상조사 법성게에 무명무상절일체 그런 게 있거든요. 이름과 모양을 딱 끊어버려야 증지소지비여경-

깨달음의 지혜가 나고 다른 게 없다. 그래서 무명무상절일체를 유념하면서 자기 마음을 직접 보고, 그것을 마음의 빛으로 자기 마음을 되돌이켜 수행을 하다보면 언젠가 몰록 깨닫는 때가 온다고 말할 수 있습니다.

석가모니께서 영축산에서, 왕사성 기사굴산, 그 모양이 독수리처럼 생겼다 해서 영축산이라고 하는데, 거기에서 선교일치의 법을 펴고 선을 가르치듯이 김경봉 스님께서도 양산에 있는 영축산 통도사 극락암을 중심으로 해서 아주 자비롭고 인자한 그런 마음과 행언으로 참 나인 주인공을 항상 깨어있게 하면서, 이 세상을 물처럼 멋있게 살라고 그렇게 중생들을 가르치며 구제하셨습니다.

말하자면 영축산에 상상봉과 같은 그런 분이었다 대선사였다 그렇게 말할 수 있습니다.

김경봉 선사님의 생애를 대체적으로 살펴보면, 탄생은 1892년 4월 9일 경남 밀양군 부내면 개시동에서 광주 김씨 김영규 씨와 안동 권씨 어머니 사이에서 태어났습니다. 조선조 말기죠.

15세에 어머니를 잃었습니다. 그러니까 그 어린 소년의 마음이 인생의 무상함을 느끼고, 인생이란 무엇인가? 나는 누구인가? 이 몸을 끌고다니는 주인공은 무엇인가? 이런 생각이 자꾸 떠오르는데 해결방법이 없어서 가까운 절을 생각하고 출가할 결심을 했습니다.

그래서 1907년 우리나라 조선왕조가 망하기 3년 전인데, 통도사 성해 선사가 계셨는데 그 분을 찾아가서 출가의 허락을 받고 10월에 청허 화상을 계사로 해서 사미계를 받았다고 합니다. 그러면서 명신학교라는 소학교를 다녔습니다.

1911년 4월 해당 화상으로부터 비구계와 보살계를 받고, 통도사 불교전문강원 대교과에서 공부를 했습니다. 금강경, 반야경, 원각경, 능엄경, 대승기신론 이런 것을 주로 공부하신 거죠.

그리고 거기에서 해월 선사나 제산 선사를 거쳐서 본격적인 자기 스승이라고 생각한 직지사의 만봉 선사를 만나고, 만봉 선사와 마음이 잘 합치가 된 거죠. 요새 말로 케미가 잘 맞은 것인데, 본격적으로 선공부를 하셨다고 합니다.

그리고 1927년 지금도 통도사 화엄살림법회나 법화살림법회를 하는데, 이때 처음 화엄살림법회를 주도했는데, 그 법회를 주도하면서 11월 18, 19, 20 이렇게 3일에 걸쳐서 계속해서 연달아 깨달아서 결국 3일째는 궁극의 깨달음을 얻고, 아~ 부처님의 진리는 이렇게 자명하다. 완전히 절대유일의 진여일심이 이렇게 완전한 주인공이다 이런 것을 깨치셨다고 합니다.

그 다음에 통도사 극락암에서 염불만인회를 만드셔가지고, 거기에서 회장도 하고 그러면서 오후보임이라고 해서 깨달은 다음에 선사님이나 깨달은 분들은 보호임지, 보림(保任)을 하게 되는데, 이 경봉 선사께서는 당대 선지식인 방한암 스님, 김제산, 백룡성, 만해 한용운, 송만공, 효봉 스님 등 이런 수많은 대선지식과 교류하고 편지도 왕래가 있고 그래서 공부를 많이 하셨는데, 기본적으로는 고려 때 보조 지눌 선사의 그러한 가르침을, 종풍을 이어받았다고 합니다.

그리고 조계종의 삼보사찰이 있죠. 불보사찰 통도사, 법보사찰 해인사, 승보사찰 송광사, 그런데 불보사찰 통도사의 주지가 되어가지고 여러 가지 많은 건물과 시설 이런 기본을 다 경봉 스님이 주지 때 많이 지었다고 그럽니다.

그리고 해방 후 1953년 11월 통도사 극락 선원에 조실로 추대되어서 그때부터는 어디로 나가시지 않고, 찾아오는 그런 선객이나 또는 재가불자나 스님들이나 이러한 사람들을 항상 자비롭고 너그러운 미소로 교화해서 가르치셨는데, 선의 화두는 이뭐꼬? 그리고 부모미생전 본래면목 이뭐꼬? 이런 것을 주로 화두로 결택해 주었다고 합니다.

그리고 1982년 7월 17일 91세로 열반, 입적을 하셨는데, 임종게는 이렇습니다.

남기실 말씀이 없느냐 그렇게 시봉하는 사람이 물어니까,

"야반삼경에 대문 빗장을 만져보거라."

그 말이 임종게 입니다.

'밤이 어두운데 대문 빗장이라는 것은 도둑이 들어오고 나가고 그러니까, 항상 깨어있어서 주인공이 도둑맞지 않게 하라' 이런 가르침으로 생각이 듭니다.

견성하고 늘 주인공으로서 깨어있어서, 견문각지 행주좌와 어묵동정 하라는 그런 얘기죠.

저도 1970년대 말로 생각하는데, 마침 제 친구 선재 박준수 변호사가 대구에서 판사를 할 때인데, 같이 안내를 받아가서 경봉 스님을 뵈었습니다. 박준수 변호사가 경봉스님께 이 친구한테도 화두 하나 결택해 주시라고 하니까, 경봉 스님께서 저보고 손바닥을 내라고 하시는 거예요. 손바닥을 내니까 탁~ 치시면서 "잡아오너라" 이게 제가 경봉 스님으로부터 받은 화두입니다.

그러면 조금 중점적으로 봐서 경봉 스님은 독특하게 화엄살림법회를 주최하면서 설법을 하는 가운데, 3일 연속 깨달은 겁니다. 이런 경우는 드문데, 그만큼 과거에 많이 닦아서 집중이 잘 되었는지도 모르죠.

화엄살림을 한 지 나흘째 되는 날인 1927년 11월 18일(양력 12월 11일)인데, 갑자기 벽이 무너지듯 시야가 넓게 트이면서 천지간에 오롯한 일원상이 나타나는 신의한 경지가 나타나서 자타주객이 모두 무너진 그런 하나의 세계, 근원의 세계가 일원상으로 나타났는데, 그때 오도송은

천지를 삼키는 큰 기틀이여,

돌토끼 학을 타고 진흙거북 쫓아가네.
꽃숲에는 새가 자고 강산은 조용한데,
칡덩굴 달과 솔바람 뉘라서 완상하리.

이렇게 읊었고, 그 다음날은 또 깨달음을 얻어서 환희로운 마음 가운데 그 다음날 공양을 끝낸 뒤에 극락암 영지 옆의 감나무 가지에 이르렀는데, 전신이 얼떨떨해지면서 이상한 기류가 온몸을 감싸는 듯한 느낌이 든 순간, 이 몸과 우주가 둘이 아닌 불이(不二)의 경지를 체득했다고 합니다. 부처님법을 불이법이라고 그러죠. 불이의 경지를 둘째날은 체험한 건데.

이세상에 번뇌 없고 갈등 없이 생생하고 또렷하게 볼 수 있게 된 여래선이다. 여래선의 결정판이다. 그래가지고 또 게송을 읊었습니다.

종소리 목탁소리에 급히 문을 나서니,
푸른 하늘 다다른 듯 구름 한 점 없구나.
한 빛이 삼천계를 터져 비추니,
나와 건곤을 분간하기 어렵도다.
사람마다 스스로 나아갈 문이 있건만,
여러 생을 삼독의 구름속에 갇혔었네.
잠깐 사이에 마음 비워 옛집으로 돌아가니,
사나이 범부성현 어찌 따로 구분하랴.

범성이 또 산과 물이 다른 게 아니더라 이런 겁니다.

이 두 번을 깨쳤는데도 경봉 스님은 자기가 들은 이뭐꼬? 화두에 대한 답은 못 얻었다고 생각을 하셨어요. 그런데, 그 다음날 1927년 11월 20일 새벽 두시 반 경에 바람도 없는데 갑자기 앞에 있던 촛불이 파파파파~ 소리를 내면서 크게 춤을 추었고, 문득 스님은 무릎을 탁 치고 크게 웃으면서 자리를 박차고 밖으로 뛰쳐나갔다. 이뭐꼬? 이렇게 자기 화두를 외친 건데, 그때 모든 일체의 의문이 다 사라진 거죠. 그래서 이것은 조사선으로 '참 나' 자기의 진아를 확실하게 깨쳐서 모든 의문이 사라지고 자명해졌다고 합니다. 그때 또 오도송을 읊으셨는데,

> 내가 나를 온갖 것에서 찾았는데,
> 눈앞에 바로 주인공이 나타났네.
> 허허 이제 만나 의혹이 없으니,
> 우담바라와 꽃빛들이 온누리에 흐르네.

우담바라 꽃은 삼천 년 만에 핀다는 그러한 무화과인데, 꽃이 안 피니까 무화과인데, 삼천 년 만에 부처님이 나오실 때 우담바라꽃이 핀다는 거죠. 이 우주는 바로 부처님 마음밖에 없는 그런 세상이다 이렇게 얘기를 할 수가 있습니다.

그리고 그런 것을 바탕으로 해가지고 경봉 선사의 가르침 중요한 몇 가지만 얘기하겠는데, 하나는 우리가 세상을 살아가고 견문각지 행주좌와 어묵동정을 할 때, 육근 육경이 있습니다. 그런데 육근은 안이비설신의인데, 이것이 육경인 색성향미촉법에 집착하고 끄달릴 때는 이게 도둑놈이라는 겁니다. 그러니까 우리가 여섯 개의 도둑놈을 가지고 산다 이렇게 본 것이죠. 그런데 거기에 집착하지 않고, 놓아 버리고, 교화하고 그러면 그 안이비설신의에 배대되는 색성향미촉법에 그런 것이 전부 부처로 보이는 겁니다.

그래서 눈도둑이 부처가 되어서 일월등명불이 되고, 귀도둑이 성문여래가 되고, 코도둑이 향정여래가 되고, 혀도둑이 법희여래가 되고, 육신의 그러한 것은 비로자나불이 되고, 그 다음에 뜻 의(意) 자, 이것은 부동광여래(不動光如來)가 된다.

이 세상을 움직이게 한 최초의 원동자(原動者)가 부동광(不動光)인데, 그것은 언제나 부동하지만 빛을 비춰서 이 세상의

모든 것을 거울처럼 비춘다 그렇게 말할 수 있습니다.

그리고 이 세상의 본성은 영원한데, 그 영원한 본성이 자성이고 불성인바, 자기 마음을 보면 자기 자성을 보는 게 되어서, 자기 자심을 보면 곧 견성이 되고 불성을 보는 것이 되어서 깨달음의 세계에 들어간다.

이는 소소영영하고 성성적적한 것이 있는 반면에, 다른 모든 것은 사라지는데, 우리를 끝까지 따라잡는 것이 한 가지 있다. 그게 뭐냐면, 자기의 업입니다. 인연과보에 따른 업은 항상 녹이지 않으면 항상 그림자처럼 따라다니니까, 자기 업장을 녹이는 수행을 많이 하고 마음을 비우고 참회도 하라고 하셨습니다. 경봉 스님께서는 세상살이 하는데 내가 잘했어도 상대방이 잘못했다고 그러면, "네. 제가 잘못했습니다." 이렇게 나가면 견성하는 자리나 업장을 녹이는 게 어렵지 않다고 그렇게 가르치셨습니다.

우리는 누구나 이 세상 살아가면서, 자기 자심, 밖으로 향하지 않고 안으로 보는 자심은 누구나 알 수 있습니다. 그러한 자심을 항상 수처작주- 언제나 주인정신을 갖고 있고, 그 다음에 회광반조- 자기의 마음의 빛으로 자기의 마음을 봐서 되돌이켜서 나아가면 언젠가는 뻥 뚫려서 머리로 이해하는 게 아니라, 실제로 견성이 오게 된다. 결국 자심을 깨달으면 되는 것인데, 그렇게 되면 모든 의문이나 그런 것이 사라지게 되겠죠.

오늘은 영축산 통도사 극락암 김경봉 선사님에 대해 알아봤습니다.

보살대중 여러분, 언제나 행복하십시요.

직지인심 견성성불 하십시오. (합장)

제32회 판사직 던진 절구통 수좌 이효봉 종정

보살 대중 여러분, 반갑습니다.

석가모니불께 경배찬탄합니다. (합장)

미륵존여래불!

본각선교원 깨달음 세계 제32회 목요법회 주제는 "판사직 던진 절구통 수좌 이효봉 종정"입니다.

조계종 통합종단 첫째 종정을 지내신 유명하신 분이죠.

지금 여기뿐입니다. 천상천하 유아독존, 천상천하 이 우주에는 실재 존재하는 것은 부처뿐입니다. 참 나죠. 꿈꾸는 부처가 중생이니, 중생이 눈을 떠서 꿈만 깨면 그대로 부처인 것입니다. 잠을 깨고 꿈을 깨면, 그대로 중생이 부처이고 각이다 그렇게 말할 수 있습니다.

그래서 각몽교몽, 꿈이라 깨닫고 나면 꿈에서 깨어나는 것이죠.

대한불교조계종 통합종단 첫 종정을 지내신 이효봉 스님은 독특한 생애를 보내신 늦깎이 대선사이셨습니다.

1888년에 태어나셨으니까, 일제시대에 판사 생활을 10년 하시다가 어떤 판결로 인해서 판사직을 버리고 집을 완전히 떠나서 엿목판을 목에 걸고 엿장사를 3년 하시다가 결국은 38세에 늦깎이로 출가하셔서 스님이 되셨습니다.

그래서 판사중, 엿장사중, 절구통 수좌처럼 여러 가지 별명을 얻으시면서 정진하여 석가모니 부처님처럼 6년 만에 깨달음을 얻으시고, 그 산하에 구산 스님, 법정 스님, 정휴 스님 같은 훌륭한 스님들과 고은 선생님, 박완일 조계종 신도회장 등 많은 제자를 길러내셨습니다.

이효봉 종정께서는 1888년 5월 28일이니까 대한제국이 선포되기도 전인데, 이병억 씨를 아버지로, 김씨 어머니 사이에서 태어났는데, 속명은 이찬형 이었습니다.

어렸을 때부터 신동 소리를 들었고, 할아버지에게서 유가의 사서삼경을 배웠고, 14세에 평양감사 백일장에서 장원을 한 아주 뛰어난 분이었습니다.

평양고보를 나오고, 일본 와세다대학교 법학부를 나온 후에 판사로 임관을 했습니다. 그런데, 판사를 하다보면 초심법원도 있고, 복심법원, 나중에 삼심법원 이렇게 올라가는데, 초심에서는 민사 이런 것만 많이 했기 때문에 그럭저럭 10년 생활을 할 수 있었는데, 평양 복심법원에서 한 형사 사건을 맡았습니다. 그런데, 묘하게도 피고가 독립운동하는 독립군인데 어느 일본인 마을에 들어가서 불을 질러 사람이 죽는 그런 사건을 맡게 되었습니다.

그런데 이찬형 판사는 많은 고민을 했지만, 살인 방화니까 사형을 선고할 수밖에 없었다고 합니다. 그 독립군에게 사형선고한 것이 결국 결과적으로 본인한테 사형선고를 한 거나 마찬가지가 되었습니다.

왜그러냐면, 피고인 독립군을 향해서 사형을 언도하니까 독립군 피고인이 맞받아친 겁니다. 당신이나 나나 이 나라의 백성으로 태어나서 사는데, 누구는 나라를 위해서 재산과 목숨을 바쳐서 독립운동을 하는데 당신은 편안히 앉아서 결국 사형을 때리고 이러는 것이 말이 되느냐? 이 벌레만도 못한 놈아! 이렇게 치고 나온 겁니다.

그래서 그때 굉장히 떨리고 퇴정을 해서 고민을 하시다가 며칠간 고민끝에 그냥 집을 떠나셨습니다. 마음에 와 닿은 충격이 크셨던 거죠. 그리고 편지에는 독립운동하러 상해 간다고 써놓고 나왔는데, 집에서는 그 다음해부터 돌아가신 줄 알고 제사를 지냈다고 합니다. 그런데, 효봉 스님은 집을 나서서 떠돌이로 살다가, 먹고 살아야 되니까 양복을 팔아서 헌옷을 사고 그 다음에 엿목판(엿장수가 목에 걸고 큰 가위로 엿을 팔던)을 사서 엿장사를 3년간 했습니다. 그래서 나중에 엿장사중이다 이런 말도 붙었습니다.

그래서 엿장사를 하면서 그럭저럭 살다가 어떤 곳에 가면 어린이들이 엿이 먹고 싶어서 쫓아다니는데, 돈이 없고 그런 경우에는 그냥 엿을 다줘버리고 오고 그런 일화도 있다고 그럽니다.

그러다가 38세에 금강산에서 유점사에 들러서 스님이 되기로 했는데, 그때 신계사 보은암에 석두 스님이 계시는데, 그 분이 유명하다고 그래서 그 분을 찾아가 뵈었습니다.

그래서 법거량을 한 후에 석두 스님으로부터 효봉 스님은 "없을 무(無)"자 화두를 결택받았습니다. 그래서 돌아가실 때까지 42년간 무자 화두로 쭉 참구를 하신 그러한 정진제일의 스님이셨죠.

법명은 학눌(學訥)이었고, 효봉에서 효는 깨달을 효, 밝을 효, 새벽 효자 그러는데, 깨달음의 봉우리라 해서 훗날 지은 것이라고 그럽니다.

그래서 선지식을 찾아서 양산 통도사의 용성 스님도 찾아뵙고, 만주로 가서 수월 스님도 찾아뵙고 그랬다고 그럽니다.

그러다가 금강산 법기암에서 작심을 하고 1년 6개월을 수행을 했는데, 그때 한자리에 앉아서 삼매에 들고 그러면, 엉덩이가 바닥에 붙어서 살점이 떨어져나가고 그럴 정도로 정진제일이어서 절구통 수좌, 절구통 스님이라는 말도 들었습니다.

그래가지고 석가모니 부처님처럼 6년 만에 결국은 깨달음에 이르러서, 오도송을 지으셨다고 그럽니다. 그 오도송은

> 바다밑 제비집에 사슴이 알을 품고,
> 타는 불 속 거미집에는 고기가 차 달이네.
> 이 집안 소식을 뉘라서 알랴?
> 흰 구름은 서쪽으로 달은 동쪽으로

이러한 오도송을 지으셨습니다.

그러는 가운데, 스님 생활을 하는 중에 같이 일했던 일본인 판사 분을 만나게 되었는데, 반갑게 인사하고 내가 판사였다는 말을 하지 말라고 했는데, 이 사람이 판사였다는 것을 자랑삼아 얘기한 모양이에요. 그래가지고 스님 생활을 하는데, 절에 관련된 송사가 들어오면, 판사를 했다는 효봉 스님에게 자꾸 와서 자문을 구하고 관여하게 되니까, 결국 금강산을 떠나게 되었습니다.

그리고 금강산 여여원에 있을 때 좌선을 하고 있었는데, 갑자기 자리를 180도 회전해서 다른 방향으로 앉으신 거예요. 그래서 왜 그런가 했더니, 나중에 물어보니까 자기 아들이 신혼여행을 부인과 같이 왔는데, 아는 체를 안 하기 위해서 그렇게 돌아앉으셨다고 합니다. 그 후에 송광사 삼일암에 조실도 하시고, 해인사 가야총림에 방장도 하시고, 1954년부터는 대한불교정화중흥에 앞장서 총무원장과 종계종 통합종단의 처음 종정도 역임하셨다고 합니다.

그리고 효봉 스님께서는 여러 가지 일화가 많이 있는데, 하나는 "너나 잘해라" 그런 스님으로 또 알려졌습니다. 그것은 통영 용화산 도설암에 6.25사변 당시인데, 한 제자가 와서 다른 제자에 대한 고자질을 하는 겁니다. 다른 어떤 제자가 담배도 피고, 술도 마시고, 여색도 좋아한다고 고자질을 하는 거예요. 그래서 효봉 스님께서는 술마 시면 안 된다는 말이지, 담배피면 안 된다는 말이지, 여색을 가까이하면 안 된다는 말이지 그러니까 그 제자는 예 스님, 그렇죠~ 그랬습니다. 그러니까 효봉 스님이 "너나 잘해라" 인석아~ 그러면서 고자질하는 제자를 나무란 겁니다. 그래서 그 다음부터는 "너나 잘해라" 스님으로 별명이 또 하나 생기셨습니다.

또 하나는 전에 전국신도회장을 지내신 박완일 씨라는 분이 계셨습니다. 이 분이 효봉 스님 제자인데, 박정희 군사독재정권 시절에 도망을 다니게 되었습니다. 그래서 경찰에서 와서 박완일 씨가 오면 연락을 해달라고 한 겁니다. 그 다음날 박완일 씨가 온 거에요. 그러니까 효봉 스님께서는 그런 내색을 하지 않고 친절한 말로 고생이 많다고 하시면서 편히 쉬어가라고 하니까, 박완일 씨가 도망가야 됩니다 하고 말하니, 그러지 말고 여기서 꾹꾹 눌러있으라 그러면서 생일국수를 스님 것과 제자 것 두 그릇을 시킨 겁니다.

그러니까 박완일 씨가 스님도 국수 좋아하시냐고 물으니까, 좋아한다고 하는데, 그런데 왜 두 그릇을 주십니까? 하니까 니가 도망다니느라 날짜를 잊어버렸구나 하면서 오늘이 바로 네 생일이야. 그래가지고 박완일 씨가 감격해서 크게 울음을 울었다는 그러한 얘기를 남겼습니다.

다음에는 효봉 스님 가르침에 관해서 물론 부처님의 법이니까 불이중도를 가르치지만, 선사로서의 기본 가르침을 나타내는 그러한 말씀이 계셔서 그것을 보면, 기본적으로 역사적인 그러한 스님들 중에 누구를 쳤느냐 하면, 상세 시대에는 육조 혜능 스님이고, 중세에는 무자 화두로 유명하신 조주 스님, 하세에는 고려의 지눌 보조 스님이다.

이러한 분들의 얘기를 중점적으로 하셨다고 합니다.

육조 스님이 열반에 들려고 하실 때, 어떤 제자가 물었다.

"화상께서 지금 가시면 언제 돌아오시겠습니까?"

대답하기를, "나뭇잎이 떨어져 뿌리로 돌아갔으니, 올 때는 말이 없으리라."고 하셨다.

조주 스님은 어떤 중이 그에게 "개한테도 불성이 있습니까?" 하고 물었을 때, "무" 그랬습니다.

부처님은 모든 중생에게 불성이 있다고 하셨는데, 왜 "무"라고 했을까? 그래서 효봉 스님이 평생 결택받아가지고 탐구한 게 무(無)자 화두인데, 바로 이것이죠.

또 보조 스님은 어떤 중이 그에게 "부처란 무엇입니까?" 하고 물었습니다.

그때 환불이냐 진불이냐고 되물었습니다. 부처에도 환진이 따로 있습니까? 하니까, 따로 있지 하시고, 그럼 환불이 무엇입니까? 하고 물으니까, 환불이라는 것은 삼세일체의 부처가 전부 환불이다. 그럼 진불은 무엇입니까? 하고 물으니까, 그대가 바로 진불이다 이렇게 대답을 했습니다.

다음에 선에 관련되어서 불교계에는 선교일치로 나가는 게 일반적이지만, 교학을 주장하는 사람들은 교학을 앞세우고, 선을 하시는 분들은 교는 이론이고 선은 실천이어서 깨달으려면 선 중심으로 가야한다 그렇게 의견들이 나눠지곤 합니다.

그런데 하루는 어떤 교학을 자랑하는 스님이 와서 효봉 스님께 여쭤봤습니다. 물어보는데, 사실은 반쯤은 시비거는 거나 마찬가지죠. 그 내용을 보면,

"소승이 알기로 부처님의 가르침인 교학을 익히는 것이나 참선수행을 해서 불도를 깨닫는 것은 큰 바다에서 물고기를 잡는 거와 같다고 여겨집니다. "

"그래서요?"

"그래서, 저희가 교학을 공부하는 것도 그물 쓰는 법을 익히는 것과 같다고 생각합니다만, 왜 선에서는 그물 쓰는 법을 가르치지 않으십니까?"

하니까, 효봉 스님께서

"아주 비유를 잘하셨소이다." 하고, 그 다음 말이

"교학만 고집한 분들은 그물로 고기를 잡으려 들겠지요. 헌데, 선가에서는 바닷물을 통째로 한입에 삼켜버리니 무슨 그물이 따로 필요하겠소이까?"

"예? 바닷물을 통째로 한입에 삼켜버린다고요?"

이렇게 대답을 하고, 입을 닫았다고 합니다.

그렇게 하시다가, 효봉 스님께서는 나이 79세가 되어서 열반에 드시게 되었습니다.

열반송을 보면,

내가 말한 모든 법 그거 다 군두더기,

오늘일을 묻는가? 달이 일천강에 비추리. (월인천강지곡 하는 그것과 같습니다.)

천강유수 천강월 만리무운 만리천(千江有水 千江月 萬里無雲 萬里天)

(천강에 물이 있는데, 거기에 달이 비추니까 천강월이 되고, 만리에 구름이 없으니까 그 하늘은 만리천이 된다는 그와 같은 것을 말씀을 하신 겁니다.)

우리는 부처님법을 배워서 깨달음을 얻고, 성불해서 중생을 제도하는 데 뜻을 두고 있습니다. 견성이 중요한데, 견성은 직지인심 견성성불이라고 그러는데 그것을 좀 더 쉽게 하면, 직지인심하면 사람의 마음을 생각하니 먼 거 같은데, 직견자심, 자기 자심을 향해서 봐라. 자기 마음을 깨닫는 게 견성이니까 주심반조는 수처작주, 언제나 내 마음이 주인공이다 하는 그런 마음을 갖고, 회광반조, 그 마음의 빛으로 자기 마음을 비춰보는 거죠. 왜냐하면, 자기 주인인 자심은 객체가 될 수 없기 때문에 마음의 빛으로 마음의 빛을 봐서 하나로 뚫려야 됩니다. 그래서 그것을 철견자심(徹見自心), 자기 자심을 뚫어서 본다 자기 자심을 보는 것이 자기 성품을 보는 거니까, 그게 결국은 견성이 됩니다.

직견자심 주심반조 철견자심(直見自心 主心返照 徹見自心)

이렇게 생각하고 나아가시면 좋을 것 같습니다.

주심반조는 수처작주, 어디에나 내가 주인공 마음을 갖고, 회광반조, 마음으로 자기 마음을 빛을 돌이켜서 자기 마음을 보는 것, 그렇게 계속 닦아나가면 목적을 달성하는데 도움이 될 것입니다.

보살 대중 여러분, 언제나 깨어서 행복하시기를 빕니다.

직견자심 주심반조 철견자심 하십시요. (합장)

제33회 호호탕탕 무애기승(無碍奇僧) 이춘성 선사

보살 대중 여러분, 안녕하십니까?

석가모니불께 경배찬탄합니다. (합장)

미륵존여래불!

본각선교원 깨달음 세계 제33회 법회 주제는 "호호탕탕 무애기승 이춘성 선사"입니다.

이춘성 선사님은 만해 한용운 스님의 유일한 제자라고 할 수 있을 정도로 효자 제자였고, 다만 물처럼 바람처럼 자유롭게 살았고, 또 욕을 잘하셨습니다. 그래서 무애기승(無碍奇僧)이라고 이름을 붙였습니다. (오른손을 번쩍 든다.)

지금 여기뿐입니다. 과거는 흘러가서 없고, 미래는 오지 않아서 없고, 현재는 현재라고 말하면 또 흘러가버립니다. 지금 여기, 시공이 없는 무시공의 세계 그게 바로 참 나인 지금 여기 영원한 우주입니다.

천상천하 유아독존이라고도 얘기하죠. 우리가 일상생활을 하는 견문각지 행주좌와 어묵동정 이런 것을 전부 현존일념 현존일각 뿐입니다. 지금 여기 깨어 있음 뿐 입니다. 깨달아 있음뿐입니다.

모양이나 이름에 생각이 관련되어가지고 거기 얽혀들면 그것은 고통스럽고 꿈과 같습니다. 그래서 현존일념 현존일각, 그래서 몽각불이(夢覺不二)다. 꿈과 깨달음이 둘이 아니다 그렇게 얘기를 합니다. 꿈만 꿈이 아니라, 삶도 꿈입니다.

지금 여기 모두가 각이고, 부처입니다. 그 성품은 텅 빈 영각성(靈覺性)이고, 모양은 근본적으로 없어서 상자적멸상(寂滅相)이라고 말할 수 있습니다.

좀전에도 얘기했지만, 이춘성 선사님은 조선조에 태어나셔서 삼일독립운동하실 때 만해 한용운 스님이나 백룡성 스님이 불교를 대표해서 참여하셨는데, 거기에 유명한 '님의 침묵'을 쓰신 만해 한용운 선사의 유일한 제자라고 할 정도로 스승님을 잘 모시고, 잘 배우고 옥바라지도 잘한 유명한 스님이었습니다.

그래서 이춘성 선사님은 1900년대 한국을 마음대로 활보하며 호호탕탕 걸림없는 무애행으로 물처럼 바람처럼 구름처럼 무위진인으로 사셨으며, 아주 걸직한 욕설도 잘하기로 유명했습니다. 걸림이 없이 사신 그러한 선사라고 할 수 있습니다.

이춘성 선사님은 1891년 조선조가 망해갈 무렵인데, 강원도 인제군 원통리에서 출생해서 속명은 이창림이었습니다. 그런데 모친이 꿈을 꾸는데, 푸른 하늘에서 한 동자가 오색구름을 타고 내려와 품에 안기는 그런 꿈을 꾸면서 이춘성 선사님을 출생시켰다고 합니다.

법명도 춘성(春城)이지만, 법호도 춘성(春性)으로 한글은 똑같습니다. 이춘성 선사님은 1903년 13세 때 백담사에 한용운 스님 밑에서 머리를 깎고 스님이 되었고, 1915년에 안변 석왕사에 부속되어있는 전문강원 대교과를 수료하고 화엄경을 강의하는 화엄법사를 많이 했습니다.

그리고 신흥사 주지와 석왕사 주지를 하셨고, 삼청동 칠보사도 창건하고, 1960년대 이후에는 도봉산 망월사와 강화 봉은사 주지도 하셨습니다.

하여튼 이춘성 선사님은 1930년 40세 때 덕숭산 정혜사에서 만공 선사를 뵙고 거기서 선수행을 전적으로 하셨습니다.

그렇게 하시다가 깨달음을 얻게 되는데, 만공선사가 조사서래의냐? 별전일구가 있는 곳을 일러라 그러니까, 이춘성 스님이 벼락처럼 한소리를 했습니다. 그것이 만공 선사에게 인정을 받지 못했습니다. 그래서 분발해서 겨울 혹한의 추위에도 큰 항아리에 물을 가득 담고, 찬 물항아리에 들어가서 머리만 내놓고 겨울철을 온통 보내는 그런 혹독한 훈련을 스스로 했습니다.

그러다가 양주 흥국사에서 장좌불와 정진 중 만공선사가 연꽃 등을 들어 보이는 꿈을 꾸고, 거기에서 먼저 정답을 말하지 못했던 별전일구에 대한 깨달음을 얻었습니다.

그래서 오도송은

연화장이 몸을 통하니 대천삼계가 내 몸이라
사람있어 별전구를 묻는다면
문답 즉시 비로자나불이 나타나리.

이렇게 말씀하셨습니다.

우주 자체가 하나의 부처고, 연화장 세계고, 별전일구가 생사가 일여한 법신불 자리다.

본래 무일물, 본래 한물건도 없으면서 진여인 부동불, 여여부동불이다 이렇게 말할 수가 있습니다.

그래서 춘성 선사님은 주로 평생 무자 화두를 들고서 계속 수행을 하셨고, 그 다음에 제자들에게는 부모미생전 본래면목 이뭐꼬? 시심마 이 화두를 많이 주셨다고 합니다. 그리고 제자들에게는 돌장승이 아기 낳는 도리를 깨닫고 보살도를 행하라 그랬습니다. 그러니까 견성에 중점을 두고 다라니를 행하는 그런 보살도를 행하라 그랬습니다.

그리고 1977년 87세에 이 세상을 떠나시게 되는데, 법납은 75세인데, 그때 돌아가시기 전에 성남시 봉국사에 탑을 세워라 이런 말씀을 남기시고, 수유리 화계사에서 입적하셨습니다. 그때 열반송은 허공에 골채를 보았느냐?

(골채는 사람의 몸 뼈의 채입니다.)

만월청산에 무량수여. 무량한 나무여.

절벽에 손놓는 장부야.

(절벽에 있는 무량수 나무에서 손을 놔라 이거죠. 백척간두 진일보와 같죠.)

87년사가 칠전팔기로다.

횡설수설이래 불화로에 일점눈이로다.

(수많은 말을 했지만, 그것은 불화로에 녹는 한 점 눈송이와 같다)

이것이 이춘성 선사님의 열반송이었습니다.

이춘성 선사님은 처음에 얘기했지만, 만해 한용운 선사를 스승으로 모셨고, 그 분이 독립운동하다가 감옥에 가시니까 그 뒷바라지를 늘 하셨다고 그럽니다. 다른 사람한테 맡기지 않고.

그리고 자기는 나와서 절에 있으면서도 일체 아궁이에 불을 때지 않았다고 합니다. 그것은 스승이신 만해 한용운 스님께서 나라를 위해서 일하시다가 감옥에 찬 방에 계시는데, 어떻게 제자가 되어서 따뜻한 방에 잘 수 있느냐 그래서, 삼동설한에도 일체 아궁이에 불을 넣지 않았다고 합니다.

또 한 가지 일화가 있는데, 그것은 이춘성 선사님이 만해 한용운 선사님을 생각해서 솜이 두툼하게 들어간 누비 바지 저고리 한복을 사드리고 싶었는데, 살림이 넉넉하지 못한 모양입니다. 그러니까 거기 절에 딸려있는 밭을 한 뙤기 팔아서 겨울철을 날 수 있는 옷을 만들어서 가져다 드렸다고 합니다.

그랬더니 만해 스님께서 이렇게 좋은 옷을 사왔는데 돈이 어디서 나서 사온 것이냐고 물으니까, 그걸 자꾸 묻지 마시고 그냥 추운데 입으십시요 그랬더니, 말을 하라고 만해 스님이 다그치니까 이춘성 스님이 말씀을 드린 겁니다. 사실은 절에 딸린 작은 밭을 팔아서 이것을 샀습니다 하니까, 만해 스님이 그건 부처님 땅인데 팔면 어떻게 하느냐고 야단을 치셨습니다.

그러니까 땅은 다시 사면 되지요 하고 대답하니까, 만해 스님께서 "너는 이제 내 제자라고 하지 마라"고 하셨다는 겁니다.

두 스님의 그러한 결기라든가 대쪽 같은 그런 면이 부딪힌 거죠. 그래서 야단맞고 나와서 춘성 스님은 과거에는 꼭 당신은 만해 한용운 스님의 제자라고 늘 자랑하고 다녔는데, 사람들이 당신의 스승이 누구요? 그러면, 나는 스승이 없는 사람입니다 그렇게 얘기하고 다녔다고 합니다.

그리고 세상에 걸림이 없는 그런 분이지만, 이춘성 선사님은 또 걸쭉한 욕쟁이 스님으로 유명한데, 절에 여자 신도들이 화려한 옷을 입고 화장을 잘하고 오면, 사정없이 호통을 쳤다고 합니다. 짙은 화장을 하고 비싼 옷을 걸친 으스대기 좋아하는 여자에게는, 춘성 스님은 아무리 지체 높은 고관대작의 부인이라도 즉석에서 xxx 할 년~ 이렇게 쌍욕을 했다고 합니다.

야 이 미친것들아~ 옷자랑하려거든 번화가로 갈 것이지 뭣하러 절에 와?

값비싼 모피옷을 입고 온 여자 옷을 벗겨 그 자리에서 태워버린 일도 있다고 합니다.

상식적이진 않지만, 순수를 찾는 그런 면에서는 선기가 나부끼는 그런 일이기도 합니다.

또 이런 일도 있었답니다.

6.25전쟁 직후 일인데, 도봉산 망월사를 지키고 있었는데, 절살림도 어렵고 해서 산에 가서 벌목을 해가지고 절을 중수하려고 그랬는데, 마침 영림서원에게 붙잡혔어요. 그래서 의정부 영림서로 가서 호출을 받고 출두를 한 거죠. 영림서 서

장이 조서를 작성하려고 춘성 스님에게 물었다는 겁니다.

"본적이 어딥니까?"

"내 본적이야 우리 아버지 귀두지."

이렇게 대답을 하니까 영림서장이 기가 막혀서,

"그것 말고 스님의 고향이 어디냔 말입니다." 이렇게 물으니까, "내 고향이 우리 어머니 BJ이죠." 그러니까 욕설로 한 거죠.

영림서장은 하도 기가 막혀서 말을 이어갈 수가 없으니까, "알았으니까 어서 그만 나가쇼. 이 늙은 미친 중아."

결국은 쇠고랑을 찰 줄 알았는데, 산림법을 위반하고도 그날로 석방된 이런 웃지 못할 일도 있었다는 겁니다.

또 하나 이런 경우도 있었답니다.

하루는 춘성 스님이 서울 불광동 녹번지에 있는 절에 갔다가 시내로 들어오는 버스를 탔는데, 그 버스에 독실한 크리스천이 예수를 믿으세요~ 라는 것을 붙이고 올라오더니, "죽었다 다시 살아난 예수를 믿으시요. 예수를 믿으면 천당에 갑니다" 하고 얘기를 하면서 춘성 스님 앞에 와서는 승복을 입어서 그런지 더 큰소리로 얘기했다는 겁니다.

죽었다 다시 살아난 예수를 믿으시요~……. 그때 춘성 스님은 느닷없이 소리를 질렀습니다.

"무엇이 죽었다가 다시 살아난다고? 옛끼 이놈! 죽었다가 다시 살아나는 것은 사내의 불알 밖에 없어 이놈아~"

그래가지고 사람들이 막 웃고, 크리스천은 그 자리에서 그냥 내렸다고 합니다.

또, 한번은 육영수 여사 생일이 되어서 청와대에서 많은 남자와 여자들, 아마 보살들이 더 많았겠죠. 춘성 스님께서 초청을 해서 법문을 하는데, 오늘은 육영수 보살이 어머니 뱃속에 있다가 어머니 BJ를 뚫고 나온 날입니다. 이렇게 의외의 말을 하니까, 거기 있던 사람들 특히 여자들이 어쩔 줄 몰라

했다는 그런, 남녀노소 빈부귀천을 안 가리고 똑같이 대우한 그런 일화죠.

그리고 유명한 우리나라의 생불이라고 불렸던 금정산 범어사에 하동산 스님께서 열반에 드셨는데, 다비식을 할 텐데 전국의 내로라하는 대선사들이 많이 몰려오고 그랬는데, 이춘성 스님께서는 70, 탄허 스님은 50대인데, 탄허 스님은 보통 유불선의 학승이라고 알려져 있는데, 실은 저의 스승님이신 탄허 스님이 매일 여섯 시간씩 평생 선을 할 정도로 선에 더 뛰어난 분입니다.

거기 선법문을 할 유명한 스님도 많이 있는데, 다 제끼고 춘성 스님이 탄허 스님께 큰절을 올리면서 법문을 해주시요~ 그런 겁니다.

탄허 스님이 사양하다가 올라가서 법문을 설하는 겁니다.

(탁, 탁, 탁) 주장자를 세 번 절하고 하동산 스님은 오신 것도 아니고 가신 것도 아니다. 머무르는 것도 아니다. 대중은 일르시오 하니까, 대중은 아무 말이 없었습니다. 그러니까 탄허 스님께서 또 한 번 탁! 치시고, “금정산이 높으니 범어사가 오래 됐구나~” 하고 내려오셨다고 합니다. 언제 어디서나 보통 사람의 그런 것을 뛰어넘는 선기가 넘치신 그런 분이었습니다.

우리는 불제자로서 견성성불의 목적을 두고 있습니다. 그래서 귀의불 귀의법 귀의승 삼보에 귀의하고, 자성중생서원도 자성번뇌서원단 자성법문서원학 자성불도서원성 이런 사홍서원을 하죠.

그러려면 견성을 해야 되는데, 자기 성품을 보는데 성품 성자와 마음 심자가 같습니다. 마음이 나오는 자리가 성품이기 때문에, 견성은 꼭 견심과 같습니다. 직지인심 견성성불 하니까, 사람의 마음을 가르쳐서 보고 견성하라고 하는데, 좀 더 확실히 얘기하면 자심입니다. 자기 마음은 누구나 알고 있습니다. 자심이 곧 부처다. 그것을 마조스님도 임제 스님도 그렇게 얘기했습니다.

자심즉불이고, 직지인심이라고 이렇게 약간 막연하게 하지 말고, 직견자심해라. 언제나 수처작주하고 회광반조하면 결국은 철견자심, 마음이 뚫려서 자기 마음을 보게 되니까 견성하게 되는 겁니다.

그래서 꼭 깨닫겠다는 마음만 결심이 서면, 견성하는 것은 그렇게 어렵지 않다 이렇게 말씀드릴 수가 있습니다.

보살대중 여러분!

언제나 지금 여기 깨어있어 견성성불 하시기를 바랍니다.

직견자심 철견자심 자심즉불 견성성불 하십시요~

제34회 현대세계 4대 생불 숭산(嵩山) 행원(行願) 스님

보살 대중 여러분, 안녕하십니까?

석가모니불께 경배찬탄합니다. (합장)

미륵존여래불!

본각선교원 깨달음 세계 제34회 주제는 "현대세계 4대 생불 숭산 행원 스님"입니다.

숭산 행원 스님은 제가 청년 시절에 한번 뵙고 가르침을 받은 바가 있습니다.

1996년 영국 캠브리지대학 종교학과 교수팀이 "The Vision of the Buddha"라고 해서, '부처의 이상' 이라는 제목으로 해서 현대 현대세계의 4대 생불이 누구냐? 이런 것을 결정을 했습니다.

한 분이 우리나라의 숭산 행원 스님이고, 또 한 분은 베트남 스님으로 프랑스 플럼 빌리지를 중심으로 법을 펴신 틱

낫한 스님이고, 또 한 분은 UN 평화계획을 수립한 캄보디아의 종정 마하 고사난다 님이고, 또 한 분은 세계적으로 많이 알려져 있는 티벳 출신의 달라이 라마 스님입니다.

이것은 현각 스님이 '만행' 이라는 책 '하버드에서 화계사까지'에서 얘기했는데, 숭산 행원 스님은 한국불교의 세계화에 기여해서 세계 30여개국 홍법원 선원 이런 것을 120개 정도 펼치고, 푸른 눈의 제자만 5만 명을 두었습니다.

현각 스님, 헝가리에 원광사 주지 청안 스님, MBSR 스트레스 감소 알아채기 명상을 세계적으로 가르치고 있는 존 카밧진 교수 이런 사람들이 전부 숭산 스님의 제자죠. 저도 한 번 뵌 적이 있습니다.

숭산 스님의 생애를 보면, 1927년 평남 순천에서 출생했고, 이름은 이덕인(德仁)이었습니다. 평안 공립학교를 나왔고, 나중에 해방 후에 월남해서 동국대 철학과를 졸업하였습니다. 그리고 국내에서 여러 가지 출가를 해서 깨달음도 얻으시고 또 주지도 하고, 한국불교신문사 사장도 하시고, 해외포교를 주로 많이 하셨죠.

그래서 1996년에 조계종 해외포교 30년 공로감사패를 받으시고, 1997년 조계종 원로스님으로 추대되셨고, 1998년에는 워낙 오래 계시던 국내의 화계사의 조실을 하셨습니다.

그리고 2004년 11월 30일, 77세로 입적하시고 법납은 57세였습니다.

그런데 평안도에 있을 때 1944년 해방 직전에 독립운동을 하다가 일본헌병대에 체포되어 무지하게 고생을 하시고, 해방 후 월남을 하셨습니다. 물론 군에도 다녀오시고.

저서에는 "온 세상은 한송이 꽃", "숭산 행원스님 도화집", "허공의 뼈를 타고", "선의 나침반", "천강에 비친 달" 이런 책들이 있습니다.

그러면, 숭산 스님의 생애를 간추려서 보면, 1947년 마곡사에서 삭발하고 출가하셨는데, 그 스승님은 박고봉 스님이었습니다. 만공 스님의 제자였고, 1958년 수유리에 있는 화계사에 주지를 오래 하셨습니다.

그리고 1960년 대한불교 조계종 총무부장 겸 대한불교신문사 사장을 하셨습니다.

그런 후에 한국불교의 세계화에 큰 뜻을 품으시고, 1966년 일본 신주쿠에 재일 홍법원을 세우고, 그 3년 후에는 홍콩에 홍법원을 세우고, 마흔여섯 살 때 영어도 잘 못하고 돈도 없었는데 1971년 미국 홍법원 "Providence 선 센터"를 세우고 거기서 관음선종을 창종도 하셨습니다.

그 후에 캐나다 토론토, 폴란드 바르샤바, 영국 런던, 스페인 팔마, 브라질 상파울로 선원 이렇게 세계적으로 넓혀가서 30여개국에 선원을 세우신 거죠.

그리고 1992년에 홍콩에 국제선원을 다시 세우면서 화계사에도 국제선원을 신축했습니다. 그리고 1985년 파리에 국제선원을 세우면서 세계평화문화인대회를 열어서 거기서 세계평화상을 수상하시기도 했습니다.

또, 2000년도에는 간불(艮佛)시대 세계 중심이 될 계룡산 국제선원에 무상사를 개원하고, 회주로 대진 스님을 임명했습니다.

그러면, 숭산 스님의 오도송에 관련된 내용을 살펴보겠습니다.

숭산 스님은 원각산 부용암에서 처음 백일기도에 들어가면서 밥을 안 드시고 날알로 만드는 벽곡을 하셨는데, 주로 '신묘장구대다라니'라는 그런 진언수련을 했습니다.

그런 동안에 여러 가지 좋은 일 안 좋은 일들이 마음에서 많이 일어났고, 또 여러 가지 거친 행동도 하는 그런 일도 벌어지고 그랬습니다.

그런데 백일기도가 끝나는 날, 무한공간을 느끼면서 있는 대로 보고 있는 대로 듣는 그런 자성을 깨달았습니다.

그래서 깨달으신 오도송을 보면,

원각산하비금로(圓覺山下非今路)
배낭행객비고인(背囊行客非古人)
탁탁이성관고금(濯濯履聲貫古今)
가가오성비상수(可可烏聲飛上樹)
원각산 아랫길은 지금길이 아니고
배낭 메고 가는 길손 옛사람이 아니다
탁탁 걸음소리 예와 지금 꿰었는데
깍깍 까마귀는 나무위에서 날더라.

그런데, 숭산 스님은 스승님이신 고봉 스님께 오도송을 얘기하니까, 점검하는 과정에서 조사서래의- 조사가 서쪽에서 온 뜻이 뭐냐? 이렇게 묻는데, 모릅니다 하고 대답했습니다.

그랬더니 스승이 깨달음을 인가하지 않아서 밖의 여러 선지식들을 만나서 그것을 인가를 받았는데, 거기에는 덕산 스님, 춘성 스님, 금봉 스님, 금오 스님 등 여러분이 있었습니다.

특히, 숭산 스님과 지난번에 한 춘성 스님 사이에는 많은 인연이 있었는데, 이 때도 그런 깊은 인연이 있습니다.

숭산 스님이 오도를 하고 춘성 스님을 찾아가서 이렇게 얘기했습니다.

"어젯밤 삼세제불 이 다 죽여서 내가 장사를 지낼 도반을 구하는 중입니다. 어떻게 하시겠습니까?" 하니까, 춘성 스님이 "아, 니가 본래 뭐냐?" 하고 물으니까, "밖에 눈이 하얗지 않습니까?" 하고 대답하니, 춘성 스님이 "아하 이 사람 큰일 낼 사람이네. 그 하얀 눈 속에 불이 붙는 소식을 아느냐?" 하고 "왜 구멍없는 젓대소리를 하십니까?" 라고 숭산 스님이 대답을 했습니다.

점검을 하는 과정이죠. 그때 춘성 스님이 아하! 막힘없이

쪽 질문에 대답하는 것을 보고, 자리를 차고 일어나셔서 숭산 스님의 주위를 춤추고 돌면서 이렇게 외쳤습니다.

"행원이가 견성을 했다. 견성을 했어."

나중에 스승인 박고봉 스님을 찾아와 인가를 받아서 석가세존으로부터 78대 조사가 된 거죠.

그래서 지난번에 춘성 스님에 관한 말씀을 드렸는데, 춘성 스님 돌아가셨을 때 먼 길을 와서 숭산 스님이 조사를 바쳤습니다. 그걸 보면,

춘성 사숙님 영전에

춘성 사숙님~ 스님의 할은 때로는 살불살조하고

때로는 활불작주하며 때로는 건곤을 모두 쳐부수며 때로는 삼라만상을 길러내셨으니, 어허 능사능활 능정능탈의 활구, 도인의 할이라 아니 하겠소이까?

스님께서 건져주신 대도무문의 설두무골은 일체무애인의 발자취였습니다.

"할과 방하는 자리에 유록화홍(柳綠花紅)만 보이니, 곧 사바에 오셔서 보리도 중생하소서."

"한번 깨어나셔서 거듭나시고 중생 구제하옵소서" 그렇게 하고, 분향을 마치셨다고 합니다.

그리고 숭산 스님이 돌아가셨을 때, 그 밑에 있던 제자가 스님께서 열반하시면 저희는 어떻게 해야합니까? 하고 물으니까, 숭산 스님께서 열반송으로,

걱정마라 걱정마라 걱정마라

만고광명이고 청산유수이다.

영어로 Don't worry, Don't worry, Don't worry 이렇게 말씀하셨다고 합니다.

그리고 숭산 스님과 탄허 스님 사이에 그러한 깊은 인연이 있는데, 숭산 스님이 미국에 1972년에 가서 Providence 홍법원을 열고 10주년 기념행사를 하는데, 그때 탄허 스님을

초빙해서 축사를 하시게 했습니다.

그때 우주는 하나의 허공자리이고, 우주는 하나다. 다만 불교는 명심견성 또는 유교는 존심양성 또 도교는 수심연성이지만, 결국은 같다.

불교는 만법귀일, 유교는 정일집중, 도교는 득일만사필 그렇게 해서 오직 유일한 절대자리 하나뿐이 없다 그렇게 하셨고, 또 우리가 세상을 살아가는 데는 마음을 비워야 하는데, 그것은 언제까지나 타당하다. 그런데 아마 그때 숭산 스님께서 그렇게 애를 많이 쓰셔서 Providence에 칠만여 평의 땅을 마련해서 관음선종을 창종하니까 그것을 또 축하하는 말로 그렇게 하셨습니다.

숭산 스님께서는 많은 가르침을 주셨지만, 기본적인 가르침은 내가 누구냐? Who am I? What am I? 이렇게 얘기하는데, 숭산 스님께서는 나는 모른다. I don't know, don't know 오직 모를 뿐, 모름지기 이런 말씀을 많이 썼습니다.

그것은 우리가 이 세상살이하면서 많은 것을 알고 모르고 그러는데, 문제는 너무 많이 아는 데에 번뇌 그런 것이 일어나는 것이죠. 그것은 우리들의 칠식 때문에 그런데, 그런 분별지 말고 무분별지로 돌아가라. 지부지(知不知), 알고 모르는 것 이전에 주객미분전, 지부지 이전으로 돌아가야 된다 그렇게 말할 수 있습니다.

이것은 보조 지눌 스님께서 말씀하신 것처럼, 단지불회면 시즉견성(但知不會 是即見性)이다. 오직 모를 줄 알면 그것이 바로 견성이다. 자기 성품을 보는 것이고, 자기 마음을 보는 것이다 이렇게 말씀을 하셨습니다.

그래서 우리가 보는 대로 보아 알아차리고, 듣는 대로 들어 알아차리는 경지, 깨어있는 경지가 바로 그러한 자리다. 바로 둘이 아닌 하나의 자리이고, 모르는 자리, 무지의 지 자리, 쏘크라테스가 얘기한 "Know thyself"라고 하는데, 나는 네가 모르는 것을 안다. 이것과 다 같은 맥락이라고 말할 수 있습니다.

또 하나는 숭산 스님의 가르침에 있어서, 이 순간을 깨달으면 모든 것을 깨닫는다 이렇게 말할 수 있습니다. 지금 여기이 순간을 깨달으면 모든 것을 깨닫는다, 즉 지금 여기 자심을 깨달으면 참 자유자재를 얻는다. 내가 깨닫는 자심, 자성이것은 완전 구족되어 있는 부족함이 없는 그런 것이다. 그리고, 거기에는 과거 현재 미래도 다 없고, 또 삼세제불과 시방제불이 일시에 성불한 그런 자리다 그렇게 말할 수 있습니다.

우리가 생각을 일으킬 때, 시공간이 일어나고 여러 가지 관념과 이름과 이런 것이 얽혀서 번뇌가 많이 생기죠. 그러니까 모양이 있는 모든 것은 변하고 다 다르지만, 거기에 보이지 않는 무시공의 근본자리는 모두 다 같아서 오직 하나의 실체만이 있다고 말할 수 있습니다.

순간에 모든 게 있다. 이 순간을 깨달으면 모든 걸 깨닫는다. 당신이 순간이고, 순간이 당신이다. 그러니까 그 속을 보면 하나로 텅 빈 그러한 충만인데, 그 속에는 혼재항이 있죠. 모양으로 삼세제불, 시방제불이 다 있어서 혼재항이라고도 말할 수 있지만, 실제의 그러한 성품은 하나로 자성 청정심이라고 말할 수 있습니다.

그래서 우리는 자각발심(自覺發心), 내가 깨닫겠다는 그런 발심을 확실하게 해야 하고, 자심즉불(自心卽佛)이다. 바로 내 마음이 부처다. 내 마음이 마음이 나오는 자리가 성품이니까 자성이 즉 불이다.

그래서 우리가 견성하려면, 직견자심(直見自心) 자기의 마음을 보면 자기의 자성을 보는 것이기 때문에 그것이 결국은 견성이 되는 거죠. 그렇게 열심히 추구해 나가면 자기 마음이 열려서 자심반조로 돈오자심하는 순간이 올 것입니다.

보살 대중 여러분! 언제나 깨어 있어 행복하십시요.

자각발심 자심즉불 직견자심 견성성불 하십시요. (합장)
감사합니다.

제35회 조주 구자불성 무(趙州 狗子佛性 無)

보살 대중 여러분, 안녕하십니까?
석가모니불께 경배찬탄합니다. (합장)
미륵존여래불!
본각선교원 깨달음 세계 제35회 주제는 “조주 구자불성 무(趙州 狗子佛性 無)”입니다.
이것은 조주 스님이 “강아지, 개에게 불성이 있느냐?” 그렇게 물으니까, “무(無)” 그랬습니다. 결국 모든 존재가, 특히 생물은 다 ‘실유불성’이라고 해서 부처님께서 다 불성이 있다고 하셨는데, 중국의 유명한 조주 종심 선사이신 조주 스님은 아주 늦게까지 공부를 하셔서 80세부터 법을 펴서 120세까지 사신 그런 분입니다.
불교의 역사로 볼 때, 120세까지 사신 분은 석가모니 부처님 당시에 마하가섭, 조주 종심 선사도 120세까지 사셨고, 명청 시대에 걸쳐 사셨던 중국의 허운 스님도 120세까지 사셨습니다.
우리들은 지금 여기, 우리들이 생활을 영위하고 있습니다. 행주좌와 어묵동정 또 견문각지 이런 여러 가지 행위를 하면서 살아가는데, 실제 그 주인공은 보이는 물건이나 소리나 이런 게 아니고 24시간 늘 깨어있는 존재, 알아차리는 자, 깨어있음, 깨달아 있음, 결국 자심입니다. 자심으로 살아간다. 그래서 우주를 말할 때 육근 육경 육식 18계라고 말합니다.
사람이 안이비설신의 육근이 있고, 그에 상대되는 색성향미촉법 여섯가지 경계가 있고, 거기에 작용을 해서 안식부터 신식까지 여섯 가지 식이 생기는데, 그래서 부처님은 삼계유심, 욕계 색계 무색계가 다 오직 마음뿐이고, 또 '유심유식' 마음을 바탕으로 한 불변의 마음과 거기서 생멸을 하는 식으로 되어 있다고 말합니다.

또 '유식무경' 식만이 있고 경계는 없다 그렇게 나옵니다.

현대의 양자역학이나 상대성 원리도 관찰자가 물질을 관찰하기 전까지는 하나의 확률적인 존재, 가능성의 존재로 있지 그것이 파동이다 입자다 이런 것이 없습니다.

그래서 부처님의 일체유심조가 맞다 이렇게 말씀드릴 수 있습니다.

우리가 세상을 살아가는데, 내가 무엇을 한다 할 때는 일체유심조이고 그 밖으로 찾지 않고 안으로 찾아서 언제 어디서나 알아차리고 주인공 노릇하는 게 내 자심이고 또 자성이고 또 그게 바로 불성입니다.

그래서 우리는 자기의 자성을 찾아서 보통 나라고 보면 나라고 할 게 없지만, 그래도 찾아보면 거기에 에고가 아닌 참나가 있는 거지요. 그게 바로 부처님인데, 그래서 부처님의 성품, 부처님의 마음을 본다 그러는 거죠.

그래서 우리는 기본적으로 깨달으려고 하면, 자각발심을 해야 합니다. 자기 마음으로 무슨 일이 있던지 어떤 어려움이 있던지 꼭 깨닫겠다는 발심, 발보리심이라고도 하는데, 자각하겠다는 발심이 꼭 필요합니다. 그게 가장 중요하죠.

그 다음에는 자심즉불, 부처님도 말씀하셨지만 심불급중생이 무차별이다 그랬습니다. 부처님 마음과 중생 마음이 다 하나다. '심불급중생 시삼무차별' 그랬습니다.

그러니까 자기의 자심이 곧 부처님 마음이죠. 그러니까 직지인심 견성성불하라고 하는데, 자기가 직접 자기 마음을 봐라. 사람의 마음을 봐라 그러면, 내 마음인지 남의 마음인지 모르니까 나는 그것을 구체화하여 우선 '직견자심'하라고 그럽니다.

우리가 살다보면, 내 마음이 있다는 것을 알잖아요. 그래서 직견자심하고, '수처작주 입처개진' 그것은 임제 선사가 얘기하신 것인데, 항상 어디에 있던지 깨어있는 주인의 마음을 가지고 있으면 그것이 주인공이고 그게 바로 진리다 그런 거죠.

그렇게 하려면, 머리로 이해하는 거 가지고는 안 되고 깨달음이 일어나야 됩니다. 그렇게 하려면 수식선을 해서 선정에 든다던지, 회광반조- 자기 마음으로 자기 마음을 보는 겁니다.

자기 마음으로 자기 마음을 볼 순 없지만, 왜냐하면 내 마음은 주인이지 객관화가 될 수는 없어요. 볼 순 없지만 마음의 빛으로 그 마음을 돌려서 쭉 보다보면 언젠가는 그것이 하나로 꿰뚫려서 돈오자심할 때가 옵니다.

자기 마음을 문득 깨닫는 그게 돈오자성이고, 자성은 불성이니까 그게 견성입니다. 그러면 지금까지 온갖 방황을 하고 그러던 것이 멈추고, 이제 자기 길을 찾았으니까 그 길을 따라 가면 석가모니와 똑같이 부처를 이루고 그 다음에는 중생을 제도하는 게 부처의 임무니까 성불제중의 길로 가는 거라고 그렇게 말할 수 있습니다.

그래서 제가 이렇게 법문을 하다보면, 듣고서 깨달으신 분도 있고 또 해오한 분도 있고 그런데, 궁금하신 것이 있으면 보시다가 댓글을 달거나 질문 같은 걸 주시면 제가 답변을 잘 해 올리겠습니다.

중국 당나라 시대에 유명한 스님들이 많이 계신데, 대표적으로 육조 혜능의 뒤를 이어서 마조 도일, 백장, 황벽, 임제 의현 스님 등, 특히 임제 스님이 많은 법을 펴셨죠.

그와 맞먹는 분이 조주 종심 선사입니다. 이 책은 무문관이라 해서, 진리를 깨치는 데 관문이 없다는 겁니다. 이건 중국의 무문 혜개 선사가 1700 공안 중에 48개 공안을 모아서 간화선하는 사람들에게 도움을 주려고 한 것이기 때문에, 제가 얘기한 것을 빼놓고 하나하나 보아나가면서 또 경공부도 필요하니까 경에 관한 얘기도 하겠습니다.

무문관이라는 것은 우리가 어디 어려운 데를 통과하려고 하면 관문을 통과한다고 합니다. 공무원이 되려면 고시라는 관문을 통과하듯이……. 그런데 깨달음에는 문이 따로 있질 않아요. 언제 어디서나 인연만 맞으면 그것이 깨달음에 이를 수 있죠.

그래서 선지식들은 그것을 축기 이론이라고 그럽니다. 축기, 어떤 인연과 시절이 맞는 기회를 딱 포착해서 쫓아가면 어떤 계기로 인해서 그게 할을 하든, 방을 하든 때리든 뭘 던지든 그렇게 기회를 마련해서 하든 또는 한마디 말에 언하에 대오하기도 합니다.

그런데 그것이 반드시 생각처럼 쉽기만 한 건 아닌데, 내가 무슨 일이 있어도 영순위에 놓고 꼭 깨달아야겠다는 마음만 있으면 깨닫는 것은 그렇게 어려운 일이 아니다 그렇게 말할 수 있습니다.

그러면 무문관 제일칙인 조주의 강아지, 조주구자불성, 어느 스님이 조주 스님에게 "개에게 불성이 있습니까?" 하고 물으니까, 조주 스님이 "무(無)" 그런 거에요. 왜 모든 존재나 생명체가 불성이 있는데, 왜 개는 없습니까? 이런 의문을 갖게 되고 공부가 시작되는 거죠.

조주는 어떤 승려가 개에게도 불성이 있습니까? 하고 물으니, "없다"라고 말했다. 여기에는 없지만, 왜 "무"라고 하십니까? 그러니까, 일부 책에는 업식성(業識性) 때문이다 이런 것도 나와 있는데 여기에는 그런 게 없습니다.

어떤 말을 보태서 도움이 될 수도 있고 방해가 될 수도 있기 때문에 그걸 빼는 거죠.

무문 혜개 선사의 말이 따릅니다. 참선은 반드시 조사의 관문을 뚫어야 하고, 묘한 깨달음에 도달하려면 마음이 끊어져야 한다. 마음이 무주, 머물지 않고 무심이 되어야 한다 이런 것이죠.

조사의 관문을 뚫지 못하고 마음이 끊어지지 않으면, 모두가 풀에 의지하고 나무에 붙어사는 도깨비이다. 주인정신으로 사는 게 아니다 그런 거죠.

말해보라. 무엇이 조사의 관문인가?

다만 이 한 개 "없다"(무)는 글자가 바로 종문의 한 관문이다. 그러므로 이것을 일러 선종무문관이다. 화두 중에 이뭐꼬? 무자, 만법귀일, 일귀하처, 조사서래의, 불법대의 이렇게 선가에서 많이 사용하는 것이 있는데, 이 한 글자 없다라는 관문을 뚫고 지나갈 수 있다면, 조주를 직접 만날 뿐 아니라 바로 역대 조사들이 손을 맞잡고 함께 걸어가며 눈썹이 서로 얽힐 정도로 얼굴을 맞대고 같은 눈으로 보고 같은 귀로 들을 것이니, 어찌 즐겁지 않느냐?

부처와 조사들과 우리가 마주 보고 같이 어깨를 나란히 할 수 있다 그런 거죠.

관문을 통과하고자 하는 자가 있느냐? 360개의 뼈마디와 8만4천개의 털구멍에 이르기까지 온 몸이 한 개의 의문덩어리가 되어 이 한 글자 "무(無)" 이것을 참고하라. 밤낮으로 무! 없다를 자신에게 일깨워주되, 텅 비어 전혀 없다라고 이해해서도 안 되고 있다와 없다라고 이해해도 안 된다.

분별지로는 해결될 수 없는 거죠. 이 업식성(業識性)이라는 말을 여기서 빼버린 것도 공부하는 사람들이 분별지에 걸려서 나가지 못할까를 염려한 것 같습니다.

마치 한 개의 뜨거운 쇠구슬을 삼킨 것 같아서 토해내려고 해도 토해내지 못하게 되면, 좀 전의 나쁜 지식과 나쁜 깨달음이 모두 없어지게 된다. 이렇게 오래오래 순수하게 익으면 저절로 안팎이 한 덩어리가 된다. 그리하여 마치 벙어리가 꿈을 꾼 것처럼, 다만 자신만이 알 뿐이게 되면 갑자기 앞을 막고 있던 장애물을 내쫓아버리며 하늘을 놀라게 하고 땅을 진동시킬 것이다. 이는 마치 관운장이 청룡도를 빼앗아 손을 놓은 것과 같아서 부처를 만나면 부처를 죽이고, 조사를 만나면 조사를 죽여서 생사의 이 언덕에서 대자재를 얻고 육도생사 속에서 삼매를 가지고 놀 것이다.

그럼 없다를 자신에게 어떻게 일깨워주려 하는가? 죽을 힘을 다하여 없다를 자기에게 말해주어라. 만약 끊어진 틈이 생기지 않는다면, 마치 법의 초에 한번 불을 붙여서 바로 불이 붙는 것과 같을 것이다.

무문의 송, 개의 불성이라 바른 명령을 온전히 제시하지만 있고 없음과 관계하자마자 목숨을 잃는다네. 분별지로 헤아려서는 전혀 해결할 수 없다는 거죠.

여기에 무사인 선생이 한 말이 있습니다.

참구해도 어긋나고, 참구하지 않아도 어긋난다. 무가 무엇인가? 다만 "무"일 뿐이다.

그리고 조주 스님께서는 많은 사람들이 와서 진리를 묻고 그랬는데, "개에게 불성이 있습니까?" 그러면 없다고 할 때도 있고, "개에게 불성이 없습니까?" 그러면 "유" 이렇게도 대답하고, 그때그때 사람마다 다르게 얘기한 거예요.

그것은 묻는 사람에게 시절인연을 맞춰서 깨닫게 하기 위한 것이니까 우리가 그런 것을 잘 알아서 화두참구를 해나가면 되는데, 화두참구는 내가 이 화두를 참구해서 크게 깨닫겠다는 것, 그래서 이 화두가 이게 뭐지? 하는 의문덩어리를 키워 나가면서, 세월이 가면서 용맹정진 해야 된다 이렇게 얘기를 합니다.

석가모니 부처님께서 2600년 전에 룸비니 동산에서 태어나실 때, 태어나서 일곱 발자국을 걸으시고 사방으로 걸으시면서, 태어나서 바로 걷는다는 게 우리 상식으로는 잘 이해가 안 되는데, 그때는 범천왕이 도와주셨다고 합니다.

"천상천하 유아독존 삼계무안 아당안지" 그랬습니다.

그때 부처님의 진리는 다 얘기한 겁니다. 천상천하 온 우주에 나 홀로 높다. 삼계가 편안하지 않으니, 내가 너희를 편안하게 할 것이다. 이 우주에는 모두 지금 여기 내 마음, 부처의 마음 그것밖에 없는 거죠. 나라고 생각할 그런 에고는 없지만, 그 에고를 버리면 보고 듣고 냄새 맡고 맛보고 느끼는 이런 모든 게 전부 나뿐이 없는 겁니다.

그래서 부다가야 보리수 밑에서 부처님께서 깨달으실 때, 일심불계연기법을 깨달으셨다고도 얘기하지만, 선가에서는 깨닫기 전에는 별이었는데 깨닫고 나니 별이 아니었다. 물건도 없고 물정도 없다 이런 것이 선가에 내려옵니다.

깨닫고 나니까 모든 게 나였던 거죠. 그래서 그것을 펴기 위해서 쭉 47년간의 설법을 하고 삼처전심을 해서 마하가섭에게 마음에서 마음으로 열반묘심 정법안장을 전하신거죠.

그래서 처음에 전 우주를 향해서 삼칠일간 설한 것이 화엄경입니다. 화엄경 전체 글자는 60화엄 80화엄 40화엄 다 합치면 글자가 10조가 넘는다고 합니다. 너무 방대하죠. 근데 그 가운데 가장 핵심적인 것을 적은 게 야마천궁 게찬품입니다.

그것은 '약인욕요지 삼세일체불', 사람이 만일 시방삼세 일체 부처를 알고자 한다면,

'응관법계성 일체유심조', 마땅히 진리라는 것은 일체 마음이 만들어내는 것이다.

그 마음이 뭐냐, '심여공화사' 마음이라는 것은 그림 그리는 사람과 같다.

그림 그리는 사람 마음에 따라서 이 세상 어떤 것이나 그릴 수 있겠죠.

'능화제세간' 이 세상에 모든 것을 그릴 수 있다.

'심불급중생 시삼무차별' 우리가 마음과 중생과 부처를 나누고, 남녀를 나누고, 노소를 나누고, 선악을 나누고, 미추를 나누지만, 나누지 않는다면 부처님의 마음이나 중생의 마음이나 다 똑같은 거죠.

눈만 뜨면, 중생의 마음이 부처님의 마음이 되니까 이것이 10조 글자를 넘는 화엄경의 요지입니다.

오늘은 화엄경에 관해서 이 정도 얘기하고, 다음에는 우리나라 해동화엄의 종조라고 하는 의상 조사께서 그 깊고 넓은 그러한 법문을 칠언절귀로 해서 210자로 '의상조사 법성게 화엄일승법계도'라고 그렇게 만들어 놓으셨습니다. 우리 중생들 깨치기 좋으라고 하신 거죠.

다음에는 이 화엄일승법계도를 가지고 말씀드릴까 합니다.

보살 대중 여러분! 오늘은 제 35회 "조주 구자불성 무(趙州狗子佛性 無)" 이런 제목으로 말씀드렸습니다.

모두 자각발심하시고, 직견자심 견성성불 하십시요. (합장)

제36회 의상 조사 진리의 노래(법성게)

보살 대중 여러분, 안녕하십니까?

석가모니불께 경배찬탄합니다. (합장)

미륵존여래불!

본각선교원 깨달음 세계 제36회 법회 주제는 "의상조사 진리의 노래"입니다.

일반적으로 법성게(法性偈)라고도 하고, 또 화엄일승법계도라고 해서 대방광불화엄경을 불교의 만(卍)자 모양으로 그림을 그려가면서 칠언절구로 30줄, 210자를 그림으로 그렸는데, '법(法)'자에서부터 시작해서 결국 '불(佛)'자로 끝납니다.

지금 여기뿐입니다. 우리가 나라는 것의 실체를 찾아봐도 찾을 수가 없어서 무아라고 얘기하지만, 지금 여기에 무시공에 영원한 우주로 존재하는 것 이것은 각 뿐입니다.

즉, 보이는 것과 들리는 것 이런 것이 아니라 그것을 보아 알아차리고 들어서 알아차리는 마음. 깨어있음 그것이 자심이고 참 나이고, 부처이다 그렇게 말할 수 있습니다.

그러니까 지금 여기일 이것은 결국 참 나뿐 입니다. 이 우주가 전부 참 나뿐이니, 지금 여기는 법신불이다 비로자나불이다 그렇게 얘기할 수가 있습니다.

오늘은 지난번에 말씀드린 대로 석가모니불께서 2600년 전에 마하보디 템플 보리수 아래에서 대각을 하시고 맨 처음 삼칠일간 대방광불화엄경을 설하셨는데, 그것이 바로 화엄경이고 그것을 요약한 것이 의상조사의 법성게입니다.

화엄경을 설하는 데는 석가모니 부처님이 당연히 계시고, 보현보살이나 문수보살 이런 분들도 관계를 하시고, 용수보살 그 다음에 세친보살 또 마명존자 이런 여러분들이 많이 관계를 하셨습니다.

그것이 중국에 와서 동토화엄 초조로 두순 스님을 얘기하고, 2대가 지엄 스님, 3대가 법장 스님인데, 우리의 위대한 스님이신 의상 조사는 지엄 선사 밑에서 배워서 훌륭한 머리로 210자로 십조가 넘는 화엄경론을 전부 통합한 것입니다.

그래서 해동 화엄종의 초조라고 의상 조사를 부르고, 해인사나 부석사와 화엄사 같은 화엄십찰을 원효 대사와 함께 세우시는 데 많은 애를 쓰셨습니다.

화엄경은 간단하게 얘기해서 비로자나불이 성불하는 것, 그 다음에 천인이나 성문연각등이 보살을 거쳐서 성불하는 것, 즉 보살의 성불이죠.

또 하나는 범부인 선재동자가 53 선지식을 만나서 배우면서 결국은 문수보살, 보현보살, 미륵보살을 만나고 그러면서 성불하는 것, 즉 범부의 성불 그렇게 삼주인과가 중심이 되어 있습니다.

그리고 그 내용을 간단하게 얘기하면, 사사무애 상즉상입 중중무진 불가사의 해탈법계 대일여래 이렇게 줄여서 얘기할 수가 있습니다.

일과 일, 사람과 사람이 걸리지 않고 서로 크거나 작거나 서로 상즉상입하고 그러한 사사무애한 관계가 중중무진하게 영원히 계속되는데, 이것은 기본적으로 사람들 생각을 뛰어넘은 해탈법계다. 해탈법계로 연기한다 그런 것이고, 그것은 한마디로 말해서 대일여래다.

우리 태양계의 사람이나 중생이 사는 원천은 태양의 덕분인데, 이 우주는 영계의 태양이라고 할 수 있습니다. 그 영계의 태양이 법신불인데, 대일여래죠. 지금 여기 바로 그것이 법신불이고, 각이다 그렇게 얘기할 수가 있습니다.

그러면, 의상조사께서 중국 화엄 2조 지엄 선사와 함께 지으시고, 지엄 선사로부터 칭찬을 받으신 의상 조사 법성게를 쭉 한번 의미를 살펴보겠습니다.

이것을 다 이해하면 불교의 해오의 과정에 들어가고, 거기에서 선정이나 또는 회광반조 등 실천을 통해서 자기 마음이 하나로 꿰뚫어지면 그 다음에 깨어있음인 깨달음이 온다고 볼 수 있습니다.

의상조사 법성게.

법성원융무이상

法性圓融無二相

법성, 진리의 성품은 원융해서 無二相, 두 개의 상이 없다.

일상, 하나의 상밖에 없다는 거죠. 그래서 부처님법을 불이 중도라고 얘기하는데,

제법부동본래적

諸法不動本來寂

모든 법, 진리가 본래 부동이고 고요하다. 성성적적하다 또는 공적영지다 그러죠.

무명무상절일체

無名無相絶一切

이름도 없고 생각과 모양이 모두 끊어지니

증지소지비여경

證智所知非餘境

깨닫는 지혜일 뿐 다른 경지가 없다.

그러니까 우리가 일반적으로 세상을 살아나가는데, 이름과 생각과 모양으로 살아가죠. 그런데 이름이나 모양은 전부 허상이어서 그 이름과 모양에 끄달리지 않고 거기서 벗어나면 그것이 곧 깨달음으로 가지 다른 게 있는 게 아니다.

진성심심극미묘

眞性甚深極微妙

참된 성품은 지극히 깊고 지극히 오묘해서, 말로 표현하기 어렵지만

불수자성수연성

不守自性隨緣成

절대자인 대일여래의 자성이 자기의 본래성품을 지키지 않고, 자기 안에 자기를 보아서 상대세계를 비추는 겁니다. 그래서 자성을 지키지 않고, 상대세계는 인연 따라 이어간다. 그러니까 우리가 세상 살다보면 전부 상대세계만 보고 이름 짓고 하지만, 우리는 부처님 공부를 열심히 하다 보면, 절대가 무엇인지 절대의 체험을 하게 되는 겁니다.

그러나 그것이 쉽지가 않다 그러는 거죠. 그래서 깨달음을 얻어도 진여수연 하라고 그럽니다. 진여의 입장에서 인연 따라 살아간다. 왜냐하면 우리는 몸도 있고 기운도 있고 상대세계를 살아가야 되니까 인연 따라 갈 수밖에 없다 그런 거죠.

일중일체다중일

一中一切多中一

하나 속에 모두 있고, 여럿 속에 하나 있어

일즉일체다즉일

一卽一切多卽一

하나가 모두이고, 모두가 하나이네.

여기서 나를 하나라고 하면, 많은 다중이 있죠. 그런데 그것이 결국은 다른 게 아니고 하나이다 이런 거죠.

일미진중함시방

一微塵中含十方

한티끌 가운데에 시방세계가 담겨 있다. 한티끌 속에 전 우주가 담겨 있고,

일체진중역여시

一切塵中亦如是

일체의 티끌 속에 그와 같이 우주가 다 담겨 있다.

무량원겁즉일념

無量遠劫卽一念

무량한 오랜 세월의 그런 것이 결국은 생각이고,

일념즉시무량겁

一念卽是無量劫

한 찰나의 생각이 무량한 세월이다.

구세십세호상즉

九世十世互相卽

현재 과거 미래 삼세가 있고, 과거에도 현재 과거 미래가 있듯이, 합치면 전부 구세가 되고 거기에 한 생각이 더 들어가면 십세가 되는 거죠.

구세와 십세가 모두 엉켜 하나지만,

잉불잡란격별성

仍不雜亂隔別成

어지럽지 아니하게 서로 뚜렷하게 되어있습니다.

초발심시변정각

初發心時便正覺

우리가 처음으로 깨닫겠다는 발심을 낼 때가 바로 정각을 이루는 때이다. 그래서 제가 얘기했죠. 자각발심이 중요하다. 발보리심이라고 하는 자각, 내가 꼭 깨닫겠다는 결정심이 중요하다는 것은 바로 이와 같은 겁니다. 내가 깨닫겠다는 발심이 믿음이 백프로 충만하면 견성을 할 수 있다 그런 게 여기 초발심시변정각이죠.

생사열반상공화

生死涅槃常共和

사람이 살고 죽는 이런 상대세계의 모습이나 그런 것을 뛰어넘은 무위의 열반이 서로 다르지 않고 같은 모양이다. 그러니까 이 세상에 생사가 있는 것처럼 보이지만, 그것은 모양으로 나타나는 것이고, 알고 보면 무위의 열반뿐이 없는 것이다.

보이는 모양이나 이름은 전부 이게 꿈속의 일이다 이런 겁니다.

이사명연무분별

理事冥然無分別

이치의 세계와 사물업보의 이러한 세계가 분명치 않는 무분별의 세계가 있는데,

십불보현대인경

十佛普賢大人境

열 분의 부처님과 보현보살의 대인경지이다. 여기서는 보현보살이 이런 법계의 지위로 51위의 등각이지만, 등각보살 중에도 최고여서 그러한 부처님들은 법신불과 완전히 합일되어 있고 그래서 상대세계의 대표자로 나타나는 보살이 보현보살이어서, 물론 문수보살도 있고 관세음보살도 있지만, 최고의

그러한 보살입니다.

이런 경우에는 부처님 대우를 해주어서 십불보현대인경이다.

능인해인삼매중

能仁海印三昧中

능인(能仁)이라는 것은 부처님을 말합니다. 자비롭고 어질다 그거죠. 부처님께서 들어있는 해인삼매, 해인삼매에서 설한 것이 대방광불화엄경이거든요.

번출여의불사의

繁出如意不思議

해인삼매 중에 자기의 뜻대로 마음대로 나타나는데, 생각으로는 알 수 없는 불사의라고 애기를 합니다.

우보익생만허공

雨寶益生滿虛空

중생을 위한 감로의 법은 비가 내리는 그런 보배와 같아서 허공에 꽉 차있는데,

중생수기득이익

衆生隨器得利益

중생들은 각자마다 자기 분수와 모양에 따라서, 그릇에 따라서, 이익을 얻는다.

법화경에 약초유품이 있는데, 거기에도 하늘에서 내리는 비는 똑같지만, 그 약초나 나무에 따라서 자기 분수껏 받아들이고, 하늘에서 내리는 태양볕은 똑같지만 삼초이목이 즉, 상목하목 소중대의 풀, 자기의 분수에 따라서 그런 것을 받아들인다는 것과 같은 애기입니다. 삼초이목의 비유라고도 애기합니다.

시고행자환본제

是故行者還本際

그러한 고로 수행하는 자가 자기의 본래 고향자리로 돌아가

길 원한다면,

파식망상필부득

叵息妄想必不得

망상을 쉬지 않고는 얻을 수가 없다. 즉 망상을 쉬어라 그런 겁니다. 이름에 끄달리지 않고, 모양에 끄들리지 않고 망상을 쉬어라. 망상을 쉬기가 어려우면 미륵존여래불 하던지 대방광불화엄경 하던지, 나무묘법연화경 하던지, 나무아미타불 해서 바치는 방법도 하나의 방법일 수 있습니다.

무연선교착여의

無緣善巧捉如意

조건 없는 방편으로 여의주를 취할지니,

귀가수분득자량

歸家隨分得資糧

우리가 고향에 돌아갈 때 분수에 따라서 그 자량을 가져가는 것과 같으니

이다라니무진보

以陀羅尼無盡寶

신묘한 다라니는 끝이 없는 무한한 보배이니,

장엄법계실보전

莊嚴法界實寶殿

법계를 장엄하여 참다운 보배궁전을 만들었다 그렇게 말할 수 있습니다.

궁좌실제중도상

窮坐實際中道床

마침내 실다운 중도자리에 앉게 되며,

중도의 자리에 앉게 되니까 결국은 불이중도의 자리여서 부처님 자리에 앉게 되니까

구래부동명위불

舊來不動名爲佛

옛날부터 움직이지 않는 부처다. 그래서 그것을 부동불(不動佛), 법신불은 부동의 원동자(原動者)라고도 하듯이 부동불입니다. 즉 자기는 움직이지 않으면서 최초의 한생각을 내서 상대세계의 꿈꾸는 세계를 만들었기 때문에 부동불이면서, 최초의 움직임을 일으켰다 해서 부동의 원동자라고 얘기하는 겁니다.

이상이 의상조사 법성게의 전체 내용입니다.

우리는 부처님이 47년간 설하신 여러 경전 가운데 최고의 경전인 화엄경의 전체 내용을 살펴보았습니다.

지금 여기, 중요한 것은 항상 지금 여기일 뿐입니다. 지금 여기일이죠. 이것은 바로 내 일이죠. 그 나라는 것은 아상이 없어진 무아의 나이고, 참나, 언제나 깨어있고 알아차리는 나입니다. 그래서 이 우주에는 참 나인 법신불밖에 없습니다. 모양이 있는 것은 전부 환영입니다.

그러니까 우리는 자심즉불이니 직견자심해서 견성성불하는 길로 나아가는 길이 필요하다고 생각합니다.

모두 행복하게 사시길 바랍니다. (합장)

제37회 달마 조사 수염이 없다?

미륵존불 시대를 살아가는 보살 대중 여러분, 안녕하십니까?

석가모니불께 경배찬탄합니다. (합장)

미륵존여래불!

지금 여기뿐입니다. 지금 여기 견문각지 행주좌와 어묵동정이 지금 여기뿐입니다.

이것이 각이고, 도이고, 부처고, 시공이 없는 무시공의 무한한 우주이기도 합니다.

평상심이 도라는 얘기죠. 그런데 평상심은 무심을 가야됩니다. 무심이라는 것은 우리가 생활을 하면서 생사조작 추구심 같은 분별심이 없어야 된다 이러한 얘기가 되겠습니다.

결국 우리가 육체라고 하는 가아를 나라고 생각하는데, 이런 생각을 다 버려서 이것은 이름이고 모양이니까 그것을 버리고, 무아의 자리, 내가 없다 그것을 깨닫고 참 나에 이르는 이러한 것을 말한다고 할 수 있습니다.

그래서 중국의 선의 황금시대에 유명한 스님이 많이 계시지만, 마조 도일, 임제 의현, 조주 종심 이런 분들이 유명한 선사님들인데, 임제할 덕산방 하는 임제 스님은 찾을 부처도 없고, 찾을 법도 없고, 닦을 것도 없고, 얻을 것도 없다 이렇게 얘기를 했습니다.

무엇을 얻었다고 할 만한 부처님법이 따로 있는 게 아니고, 또 본래 자심즉불, 내 청정한 마음이 부처니까 따로 얻을 것도 없고 닦을 것도 없고 그러니까 엉뚱하게 찾아다니지 말아라. 직견자심 돈오자심해라 이러한 얘기를 하신 겁니다.

그래서 임제 스님은 무위진인(無位眞人), 위치가 없는 참사람, 참 나이고, 또는 무의진인, 의지함이 없는 그러한 참사람, 참 나이고 부처다 또 법신불이다 이렇게 얘기를 하신 겁니다.

그런데, 경에서 얘기하는 거는 그것과 조금 다릅니다. 아함경이나 이런 소승경에서는 도를 닦아서 이루는 것을 4단계로 얘기하는데, 그것을 성문4과라고 얘기하고 또 화엄경과 같은 원돈의 대승경전에서도 견성성불의 길을 얘기하면 네 가지 단계로 얘기할 수도 있습니다.

소승의 성문4과는 처음이 수다원과 입니다. 사다함, 아나함, 아라한입니다. 수다원과는 깨달음의 흐름에 들어간 것이고, 그 다음에 사다함과는 깨달음에 이르러서 일래, 한 번 더 하늘이나 사람의 세계에 다시 갔다 오는 것, 그래서 일래과라고 하고, 아나함은 불래과, 이제는 가면 윤회를 그치고 다시 돌아오지는 않는다. 그리고 그 중에서도 가장 성인의 지위에 올라간 것이 아라한인데, 아르핫(arhat), 아르한 그러죠. 보통 절에 가면 나한전, 또는 오백나한전이라고 하는데 그건 소승에서 말하는 성인의 지위에 오른 분들입니다.

불생불멸의 자리에 가신 거죠. 그래서 굉장히 높은 대우를 받는데, 다만 보살도에 대한 그런 쪽은 관심이 적으셔서 자기의 도의 완성에만 마음이 있는 분을 소승의 사성이다 그렇게 얘기를 합니다.

화엄경이나 이런 쪽에서 얘기하는 것도 견성성불의 과정을 보면 네 단계로 얘기하는데, 하나가 점수해오입니다. 처음에 불교에 접해서 신해행으로 깨닫게 되는 증으로 나아가는데, 깨닫겠다는 마음을 가지고 출발하면 십신인데, 그 십신이 충만되면 십주여서 초발심주에 들어가게 됩니다. 초발심주에 들어가면 백퍼센트 믿는다면 이미 그 분은 닦는 게 시작이 되었고, 해오는 가는 겁니다. 물론 아주 뛰어난 분은 돈오도 있겠지만, 믿고 이해하는 측면으로 깨달음에 접했다 이렇게 말할 수 있습니다.

그 후에는 점수돈오가 되지요. 점점 닦아서 해오가 아니라 돈오, 몰록 깨닫는다. 문득 깨닫는다. 홀연히 단박 깨닫는다 그럽니다. 시절인연이 맞아떨어졌을 때 점수돈오가 되지요.

그런데 많은 사람들의 경우에 이즉돈오(理即頓悟), 이치는 홀연히 깨달을 수 있지만, 사비돈제(事非頓除)라고 해서 사는 금방 제거되지 않는다. 즉 우리가 살아오면서 닦은 그러한 습업, 업장, 업력 그런 것은 그대로 남아있어서 그 업장을 다 녹여야 깨닫고 나서 성불이 되는 거죠.

그래서 점수돈오를 이루고, 그럼 돈오한 후에는 우리나라의 지눌 스님이나 서산스님이나 한암 스님이 얘기하신 것처럼, 돈오점수의 과정을 가게 됩니다. 오후의 점수, 깨달은 후에 점점 닦아나간다. 그래가지고 네 번째 단계에 이르는 것이 돈오돈수입니다.

더 닦을 것도 없고, 더 깨달을 것도 없는 그게 견성성불의 지위죠. 그렇게 단계적으로도 생각해볼 수 있지만, 선을 하는 분들은 무심에 들어서 자심즉불이어서 자기 마음을 늘 깨어있는 알아차리는 자리를 보면 그것이 바로 그 자리이지, 부처라는 게 따로 있는 게 아니다 그렇게 얘기를 할 수가 있습니다.

오늘은 37회 "달마조사 수염이 없다?" 그랬는데, 여기는 무문관에 제2칙인 백장야호와 제4칙인 호자무수, 오랑캐의 수염이 없다. 서천은 인도를 말하는데, 달마 조사를 이름으로 깔아낸 거죠. 서천호자무수(西天胡子無鬚) 이렇게 말할 수가 있습니다.

앞에는 달마 조사의 그런 모습에서 우리가 흔히 그림이나 사진에서 보는 것처럼, 턱수염이 멋있게 달려있는 그런 것이고, 4칙에서는 서천호자, 서쪽의 오랑캐에게 수염이 왜 없느냐? 이렇게 문제를 던져줘서 후생들이 공부를 하게 하는 겁니다.

백장야호는 전에도 한번 말씀드렸는데, 간단히 말씀드리면 백장 선사가 법문을 하는데 늘 노인이 한 분 와서 들었어요. 끝나고 돌아가고 했는데, 어느날은 법회가 끝나도 돌아가지 않는 거예요. 그래서 무슨 일이냐고 물으니까, 드릴 말씀이 있다 해서 뭐냐고 하니, "제가 석가모니불 시절 이전인 가섭불 시절에 이 절의 주지를 했는데, 어떤 불자가 크게 공부한 사람도 인과에 떨어집니까? 하고 물었는데, 대답해주기를 그렇게 크게 공부한 사람은 인과에 떨어지지 않는다. 인과불락(因果不落) 그렇게 잘못 얘기했어요."

견성한 사람도 진여수연이라고 해서 그 인연에 따라서 살아가야 되는 측면이 있는 겁니다. 그래서 잘못 가르쳐줬기 때문에 오백생을 여우로 살았는데, 이제 훌륭하신 선사님이 계시니까 제가 여우몸을 벗을 때가 된 거 같다 그러니까, 제가 다시 여쭙겠습니다 하고 크게 공부가 된 사람은 인과에 떨어지지 않습니까? 하고 물으니까, 백장 선사께서 크게 공부한 사람은 인과에 어둡지 않다 그랬어요. 인과에 떨어지지 않는 게 아니라 어둡지 않다. 왜냐하면 깨닫고 나서도 진여수연이라고 그래서 진여의 자리에 있으면서도 시절인연에 맞게 중화롭게 살아야 되니까 인과불매(因果不昧)다 그렇게 얘기를 해서 백장야호가 깨달음을 얻은 겁니다.

그러니까 고맙다고 백장 스님에게 절을 하고, 지금 산 뒤에 올라가면 굴이 있는데, 거기에 가면 여우의 형태를 한 몸이 있을 텐데 그것이 바로 제 몸이니까 스님의 예로 해서 장사를 치러 주십시요. 그래서 사람들이 놀랐죠. 돌아가신 스님이 없는데 장례를 치르라고 하니까..

어쨌든 장례를 잘 치뤄서 백장야호는 몸을 벗고 해탈을 한 거죠. 그래가지고 그날 또 오후에 백장 선사가 법회를 하는데, 제자 중에 유명한 분인 황벽 선사가 질문을 하는 겁니다.

백장야호 얘기를 잘 들었는데, 차츰차츰 공부를 제대로 하는 사람은 어떻습니까? 하고 스승인 백장 선사에게 물은 겁니다.

그때 백장 선사가 제자인 황벽에게 "이리 오게" 그랬습니다. 다가간 제자인 황벽이 스승인 백장 선사를 후려친 겁니다. 상식적으로는 있을 수 없는 것인데, 그렇게 한대 맞으시고 스승인 백장 선사는 붉은 수염 오랑캐가 있다고 했는데, 여기에 붉은 수염 오랑캐가 또 하나 있구나 하고 얘기를 합니다. 그것은 황벽의 깨달음을 인정한 거예요.

말은 붉은 수염 오랑캐라고 안 좋은 표현을 썼지만, 그것은 달마 조사를 가리킨 거예요. 달마조사가 깨달으시고 법을 펴시니까 부처님에 준하는 그런 대우인데, 스님의 말 표현은 붉은 수염 오랑캐가 또 하나 있구나 그래서 굉장히 인정을 해주고, 황벽의 깨달음을 인정을 했죠.

그 다음에 무문관 4칙에 보면, 달마에게 수염이 없다, 호자무수, 오랑캐에게 수염이 없다. 이건 달마조사에게 수염이 없다는 거지만, 워낙 4칙에는 질문 형식으로 되어있습니다.

호감이 말했다. 보리달마에게는 어찌하여 수염이 없는가? 이렇게 제자에게 던지는 거예요. 그러니까 듣는 사람은 당혹하죠. 달마 스님은 워낙 수염이 있는데, 달마 수염이 없느냐고 묻는 게 아니고 어찌해서 수염이 없는 거냐고 하면 이게 언어가 막히게 됩니다. 언어도단이라고 그러죠. 말하자면, 하나의 우상을 던져준 거죠.

우리가 이름이나 말 이런 것들이 허상이고 실상이 아니니까 거기에 끌려가서 매달리면 자기 본래 면목을 떠난 겁니다. 그런데, 그렇지 않고 스승이나 누가 던져주면 그 우상을 자기의 것으로 잘못 생각해서 거기에 묶이고 그러죠. 그래서 헤매게 되는 거죠. 그런 우상을 깨주기 위한 것이 달마에게 수염이 없다는 이런 화두인 겁니다.

그래서 이걸 한번 보면, 호감이 말했다. 보리달마에게는 어찌하여 수염이 없는가? 무문의 말, 무문혜개 스님이죠. 참구하려면 진실로 참구해야 하고 깨달으려면 진실로 깨달아야 한다. 이것을 수염이 있고 말고 하는 분별지로 다뤄가지고는 본래 면목에 도달할 수 없고, 결국은 정말로 깨달으려면 자기의 본래 면목을 실제로 깨달아야 된다는 겁니다. 분별지에 빠지지 말고.

이 보리달마를 마땅히 한번 직접 만나보아야 하지만, 직접 만난다고 말한다면 벌써 둘로 갈라졌다. 직접 만나서 본다고 생각한다면 달마 스님을 보고, 또는 상을 보고 수염이 있느니 없느니 둘로 갈라지니까, 이분념법 분별지에 떨어져서 이 사람은 도로부터는 아주 십만팔천리 멀어지는 거죠.

기독교에도 창세기에 보면, 아담과 이브에게 하느님이 선악과를 따먹지 말라. 그걸 어기고 이브가 얘기해서 아담이 따먹고 그러니까, 에덴동산에서 쫓겨났죠. 이분념법, 선과 악, 미추, 진망 이렇게 둘로 나누면 부처님의 진리로부터, 하느님의 진리로부터 십만팔천리 멀어진 것이라고 말할 수 있습니다.

그래서 무문 혜개 스님의 노래를 보면, 어리석은 사람 앞에서는 꿈 이야기를 하면 안 된다. 이분념법으로 생각해서 거기 생각에 휘달리고 번뇌망상을 일으키는 것은 꿈입니다. 각이 아네요. 생각의 근원자리에서 자연스럽게 대용으로 나오면 그것은 깨달음이지만, 이렇게 생각이 들어가고 헤아려서 하는 것은 하나의 꿈과 같은 얘기입니다.

보리달마에게 수염이 없다고 하여 맑은 정신을 흐릿하게 만드는구나. 이렇게 우상을 던져주는 거죠. 한로축괴 사자교인 그러는데, 한나라 개는 돌덩이를 던져주면 그걸 물으러 가죠. 그러나 사자는 돌덩이를 던지면 그걸 찾아가지 않고, 사람에게 달려들어 물려고 하는 것처럼, 항상 자기 본래 면목을 잃지 않게 분별념법에 빠지지 말아야 한다. 그래야 무념 속에 성성적적하게 된다 그런 얘기가 되겠습니다.

무사인 선사의 군소리를 보면, 달마에게 수염이 없다니, 무슨 잠꼬대를 하는가? 달마에게 수염이 있다는 놈도 한방 때려 잠을 깨워야하리.

역시 분별지를 여의고, 무분별지인 무심으로 나아가서 지금 여기, 항상 늘 알아차리는 깨어있는 자리에 있는 것이 바로 깨달음이다 이렇게 말할 수 있습니다.

오늘은 제37회 달마조사 수염이 없다? 이걸 가지고 말했는데, 모두 행복하시고, 직견자심 돈오자심 견성성불 하십시오. (합장)

제38회 향엄 나무에 매달린 사람

미륵존불 시대를 살아가는 보살 대중 여러분, 안녕하십니까?

석가모니불께 경배찬탄합니다. (합장)

미륵존여래불!

본각선교원 깨달음 세계 오늘 법회 주제는 향엄 나무에 매달린 사람, 한자로는 향엄상수(香嚴上樹)라고 무문관 제5칙입니다.

이것은 진퇴양난형 공안으로 결국은 우상을 타파해야 되는 그러한 내용입니다. (오른손을 번쩍 든다)

지금 여기, 이게 각이고 부처입니다. 시간 공간이 아니고 무시공, 시간과 공간이 없는 생각 이전에 그러한 영원한 우주, 그게 바로 지금 여기뿐입니다.

그래서 옛날에 한 스님은 인간 백세 삼만육천 날, 매일 아침 반복하는 것이 이것이라고 얘기했습니다.

또 어떤 스님은 아침에 일어나서 자기 자신에게 얘기합니다. 주인공아! 네! 잘 잤느냐? 네! 이렇게 주인공인 자기의 마음, 알아차리는 자, 알아채는 자(道觀者), 깨어있음. 진여일심 이렇게 얘기를 한 스님도 계셨습니다.

그래서 공부하는 사람들은 일반적으로 불취명상 여여부동이라고 그럽니다. 모양이나 이름 또는 생각에 끄달리거나 속지 말아라 그런 얘기입니다.

금강경에는 불취어상 여여부동 그래가지고 여러 가지 모양에 끄달리지 말아라. 범소유상 개시허망 약견제상비상 즉견여래. 모든 상은 허망한 것이니, 제 모양을 모양이 아닌 것으로 보면 여래를 보리라 그러니까 견성을 한다 이런 얘기입니다.

그래서 금강경은 특히 아상, 인상, 중생상, 수자상, 법상, 비법상 이런 모든 상을 떠나라고 얘기를 했습니다.

그리고 또 하나는 이름인데, 우리는 이름 등을 통해서, 말이나 글로써 세상을 살아가게 됩니다. 그런데 이름은 그것이 전부 허상이고, 허명입니다. 실제가 아니고 이미지이고, 관념입니다. 그래서 금강경에서 부처님은 "부처는 부처가 아니라 그 이름이 부처다. 보살은 보살이 아니라 그 이름이 보살이다. 범부는 범부가 아니라 그 이름이 범부다." 이렇게 말씀하셨고, 의법출생분에서는 수보리야 불법자는 즉비불법이니라. 내가 불법을 믿는 부디스트나 또는 그리스도를 믿는 크리스챤이나 이런 고정관념을 가지면 즉비불법, 그것은 부처님법이 아니다 그렇게 얘기를 했습니다.

그러니까 우리가 여러 가지 모양이나 이름 이런 데 속지 않아야 되고, 또 하나 중요한 것은 생각에 속지 말아야 됩니다. 우리의 진여일심 그 근본자리, 생각의 근원자리에서 바로 나오는 생각은 그대로 각이어서 문제가 없지만, 거기에 다른 생각이 들어가고 헤아림이 들어가고 집착을 하고 집착 망상을 피우게 되면 그것은 꿈이지 실상이 아닙니다.

그런 경우에는 염기즉각, 그 생각을 즉각 알아보고, 아 망상을 피웠구나 이렇게 알면, 염기즉각(念起即覺) 각지즉무(覺之即無). 그것을 알아채는 순간 무로 돌아간다. 그것도 하나의 방법이고, 또 하나는 백성욱 박사님이 얘기한 것처럼, 석가모니불이 가장 존중하는 부처가 미륵존여래불인데, 어떤 삼독의 마음이나 이런 번뇌망상이 일어나면, 미륵존여래불! 하고 공경하는 마음으로 바치는 겁니다. 그러면, 그 마음을 받치면 내 속에 있던 생각인 중생이 다 제도가 된다 이러한 애기죠.

결국 우리는 부처님 공부한다는 것은 모양과 이름에 생각에 끄달리거나 속지 않고, 생각을 자유자재로 하면 되는 겁니다.

그래서 석가모니 부처님은 생각은 필요하면 꼭 나오고, 불필요한 생각은 나오지 않고, 생각이 나오면 다 그대로 이루어지셨다고 하니까 석가모니 부처님이 우리의 모델이다 이런 얘기를 할 수가 있겠습니다.

오늘 무문관 제5칙이 향엄 스님의 나무에 매달린 사람, '향엄상수'라고 그렇게 되어있습니다.

향엄은 향엄 지안 스님인데, 워낙 이 분은 백장 선사에게 배우다가 거기서 떠나서 위산 영우 스님을 찾아갔습니다. 그래서 화두를 "부모미생전 본래면목"이라고 결택받았는데, 그것을 잘 깨닫지를 못했습니다. 그래가지고 실망한 채로 남양 무당사에 들어가서 청소를 하다가 기왓장이 있어서 대나무에 던졌더니 쨍그렁! 하고 소리가 난 겁니다. 그때 몰록 깨달은 겁니다. 그래서 향엄 스님은 벽죽돈오, 대나무를 때려가지고 몰록 깨달았다 그럽니다. 그 순간에 직견자심 돈오자심, 즉시 자기 마음을 보고, 자기 마음을 깨달은 거죠. 진여일심인 심왕을 깨달은 거죠.

그래서 그런 경험을 갖고, 나중에 위산 영우 스님한테 가서 인가를 받아서 그 법을 이으셨다고 합니다.

그러면, 무문관 제 5칙 향엄의 나무에 매달린 사람을 읽어보면서 같이 공부하도록 하겠습니다.

향엄 화상이 말했다. 가령 누군가 나무에 올라가서 입으로 나뭇가지를 물고는 손으로 가지를 잡지 않고 발로도 나무를 딛지 않고 있는데, 나무 아래 어떤 사람이 조사께서 서쪽에서 오신 뜻을 묻는다고 하자, 조사서래의라고 합니다. 대답하지 않으면, 그가 묻는 것에 어긋나고 만약 대답한다면 목숨을 잃을 것이다. 바로 이러한 때에 어떻게 응대할 것인가? 이렇게 본문이 되어있습니다.

이것은 제자에게 진퇴양난의 형 그런 공안으로 어떤 우상을 던져줘서 거기에 끄달리느냐 아니면 안 끄달리고 우상을 뛰어넘느냐 하는 방법으로 가르치는 그런 것이라고 말할 수가 있습니다.

무문의 말, 무문혜개 스님의 말입니다. 설사 거침없는 말솜씨가 있더라도 전혀 소용이 없고, 말솜씨로써는 해결이 안 된다는 거죠. 팔만대장경을 설명할 수 있어도 역시 소용이 없다. 만약 여기에 대답할 수 있다면, 이전에 죽어있던 것을 살리고 이전에 살아있던 것을 죽일 것이다. 아직 그렇지 못하다면 곧장 다음 세상을 기다려 미륵불에게 물어보라 그랬습니다.

석가모니 부처님의 법 시대가 끝나고, 미륵존불 시대가 될 때까지 기다릴 수밖에 없다고 그렇게 얘기를 한 겁니다.

향엄 스님이 그렇게 얘기했을 때, 호두초 상좌가 되물었습니다.

"나무에 올라갔을 때라면 묻지 않겠습니다. 아직 나무에 올라가지 않았을 때는 어떻습니까?"

향엄은 "허허~" 그렇게 웃었습니다.

그것이 인정하는 말인지 아닌지는 우리가 알 수 없습니다. 그것에 대해서 무문 스님의 노래가 있는데, 향엄은 참으로 제멋대로이고, 지독하기가 한이 없어서 납승의 입을 틀어막아(이러지도 못하고 저러지도 못하잖아요. 대답을 하려면 입을 놔야 되고 그럼 떨어지고, 대답을 안 하면 스승에 대한 예가 아니고) 온몸에 귀신의 눈이 솟아오르게 만든다네.

이걸 해결하지 못한 그런 범부에게는 잘못된 안목을 심어줄 수 있기 때문에 그렇게 무문 스님이 노래로 책한 겁니다.

이것에 대해서 밝은이인 무사인 선생은 군소리에서 입을 열어서 어긋나면 입을 다물어도 어긋나고, 입을 열어서 알맞으면 입을 다물어도 알맞다. 그렇게 답을 했습니다.

이 공안에는 제법실상을 깨닫게 하는 공안도 있고, 이 나무에 매달린 사람처럼 공부하는 사람이 이러지도 저러지도 못하게 진퇴양난에 가게 하는데, 그것은 우상을 던져줘가지고 거기에 따라가나 안 따라가나 이런 걸 보는 거죠. 경계에 물들지 않으면 되는 겁니다.

그 다음에 이런 무상을 제시하는 것은 꿈이기 때문에 꿈을 깨려고 눈을 뜨면 됩니다. 그리고 이것은 분별사식으로 분별을 해서 진망, 선악, 미추, 유무로 떨어지게 하니까 이것을 벗어나려면 무분별지로 판단을 중지하면 됩니다.

그러니까 우리가 지눌 스님이 단지불회면 시즉견성이다. 모를 줄 알면, 그게 바로 견성을 하는 것이다 이렇게 말할 수 있습니다.

침묵이나 웃음도 하나의 방법일 수 있습니다. 그런데, 여기서 일반적으로 공부하는 사람이 걸려들기 쉬운 것은 입에만 의존하고, 입에만 의존해야 하는 것처럼 착각을 하는 겁니다. 그 착각을 벗어나면 되는 거죠.

그래서 또 하나의 방법은 손발을 조심해서 손가락을 움직여서 차츰차츰 해서 나무에서 내려와서 서있으면서 "조사서래의를 물으셨습니까?"하고 수처작주 입처개진해가지고 "뜰 앞에 잣나무다" 또는 "마른 똥막대기다" 이렇게 대답을 하면 되는 것입니다.

결국, 나무는 이름으로 하는 하나의 가명이었던 것인데, 이런 걸 통찰해서 자기가 우상을 타파하고 견성하는 자리로 나아가야 된다 그렇게 말할 수 있습니다.

그래서 우리는 맨 처음에 자각하겠다고 발심하는 것이 제일 중요합니다. 초발심시 변성정각이죠. 그리고 중요한 것은 내가 본래 부처다 즉 나의 자심이 부처다. 자심즉불 이런 거죠. 그래서 직지인심 그러는데, 조금 더 안으로 다가와서, 밖으로 찾지 말고 안으로 직견자심하고 반조하고 수처작주해서 돈오자심으로 나아가면 견성이라고 합니다.

그래서 우리는 견성성불을 향해서 소리에 놀라지 않는 사자처럼 그물에 걸리지 않는 바람처럼 흙탕물에 물들지 않는 연꽃처럼 무소의 뿔처럼 혼자서 가라 그럽니다.

공수래공수거, 빈손으로 혼자 왔다 혼자 가는 것이 인생이죠. 무소의 뿔처럼 혼자서 견성성불하라 이런 말을 할 수가 있습니다.

보살대중 여러분! 직견자심 돈오자심해서 성불제중하시고, 행복하시기를 빕니다. (합장)

감사합니다.

제39회 깨달음과 반야심경

미륵존불 시대를 살아가는 보살 대중 여러분, 안녕하십니까?

석가모니불께 경배찬탄합니다. (합장)

미륵존여래불!

본각선교원 깨달음 세계 39회 법회 주제는 "깨달음과 반야심경"입니다.(손을 든다)

지금 여기뿐입니다. 이것뿐입니다. 시공이 없는 무시공의 세계, 영원한 우주죠. 이 우주 삼라만상이 전부 내 마음 안에서 일어나고 있습니다.

눈으로 보아 알아차리고, 귀로 들어 알아차리는 영원히 깨어있는 자 그게 우리의 마음이죠. 그게 각이고, 눈이고, 자심이고, 부처이고, 도입니다.

이 우주가 자심인 참된 내 마음이고, 진아이고, 부처입니다.

보통 우리가 불교 공부를 할 때, 직지인심 견성성불 하라고 하는데, 그러려면 우선 깨달은 선지식을 만나야 되는 것이 가장 우선됩니다. 그래서 선지식을 선택했으면 선지식을 따라야 되고, 선지식이 아니라고 생각되면 그 선지식을 떠나야 됩니다.

물론, 선지식이 없이 혼자 깨달을 수도 있죠. 그런 사람을 독각, 벽지불이라고도 하는데, 일반적으로 말하면 선지식을 만나는 것이 우선 필요하고, 그 다음에는 자각발심입니다. 내가 스스로 깨닫겠다는 마음을 내는 것, 보리심, 결정심을 내는 거죠. 그래서 삶의 어떠한 것보다 깨닫겠다는 것을 영순위에 놓는 것, 그래가지고 간절히 쭉 나아가는 게 필요하죠.

그런 다음에 우리가 알아야 될 것은 자심즉불, 내가 곧 본래 성불했고 나의 마음이 곧 부처다. 내 마음이 부처라는 것은 분별심. 생멸심의 마음이 아니고, 생멸심을 떠난 진여일심, 불생불멸의 마음, 또는 심왕이라고 그러는 거죠. 그게 부처고, 내가 본래 성불했다는 것.

그 다음에 보통 직지인심 하지만, 사람의 마음을 직접 가르친다는 것은 여러 가지 생각이 많아지니까, 저는 직견자심하라고 합니다. 바로 자기의 마음을 봐라. 밖으로 향하지 말고 자기의 마음을 봐라. 그래가지고 항상 수처작주해라. 언제 어디서나 내가 주인공이다. 수처작주 입처개진이라고 그러거든요. 내가 항상 주인공으로서 그렇게 언행을 하고 마음을 가지면 그게 주인공이 되는 것이고, 그 서 있는 곳이 모두 참되다는 것이죠. 수처작주하려고 하면 여러 가지 방법이 있는데, 중요한 것의 하나는 회광반조입니다. 자기 생각하는 것, 밖으로 또는 밖으로 보는 것 이런 것을 반대방향으로 돌이켜서 그 빛으로 자기 마음을 봐서 그 두 개가 하나로 통하는 것, 회광반조라고도 하고 또는 광명자조(光明自照)라고도 합니다. 빛을 돌이켜서 스스로 비춘다. 또 하나는 선정삼매에 들어서 멸진정에 드는 것이죠. 이런 여러 가지 방법이 있겠습니다만 어쨌든 수처작주하는 것이 중요하고, 그런 다음에 돈오자심, 나의 진정한 여래의 마음을 몰록 깨닫는 겁니다. 자심을 깨닫는 것은 내 마음의 심성, 심왕, 진여심을 깨닫는 거니까 자성을 보고, 불성을 보니까 그것이 바로 견성이 된다 이렇게 말할 수가 있습니다.

인연과보로 돌아가는 인연아나 오온아, 몸나를 떠나서 무심 참마음, 심왕, 진여일심으로 돌아가서 그것을 자기가 몰록 깨달으면 견성이 된다고 말할 수 있습니다.

그래서 경에서 보면, 우리의 그러한 마음이나 지혜를 대원경지라고 그럽니다. 무한히 크고 둥근 그러한 거울의 지혜, 거울과 같은 마음이다. 그럼 이 세상에 벌어지는 모든 여러 가지 삼라만상의 모양은 전부 그림자에 불과합니다. 대원경지에 비춰진 그림자에 불과하다 그렇게 말할 수 있습니다.

오늘은 반야심경에 관해서 주로 알아보려고 하는데, 석가세존께서는 47년간 법문을 설하셨는데, 아함 12, 방등 8년, 21년 반야담. 반야경을 21년간 설하셨고, 법화열반 08년, 맨 처음에 설하신 화엄경은 전 우주를 향해서 삼칠일간 설하셨습니다.

가장 오랫동안 설한 게 지혜부, 반야부 600부 반야가 있다고 그러는데, 그 모든 것을 다 핵심으로 모아서, 21년간 가르친 것을 모아서 애기한 것이 마하반야바라밀다심경 입니다.

260자로 되어있으니까 이것을 공부해서 외우고, 사유수하고 그러면, 견성에 이르는데 도움이 되리라고 생각합니다.

그러면 먼저 한자로 된 반야심경을 읽어보고, 그 다음에 간결하게 우리말로 풀어서 애기를 하겠습니다.

마하반야바라밀다심경 그러는데, 마하는 크다는 것이고, 반야는 지혜고, 바라밀다는 지혜의 완성입니다. 그래서 그것을 강이나 바다를 건너는 지혜다 그래서 도항지혜라고도 애기하고, '지도(智度)'라고도 애기합니다. 지혜로 이룬다 또는 도피안이라고도 그러죠.

심경의 심은 여기서 마음이라는 뜻보다는 핵심이라는 뜻입니다. 지혜를 완성해가는 데 핵심적인 부처님 말씀이다 이러한 뜻이 됩니다.

마하반야바라밀다심경
관자재보살 행심반야바라밀다시
조견오온개공 도일체고액 사리자
색불이공 공불이색 색즉시공 공즉시색
수상행식 역부여시사리자
시제법공상 불생불멸 불구부정
불증불감 시고 공중무색 무수상행식
무안이비설신의 무색성향미촉법
무안계 내지 무의식계 무무명
역무무명진 내지 무노사역무노사진
무고집멸도 무지 역무득
이무소득고 보리살타의반야바라밀다고
심무가애 무가애고
무유공포 원리전도몽상 구경열반
삼세제불의반야바라밀다고
득아뇩다라삼먁삼보리 고지반야바라밀다
시대신주 시대명주 시무상주
시무등등주 능제일체고 진실불허
고설반야바라밀다주 즉설주왈
가세 가세 바라가세 바라삼가세 보디 쓰와

(가세. 가세. 바라보고 가세. 바라보고 모두 갔네. 깨달음이여. 원만성취여)

이렇게 읽을 수가 있습니다.

그러면 이것을 우리말로 쉽게 풀어서 말씀드리겠습니다.

관자재보살이라고 했는데, 우리는 관세음보살이라고 그러죠. 그런데 현장 법사는 관자재보살이라고 했고, 구마라즙 선생은 관세음보살이라고 했는데, 즉 관세음보살이 부처님이 계신 옆에서 왕사성 기사굴산에서 사리자를 비롯한 여러 성문 제자들에게 법문을 한 것입니다.

거룩한 관세음보살이 깊은 지혜완성을 행할 때, 다섯 쌓임, 우리를 구성하고 있는 색수상행식을 오온이라고 그러죠. 오온이 모두 빈 것을 비춰보고 온갖 고액을 멸하느니라.

이것은 한 마디로 공(空) 사상이라고 할 수 있습니다. 이것을 좀 설명하면 텅 빈 영각성(靈覺性)이다 이렇게 얘기할 수가 있습니다.

사리자여, 사리불이죠. 물질이 공과 다르지 않고 공이 물질과 다르지 않으며, 물질이 곧 공이요 공이 곧 물질이니, 여기서 물질은 색(色)이죠. 느낌 생각 행동 의식도 그러하니라. 사리자여, 이 모든 존재의 공한 모양, 여기서의 핵심은 공상(空相)입니다. 이 모든 존재의 공한 모양은 나지도 없어지지도 않으며, 더럽지도 깨끗하지도 않으며, 늘지도 줄지도 않느니라.

그러므로 공 가운데는 물질도 없고, 느낌, 생각, 행동, 의식도 없으며, 눈 귀 코 혀 몸과 뜻도 없으며, 모습, 소리, 냄새, 맛, 닿음과 법도 없으며, 눈경계에서 의식의 경계까지 없으며, 무명에서 무명의 다함도 없으며, 늙고 죽음도 없으며, 늙고 죽음의 다함까지도 없으니, 그러니까 12연기가 다 없다는 것이죠. 고집멸도가 없으며, 사성제죠. 현재 우리 인생의 고, 그 원인인 집착과 갈애, 그것을 멸하는 목적에 가는 도는 팔정도, 이런 것도 없고 지혜도 없느니라. 왜냐하면 얻을 것이 아무것도 없기 때문에 그런 겁니다.

보살, 보디사트바는 지혜완성을 의지하므로, 마음에 걸림이 없고, 걸림이 없으므로 두려움이 없어서 뒤바뀐 헛된 생각을 아주 떠나, 완전한 열반에 들어가며, 원리전도몽상인데, 이게 뭐냐면, 우리가 우리의 몸이나 또는 오온으로 이루어진 것이나 또는 인연으로 되어가는 이런 몸, 몸나를 자기의 진짜 나로 착각해가지고 거기에 많은 습업이 쌓여가서 헛된 생각을 하고 그걸 또 벗어나려고 애를 쓰고, 그것이 전부 헛된 것이라는 거죠. 사람은 자유자재를 원하는데 분별 착각 망상으로 자승자박하니, 생각을 뒤집어, 자성청정심으로 가야 합니다.

그래서 전도몽상을 전부 멀리해가지고 열반에 들어가며, 과거 현재 미래 모든 부처님도 마하반야바라밀다를 의지하므로 최고의 깨달음을 얻었느니라.

그러니까 우리가 몸나, 오온아, 인연아, 나라는 착각을 버리고 참마음, 참 나, 비인연아, 초월아 이것을 나라고 가지는 것이 원리전도몽상이다 그렇게 말할 수 있습니다.

그러므로, 알아라 지혜완성은 가장 신비로운 주문이며 가장 밝은 주문이며, 가장 높은 주문이며, 무엇과도 견줄 수 없는 비교할 수 없는 무등등주이니, 온갖 괴로움을 없애 열반은 진실하여 허망하지 않다. 이 세상에 유일하게 허망하지 않은 것은 그러한 열반, 해탈이다 그런 겁니다. 그 외의 모든 것은 대원경지에 비친 그림자에 불과하다.

그러므로 마하반야바라밀다의 주문을 말하느니, 곧 이러하니라. 이것은 보통 하는 주문과는 조금 다릅니다.

이것은 본래 우리말입니다. 가세 가세 바라가세 바라삼 가세. 보디 쓰와.

저는 이렇게 합니다. 왜 그러냐 하면, 지금 반야심경의 주문에 관해서 '갓데 갓데 파라갓데 파라상갓데 보디스바하' 이렇게 하는데, 이것은 워낙 우리말로 인도의 산스크리트어나 팔리어가 아주 비슷한 게 많습니다. 우리말이 옛날에 인도어로 갔다 되돌아오다 보니까 변음되었기 때문에 그렇습니다. 옥스퍼드 사전에 석가모니(고다마 싣달다)는 왕검단군(고준)의 후손이라고 기록하고 있습니다.(언어학자 강상원 박사)

특히 타밀어하고 우리말은 같은데, 지금 인도말로 하는 Gathe인데, 그게 가세를 적다보니까 갓데라고 하고 또 이게 우리나라로 다시 오다 보니까, 아제 아제 그러는데 그게 아니라 우리가 수도를 해서 깨닫는데 기본바탕이 된 자랑위, 그 다음에 가행위, 가행정진하는 것, 그 다음에 견도위, 도를 보는 위, 도를 닦아서 이루는 수도위, 그 다음에 다섯 번째가 구경위, 궁극의 위치다 그런 겁니다. 처음에 하는 것이 자량위 이고, 맨 나중에 하는 보디 쓰와~ 하는 겁니다.

보디 쓰와는 깨달음이여. 원만성취여! 그러는 건데, 왜 원만성취냐 하는 것을 다시 설명 드리겠습니다.

다시 한 번 보면, 가세가세 바라가세 바라삼가세 보디쓰와~

삼이라는 것은 셋도 되고 이룸도 되며, 통합도 되고, 화합도 되는 여러 가지 의미가 있습니다.

이 끝에 말은 우리나라나 중국이나 티벳을 보면, 소하라고도 하고 사바하나 스바하라고도 하고, 쓰와라고도 그럽니다. 그것은 어디서 온 말이냐 하면, 해조음에서 온겁니다. 바다의 해조음이라는 것이죠. 물결치는 소리.

제가 경험하기로는 양양 낙산사를 가보면, 바닷가에 홍련암이 있고 또 거기에 해수관세음상이 있고, 또 그 옆에 의상대가 있습니다. 의상 대사가 와서 관세음보살을 친견했다고 그러고, 또 홍련암에서 보면 그 밑에 십여 센치 되는 구멍으로 보면 바닷물이 들어왔다 나갔다 하는 신비로운 것이 보입니다.

거기서 동해나 태평양을 바라보면 정말 그렇게 좋을 수가 없습니다. 그래서 그와 같은 것은 묘법연화경 관세음보살 보문품에 보면, 이 세상에 모든 소리를 이길 수 있는 소리가 뭐냐 하면, 묘음이라고 그럽니다. 묘음보살의 묘한 음, 또 하나는 관세음, 관세음보살의 소리, 관세음의 소리 그래서 묘음관세음과 범음(범천의 소리), 네 번째 해조음, 바다의 물결치는 소리(쓰와), 그래서 묘음 관세음과 범음 해조음이 승피세간음이니 이 세상의 모든 소리를 초월해서 있는 그런 청정한 소리이니, 시고로 수상념하되 념념물생의 하라.

늘 그 소리를 생각하되 일체의심을 내지 말아라. 그래서 이 스바하나 소하나 쓰와나 이런 것은 해조음을 나타내는 것이기 때문에 저는 보디 깨달음이여 원만성취여 이렇게 한 것입니다. 그래서 반야심경에는 소본이나 대본 그러는데 큰 차이는 없고, 다만 대본에는 최초의 법회가 열리는 장소와 거기 계신 분들, 부처님과 관세음보살과 수많은 성문제자들 이런 것이 나오는데, 대본에 다음 뒷부분이 좀 더 들어간 것뿐입니다.

왕사성 기사굴산에서 관세음보살이 이런 반야심경의 말이 끝나자, 석가세존께서는 광대심심삼매에서 나오시어 관세음보살을 찬탄하셨습니다. 그것은 부처님을 대신해서 관세음보살이 좋은 법문을 했으니까 석가세존께서 칭찬을 하신 거죠.

보살 대중 여러분, 직견자심 돈오자심하셔서 견성성불 하시기를 바라겠습니다. (합장)

제40회 석가세존 연꽃을 들다

미륵존불 시대! 보살 대중 여러분, 안녕하십니까?

석가모니불께 경배찬탄합니다. (합장)

미륵존여래불!

본각선교원 깨달음 세계 40회 법회 주제는 “석가세존 연꽃을 들다”입니다.

무문관 제6칙이라고 말할 수 있습니다. (오른손을 번쩍 든다.)

지금 여기뿐입니다. 이것뿐입니다.

자신 속에 우주의 모든 현상이 있어 비추고 있으며, 이것이 각이고 부처이고 도라고 말할 수 있습니다.

시간 공간을 떠난 무시공의 자리, 마음 속 우주 실상은 지금 여기뿐입니다.

지금으로부터 2644년 전 4월 8일 네팔 룸비니 동산에서 고담마 싯다르타 태자는 어머니 마야부인이 무우수를 잡고 있는 가운데, 옆으로 태어나셨다 합니다.

누룬 색의 의미를 갖고 있는 카빌라 성에서 살다가 마야 부인께서는 산달이 가까워오자 친정인 데바다하로 가는 도중 산기를 느껴, 친정어머니 소유인 룸비니 동산에서 고담마 싯다르타 태자를 탄생시키게 된 것입니다.

싯다르타 태자는 태어나자마자 한손으로 천상을 가리키고, 한손으로 천하를 가리키면서 사방으로 일곱 발자국씩 걸으면서 "천상천하 유아독존(唯我獨尊) 삼계무안 아당안지" 그렇게 말씀하셨다고 합니다.

천상천하에 오직 나만이 높다. 삼계(욕계, 색계, 무색계)가 편안하지 않으니 내가 이것을 편안하게 하고자 한다 이렇게 애기를 했습니다.

여기서 나라는 것은 참 나이고, 법신불을 말하는 겁니다. 보통 말하는 에고로서의 나가 아니라 참나, 법신불로서의 참나를 말씀하신 겁니다. 태어나시면서 부처님 소리를 하신 거죠. 그럼 태어나셨는데 어떻게 금방 일곱 발자국을 걸었느냐 하는데, 그것은 범천왕의 보조를 받으셔가지고 걸으셨다 그렇게 애기합니다.

석가세존의 탄생이 2600년 전 일이지만, 그것도 지금 여기 일입니다. 지금 여기 내 마음 속에 나타난 하나의 현상이죠.

싯다르타 태자는 왕실에서 태어나가지고 사문유관을 한 후, 내가 누구인가를 깨치고 고통의 바다에서 벗어나기 위해서 29세 음력 2월 8일날 출가하셨습니다.

그리고 6년간 고행과 수행을 하다가 중도로 나아가 35세에 12월 8일 부다가야 마하보디 템플 보리수 밑에서 길상초를 깔고 앉아 선정에 드셨다가 견명성 오도를 하셨다고 합니다.

견명성 오도는 새벽별을 보고 깨달으셨다는 거죠. 그럼 무엇을 깨달았느냐? 일반적으로 연기법을 깨달았다고 하는데, 그것은 맞긴 맞지만 조금 부족하고, 일심불계연기법을 깨달았다고 해야 조금 더 필요충분한 표현이 됩니다.

우주는 진여일심이 만들어낸 그러한 법계이고 불계이며, 현상은 인연과보로 되어가는 상의상존하는 연기법이다 이렇게 말할 수가 있습니다.

선가에서는 석가세존이 깨닫기 전에는 새벽별이 별이었는데, 깨닫고 나니까 별이 아니었다고 합니다. 깨닫고 난 후에는 그 별이 내 마음에 비친 하나의 그림자죠. 거울 속에 비친 그림자처럼 거울과 거기 비친 그림자가 둘이 아니듯이, 바로 자기 자신이었던 겁니다.

그래서 석가세존께서는 47년간 설법을 하시고 81세 2월 보름날 열반에 드셨습니다. 그리고 말로써 가르치는 그런 팔만사천 법문 이외에 수식선정 또는 직지선 이렇게 표현되는 삼처전심을 하셨습니다. 자기의 법을 마하가섭에게 세 번에 나누어서 전한 거죠.

물론 그 이전에 석가세존은 아나파나사티(수식선)을 해서 비상비비상처정까지 갔는데 깨달으실 때에는 9차제정으로 멸진정에 드신 겁니다.

삼처전심은 여기 나온 것처럼 석가세존이 연꽃을 들자 염화시중 또는 염화시중의 미소 그렇게도 하고, 또 하나는 다자탑전분반좌, 다자탑 앞에서의 마하가섭에게 자리를 내준 것, 또 하나는 사라쌍수 곽씨쌍부, 사라쌍수 밑에서 열반하실 때 마하가섭이 올 때를 기다리고 있다가 마하가섭이 오니까 양발을 내어 보이신 것 이것을 삼처전심이라고 그래서 선의 기원으로 삼습니다.

그러면, 무문관 6칙에 나오는 것을 함께 보도록 하겠습니다.

세존께서 옛날 영취산 기사굴산이죠. 위의 법회에서 꽃을 들어 대중에게 보이셨다. 연꽃을 들어 보이신 거죠. 그때 대중은 모두 말이 없었으나 오직 가섭존자만이 소리 없이 활짝 웃었다. 세존께서 말씀하셨다.

"나에게는 정법안장 열반묘심 실상무상 미묘법문을 방편의 문자를 세우지 않고 가르침의 말씀 밖에서 따로 전하여 마하가섭에게 부촉하노라" 그렇게 말씀하셨습니다.

여기에 든 꽃이 어떻게 된 거냐? 하늘에서 내려왔냐 여러 가지 설이 있지만, 한 번 얘기한 바, 이것을 구체적으로 탐구해서 발표한 분이 바그완 슈리 라즈니쉬 선생입니다.

오쇼 라즈니쉬는 석가세존이 드신 연꽃은 그 당시에 구두장이인 수다스라는 사람이 가져왔다고 합니다. 자기집 못에 아주 크고 아름답게 핀 연꽃을 가지고 오다가 아주 부자와 왕이 서로 자기에게 팔라고 그랬는데, 값이 막 올라갔죠. 그래서 왜 그렇게 비싼 값을 주고 사려고 하느냐고 물으니, 그들이 부처님께 바치려고 한다고 대답하여, 그럼 "알겠습니다. 나는 팔지 않겠습니다." 하고 자기가 구두장이로서 살기가 어려웠음에도 불구하고 석가세존에게 연꽃을 바친 겁니다.

그래서 수다스는 염화시중의 미소가 사람의 입을 통해서 불교의 참선문화와 함께 이어지면서 수다스라는 이름을 역사에 남기게 되었다고 애기를 합니다.

무문혜개 스님의 노래가 있는데,

꽃을 들어올리자 본분의 실마리가 벌써 드러났으니, 가섭은 활짝 웃지만 중생들은 어쩔 줄 모른다네.

중생들은 석가세존이 꽃을 들고 있는데, 잠깐 들고 있는 게 아니라 아주 오랜 시간 들고 계시고 말씀이 없으셔서 좀 답답해했겠죠.

꽃을 들어 올리자 본분, 본분이라는 것은 자기의 본성, 진여일심, 지금 여기 또는 법으로 말하면 불이중도죠. 그 불이중도의 실마리가 드러났다는 것은 자기의 그런 자심을 직접 보았다 그래서 가섭은 웃었던 거죠.

이러한 부분에 관해서 무사인 선생은 이렇게 평했습니다.

세존께서 꽃을 들어서 남김없이 보여주셨지만, 가섭이 보았다고 했다면 법을 부촉받지 못했으리. 그렇게 말을 했다고 그러면 그것은 법을 부촉받지 못했으리라는 평입니다.

다음에는 사라쌍수 곽씨쌍부, 석가세존께서 열반을 하실 때 사라쌍수 밑에서 가섭이 보자, 관 밖으로 두 발을 내보이신 거죠.

열반경에서 말했다. 그때 세존께서 열반하시려고 할 때 가섭은 대중 속에서 있지 않았다. 부처님이 여러 제자들에게 말씀하셨다.

"가섭이 오면 정법안장을 널리 알리도록 해야 한다."

정법안장, 그러니까 우리가 부처님 공부한다는 것은 안목을 넓히고 깊이 하는 것인데, 그 핵심에 이르렀을 때 정법안장이라고 그러죠.

그때 가섭은 기사굴산의 긴발라굴에 있다가 뛰어난 광명을 보고는 곧 삼매에 들어가 깨끗한 천안을 가지고 세존을 살펴보니, 사라쌍수에서 반열반에 들고 계셨다.

이에 따르는 무리에게 말했다.

여래께서 열반하시는데 어찌 그렇게 빨리 열반에 드시나?

곧 쌍수 사이에 이르러 그리움에 슬피 울면서 세존을 부르니, 부처님께서는 금관 속에서 두 발을 내어 보이셨다.

그때 가섭이 여러 비구들에게 말했다.

부처님을 다비했고, 태우려고 그랬는데 금강사리는 우리일이 아니다. 사리는 몸에서 나오는 뼈골의 핵심 결정체죠. 그것은 재가대중이 하게 되어있었죠.

우리는 마땅히 법문을 결집하여 끊어짐이 없도록 해야 한다 이렇게 말을 했습니다.

이것이 두 번째 사라쌍수 곽씨쌍부이고, 다음은 다자탑전 분반좌입니다. 다자탑 아래서 석가세존이 법문을 하고 있는데, 마하가섭이 좀 늦게 왔습니다. 그래서 옆에 자기가 앉았던 자리의 반을 내어주신 거죠.

그런데, 그 다자탑은 왜 다자탑이냐 그러면 바라문의 장자가 있었는데, 그 분의 아들 딸 합쳐서 각각 30인이 출가해서 전부 독각을 했다고 합니다. 그래서 그것을 기념하기 위해서 다자탑을 만들었다고 그러는데.

여래께서 걸어서 다자탑 앞에 이르러 마하가섭에게 자리를 나누어 앉도록 하셨다. 이윽고 마하가섭에게 말씀하셨다.

"내가 미묘한 정법안장을 그대에게 부촉한다. 그대는 마땅히 보호하여 미래에 전하여 끊어짐이 없도록 하라. 이 정법안장은 이제부터 시작이고, 한사람씩에게 부촉하되 범부냐 성인이냐를 가리지 마라" 그렇게 하셨습니다.

이것이 오늘 살펴본 석가세존의 삼처전심, 가섭에게 전한 염화시중의 미소, 사라쌍수 곽씨쌍부, 다자탑전 분반좌입니다.

지금 여기 이것뿐이죠. 우리는 석가세존이 말씀하신 것처럼 직지인심 견성성불의 길로 가야만 합니다. 그러려면 늘 지금 여기 깨어 있어야 되겠습니다. 그러려면 소리에 놀라지 않는 사자처럼, 그물에 걸리지 않는 바람처럼, 흙탕에 물들지 않는 연꽃처럼, 무소의 뿔처럼 홀로서 가라 이렇게 애기를 합니다.

미륵존불 시대를 살아가는 보살대중 여러분 감사합니다.

오늘은 석가세존의 염화시중 등 삼처전심을 주로 살펴봤습니다.

모두 직지인심 수처작주 돈오자심 견성성불 하십시요. (합장)

제41회 대통지승불(大通智勝佛)

미륵존불 시대 보살대중 여러분 안녕하십니까?

석가모니불께 경배찬탄합니다. (합장)

미륵존여래불!

본각선교원 깨달음 세계 제41회 법회 주제는 "대통지승불" 입니다.

부처님 이름이죠. 이게 무문관 제9칙에 나옵니다.

지금 여기뿐입니다. 자심즉불 즉 내 진여일심이 부처이니, 이것이 각이며 도이며 부처님입니다. 시간 공간 이런 생각의 범주를 넘어선 자리, 무시공의 자리죠. 영원한 우주, 우주실상 일행삼매 지금 여기 견문각지 진여일심으로 여여부동한 부동불(不動佛)의 자리다 이렇게 말할 수 있습니다.

우리가 직접 자기 마음을 보고 밖으로 향하지 말고, 직견자심하고 수처작주 입처개진, 어디서나 언제나 내가 주인으로 하는 행동을 하면 항상 그게 진리이다.

또 불취명상 여여부동, 생각이나 이름이나 모양에 잡히지 않고 속지 않으면 여여부동해서 늘 같고 같아서 그게 영원한 진여일심의 자리이기도 합니다.

그래서 직견자심하고 회광반조해서 돈오자심 몰록 자기 마음을 깨달으면 그것이 견성이고 다음에 성불제중으로 나아가게 됩니다.

그러면 무문관 제9칙 대통지승불에 관한 것을 함께 보도록 하겠습니다.

흥양의 양화상에게 어떤 승려가 물었다.

"대통지승불은 십소겁 동안 도량에 앉아있었어도 불법이 앞에 드러나지 않아서 불도를 이룰 수 없었다고 했는데, 이러한 때는 어떻습니까?"

양화상이 말했다.

"그 질문이 아주 알맞구나."

승려가 말했다.

"이미 도량에 앉아있었는데, 어찌하여 불도를 이룰 수 없었습니까?"

양화상이 말했다.

"그대가 부처가 되지 못했기 때문이다."

이렇게 되어있습니다.

이 대통지승불에 관한 것은 묘법연화경 화성유품에 나옵니다. 그것은 부처님이 중생들을 거느리고 견성성불이라는 보물을 찾아서 가는데, 그 중생들이 어려워하니까 길라잡이로서의 부처님이 중간에 일부러 성을 만들어서 쉬게 하고, 한참 쉬고 마음이 편안해진 다음에 다시 견성성불의 자리로 안내하는 그런 품이 화성유품인데, 여기에 대통지승불이 나옵니다. 거기에서 선사들이 가져다 쓴 것인데, 그걸 한번 원문을 읽어보도록 하겠습니다.

부처님이 여러 비구에게 말씀하셨다.

대통지승불의 수명은 오백사십만억 나유타겁이니, 그 부처님이 원래 도량에 앉아서 마군을 깨뜨리고 아뇩다라삼먁삼보리를 얻게 되었으나(무상정등정각이죠) 불법이 앞에 나타나지 아니하여 이렇게 한소겁으로 십소겁이 되도록 결가부좌하고 몸과 마음을 통하지 않았지만은 불법이 오히려 앞에 나타나지 않았느니라.

그때 도리천인들이 먼저 그 부처님을 위하여 보리수 아래 사자좌를 놓았으니, 높이가 한 유순이라 부처님이 여기 앉아서 아뇩다라삼먁삼보리를 얻으리라. 이 사자좌에 앉으신 때에 여러 범천왕들이 모든 하늘꽃을 내리니, 넓이가 일백유순이며 향기로운 바람이 때때로 불어와서 시들은 꽃을 날려가고 다시 새 꽃을 내려서 십소겁 동안을 쉬지 않고 부처님께 공양했으며 열반하실 때까지 이렇게 꽃을 내렸고 여러 사천왕들은 부처님께 공양하기 위하여 항상 하늘북을 치고 다른 하늘 사람들은 하늘 풍류를 잡혀서 십소겁이 차도록 하였으며, 열반하실 때에 이르기까지 이렇게 하였느니라.

여러 비구들이여, 대통지승불께서는 십소겁을 지내고야 부처님의 법이 앞에 나타나서 아뇩다라삼먁삼보리를 이루었느니라.

이렇게 되어있습니다.

이 대통지승불이 부처를 이루기 전에 왕이었는데, 16왕자를 두었고 그 중의 한 분이 석가모니 부처님이었습니다.

대통지승불이 성불하려고 앉아있는데, 어떻게 십소겁이 지나도록 견성성불을 못했느냐 하는 것이 문제입니다.

대통지승 부처님이 처음 도량에 있으면서 마군을 물리치고 최상의 깨달음을 얻으려 했지만 쉽지 않았다. 이에 대통지승불은 십소겁 동안 가부좌를 틀고 앉아 몸과 마음을 움직이지 않았으나, 불법을 이루지 못했다.

그때 도리천에서 대통지승불을 위해 사자좌를 보리수 아래 폈다.

또 그 자리에서 십소겁 동안 다시 부동자세로 앉아서 선정에 든 뒤, 최상의 깨달음을 이루게 되었다. 그리고 법화경을 듣고 믿고 행하는 한편, 여러 가지 법석을 열어서 모두 육백만억 나유타 중생들을 교화하여 아뇩다라삼먁삼보리를 얻게 하였고, 현재 시방의 국토에 출현하여 있다고 화성유품은 말하고 있습니다.

대통지승불은 모든 여래의 어버이가 되는 부처님으로서, 이 이야기의 핵심은 그가 자신의 깨달음을 완성하고 열반에 들기 전에 보살들의 근기가 익을 때까지 설법하여 기다렸다는 데 의미가 있습니다.

자타일시성불도이니, 견성성불하려고 하는데, 깨달으려고 하면 그 세계의 모든 중생들이 동시에 깨달아야 되니까, 그런 중생들의 근기가 익도록 거기 주변에 도리천인이나 범천왕이나 사천왕의 그런 존재들이 여러 가지로 사자좌도 만들어 모시고 하늘에서 꽃을 내리고 또 하늘북도 치고 이렇게 기다려서 때가 되기를 기다렸기 때문에 십바라밀을 하는 것으로 십소겁을 기다렸다 그러는 것인데, 선사들은 그렇게 보지를 않고 본래 성불해서 불성을 가지고 있어서 이미 부처인데, 뭘 또다시 기다리고 깨닫느냐? 이렇게 보고 있는 겁니다. 안목(불안)이 열려야 한다.

그래서 비슷한 얘기가 경덕전등록 13권에 영주 흥양 선청양선사가 나오는 대목 조당집 17권에는 조금 다르게 되어있는데, 부처는 결과이고 보살이 원인이다. 석가여래는 결과 쪽에서 한 말이고, 대통지승불은 원인 속의 일이다.

대통지승불이 비록 십겁 동안 보리수 및 부동자세로 가부좌를 틀고 앉아 있었으나 여전히 보살일 뿐 아직 부처가 되지는 못했기 때문이다.

그 당시 중생의 수명이 길었기 때문이고, 근기가 아직 성숙하지 않았기 때문이다. 십겁이 지나서야 중생의 근기가 비로소 성숙하였고, 보살이라면 모름지기 10보살도를 하면서 근기가 성숙하기를 기다려야 한다. 마치 닭이 달걀을 살펴서 조는 것과 같다. 닭이 달걀을 품어서 병아리를 깨어나게 할 때는 삼칠일 지난 때 동시에 졸탁동시라고 그러죠. 어미닭이 계란을 쪼고 계란 속에서 병아리가 밖을 향해서 쪼고 나오는 찰라가 딱 맞아 떨어져야 된다 그런 얘기인데, 그래야 아뇩다라삼먁삼보리 무상정등정각을 얻는 것이다 그렇게 얘기를 하는 겁니다.

이것에 관해서 무문혜개 선사의 말이 나오는데,

다만 늙은 오랑캐가 깨닫는 것만 용납하고, 늙은 오랑캐가 이해하는 것은 용납하지 않는다.

범부가 만약 깨달으면 곧 성인이요, 성인이 만약 이해하면 곧 범부이다.

여기서 늙은 오랑캐라고 하는 것은 노호(老胡), 늙은 야만인, 중국에서 한족 아닌 쪽을 이렇게 부르는데, 이것은 달마대사를 가리킵니다.

달마 대사가 깨닫는 것은 용인하지만, 이해하는 것, 해오는 인정을 받지 못한다. 그래서 용납하지 않는다 이런 애기를 했습니다.

다음에 무문의 송, 무문 혜개 선사의 노래입니다.

몸을 잘 아는 것이 어찌 마음을 밝혀 쉬는 것만 하겠는가? 마음을 밝히고 나면 몸의 근심이 없나니, 만약 몸과 마음을 모두 밝게 깨닫는다면 신선이 구태여 다시 왕이 될 필요가 있으랴? 이렇게 노래를 한 겁니다.

결국 우리는 나라고 생각하고 그러는데, 보통 몸을 나라고 생각하는 경우가 많습니다. 오온아 또는 인연아라고 하는데, 근데 이것은 무아를 이해하지 못한 나의 몸에 집착해서 그런 고(苦)의 원인이 되고, 여러 가지 전도몽상의 원인이 되어서 윤회생사의 바다를 헤매게 되는 것이 바로 이 몸나를 나라고 생각하는 겁니다. 인연아 혹은 오온아라고 하죠.

그게 아니라 진여일심, 마음이라는 것도 진여일심처럼 불생불멸의 마음이 있고, 찰라생 찰라멸하는 심소, 생멸심이 있는데, 워낙 근본 마음은 진여일심이죠. 진여일심을 나라고 생각해야 영원한 나가 되고 그게 참 나이고, 진아이고, 초월아다 그래서 몸나나 오온아를 나라고 생각했던 착각, 전도몽상을 고쳐서 진여일심인 나, 여여부동한 나, 늘 이 안에서 들어서 알아차리고, 봐서 알아차리고, 냄새 맡아서 알아차리는 이 마음, 진여일심의 마음 이것을 바로 알아야 그것이 진정 내가 된다 이렇게 애기할 수가 있습니다.

그래서 우리는 그런 것을 위해서 여러 가지 밖으로 향해서 찾지 말고 안으로 직견자심해서 찾아라 그렇게 애기를 하죠.

그 다음에 그런 것에 관해서 자기가 신선이 되어서 자유자재로운 사람이 되었는데, 다시 구차하게 왕이 되어가지고 집착할 필요가 있느냐 하는 것이 끝구절입니다.

다음에 무사인 선생이 군소리라고 해서 평가한 것을 보면,

그대가 이 부처라고 말하지 말지니, 그 한마디가 그대의 성불을 막을 것이다.

주머니 속 보물이 아무리 값비싸더라도 꺼내지 않으면 풀빵 하나도 먹지 못하리. 이렇게 했습니다. 여기서 주로 얘기하는 것은 자기가 부처라고 그렇게 견성성불했다 하더라도 말로 해서 그것을 나타내고 집착하고 그러면 그것은 이미 아니다 이런 겁니다.

그러니까 우리가 생각에 붙잡히고, 생각에 끄달리고, 생각에 속거나 하지 말고 또 이름에 끄달리지 말고, 이름에 속지 말고, 이름은 이름이지 실제가 아니니까 또 여러 가지 모양은 찰나생찰나멸하는 것이지 그 본체가 아닙니다. 그 본체는 저 허공과 같고, 다시 말하면 텅 빈 영각성, 허공인데 그래서 그것을 텅 빈 영각성 이라고도 그렇게 얘기하고, 또 꽉 찬 허공이라고도 얘기하지만 좀 더 정확히 얘기하면, 허공심이다.

공(空)이 뭐냐? 텅 빈 것이다 그러는데, 텅 비었다고 아무것도 없는 게 아니고, 텅 빈 영각성 또는 표현한다면 허공심이라고 그렇게 얘기할 수 있는 것이죠.

그래서 우리는 석가모니불께서 깨달으시고, 화엄경에서 응관법계성 일체유심조 하신 것처럼, 마음이 일체를 만드니까 직지인심하라고 해서 자기 사람의 마음을 보라고 했는데, 많은 사람의 마음을 볼게 아니라 자심을 보면 됩니다. 직견자심하는 거죠. 자심을 보는 것은 자성을 보는 것이고, 자성을 보는 것은 곧 불성을 보는 것이어서 그것이 바로 견성이다 이렇게 말할 수 있습니다.

그러니까 직견자심해서 수처작주, 언제나 주인정신을 잃지

않고 어디 가서나 주인정신을 잃지 않으면, 돈오자심, 때가 오면 인연이라던지 시절인연이 딱 맞아떨어지면 몰록 자심을 깨닫게 되니까, 자심을 깨달으면 곧 자기 자성을 깨닫는 게 된다 이렇게 말할 수가 있습니다.

소리에 놀라지 않는 사자처럼, 그물에 걸리지 않는 바람처럼, 진흙에 물들지 않는 연꽃처럼, 무소의 뿔처럼 홀로서 가라. 공수래공수거 하는 인간이지만, 결국 혼자서 왔다 혼자서 갑니다. 수많은 사람과 물질과 관계를 맺고 살지만, 결국 혼자서 왔다가 혼자서 가니까, 지금 말씀드린 것처럼 무소의 뿔처럼 홀로 가서 견성성불하시기를 바라겠습니다.

오늘 깨달음 세계 법회는 무문관 제9칙 “대통지승불”을 보았습니다.

미륵존불 시대 보살대중 여러분, 감사합니다.(합장)

제42회 송장 끌고 다니는 주인공

미륵존불 시대 보살대중 여러분 안녕하십니까?

석가모니불께 경배찬탄합니다. (합장)

미륵존여래불!

본각선교원 깨달음 세계 제42회 법회 주제는 “송장 끌고 다니는 주인공”입니다.

무문관 제12칙을 중심으로 살펴보겠습니다. (손을 든다)

지금 여기뿐입니다. 자심즉불이니 내 마음을 깨달으면 바로 그게 각이고, 부처고, 도인 것입니다.

생각의 범주인 시공간을 넘어선 자리, 그 자리는 무시공의 자리죠. 텅 빈 영각성, 이 공이라는 것과 통하는 그런 공의 자리입니다. 이 공은 아무것도 없는 것이 아니라 텅 빈 충만,

텅 빈 영각성, 텅 비어 있는데 영각성으로 꽉 차 있다 그런 얘기가 되겠습니다.

우리가 일상생활을 하는데, 견문각지, 보고 듣고 깨닫고 아는, 또 행주좌와 어묵동정 이런 것들이 전부 반사라고 할 수 있습니다.

여러 가지 나타나는 모양은 상자적멸상, 늘 스스로 적멸상이다. 상이 모양이 찰나에 생겼다 찰나에 멸한다. 그래서 성은 체라고도 하고, 그 성이나 체를 쓰면 상이 생기는데, 체, 용, 상이라고 하죠. 그 상은 찰나생찰나멸이어서 실제에 있어서는 성상불이, 성과 상이 둘이 아니고 성상불이중도다 그렇게 얘기를 합니다.

우리의 실체는 말로 하면 허공심과 같은 거울이고, 우리 눈앞에 전개되고 우리가 귀로 듣는 이 모든 대상은 그 거울에 비친 하나의 모양에 불과하다. 그래서 수처작주 입처개진, 우리가 언제나 깨어있고 알아차리고 알아채고 하는 그런 내 마음이 늘 깨어있으면 입처개진이어서 항상 그것은 진여다.

그래서 불취명상 여여부동, 명과 상을 취하지 않으면 진여이고 여여하게 같은 부동의 자리, 부동명왕의 자리다. 불취명상은 뭐냐, 생각과 이름과 모양에 붙잡히거나 끄달리거나 속지 않는 것 이거죠. 그게 바로 진여다 그럽니다.

그래서 행행본처 지지발처 그럽니다. 가고 가도 본래 그 자리, 알아차리는 자리, 알아채는 자리, 진여일심의 자리이고, 지지발처, 도착하고 도착하는 곳이 바로 출발 지점이다. 그러니까 이 우주에는 나의 진여일심, 심왕, 또는 청정무구심, 순수의식, 제9식, 그 다음에 법계체성지 무분별지 이런 것만이 실상으로 존재한다 그렇게 말할 수가 있습니다.

그러면 먼저 무문관 제12칙을 살피고, 관련사항을 알아보도록 하겠습니다.

삼원 화상은 매일 아침부터 때때로 스스로 주인공아~ 하고 부르고, 자기 자신을 향해서 자기 자신의 주인공인 마음을 향해서 부르고, 다시 스스로 예~ 라고 대답하고는 그에 이어서 깨어있어라~ 잠을 자거나 꿈을 꿀 때는 깨어있지 못하거든요. 그래서 깨어 있어라, 깨달아 있어라 그렇게 얘기를 합니다.

그리고 또 대답을 자기가 예~ 합니다. 자문자답하는 거죠. 남에게 속지 마라. 다시 말하면, 생각과 이름과 모양에 속지 마라. 예 예 하고 말하곤 하였다. 그렇게 자문자답을 하는 건데, 바로 깨달은 자, 각자, 진여일심, 알아채는 자가 알아채는 자를 향해서 스스로 문답을 해서 자기가 부처라는 것을 늘 확인하는 겁니다.

무문의 말, 늙은이는 스스로 팔고 스스로 사면서 여러 가지 귀신의 얼굴을 만들어 내는구나. 무슨 까닭인가? 하나는 부르는 자이고, 하나는 응답하는 자이고, 하나는 깨어있는 자이고, 하나는 남들의 속임을 받지 않는 자이다. 깨어있으면 남의 속임에 넘어가지 않죠.

이전과 같다고 한다면 도리어 옳지 않다. 이전과 같다 같지 않다 이렇게 조건지어서 착을 지으면 그것은 바른 깨달음이 아니다 그런 거죠.

만일 그를 본받는다면 모두가 여우의 견해이다. 그런 선입견이나 이런 견해에 착을 가지면 그건 제대로 된 지혜가 아니라 왔다 갔다 하는 여우의 지혜이다.

무문의 송, 무문 혜개 스님의 노래입니다.

도를 배우는 사람이 진실을 알지 못하는 것은 다만 이전까지의 의식을 인정하기 때문이니, 그것은 도를 배운다고 하는데 깨달음에 이르지 못한 근본 원인은 분별 집착 망상에 있습니다. 다시 말하면, 인간의 마음을 유심유식이라고 하는데, 그 식 알음알이는 전부 9식으로 되어있습니다. 보고 듣는 이런 전오식, 의식인 6식, 7식인 마나스식, 8식인 알라야식(함장식) 그 다음에 9식이 순수의식(pure awareness), 심왕이고 본래 면목이고 법계체성지의 자리죠.

우리가 일상생활을 할 때는 보통 의식으로 하는 게 많지만, 이것과 저것을 분별해서 판단내리고 집착 망상이 가져오는 것은 제 7식의 작용입니다.

이것은 언제 어디서나 7식은 분별 작용을 합니다. 그러면 분별지에 떨어져 이분법에 빠져서 불이법인 부처님법으로부터 멀어지게 됩니다.

그래서 분별지와 무분별지를 잘 활용하여 분별자재가 되어야 합니다. 생각. 이름. 모양에 속지 말아야 합니다.

그런 식의 뿌리인 제 9식 그게 순수의식이고, 청정무구식이고, 공적영지고, 소소영영한 것인데, 그것이 모든 작용을 통해서 나타나는 형상의 뿌리이다. 생사도 마찬가지이다. 그래서 생사라는 것은 진여실상에서 보면 없는 것이다 이렇게 말하죠.

이에 대해서 무사인 선생은 군소리에서 남에게 속지 않는 것은 쉬우나, 자기에게 속지 않는 것은 어렵다. 왜냐하면 보통 자기 자신에 대해서는 관대하고, 잘 용서해주고 그런 경향이 있죠. 또 스스로 합리화하고 그러는 게 자기를 속이는 건데.

어떻게 해야 자기에 속지 않을까? 몸과 마음속에 자기가 없어야 한다. 즉, 아상(我相)이 없어야 된다. 또 법상(法相)이 없어야 된다. 무념, 생각이 없어야 되고, 무상, 여러 가지 아상이나 법상이나 인상 중생상 수자상 같은 상이 없어야 되고, 또 무주, 무엇에 머무르지 않고 마음을 내야 된다. 응무소주이생기심, 무주생심, 머물지 않고 마음을 내야 된다. 그래서 중생들이 자기의 위대한 서원을 말할 때 사홍서원 그러는데, 그것도 스스로 깨달은 것과 연결시켜 보면, 자성사홍서원을 하는 것이 좋다.

자성중생서원도 자성번뇌서원단 자성법문서원학 자성불도서원성

스스로의 자성을 깨닫는 것이 견성이니까, 자성을 깨달아서 그런 불도를 못내 이루겠다는 자기의 모든 의지와 에너지를 받쳐서 그런 원을 세우는 것이 좋다 그렇게 말할 수가 있습니다.

다음에는 이와 관련되어서 설암 스님이 고봉 선사에게 결택해준 화두가 있습니다. 그게 뭐냐면, "누가 이 송장을 끌고 다니는가?"하는 그러한 화두입니다.

誰拖你死屍萊(수타니사시래)

말하자면, 우리가 자동차를 가지고 있다고 하면, 자동차가 모든 것을 다 갖춰서 형체도 갖추고 내용도 들어있다 하더라도 그것이 움직여서 자동차의 기능을 하려면 운전자가 필요하다. 그런 자동차의 운전자와 같은 것이 우리의 깨어있는 마음이다.

그러니까 고봉 선사는 이 '수타니사시래' 화두로 결국 궁구해서 깨달음을 보셨다고 합니다.

주인공이라고는 주인공(主人公) 이렇게 하지만, 안양에 한마음 선원을 창시하신 이생 대행 스님은 주인공의 공을 공(空)을 썼습니다.

왜냐하면, 이 공은 불이중도이고 그래서 진리를 나타내기 때문에 저 공은 텅 빈 것이지만 아무것도 없는 텅 빔이 아니라, 텅 빈 영성 내지는 텅 빈 영각성, 허공은 허공인데 말로 하자면 허공심(虛空心)이다.

노자는 그냥 허심이라고 그러는데, 우리가 알기 쉽게 하려면 허공이라고 그러면 누구나 알잖아요? 그 허공을 만들어내는 것이 허공심이다 그렇게 말할 수가 있습니다.

다음에 이와 관련돼서 이런 송장을 끌고 다니는 주인공이 즉 내 진여일심이고 부처이고, 각이다 그렇게 말할 수 있는

데.

중국의 오조 법연 스님은 또 이렇게 얘기했습니다.

백년 삼만 육천 일 매일 아침 반복하는 것이 이것이다. 이렇게 깨달음을 얘기했습니다. 우리가 백년 삼만 육천 일 이라고 했지만, 매일매일 우리는 죽음과 비슷한 잠에 들었다가 아침이 되면 잠에서 깨고 꿈에서 깹니다.

그런데 꿈을 꿨다가 꿈을 깨고 나면 그 꿈꾸는 자는 있지만, 꿈은 깨고 나면 없습니다. 우리가 살고 있는 행주좌와 어묵동정 견문각지로 사는 이 세상은 우리가 언뜻 모양으로 생각하면 있는 것 같지만 알고 보면 이 현실이 모두가 꿈인 것입니다.

그래서 그 꿈을 깨는 심안, 눈을 떠라. 마음의 눈을 떠라. 개안을 해라 그러죠. 그래서 안목을 발전시켜라. 정법안장을 가져라 이렇게 얘기를 합니다.

늘 깨어있는 자, 알아채는 자, 텅 빈 영각성, 소소영영, 공적영지 이렇게 여러 가지로 얘기를 합니다. 그게 부처고, 도이고, 모든 사람들이 깨닫고자 하는 내용을 그렇게 언어로 표현한 것입니다.

이 100년이라는 얘기가 나와서 관련된 것을 보면, 중국 청나라의 순치제(順治帝)라는 황제가 있었습니다. 근데 이 분은 석가모니 부처님 회상에서 공부했는데, 그때 어느 나라 정치에 관해서 내가 하면 잘할 수 있을 텐데 하는 한 생각을 일으켜서 나중에 청나라의 황제가 되었다고 합니다.

그런데 독특한 것은 청나라 황제로 그 어려운 시대를 다스렸다가 쭉 황제를 하는 게 아니고, 십 몇 년 간 황제를 하고 그 다음에는 자기가 황제의 자리를 던집니다.

뭐라고 하면서 던졌냐면, "세간의 백년살이가 하루나절 사찰의 생활만 못하다" 그래가지고 자기의 황제위를 던져서 어머니와 의논하고 아들인 강희제에게 양위를 합니다. 그런데 그것을 드러낼 수가 없으니까 자기의 장례식을 치르게 합니다. 죽어서 양위하는 것처럼, 그래서 자기의 장례식을 보고나서 출가를 해가지고 중국의 오대산 근처의 토굴에 들어가서 부처님의 제자 역할을 합니다. 저는 순치제 토굴을 가 보았습니다.

그런데 중국의 금나라와 금나라의 뒤에 나오는 후금인 청나라가 모두 우리나라 사람 출신입니다. 신라의 경순왕의 아들 마의태자(김함보) 후손이 나중에 여진족이 되는데, 여진족에 그 후손인 김아골타가 금나라를 세우고 그 후 멸망한 후에 김 누루하치가 후금, 청나라를 세웁니다.

그러니까 중국의 금나라나 청나라는 우리 민족이 세운 나라라고 말할 수 있습니다. 그래서 그 사람들은 애신각라(愛新覺羅), 신라를 생각하고 신라를 잊지 않는다 이렇게 성이 애신각라인데, 이것을 만주어로 부르면 김씨(金氏)라는 뜻입니다. 김족. 김아골타이고 김누루하치가 금나라와 청나라를 세운, 우리 민족이 세운 나라라고 말할 수 있습니다.

바로 순치제가 자기 황제위를 던지면서 조용히 몰래 출가하면서 남긴 시가 있는데, 그 가운데 세간생활 백년이 한나절 사찰생활만 못하다 그렇게 애기했습니다. 그것은 부처님 제자로서 견성성불의 길로 가는 것만이 참된 길이다 이런 애기가 되겠습니다.

오늘 본각선교원 깨달음 세계 제42회는 "송장 끌고 다니는 주인공"이었습니다.

미륵존불 시대 보살대중 여러분, 모두 직견자심 수처작주 돈오자심하여 견성성불하시기를 바라겠습니다. (합장)

감사합니다.

제43회 나는 누구인가? –신축년에 붙여–

미륵존불 시대 깨달음 세계를 시청하시는 보살대중 여러분, 안녕하십니까?

석가모니불께 경배찬탄합니다. (합장)

미륵존여래불!

본각선교원 깨달음 세계 제43회 법회 주제는 나는 누구인가? - 신축년 새해에 붙여서 생각해 보는 겁니다. 나는 어디서 와서 어디로 가는가를 다 포함하고 있습니다.

모두 새해 복 많이 받으시기 바랍니다.

경자년이 저물며 신축년이 다가왔습니다. 지난 일년간 코로나 팬데믹 사태로 고생들 많이 하셨는데, 소띠 새해에는 코로나도 가고 또 잘 대처하셔서 어려움이 없고 견성성불하시어 행복을 누리시기를 기원합니다. (오른손을 들다)

지금 여기뿐, 이것뿐입니다. 경자년이다 신축년이다 하더라도 결국 지금 여기뿐입니다. 그것은 이름에 불과합니다. 생각의 범주인 시공이 없는 무시공의 자리 이것뿐입니다. 이것이 깨달을 각(覺)자 각이고, 깨어 있음, 부처이고 도이며, 눈이고, 자심이라고 말할 수 있습니다.

또 달리 말하면, 자심(自心), 심왕(心王)이고, 진여일심이며, 자성청정심이고, 순수의식이며, 순수지혜의 자리입니다.

물론, 진여는 언어도단 심행처멸이어서 말로 표현할 수 없는 겁니다. 그러나 우리가 말이 아니면 전할 방법이 없기 때문에 방편으로써 말로 표현해서 알려드리는 것뿐입니다.

우리는 견문각지 행주좌와 어묵동정으로 세상생활을 하는데, 거기는 기본적으로 사랑과 미움이 있어서 고통에 시달리게 됩니다.

지금 여기 이 자리는 애증(사랑과 미움) 이전의 사랑의 자리이기 때문에 우리는 늘 지금 여기 사랑과 함께 해야 행복합니다.

미움이 생기는 것은 마음이 지금 여기가 아닌 과거, 과거의 어떤 것을 기억하거나 오지 않은 미래에 대한 불안함에 머물러 분별심으로 집착, 망상을 일으키기에 괴로움 그것이 생겨서 결국 고통의 바다가 되는 것이다 이렇게 말할 수 있습니다.

중국의 승찬 대사는 신심명에서 '지도무난 유혐간택(有嫌揀擇) 단막증애 통연명백'이라고 했습니다. 그것은 지극한 도, 부처님 도죠. 그건 어렵지 않다. 오직 문제가 간택, 선택, 취사선택에 있다.

단막증애, 증애, 미움과 사랑함, 애증, 애증이 없으면 그 진리는 확실히 명백하다 이렇게 했습니다.

분별지로서 선택하지 않아 애증이 없으면, 진리인 진여가 아주 명백하다 이런 뜻입니다. 중국에 임제 스님과 함께 유명한 조주 종심 선사는 구좌무불성 정전백수자(뜰앞에 측백나무), 끽따거(차나 마시고 가게,) 세바루(바루를 씻어라), 판치생모(앞이빨에 털났다), 조주감파 등 수많은 가르침을 남겨서 120세까지 사시면서 그런 많은 가르침을 펴서 그러한 가르침이 후대의 공안으로 후진들이 공부를 하게 했습니다.

조주 스님의 그런 가르침 중에 하나가 방하착(放下着)이라 하는 화두가 있습니다. 유명하죠. 내려놔라. 마음에 있는 것을 내려놔라 이것인데, 이것은 종용록 57칙에 있고, 선문염송 12권에는 엄양 스님에 나와서 엄양일물(嚴陽一物)이다 그렇게도 나옵니다. 엄양 스님의 한 물건이다 그렇게 나오는 화두가 있습니다.

엄양 스님이 학인으로 묻습니다.

"한 물건도 가져오지 않을때는 어떻습니까?" 그러니까, 조주 스님이 "방하착해라." 그랬습니다. 그것을 내려놔라 그런 거죠.

그러니까 엄양 스님이 "한 물건도 가져오지 않았는데, 무엇을 내려놓습니까?" 이렇게 질문을 다시 합니다. 그러니까 조주 스님께서 "그렇다면 짊어지고 가거라." 그렇게 얘기를 합니다. 그것은 엄양 스님 입장에서는 그 말을 듣고 마음에 뭔가 스스로 붙잡고 있는 것이 있었는데, 그것을 보지 못했는데 조주 스님이 "그렇다면 짊어지고 가라" 하니까, 그때 아하 그러면서 자기가 마음에 가지고 있는 것을 내려놓고 대각을 했다고 합니다. 자기 본래 면목을 본거죠.

여기서 가장 중심이 되는 것은 본래무일물(本來無一物)이라는 겁니다. 본래 마음에 하나의 물건도 없다 이런 뜻이죠. 이것은 유명한 선종사에서 남종의 육조 육대 혜능 스님과 북종의 육대 신수 스님 사이에 오조 홍인 대사를 잇는 그런 경쟁적인 위치에서 나온 얘깁니다. 먼저 그 세계에서 제일 상수제자였던 신수 스님이 홍인 대사가 자기 깨친 바를 적어서 인정이 되면 육대를 삼겠다 그래서 신수 대사가 썼는데, 그것은 '신시보리수 심여명경대 시시근불식 물사야진애리요.'

그게 뭐냐면, 몸은 보리수, 깨닫는 나무요, 마음은 밝은 거울대로다. 때때로 닦아서 먼지를 끼지 않게 해라. 거울에 먼지가 끼면 다 닦아내서 거울이 거울답게 해야 한다 그런 겁니다.

그런데, 육조가 되신 혜능 스님은 일자무식이었는데, 글을 몰라서 자기 것으로 해서 다른 사람에게 글 아는 스님에게 그것을 쓰라고 했습니다. 그것은 '보리본무수 명경역비대 본래무일물 하처야진애리요' 그랬습니다.

그것은 깨달음은 본래 나무가 없다. 밝은 거울도 역시 대가 아니고, 본래 한 물건도 없는데, 어디에 티끌을 일으키랴. 이렇게 한 겁니다. 그러니까 육조 스님은 돈오로 해서 점오를 얘기한 신수 대사를 뛰어넘은 거죠. 그래서 육조를 혜능 대사가 이었다 그렇게 말할 수가 있습니다.

오늘 우리는 "나는 누구인가? 나는 어디서 와서 어디로 가는가?" 이렇게 제목을 걸고 얘기하고 있습니다. 우리가 맨 처음 얘기할 때 "참 나는 부처다" 그렇게 했습니다. 우리가 나를 찾아보는데, 찾아보면 변하지 않는 내가 없는 거에요. 그래서 무아라 그러죠. 내가 없다. 그런데, 석가세존께서도 세상을 살다가 사문유관해서 생노병사의 고를 보고, 나는 누구인가? 그에 대한 의문이 생겨가지고 또 내가 누구인지를 깨달으면 이고득락, 고통의 바다에서 헤어나서 영원한 낙, 열반락을 누리라 그런 생각을 가지고 출가를 하신 거죠.

그래서 깨달음을 얻으셨는데, 석가세존의 역사를 보면 우선 탄생할 때부터 특별하셨습니다. 룸비니 동산에서 마야 부인 옆으로 태어나시면서 일곱 발자국씩 사방을 돌았다고 합니다. 그때 걷게 하는 데는 범천왕의 도움이 있었다고 합니다. 그때 하신 말씀이 '천상천하 유아독존 삼계무안 아당안지' 그랬습니다. 이 우주에 오직 나만이 높다. 그때 나는 에고가 아니라 참 나를 말하죠. 부처를 말하죠. 삼계(욕계 색계 무색계)가 평안하지 않으니, 내가 이 삼계를 다 편안하게 하리라. 불국토를 만들리라 그런 생각을 한 거죠.

그리고 가비라성에서 생활을 하고 결혼을 하다가 출가를 하셔서 35세시에 붓다가야 보리수 밑에서 대각을 얻으셨죠. 내가 누구인지 깨달았고, 참 나는 부처이고, 이 세상의 현상은 인연과보로 돌아가는 연기법이다. 그래서 그 깨달음을 말로 표현하면 '일심불계연기법'이다 그렇게 얘기할 수 있습니다.

그래서 전 우주를 향해서 대각을 하시고 삼칠일 동안 최초로 화엄경을 설하셨습니다. 그래서 화엄경 야마천궁 게찬품에 핵심이 놓여있는데, 거기에 의하면 응관법계성 일체유심조, 모든 존재는 마음이 만드는데 있다 그렇게 말할 수 있습니다.

그것을 설하신 거죠. 그런데 화엄경을 설하실 때에 80화엄에 보면, 칠처구회삼십구품이 나오는데, 삼십구품 중에 두 품만 부처님께서 직접 설하셨습니다. 그것이 아승지품과 여래수희광명공덕품 이렇게 두 품만 석가모니 부처님이 설하시고, 나머지 37품은 보살들이 해설한 겁니다. 즉 부처님이 광명을 내쏘시면 그것을 문수보살이나 보현보살, 관세음보살, 지장보살, 약상보살 이런 등각보살들이 법을 해설한 겁니다. 그래서 37품은 부처님 광명 속에서 보살이 설한 겁니다.

그래서 부처님은 처음에 입으로부터 광명을 쏘시기도 하고, 또 미간백호상에서 쏘시기도 하고, 또 발바닥으로 빛을 보내시기도 하고, 발가락 사이에서 빛을 쏘시기도 하고, 발등에서 쏘시기도 하고, 가슴에서 빛을 쏘시기도 하고, 그런 광명을 쏘시는 것이 법을 설한 것이었는데, 그 37품을 그런 상수보살들이 해설을 한 게 화엄경이다 그렇게 말할 수 있습니다.

화엄경의 요지의 하나는 유일불승(唯一佛乘), 즉 모든 범부나 성자나 성문 연각 보살이 모두 부처가 되게 하는 데 목적이 있고, 이 세상의 현상은 인연과보의 연기지만, 화엄경에서 얘기하는 것은 상이 없는 성품에서 일어나는 것이고, 그러한 성상이 불이하고 그 다음에 무애자재하다. 사사무애, 일과 일이 부딪혀도 걸림이 없고, 중중무진으로 계속 이어가서 상즉상입한다. 그래가지고 불가사의해탈법계, 생각으로 미치지 않는 해탈법계를 이루는 것이 바로 부처님 세계인데, 그것을 대일여래, 비로자나불이라고 그럽니다. 이 우주는 법신불인 비로자나불이 다 관장을 하셔서 보신불로 나오는 노사나불이나 천백억 화신으로 나온 석가모니불이나 다 같은 부처다 이런 겁니다.

그리고 이 화엄경은 다음에 나오지만, 아함경이나 방등경이나 반야경이나 이런 경들은 깨달음에 이르게 하는 요의경이 아니다. 법화경이나 화엄경이 깨달음에 이르게 하는 요의경(了義經)이다 그럽니다.

그래서 탄허 스님은 화엄경은 대학원 과정과 같고, 법화경은 대학 과정과 같은데, 그 높이는 같다고 말씀하셨습니다.

그래서 의상 조사가 화엄경을 요약해서 말씀하신 화엄일승법계도에 보면, 초발심시 변정각, 처음에 내가 꼭 깨닫겠다는 결심을 하고 생명을 걸고 나아가면 그때 정각을 이룬다 그런 말씀이 있고, 또 법성원융무의상, 진리의 성품은 원융해서 두 개의 상이 없고, 제법부동본래적, 모든 법은 부동해서 본래 적적 아주 고요하다. 무명무상절일체, 이름과 모양 생각 이런 것이 일체가 끊어져서 증지소지비여경, 그럴 때 깨달음이 오고 그런 경우에 깨달음 이외에는 아무것도 없다. 그게 지금 여기 살아있다는 그런 얘깁니다.

이러한 화엄경을 설했더니, 알아듣는 사람이 별로 없어요. 그래서 석가세존께서 사바세계를 그냥 지나갈까 하다가 문수보살과 범천왕 등이 과거에 많은 부처님들이 방편을 써서 쉬운 과정부터 펴서 삼승으로 나아갔다가 나중에 일승으로 올라가서 아뇩다라삼먁삼보리를 설하셨습니다. 그렇게 얘기해가지고 부처님의 47년 설법, BC 624년에 태어나셔서 BC 544년에 돌아가셨는데, 35세부터 81세까지 47년간 설한 것이 아함경 12년, 방등경 8년, 21년간 반야심경 금강경 등 반야담, 법화열반 08년, 법화경 열반경 합쳐서 8년간을 설하신 것입니다. 말로 할 수 없지만, 표현한다면 참 나이고 각이고 부처입니다.

그것은 결국 나는 누구인가? 결국은 명심견성 성불제중의 길로 가야합니다. 마음을 밝혀서 성품을 보고, 부처를 이루어서 중생을 제도해야 된다. 그래서 이 공부는 끝이 없는 겁니다. 석가세존은 삼처전심을 했죠. 염화시중의 미소, 다자탑전 분반좌, 사라쌍수 곽씨쌍부, 그게 직지선인데 그것은 직지인심 견성성불 이심전심 하라는 거죠.

직지인심하라고 하면, 사람의 마음을 보는 거라 하니까 사람들이 다가오지 않는데, 제가 누차 얘기했지만, 직견자심해라 밖을 보지 말고, 늘 수처작주 입처개진해라. 늘 주인정신을 잃지 않으면 항상 진리니까 돈오자심해라. 문득 자기 마음을 깨쳐라. 돈오자심하면 돈오자성이고, 자성은 불성이기 때문에 돈오자심을 하면 견성하는 것이고, 그 다음에 성불제중으로 나아가게 된다 이렇게 말할 수 있습니다.

오늘 본각선교원 깨달음 세계 제43회 법회는 "나는 누구인가?- 신축년에 붙여서"였습니다. 미륵존불 시대 깨달음 세계 시청하시는 보살대중 여러분, 감사합니다. (합장)

감사합니다.

제44회 흰소띠해에 소 메운 수레 타자

미륵존불 시대 깨달음 세계 보살대중 여러분, 안녕하십니까?

석가모니불께 경배찬탄합니다. (합장)

금생성불 미륵존여래불!

본각선교원 깨달음 세계 제44회는 법회 주제는 "흰소띠해에 소 메운 수레 타자"입니다.

(손으로 앞을 가리키며) 이것뿐입니다. 지금 여기 이곳뿐입니다. 생각의 범주인 시간 공간을 떠나서 견문각지 행주좌와 어묵동정이 모두 지금 이 자리에서 나온 것입니다.

보이고 들리는 것이 아니라, 우리 내면의 가장 깊은 곳에 언제 어디서나 깨어있어서 알아차리는 자, 알아채는 자 깨어있음 그것이 바로 각이고, 부처이고, 도이며, 심왕이고, 진여일심이고, 순수의식이고, 부처님이고, 하느님입니다.

올해는 단기로 4354년이고, 불기로는 2565년입니다. 부처님께서 입멸하신지 2565년 되었다는 얘기죠. 서기로는 2021

년입니다.

불기에 관해서는 남방불기와 북방불기가 다른데, 북방불기는 지금 말씀드린 2565년보다 약 500년이 더 들어가 있고, 예수 그리스도의 탄생을 중심으로 한 서력기원은 4년 내지 20년 오차가 있는 것으로 알려졌습니다.

신축년 새해는 흰소띠해, 백우(白牛)해죠. 백우해여서 광명이 밝혀지는 좋은 일이 많은 해를 나타내고 있습니다. 우리 민족은 옛날부터 가축으로 소를 가장 많이 사랑했고, 또 나무 중에는 가장 가까이 많고 좋은 소나무를 좋아했습니다. 그래서 우리나라의 유명한 남대문의 기둥을 만든 소나무는 오대산의 금강송이고, 일본의 국보 1호인 광륭사 목조 미륵반가사유상의 나무는 우리나라 적송으로 만들어져 있습니다. 그래서 소와 소나무는 우리 민족의 가장 많은 사랑을 받는 생물이라고 얘기할 수 있습니다.

소는 성실하고 근면하며, 우직하면서도 여유가 있고, 또 사람에게 많이 베풀고 하나도 버릴 것이 없는 좋은 동물로서 열 두 가지 덕을 가지고 있다고 하는 영물이라고 했습니다.

그래서 옛부터 꿈에 황소를 보면 부자가 된다. 또 설날 새벽에 송아지 소리를 들으면 풍년 조짐이다. 그리고 많은 우리 민족의 전설과 비서 속에는 소울음 소리, 훔이나 훔치와 같은 이런 것은 하늘의 소리라고 해서 굉장히 존중해 왔습니다.

흰 소라고 할 때, 흰 색깔, 백우의 백은 광명을 나타내는 거죠. 여러 가지 색깔이 빛으로 하나? 보이면 백광이 되고, 우리나라는 또 백의민족이니까 그러한 좋은 해가 돌아왔다고 말할 수 있는데, 지난 한 해 동안 코로나 팬데믹으로 고생들 많이 하셨는데, 이것도 잦아들면서 소 메운 수레는 깨달은 중생인 보살이 타는 수레이니, 새해에는 깨닫고 성불하는 많은 사람이 나와서 미륵존불 시대로 더 다가가기를 바랍니다.

명리학에서 얘기하는 걸 보면, 시간의 범주에서 십이진법으로 사람 일생을 대강 60으로 봐가지고 하늘의 종류를 십간 천간, 땅을 중심으로 하는 지지는 12지로 나눠서 이를 조합해서 60갑자, 60년 주기를 1기로 해서 채우게 되어있습니다.

천간은 갑을- 청색, 병정- 붉은 색, 무기- 누른 색 황색, 경신- 그게 흰색입니다. 경자 신축할 때 작년과 올해는 흰띠이고, 임계는 검은색 입니다.

지지는 '자축인묘진사오미신유술해'인데, 올해는 신축년이죠. 동물들이 경주를 하는데, 소는 여유를 갖고 1등을 하기 위해서 일찍 출발해서 자기가 경주에서 1등을 하는 줄 알았는데, 자기 머리 위에 쥐가 있다가 골인할 때 쥐가 먼저 들어가서 1등이 되었다 그럽니다.

그래서 자(쥐띠해)가 먼저이고 그 다음에 소띠해다 그런 우스개 소리도 전해옵니다.

그래서 신축년은 흰소띠해이다 그렇게 말할 수 있습니다.

다음에는 불교와 소의 인연을 말씀드리겠습니다.

우선 증일아함경 목우품에는 소를 치는 것 같이, 불성을 닦고 깨달으라고 되어있습니다.

그 다음에 부처님께서 47년 설법 중에 마지막 8년 동안 설하신 게 묘법연화경열반경인데, 그 법화경 비유품에는 삼계화택의 비유가 있습니다.

법화경에는 모두 7개의 비유가 큰 게 나오고, 작은 비유 2개가 나옵니다. 그것은 큰 비유 중에 하나인 삼계화택, 욕계 색계 무색계라는 우주가 모두 불난 집과 같다는 겁니다.

그래서 그 내용을 보면, 어떤 장자가 부자로 잘 살고 자식들이 많고 그랬는데, 집에 불이 난거에요. 그런데, 아이들은 불난 줄도 모르고, 불난 집 안에서 뛰어놀고 있으니까 이것을 어떻게 꺼내놓을까 고민을 하는 중에 부처님께서 힌트를 주셨는지 아이들은 장난감을 좋아하니까 장난감을 주어라, 수레를 주어라 그랬습니다.

그래서 이 장자는 아이들에게 밖에는 재미있는 장난감이 많이 있다. 수레가 있다. 양 메운 수레, 사슴 메운 수레, 소 메운 수레 이런 수레들이 많이 있으니까 나와라 그러니까, 아이들은 장난감을 준다는 바람에 나온 거죠.

중생이 깨달아서 보살이 되고 성불하게 하기 위해서 여러 가지 방편을 쓰신 것과 같습니다. 그래서 양 메운 수레는 성문승, 그 다음에 사슴 메운 수레는 연각승, 소 메운 수레는 보살승, 성문보다는 연각, 연각보다는 보살승이 더 좋은 거죠.

그런데 실제 자식들이 나왔을 때 이 장자는 소 메운 수레보다도 더 좋은 흰 소 메운 수레를 주었습니다. 백우죠. 소 가운데서도 흰 소는 부처님을 상징합니다.

그래서 묘법연화경이 유일불승이라 그럽니다. 아함경, 방등경, 반야경을 설할 때는 아라한이 포함된 성문 연각 보살이 되는 것을 목표처럼 얘기했는데, 방편설이죠. 그것은 결국 법화열반경의 단계에 와서 모두 그 수레에 태워서 부처가 되는 길을 가르치게 하기 위해서 묘법연화경을 유일불승으로 한 것이고, 부처님께서 깨달으실 때 화엄경도 유일불승이고, 요의경이라고도 얘기를 합니다. 더할 수 없이 좋은 보배, 이 세상에서 최고의 보배를 주신 것이죠.

그리고 우리나라 불교 역사와 소의 관계를 보면, 우선 통일 신라 시대에 선덕 여왕 5년에 진표 율사라는 분이 있었습니다. 이 분이 지장보살이나 미륵보살도 만나고, 그 다음에 전북 무악산 금산사도 세우고, 법상종도 만들고 그런 후에 전국을 미륵불화, 미륵정토를 만들기 위해서 지금의 속리산 법주사 쪽으로 갔습니다. 그 당시의 이름은 구봉산이었습니다.

그런데 이 진표 율사가 덕이 높으니까 구봉산 근처에 가니까 농사를 짓던 소들이 전부 무릎을 꿇고 절을 하는 것이었습니다. 농부들이 보니까, 많은 소들이 절하는 곳에 진표 율사가 오고 있었습니다. 그래서 농부들도 절을 하고 저 분은 위대한 부처님 제자니까 농부들이 진표 율사를 따라서 구봉산 법주사로 향했습니다. 그래서 산 이름이 속리산, 세속을 떠난 산이고, 법을 머무른 곳이라 해서 법주사라고 이름을 짓고 번창한 것입니다.

최근에는 우리나라에서 가장 큰 미륵대불을 세워놓고 있죠.

그 다음에 고려시대의 보조 지눌 스님이 호가 목우자(牧牛子)입니다. 고려 불교를 선교일치로 중흥시키고 정혜쌍수 돈오점수로 정혜결사문을 만들어서 거대한 깨달음과 성불을 향한 집단을 만들어서 불교를 중흥시켰습니다.

그리고 근대에 한국불교를 중흥시킨 가장 대단한 스님이 경허 성우 스님입니다. 경허 성우 스님의 성우가 惺牛. 우리가 깨달아 있는 상태를 성성적적 적적성성 합니다. 고요하고 고요한 가운데 정신이 활짝 깨어있는 것을 성성이라고 하는데, 정신이 활짝 깨어있는 소라고 해서 성우 경허 스님이라고 얘기를 합니다.

우리나라 근대 삼일운동에 앞장을 서신 분이 백룡성 스님과 한용운 스님인데, 한용운 스님은 "님의 침묵"과 같은 시를 써서 우리민족의 연인이고, 또 독립운동을 해서 목숨을 바치고 하셨지만, 또 깨달음을 얻으셨습니다.

용성 스님이나 한용운 스님 모두 견성을 하신 분들입니다. 성북동에 한용운 선생님이 집을 짓는데, 조선총독부 쪽을 향하지 않는다 해서 북향집을 지으면서 집 이름을 심우장(尋牛藏)이라고 그랬습니다. 소는 진리를 상징하니까 소를 찾는 집이다 이렇게 이름을 지은 것입니다.

그러면 소를 찾는다는 말이 선계에는 어떻게 전해지냐면, 선(禪)의 심우도(尋牛圖) 혹은 십우도(十牛圖)라고도 애기합니다.

진리를 상징하는 소를 찾는 그림이다. 그런데 그것이 전부 열 개의 장면으로 되어있어서 십우도라고도 애기합니다.

여기에는 두 가지가 있는데, 하나는 송나라 때 보명 선사가 그린 것이 있는데, 그것은 묵조선이라고 그럽니다. 묵조선은 화두가 없이 고요히 앉아서 좌선을 해서 진리를 바라보는 것인데, 여기에는 다음에 말하는 곽암 선사의 선의 십우도에 있는 입전수수가 없습니다. 가장 많이 알려진 것은 송나라 곽암 선사가 그린 선의 심우도 혹은 선의 십우도라고 얘기를 하는데, 여기는 모두 열 가지 그림과 장면이 나오고 이것은 조사선이나 간화선 이런 것을 주로 얘기하는 겁니다.

그 단계를 보면, 소를 찾는 심우, 소 발자국을 보는 견적, 소를 보는 견우, 소를 잡는 득우, 그 다음에 코뚜레를 만들고 채워서 키우는 목우, 그 다음에 기우귀가, 소를 타고 집으로 돌아가는 것, 망우존인이라고 해서 소는 잊어버리고 사람만 남는 것, 그 다음 단계는 사람과 소를 모두 다 잊어버려서 인우구망, 반본환원, 그 다음 열 번째가 입전수수 입니다.

처음에 사람이 나설 때는 확실하게 무얼 알아서 나가는 게 아네요. 밖으로 잃은 소를 찾겠다는 생각도 있지만, 자기가 고향을 잃어버려서 고향을 찾아서 나아가는 것도 되고, 또 나를 찾기 위해서 나아가는 것도 되고, 처음에는 확실치가 않습니다. 그래서 가다보니까, 소발자국을 봐서 견적이고, 조금 더 가니까 소의 꼬리나 이런 것을 보다가 소 전체를 보니까 견우이고, 그 다음에 소의 꼬리나 코뚜레 이런 걸 잡아서 득우가 되고, 그 다음에 코뚜레를 만들어 채우고 채찍을 하고 그래서 우리 사람들이 수행하는 것처럼 갈고 닦게 하고 또는 필요하면 채찍질도 하게 합니다(목우). 그래서 완전히 키웠다고 생각이 들면, 기우귀가, 소를 타고 피리를 불면서 집으로 돌아오는 거죠. 그러니까 이것은 자기 고향 안에 타향을 세우고, 타향에서 고향을 찾다가 고향에 돌아왔는데, 결국 내 생명이 가장 편한 제 집에 들어온 것 밖에 안 됩니다.

그 다음에 망우존인, 소는 잊어버리고 사람만 남는데, 그 원래는 밖에서 찾을 것이 아닌데 밖에서 찾았어요. 물론, 잃은 소를 찾긴 했지만 참 나를 찾은 것은 아니거든요. 그래서 막향외멱, 진리를 깨칠 때는 밖에서 찾지 말고 고향 안에 타향을 설치해서 고향에 돌아가려 하지 말고, 지금 여기가 고향이고 내 집이다 그렇게 깨달을 필요가 있습니다.

거기서 한 단계 더 나아가는 것이 인우구망(人牛俱忘), 사람과 소를 모두 함께 잊어버리는 겁니다.

그러니까 소도 잊고 겉모습으로 나타난 나도 잊고, 근원자리의 안으로 들어가니까 그게 비로소 참 나를 찾은 거죠. 그게 내가 궁극적으로 찾으려 했던 근원자리, 바로 지금 여기입니다.

영원한 우주로서의 지금 여기, 그것을 알아차리는 자, 그 다음에 반본환원, 본래의 근원자리로 돌아가서 거기를 나타내는 그림은 활안개처수류화개(活眼開處水流花開)입니다.

눈을 뜨니까 물이 흐르고 꽃이 피고, 어약천강수 용등만리운, 고기가 천강에 놀고 용은 만리 구름을 타는구나(천강수만리운). 있는 그대로 여여한 부처의 경지가 되지요.

그 다음에 끝이 입전수수 입니다. 다시 시장에 돌아와서 많은 사람과 어울려서 범성이 혼거하는데, 여기는 보통 포대화상을 그립니다. 포대화상은 많은 것을 가져서 남에게 베풀기 좋게 되어있어서 결국은 포대화상이 미륵불 역할을 해가지고 중생을 제도하는 그러한 것으로 끝맺게 됩니다.

부처님이나 달마 조사는 직지인심 견성성불 이심전심 하라고 그랬습니다.

그걸 좀 더 쉽게 말하면, 직견자심, 바로 내 마음을 봐라. 수처작주, 언제나 주인정신을 잃지 마라. 수처작주 입처개진, 수처작주하면 늘 진리다.

돈오자심, 몰록 내 마음을 깨쳐라. 내 마음을 깨치는 것은 자성을 깨치는 것이고, 자성을 깨치는 것은 불성을 깨치는 것이니까 그게 견성이고, 거기서 견성한 후에 향상일로로 가면 성불제중을 하게 되는 거지요.

수처작주하는 방법에는 여러 가지가 있습니다. 입정정취라고 해서 선정을 통해서 멸진정에 드는 방법, 회광반조를 통해서 내 마음으로 내 마음을 돌이켜 봐서 하나로 꿰뚫려지는 것.

또 반문문성 이근원통, 귀로 소리를 듣지만 그 듣는 귀가 아니라 그 내면의 가장 깊은 곳에 귀와 원만하게 통하는 자리, 심지(心地)능엄경에서 가르쳐주는 방법이죠.

또 하나는 주객미분전 이뭣꼬? 화두를 택해서 주객미분전, 분별심이 생기기 이전 자리에 있어서 이뭣꼬? 해가지고 바로 지금 여기로 들어가는 겁니다. 그러면 바로 견성할 수가 있지요.

주객미분전 이뭣꼬, 시심마, Who am I? 나는 누구냐? 바로 이것을 깨치면 되는 겁니다.

오늘 본각선교원 깨달음 세계 제44회 법회 주제는 "흰소떼 해에 소 메운 수레를 타자"였습니다.

미륵존불 시대 보살대중 여러분 감사합니다. 견성성불 하십시오. (합장)

제45회 운문스님 수미산 · 조주스님 방하착(放下着)

미륵존불 시대 보살대중 여러분, 안녕하십니까?

석가모니불께 경배찬탄합니다. (합장)

미륵존여래불!

본각선교원 깨달음 세계 제45회 법회 주제는 운문스님의 수미산과 조주스님의 방하착 입니다.

(손으로 앞을 향해 가리킨다.)

지금 여기, 이것뿐입니다. 견문각지 행주좌와 어묵동정 우리들의 행동 하나하나가 깨달음, 각을 나타내고, 그것이 부처이며, 길이고 도이다 그렇게 말할 수 있습니다.

무시공의 자심 자리이다 그렇게 얘기할 수 있죠. 이것은 언제 어디서나 다 나타납니다. 보편타당하죠. 그러나 언제 어디나 있다고 말하면 그것은 잘못된 말입니다.

그래서 이것을 길, 도라고 그러는데, 그래서 우리는 견성성불하는 것을 도통한다고 그러죠. 도통한다는 것은 불이중도(不二中道)와 통한다 그런 얘기죠.

부처님의 법은 불이법이다 즉 이분법이 아니다. 선악미추진망을 나눠가지고 싸우거나 하는 게 아니고, 분별에 의해서 집착 망상 번뇌 이런 것이 생겨나는 분별심이 아니고, 무분별지, 분별이 없는 그런 세계의 일이다.

그래서 불이중도를 다른 말로 하면, 이변중도라고 얘기합니다. 그것은 뭐와 같으냐면, 우리가 벽시계를 볼 때 벽시계에 보면 시계추가 있습니다. 시계불알이라고 그러죠. 그 시계불알이 살아있으면서 왔다 갔다 하려고 하면, 양쪽 변을 떠나야 됩니다. 양쪽 변에 맞으면 그 시계추는 죽은 게 되죠. 또 하나는 가운데 있어도 안 됩니다. 가운데 시계추가 있으면 그것도 죽는 거죠. 그래서 그것을 알맞음 이변비중(離邊非中)이다. 벽시계에 있어서 시계추가 양변을 떠나고 가운데 있는 것도 아니다. 물론 가운데를 지나가긴 하죠. 그래서 이변비중이다 이렇게 얘기를 합니다.

이것은 또 선하는 분들은 쌍차쌍조라고도 얘기합니다. 양변을 막고 양변을 살려서 비춘다.

이 불변의 마음자리는 진여일심으로 무분별지이고, 문제는 좀 전에도 얘기했지만 이분법적으로 나누는 생멸심인 분별지가 아니다 바로 그런 무명으로 인한 분별 집착 망상 이게 우리에게 고통을 가져오는데, 이를 떠나서 우리의 진여자성을 찾아서 진여수연하면서 이고득락, 고통을 떠나서 낙을 얻는 것, 즉 불행을 떠나서 행복해지는 것 이것이 우리들의 목적이라고 애기할 수가 있습니다.

운문 스님은 운문문언이라고 해서 운문종을 창종하셔서 중국 선의 황금시대에 분등선의 한 획을 그으신 대단한 분입니다. 벽암록에도 이 분 애기가 상당히 많이 나옵니다.

이 운문 스님이 어떻게 견성하게 되었는지를 살펴보겠습니다.

그 스승 되는 스님이 목주 스님이었습니다. 그런데, 목주 스님은 소수정예를 중심으로 해서 가르쳤지 많이 가르치지는 않았습니다.

그래서 스승을 만나러 가면 문 안으로 들어가야 되는데, 가서 문을 두드리면 문을 잘 안 열어줬습니다. 골라서 열어준 거죠. 운문 스님이 배울 때, 문을 두드리니까 목주 스님이 누구냐? 그랬습니다. 운문 스님이 문언입니다~ 그럽니다.

그래가지고 목주 스님이 문을 열어주니까, 문언이 들어가자마자 목주 스님이 문언 스님의 멱살을 잡고 말해라, 말해라 그런 겁니다. 그러니까 운문 스님, 문언 스님이 당황하니까 문을 확 닫아버린 거죠.

그래가지고 그 다음에도 또 찾아갔는데, 그때는 문을 열어주지를 않았습니다. 못난 놈~ 하고. 그래서 그 다음날 또 운문 스님이 목주 스님을 찾아가지고 문을 열어달라고 해서 열어줬습니다. 들어가자마자 또 목주 스님이 문언 스님의 멱살을 잡고 일러라~ 그랬습니다. 그러니까 당황해서 문을 나오려고 그러는데, 목주 스님이 문을 확 닫아버렸습니다. 그래가지고 운문 스님이 미처 나오지 못하고, 발이 문에 끼어가지고 발이 부서졌습니다. 그때 운문 스님이 아야~ 하는 순간 눈을 떴습니다. 그래서 견성을 한 겁니다. 견성을 해서 그것은 더

할 수 없이 좋은 일이지만, 발이 부서져서 그 다음부터 평생 불구로 사셨다고 합니다.

또 운문 스님과 조주 스님이 함께 나오는 것이 대혜 종고 스님이라고 간화선을 일으킨 창종자라고 할 수 있는데, 그 분이 쓴 책에 서장이 있습니다.

4집의 하나죠. 도서 절요 선요 서장 이렇게인데, 거기 증시랑과의 문답에서 그런 말이 나옵니다. 그게 조주 스님의 방하착과 운문 스님의 수미산인데, 조주 스님이 계신데 어느 학승이 와서 물었습니다.

"한 물건도 없을 때는 어떻게 합니까?"

이것은 육조 스님의 본래 무일물을 말합니다. 그러니까 조주 스님이 "내려놔라" 그랬습니다. 방하착해라 그랬습니다. 그러니까 그 학승이 "한 물건도 없는데, 무얼 내려놓습니까?" 그러니까 조주 스님이 "그러면 짊어지고 가거라." 그렇게 얘기를 한 겁니다.

한 물건도 없다는 생각이 거기 마음에 걸려있었던 것을 친 것이죠. 그 다음에 운문 스님이 있는데, 운문 스님께서 학승들에게 한 생각 일으키면 죄가 일어난다 그랬습니다. 그러니까 학승이 한 생각을 일으키지 않으면 그것이 허물이 있습니까 없습니까? 하고 묻습니다. 그때 운문 스님이 "수미산" 그랬습니다. 지구상에서 가장 높고 무게가 있는 산이 수미산입니다.

한 생각 일으키면 놓아버리고, 분별 집착 망상심 이런 것을 내려놓으라는 얘기이고, 수미산~ 그래가지고 집착이 없고 그렇다면, 방하착이 되어있다면 그것을 즉금목전현영 이라고 그럽니다. 눈앞에 진여가 나타나서 쓰이고 있다.

백척간두에 진일보라고 그러죠. 조사가 서방에서 오신 뜻이 뭡니까? 조사서래의. 거기에 대해서 조주 스님은 뜰 앞에 잣나무다. 또는 마른 똥막대기다. 누가 불두에 황금똥 쌌나? 동산수상행. 물이 산위로 간다 이런 것들이 전부 백척간두에 진일보한 그 자리를 나타내는 것입니다.

조금 전에 얘기했듯이, 부처가 뭐냐? 했을 때, 마른 똥막대기다. 간시궐(幹屎厥)이다 그랬습니다. 그것이 지금 무문관 제21칙에 나오는데, 한번 살펴보도록 하겠습니다. 운문에게 어떤 승려가 물었다.

"어떤 것이 부처입니까?"

운문이 말했다.

"똥 닦는 막대기다."

무문의 말, 무문혜개의 말이죠.

운문은 걸핏하면 똥 닦는 막대기를 가지고 와서 문호를 떠받치니, 불법의 흥망성쇠를 알만하구나.

무문혜개 스님의 노래입니다.

번개가 번쩍이고 불꽃이 튄다. 눈을 깜빡이면 이미 놓쳤다. 이미 기회를 놓치고 지나갔다는 얘기죠. 이것에 대해서 무심선원의 김태완 선생은 군소리에서 이걸 평한 겁니다. 운문의 수미산을.

번갯불도 허깨비도, 부싯돌도 허깨비이니 본래 취할 것도 없고, 버릴 것도 없는데 아무리 재빠른들 무슨 소용이 있으랴? 본래 다만 바로 이렇게 분명한 것을.

지금 이 자리는 늘 분명하다 이 말입니다.

다음에는 운문 스님 화타(雲門話墮), 말이 없어지고 말이 내려지고 말에 말려드는 겁니다.

이게 무문관 제39칙인데, 운문 문언에게 어떤 승려가 물었다.

밝은 빛이 고요히 온 세상을 비추니, 한 구절이 끝나지도 않았는데 운문이 갑자기 말했다. "그것은 장졸수재의 말이 아닌가?" 그렇게 되물었습니다.

승려가 말했다.

"맞습니다."

운문이 말했다.

"말 속에 말려들었구나."

이 학승이 주인정신이 계속 살아있으면, 운문 문언 스님이 뭐라고 하든 거기 말에 말려들지 말고 자기 말을 진행시켜야 되는데, 주인정신이 없었기 때문에 말이 말려든 겁니다.

즉, 승려가 말한 말 맞습니다! 이 말이 결국 말려든 거라고 그렇게 얘기했습니다.

후에 황룡사심이 이 이야기를 들어 말했다.

"말해보라. 어디가 이 승려가 말 속에 말려든 것인가?"

승려가 맞습니다! 고 한 그것이죠.

만약 여기에서 운문의 화려함이 홀로 우뚝함을 볼 줄 알고, 이 승려가 어째서 말에 말려든 줄을 알 수 있다면, 인간과 천상의 스승이 될 만하다. 만약 아직 분명하지 않다면, 스스로도 구제하지 못할 것이다.

무문혜개 스님의 노래입니다.

급류에 낚시를 드리우니, 미끼를 탐내는 놈이 덥석 무네. 입을 열자마자 목숨을 잃어버린다.

항상 자기 주인정신을 잃어버리면, 낚싯밥에 낚시가 물려서 고기가 목숨을 잃듯이 그렇게 되니까 항상 깨어있으라는 그런 애기죠.

이것에 관해서 무사인 선생은 군소리에서 "말에 말려들면 눈뜨고 꿈꾸는 것이고, 말려들지 않으면 꿈깨는 꿈이다. 말해도 말이 없고, 말없이 말을 해야 비로소 꿈속에서 깨어있을 것이다" 그렇게 말했습니다.

오늘은 주로 운문 스님의 수미산을 중심으로 해서 살펴보고, 조주 스님의 방하착도 함께 알아봤습니다.

흔히 선가에서 한로축괴 사자교인(韓獹逐塊 獅子咬人)이라는 말을 합니다. 우리나라의 개는 흙덩이를 던지면 그 흙덩이를 물러 쫓아갑니다. 그런데 사자에게 흙덩이를 던지면 사자는 흙덩이를 쫓아가지 않고 흙덩이를 던진 사람을 문다 그겁니다.

그래서 부처님께서 앉으신 자리를 사자좌라고도 얘기하죠. 그래서 우리는 소리에 놀라지 않는 사자처럼, 그물에 걸리지 않는 바람처럼, 흙탕에 물들지 않는 연꽃처럼, 무소의 뿔처럼 혼자서 가라. 우주의 주인공아!

직견자심 우선하고, 수처작주 입처개진이니까, 다음에 수처작주하고 돈오자심해서 모두 행복하게 사시기를 바랍니다.

오늘 본각선교원 깨달음 세계 제45회 법회 주제는 운문 스님 수미산과 조주 스님 방하착이었습니다.

미륵존불 시대 보살대중 여러분 감사합니다. (합장)

제46회 여성 불자들의 깨달음

보살대중 여러분, 안녕하십니까?

석가모니불께 경배찬탄합니다. (합장)

미륵존여래불!

본각선교원 깨달음 세계 오늘 제46회 법회 주제는 여성 불자들의 깨달음 입니다.

그러니까 비구니와 청신녀 이런 분들의 깨달음을 전반적으로 알아보려고 합니다.

(손으로 앞을 향해 가리킨다.)

지금 여기입니다. 지금 여기뿐입니다. 우리들의 행주좌와 어묵동정 견문각지 이러한 모든 것들이 깨달음이고, 도이고, 부처입니다.

그것은 시간 공간이 없는 무시공의 자리이죠. 그것은 이분법이 아닙니다. 둘로 나눠져 있는 세상, 진망, 선악, 미추, 정부정 이런 걸로 가려져 있는 것은 이분법이어서 부처님법이 아니고, 부처님법은 불이법(不二法)입니다.

부처님법은 한마디로 불이중도(不二中道)라고 말할 수 있습니다.

반야심경에 색즉시공 공즉시색, 색이 공이고 공이 색이다. 또는 진공묘유중도 라고 그럽니다. 텅텅 빈 허공에 어떤 모양 있는 것이 나타났다가 사라지고 하는 진공묘유 이것을 중도라고 합니다. 불이중도죠. 이것은 벽시계에 있어서 시계추가 왔다 갔다 하는데, 이변중도, 양끝을 닿으면 안 되고 중간에 서있어도 안됩니다. 이변비중 이것을 불이중도라고 그렇게 얘기를 합니다.

그러니까 기독교에서도 성경에 보면, 여호와 신이 에덴동산에 선악과 나무를 심어놓고 아담과 이브에게 선악과를 따먹지 말아라 그러는데, 이브가 얘기해서 아담이 따먹고 목에 걸렸죠. 그래서 에덴동산에서 쫓겨났는데, 그게 바로 선악 이분법이 모든 죄의 원천이다 그런 겁니다. 고향 안에 타향을 설치한 거죠.

우리나라도 그렇고 세계도 그렇고, 그런 기독교가 평화와 사랑을 얘기하면서 십자군 전쟁을 일으키고, 또 현대의 기독교나 여러 종교가 세계적으로 많이 퍼져나가는데도 배타적이고 이분법으로 나눠져서 싸우고 그러는 것은 부처님이나 예수 그리스도 같은 분들의 가르침과는 아주 먼 거죠.

불교계에 있어서도 지성인이라고 생각하면, 부처님법인 불이중도로 나아가야지 불이중도로 나아가지 않고, 네가 옳으니 내가 옳으니 이분법으로 나아가서 싸움박질하고 그러면 그것은 부처님께 용서를 받기가 어렵습니다.

부처님법의 불이중도를 얘기하면서 이분법으로 진리가 어떠니 경이 어떠니 논이 어떠니 얘기하는 것은 전혀 맞지 않는 것이고, 기본적으로 마음을 비우고 허심탄회한 불이중도로 나아가는 일이 우리 모든 불자들에게 필요하다고 생각을 합니다.

여성의 출가 문제 또는 깨달음과 성불에 관해서는 지금까지 여러 가지 말이 있었습니다. 석가모니 부처님 당시에도 남녀차별이 있어서 석가모니 부처님을 키워주신 이모이자 양모인 마하파자파티 부인이 출가를 요청했을 때 허락을 하지 못했습니다.

너무 심한 계급사회였기 때문에 산야에서 여성보호문제가 컸을 겁니다. 그러다가 삼차로 아난에게 요청을 받고서 팔경계를 지키는 것을 기본으로 해서 여성의 출가를 허가했죠. 그래서 최초의 비구니는 마하파자파티 비구니입니다.

그런데, 수많은 세월이 흘러서 석가세존의 그러한 법이 말법시대가 오고, 이제는 선천상극시대를 지나고 후천상생시대가 되어서 정음정양, 남녀가 아주 평등한 세상이 되기 때문에 그런 모든 것들이 없어지는 그런 시대가 되었다고 말할 수가 있습니다.

많은 경전에서 여성은 성불 못한다는 얘기가 있었습니다. 상당히 높은 경지의 법화경에서도 여성은 범천왕이 못되고, 제석천왕이 못되고, 전륜성왕이 못되고, 마왕이 못되고, 부처가 못된다 그런 구절도 나오죠.

그건 그 당시의 비구들의 얘기이고, 그래서 제바달다품에는 그런 것을 부정하기 위해서 팔세용녀의 성불이 나옵니다. 여덟 살 먹은 용녀니까 축생이죠.

팔세용녀가 성불하는데, 다만 남성으로 변해서 변성성불한다 이렇게 해서 조금 완전하지를 못했습니다. 그러나 이것이 열반경에 가고 또 최초에 설하신 화엄경에서는 천제들도 모두 성불할 수 있다 그래서 그것이 완전히 해결된 것이고, 부처님의 설법은 여러 가지 방편설이 있다 이렇게 말할 수가 있습니다.

석가세존이 태어나시고 2600년이 지난 오늘날은 옛날과는 많이 바뀌어서 아직도 남녀차별하는 나라들이 많이 있지만, 그래도 우리나라나 미국 이런 많은 나라를 보면 실질적인 평등이 지켜지고 있어서 굉장히 좋다고 말할 수 있습니다.

그렇더라도 세계적으로 비구니 종단이 있는 나라는 우리나라와 대만이 있고, 그 다음에 태국, 베트남, 스리랑카가 초창기 정도의 비구니 종단이 있지 다른 나라에는 그것이 없다고 그럽니다. 그만큼 쉽지가 않은 거죠.

우리나라에는 제일 큰 조계종이나 태고종에는 비구니회가 따로 있어서 그 종단에서 역할을 하고 그러죠.

그리고 이생대행 스님이라고 한마음 선원을 지으신 대행 스님은 세계적으로 유명하신 그런 분이고, 또 대만에 자재공덕회의 증엄 스님은 관세음보살의 화현이라고 할 정도로 세계에 팔백만 신도를 거느리면서 여러 가지 자비로운 행을 많이 하시고, 심지어는 기독교에서 원하면 교회를 지어줄 정도로 많은 변화를 보이고 있다고 합니다.

부처님을 생각하면, 부처님의 어머님을 생각할 수 있습니다. 마하마야부인인데, 석가세존을 낳으시고 일주일만에 타계하셔서 도리천으로 올라가셨습니다. 워낙 이 분은 돈오하신 분인데, 아들인 석가세존을 이 세상에 낳게 해서 중생들을 제도하기 위해서 화현해서 나오신 그런 분이었습니다.

그래서 석가세존이 나중에 적당한 때를 택해서 기록된 것만 봐도 직접 도리천에 올라가서 돈오하신 어머님에게 또 법을 설하고 얘기를 나누시고 내려오신 기록이 있는 걸 봐서, 부처님이야 어느 때이던지 가실 수 있는 분이니까 자주 뵙지 않았나 그런 생각을 하고, 관세음보살의 근원이 마하마야부인이 분과 관계가 있지 않나 그렇게 생각을 합니다.

그리고 비구니들의 출가는 석가세존이 출가하시고 정반왕이 돌아가시고 난 후에, 이모이자 양모인 마하파자파티가 석가세존의 부인 야소다라와 함께 석가세존 당시 많은 혼자된 여인들과 함께 출가를 한 것이죠.

그래서 그러한 비구니, 나이든 경우는 장로니라고 하는데, '장로니게경'이라는 게 있습니다. 테리가타라고 합니다. 이 테리가타에는 장로니게경 그래서 백여 명에 관한 게송이 있고, 테라가타 라고 해서 그것은 남자의 출가, 비구들의 장로게경 이것은 260명에 대한 게송이 있습니다.

여기에는 마하파자파티를 비롯해서 마하파자파티의 따님인 순다리난다 또 요새 드라마 붓다를 보면, 인도에서 가장 아름다운 여인인 암마팔리가 나오는데, 암마팔리 장로니의 게송, 또 유명한 창녀였다가 목건련 존자를 만나서 깨달음을 얻고 데바다타의 반란을 막으려다가 희생된 연화색 비구니 이런 분들의 얘기가 많이 나오고 있습니다.

그러면 참고로 테리가타, 장로니게경에 마하파자파티 고타미 장로니의 게송, 오도송을 보겠습니다. 이것은 팔리성전협회 전재성 교수가 번역을 한 겁니다.

나를 괴로움에서 벗어나게 하고, 그리고 다른 많은 사람들을 구제한 깨달은 님이시여, 영웅이시여, 귀의하나이다. 일체의 괴로움은 완전히 알려졌고, 원인인 갈애는 말라버렸고, 고귀한 여덟 가지 길은 닦여졌고, 적멸은 나에게 시현되었습니다. 예전의 나는 어머니이자, 자식이자, 형제이자, 자매였으나 있는 그대로를 알지 못하여 죄를 씻지 못하고 윤회해 왔습니다. 저 세존을 내가 챙겨야했으니 이것이 최후의 몸으로 태어남으로 인한 윤회는 부수어졌으니 이제 다시는 윤회하지 않습니다. (여기선 아라한이 되었다는 얘기죠.)

분발하여 노력하고 항상 용맹정진하니, 화합된 제자들을 봅니다. 이것이 깨달은 님들에 대한 애정입니다. 많은 사람들을 위하여 마야 부인께서는 고타마를 낳았으니, 질병과 죽음에 타격받은 자들의 괴로움의 다발을 제거하셨습니다. 이것은 자기 친언니이자 석가세존의 어머니이신 마하 마야부인에게 중생 제도에 관해서 자기가 깨달은 공을 회향하는 정말 멋진 모습을 보게 됩니다.

그런데, 법화경에는 이러한 마하파자파티 비구니가 나중에 수기를 받아서 일체중생 희견여래, 일체중생이 기쁘게 바라보는 여래가 될 거라는 것과 야소다라 비구니, 비구니 이름은 파타카차나인데, 이 분이 구족천만광상여래라는 부처가 될 거라는 수기를 받게 됩니다.

그 다음에 중국에 오면, 중국도 비구만 있는 게 아니라 비구니도 있고, 청신녀들도 많이 있었는데, 기록에 나와 있는 것은 많지가 않습니다.

그런데 어떤 때는 떡 파는 할머니, 또는 그냥 파파노인 이렇게 표현되는 게 많습니다. 우선 선에서 덕산방 임제할로 덕산의 몽둥이 하면 유명한데, 이 분이 워낙은 금강경을 잘 가르쳤습니다. 그런데 선으로 한꺼번에 깨달음에 들어가는 게 있다고 하니까, 용담스님을 찾아가서 선을 배우려고 했습니다. 그때 고개 너머에 떡 파는 할머니가 있었는데, 점심으로 떡을 사먹으려고 하니까 금강경에 과거심불가득 미래심불가득 현재심불가득인데, 어디에 점을 찍겠습니까? 점심이죠. 맞추면 떡을 드리고, 맞추지 못하면 떡을 안 팔겠습니다 그런 겁니다. 주금강이라고 부를 정도로 금강경 공부를 많이 했는데, 딱 막혀버렸습니다.

그러다가 이 사람은 용담 스님을 만나서 인사를 하고 나오다가 어두워서 등불을 받아오려고 하는데, 용담 스님이 불을 확 꺼버렸습니다. 불을 확 꺼버리자, 그때 덕산 스님은 깨달음을 얻었습니다. 여기에도 그런 스님, 비구니가 나오는데 이름은 안 나옵니다.

또 하나는 120살까지 사신 조주 스님에 관련된 얘기가 선문염송 463칙에 나옵니다.

하루는 조주 스님이 법문을 하는데, 한 파파 할머니가 들어온 거예요. 그래서 거기 있는 스님들을 향해서 너희들은 모두 다 내 자식이다 그러고, 조주 스님을 가르치면서 저기 저 큰 아이만 불효자다 이런 거예요. 이게 뭐냐 그러면, 이분법으로 보면 법을 듣고 있는 사람들은 이분법에 빠져있으니까 생멸문으로 나오고 들어가는 애들이고, 조주 스님만 깨달았으니까 진여문이니까 생멸이 없고 부모 임금 이런 것도 따로 없으니까 불효자다 이런 뜻으로 얘기한 것인데, 거기에 비구니였는지 청신녀였는지 모르지만, 불교공부를 굉장히 한 깨달은 분입니다. 그래서 어떤 사람들은 문수보살이 화현한 거다 그렇게 설명한 것도 있는데, 그러한 많은 여성분들이 깨쳤는데, 역사에 이름이 안 남아있고 역사에 남아있는 비구니는 묘현 비구니라고 있습니다. 이분의 오도송을 보면,

> 온 산머리 옛 불당에 비로자나불이 주야로 방광하네.
> 이것이 같고 다르지 않음을 알면, 즉시 화엄이 시방에 두루하네.

시방삼세에 화엄이 두루한다 이러한 얘기가 되겠습니다.

우리나라 역사에 있어서 비구니 역사는 고구려의 아도화성이 선산 모례의 집에 와서 불법을 펴는데, 그때 모례의 동생 사씨녀가 첫 비구니로 영흥사라는 절을 짓고 주지를 했다고 그럽니다. 그리고 고려 진각 혜심 국사 밑에는 비구니와 청신녀가 있는데, 거기에 비구니 이름으로 종민 청원 희원 정심 요연 비구니 이렇게 있고, 8명의 우바이청신녀가 있었다 이렇게 나옵니다.

그때 요연 비구니의 오도송을 보면,

> 산꼭대기를 드러내지 않고 사람에게는 모양이 없다. 눈앞에 바로 드러났으니 이것은 어떠한 모양인가? 문밖에서는 한 오라기 실도 못봤는데, 눈에는 흰구름과 푸른 산이 가득하다.

이렇게 남겼습니다.

그 다음에 현대에 와서는 한암 스님의 제자로 알려진 대행 스님이 비구니로서 유명하고, 만공 스님 밑에 뛰어난 비구니가 여러 분 있었습니다.

법희 만성 삼복 하역. 하역 비구니 스님은 유명한 여성 불자이고, 최초의 여성 잡지를 만드신 김일엽 스님입니다. 김일엽 스님의 불명이 하역 비구니인데, 하역 비구니는 오도송을 다음과 같이 읊었습니다.

> 고인의 속삭임에 헤매이고 고뇌하니, 예로부터 그 얼마런고. 큰 웃음 한소리에 설리에 보화가 만발하니 산과 들이 붉었네.

이러한 오도송을 남겼고, 또 청담 스님의 딸인 수원 봉녕사 주지를 하고 최초의 명사였던 묘엄 스님은 임종게를 다음과 같이 남겼습니다.

> 마음공부는 상대적인데, 부처님 뵙고 절대적인 나(절대아) 자신을 찾았다.
> 자기 단속해 인천의 스승이 되고, 생사자재로 중생을 제도하라.

이렇게 했습니다.

그리고 우리나라에서 비구니만으로 종단을 만든 종단이 대한불교보문종입니다.

이것은 서기 1115년 비구니 이긍탄 스님이 만들었고, 구체적으로 종단은 1972년에 처음으로 보문종이라는 것이 등록이 되었는데, 본조는 석가모니불과 관세음보살이고, 기본적으로 깨달음과 사회복지 구현을 목표로 합니다. 근본 경전은 관음경입니다. 법화경의 관세음보살 보문품인데, 법화경과 화엄경도 같이 경전으로 하고, 종조는 대애도니입니다.

대애도니가 누구냐면, 인도의 마하파자파티 비구니, 석가모니의 이모이자 양모인 분을 종조로 하고, 그 사람의 중국 진나라의 정겸리를 전법조로 하고, 신라 법륜이를 중종으로 해가지고 이러한 종단을 세워서 학교, 양로원, 어린이집 이런 것을 많이 하는데, 1990년대 말 사찰 36개의 승려가 212명, 신도가 약 5만5천 정도 되었습니다.

최근에 이러한 석가모니 부처 말법 시대 선천상극시대가 지나고, 후천상생시대인 미륵존불 시대로 가면서 옛날의 설총결이나 진인도통연계를 쓴 주장춘의 예언을 따르면, 금강산 일만이천 비로봉을 비롯한 봉우리가 있어서 이러한 시대의 일만이천의 도통군자가 나온다는 얘기가 있지만, 현재 우리나라의 명상과 선정붐이 일고, 깨달은 분이 이러한 비구 비구니 쪽에서 많이 나오고, 또 일부는 백봉 김기추 선생 이후로 깨달은 거사나 깨달은 청신녀들이 많이 나오고 있습니다.

특히 최근에는 부산의 무심선원의 김태완 선생님 제자 중에 유튜브하는 깨달은 부부도 있습니다. 그 사람들이 '몽지릴라'입니다. 몽지가 남편이고, 릴라가 부인인데, 몽지씨는 고등학교 선생을 하신 걸로 알고 있고, 릴라는 임순희 씨라고 최근에 책을 냈습니다.

'나는 여자도 아니고 남자도 아니다 모든 것이다' 이런 책을 내는 큰 변혁을 보이고 있습니다. 부부가 함께 깨달아서 깨달음 세계를 얘기하는 것은 참으로 듣기 좋고 보기 좋은 현상이고, 우리나라가 앞으로 미륵존불 시대 밝해문명으로 세계문명을 이끌 것이라는 본보기가 되어서 굉장히 흐뭇한 일입니다.

보살대중 여러분, 모두 직견자심, 자기 자심을 보고, 수처작주 입처개진하고, 그 다음에 돈오자심, 자기 자심을 몰록 깨달아서, 명신견성 성불제중하시기를 바랍니다.

감사합니다. (합장)

제47회 돈오돈수(頓悟頓修)한 거사님들

보살대중 여러분, 안녕하십니까?

석가모니불께 경배찬탄합니다. (합장)

미륵존여래불!

본각선교원 깨달음 세계 오늘 제47회 법회 주제는 "돈오돈수한 거사님들"입니다.

몰록 깨닫고, 몰록 도통한 거사님들, 이런 제목입니다.

지금 여기뿐입니다. 지금 여기는 시간과 공간이 끊어진 자리입니다.

(오른손을 든다)

Now here, 지금 여기, 그런데 이것은 과거도 미래도 현재도 아니고, 이걸 붙이면 nowhere, 어디에도 없는 무시공의 불생불멸의 자리라고 말할 수 있습니다.

우리가 일상생활을 하는 행주좌와 어묵동정 또는 견문각지 이런 모든 게 이것의 드러남입니다. 이것이 현존일념이고, 현존일각이고, 깨달음이고 부처이며 도입니다.

언어도단 심행처멸이어서 이것은 말로는 할 수 없지만, 그래도 말로 표현한다면 진공묘유중도 또 다른 말로는 불이중도(不二中道), 둘이 아닌 중도다 그렇게 말할 수 있습니다.

우리가 세상살이하면서 문제가 되는 것은 항상 이분법(二分

法)이 문제입니다. 자기가 사회생활하면서 부딪히는 여러 가지 문제에 대해서 선악, 진망, 미추 이렇게 나눠가지고 대립 갈등하고 싸우고 거기서 여러 가지 고통이 생겨서 고통의 바다가 되는 것입니다.

그래서 이분법을 뛰어넘어서, 분별지를 뛰어넘어서 무분별지로 가는 것 그게 바로 해탈이고 그런 번뇌가 모두 사라지는 것이 열반이라고 말할 수 있습니다.

나는 누구냐?, Who am I?, 시심마, 이뭐꼬? 이렇게 여러 가지 애기를 하죠. 그런데 우리가 애기할 때 보면, 보는자와 보이는 것, 듣는 자와 들리는 것 이렇게 주객이 나눠집니다. 그게 이분법이죠. 그래서 우리가 주객미분전(主客未分前), 주와 객이 나눠지기 전 자리가 뭐냐? 또는 부모미생전, 부모에게서 내가 나기 전의 내 자리가 뭐냐? 또 천하미분전, 천지가 나눠지기 전에 내 본래면목이 뭐냐? 이렇게 묻고 있는 것이 다 그렇게 말할 수 있습니다.

오늘은 그와 같은 부처님의 진리를 문득 깨닫고, 문득 닦은 세계적으로 유명한 세 거사를 중심으로 살펴보겠습니다.

내가 쓴 "누가 불두에 황금똥 쌌나? 생각 쉬면 깨달음 마음 비우면 부처" 여기에 다 나오는데, 세계적으로 유명한 깨달은 세 거사님은 인도의 유마힐 거사, 본래 성불한 분인데 석가세존 당시에 거사로 태어나서 문수보살을 비롯한 32보살과의 대화에서 불이법문을 애기했습니다.

또 중국의 마조대사의 제자인 방거사, 우리나라 백제 말기 신라 통일기에 나온 부설 거사 이렇게 세 분을 세계적인 3대 거사, 돈오돈수한 거사라고 애기를 합니다.

불이법문에 관해서는 전생에 금속여래였던 유마힐 거사가 있습니다.

그 유마힐 거사가 병이 나자, 석가세존께서 문수보살을 비롯한 여러 보살로 하여금 문병을 하게 했습니다. 그런데, 모두 가는 걸 사양했습니다. 왜냐하면, 유마힐 거사가 하도 유명하고 그래서 그 분을 당하기가 어렵다고 생각해서 그랬습니다. 그러다가 석가세존께서는 문수보살을 비롯해서 32보살과 500 성문, 백천천인들 이런 분들이 한꺼번에 유마힐 거사를 문병하도록 했습니다.

문수사리보살과 유마힐 거사는 무념, 무상, 무주, 열반과 대각을 위한 37조도품에 대해서 법거량하고 생사문제로 넘어갔다.

그때 문수보살은 "보살이 생사에 두려움이 없으면 무엇에 의지하여야 합니까?"

"보살이 생사에 두려움이 있으면, 마땅히 여래의 공덕의 힘을 의지해야 합니다."

"보살이 여래의 공덕의 힘을 의지하려면 어디에 머물러야 합니까?"

"보살이 여래의 공덕의 힘에 머물고자 하면 마땅히 일체 중생을 도탈시키는 데에 머물러야 합니다."

그렇게 하다가 나중에,

"선과 불선에 대해선 어떤 것으로 근본을 삼습니까?"

"몸으로 근본을 삼습니다."

"몸은 무엇으로 근본을 삼습니까?"

"욕심과 탐심으로 근본을 삼습니다."

"욕심, 탐심은 무엇으로 근본을 삼습니까?"

"허망 분별로 근본을 삼습니다."

"허망 분별은 무엇으로 근본을 삼습니까?"

"거꾸로 된 생각, 전도몽상을 근본으로 삼습니다."

"거꾸로 된 생각은 무엇을 근본으로 삼습니까?"

"주착이 없는 것으로 근본을 삼습니다." 머물러 주착하는 것.

"주착이 없는 것은 무엇으로 근본을 삼습니까?"

"주착이 없는 것은 근본이 없습니다. 문수사리여~ 주착이 없는 근본으로부터 일체법을 세우는 것입니다." 이렇게 얘기했습니다.

그때 유마힐 거사는 보살들을 향해서 불이법문에 대해서 생각한 대로 말씀해보십시요 합니다.

그때 맨 처음에 법자재보살이 "나고 없어지는 것은 두 가지인데, 법은 본래에도 나지 않고 지금에도 멸하지 않으니, 이 무생법인을 얻으면 그것이 불이법문에 들어가는 것입니다." 이렇게 얘기했습니다.

그래서 차례대로 31명의 보살이 얘기를 했고, 마지막으로 유마힐 거사는 문수사리보살을 향해서 "보살이 어떻게 하면 불이법문에 들어갑니까?" 하고 물었습니다. 그때 문수사리가 대답하기를, "내 생각으로는, 일체법에는 언설도 없고 보일 것도 없고 알 것도 없어서 모든 문답을 여윈 것이 불이법문에 들어가는 것입니다."

그리고 문수사리는 유마힐에게 물었다.

"우리들은 각각 스스로 말했거니와, 인자(仁者)도 말하시오.
어떤 것이 불이법문에 들어가는 것입니까?"

그때 유마힐 거사는 잠자코 말이 없었습니다.

그걸 침묵이라고 하는데, 선에서는 양구(良久)라고 그러죠.

문수사리보살이 모든 게 문답을 여윈 것이 불이법문이라고 했는데, 문수보살도 말로 표현했죠. 그런데 유마힐 거사는 실제로 말대답을 뛰어넘어서 침묵으로 불이법문을 말없이 보여준 것이다 그렇게 말했습니다.

이 둘 아닌 법문을 설할 때에, 대중 중에 5천 보살이 모두 불이법문에 들어가 무생법인(無生法忍)을 얻었다. 그렇게 얘기하고 있습니다.

다음에는 중국의 유명한 방거사 입니다. 이름이 방온인데, 자가 도현인 방거사는 마조의 법을 이었으며, 형양에서 태어났다. 한때 방거사는 마조 대사에게 다음과 같이 물었습니다.

"만 가지 법과 짝이 되지 않는 사람은 누구입니까?"

결국은 짝이 없는, 짝이 멸한 절대를 물은 거죠. 마조가 대답했다.

"거사가 한 입에 서강의 물을 다 마셔버린 뒤에 말해주리라."

거사가 이 말에 활짝 깨닫고, 곧 창고로 가서 벼루와 붓을 가져다가 다음과 같이 오도송을 지었습니다. 깨달음의 노래죠.

사방의 무리가 한자리에 모여서 제각기 무위의 법을 배운다. (무위의 법이 곧 불이법이죠.)

여기가 부처를 고르는 곳이니, 마음이 공하면 급제하여 돌아간다.

심공(心空), 부처님의 법은 진공묘유중도다 그렇게 하죠. 공(空) 사상이 불교에서는 그래서 유명하다 그렇게 말할 수 있습니다. 심공, 진리는 말로 표현할 수 없지만, 다시 말하면 허공심과 같은 것이다 그렇게 얘기할 수가 있습니다.

다음에는 우리나라의 부설거사 얘기입니다.

백제말 의자왕 시절에 전라도 김제 만경에 구무원이 외동딸 묘화를 두었다. 그때 고흥 능가산 능가사와 망월사 청학동 묘객암 등에서 수행하던 스님 부설 영조 영희가 경주 등으로부터 와서 다대포항에서 중국가려다가 좌절되어 그 마을을 지나다 구씨 집에 머무르게 되었다. 묘화 나이 20세였다. 처녀 나이가 20세니까 과년한 거죠.

벙어리 묘화는 부설을 보자 말문이 열리고, 신기한 일이죠. 시집가고 싶어 했고.

자비로운 부설은 이를 받아들여 결혼하여 부설 거사가 되고, 영조 영희라는 두 도반은 오대산으로 수행차 떠났습니다.

부설은 인근에 보완산 토굴로 들어가서 수행을 해가지고,

마음이 은산 철벽인 심여장벽의 단계를 뛰어넘어서고 있습니다. 그때 선어록을 보니까, 당나라 조주 선사와 엄향 존자 사이에 선문답이 있었습니다. 법거량이죠.

엄향 존자가 조주 선사에게 묻되,

"한 물건도 가져오지 않았을 때는 어떠합니까?"

조주 선사가 이르시되,

"놓아버려라." 방하착, 놔버려라 그랬죠.

"한 물건도 가져오지 않았거늘, 본래 무일물인데 무엇을 놓으라 하십니까?"

"놓지 않으려거든 짊어지고 가려무나."

이 문답에서 보이는 한 물건이라는 한 생각, 일념을 가리킵니다. 본래 무일물인데, 이 엄향 존자는 본래 무일물이라는 생각이 있던 겁니다. 그래서 그 생각을 놔버려라 그랬던 겁니다.

그리고 더 나아가면 놔버렸다는 생각조차도 없어야 되는데, 이 선어록을 읽다가 부설 거사는 깨달음을 얻었습니다. 자기 본래 고향집 자기집에 다다른 거죠. 그래서 방을 돌면서 얼씨구절씨구 얼씨구저절씨구 하면서 춤을 추었고, 싸늘한 밤공기이건만 부설의 환희 어린 춤 앞에는 얼음장도 이내 녹을 판이었다.

그래서 부설 거사는 오도송을 남겼습니다.

공적의 오묘한 법 함께 딛고서 구름 속에 암자 하나 짓고 사노라.

불이에서 무위로 돌아갔거니, 뉘라서 전후삼삼 물어오는가?

이게 무착보살과 문수보살의 대화에 나오는 선어록이죠.

고운 꽃 바라보며 한가로이 졸고, 창밖의 새소리도 때로 듣누나.

곧바로 여래지에 들어간다면, 구구이 오래도록 닦아 뭣하리.

그 후에 영회 영조 두 스님은 오대산에 들어가서 적멸보궁 등에서 수련을 하고 있다가 상당히 세월이 흘러서 부설 거사가 어떻게 되었는지 궁금해서 돌아왔습니다.

그때 부설 거사가 영회 영조 두 도반에게 시합 제안을 합니다. 우리가 병을 세 개 갖다놓고 물을 담아 공중에 매달아놓고 그 물병을 몽둥이로 깨뜨렸을 때, 그 물을 그 자리에 그대로 있게 하느냐 못하느냐 이런 것이었습니다.

그래가지고 영회 영조 스님은 몽둥이로 물병을 깨뜨리니까, 물병도 깨지고 물이 떨어지는 것은 다 마찬가지였습니다. 다만, 부설 거사는 달려있는 물이 든 병을 몽둥이로 쳤는데, 병은 깨졌으나 물은 그 자리에 그대로 있었습니다. 그래서 영회 영조 두 도반은 놀랐죠.

거기에서 판가름이 났는데, 얼마 지난 후에 부설 거사가 자기는 입적할 때가 되었다고 애기를 합니다. 영회 영조가 "부설형, 형이 먼저 가면 안 돼요. 우리를 깨우치고 가야하오." 이렇게 애기를 하니까, 부설 거사가

"아니요. 두 스님은 이제 한 생각만 돌이키면 견성할 것이요. 내가 제일이노라 하는 아상만 떼면 곧 심지를 밝힐 것이요."

심지가 마음바탕이니까, 마음밭 그것이 바로 깨달음이 되는 거죠. 그렇게 이르고 임종게를 썼습니다.

> 눈으로 보는 바 없으면 분별이 없고, 귀로 듣는 소리 없으면 시비 끊이도다.
> 분별과 시비일랑 모두 놓아버리고, 다만 마음부처를 보아 스스로 귀의할진저.

이렇게 하고 임종을 했는데, 그후에 영회 영조 두 도반은 깨달음을 얻었다고 합니다.

보살대중 여러분, 본각선교원 깨달음 세계 오늘 법회 주제는 "돈오돈수한 거사님들"해서 유마힐 거사, 방 거사, 부설 거사를 중심으로 살펴봤습니다.

(오른손을 든다)

지금 여기, 이것뿐입니다.

보살대중들께서는 직견자심 수처작주 입처개진 돈오자심해서 견성성불 하시기를 바랍니다.

보살대중 여러분, 감사합니다.(합장)

제48회 동산 스님의 3돈방(三頓방)과 마3근(麻三斤)

보살대중 여러분, 안녕하십니까?

석가모니불께 경배찬탄합니다. (합장)

미륵존여래불!

본각선교원 깨달음 세계 제48회 주제는 "동산 스님의 3돈방과 마3근"입니다.

무문관 제 5칙과 제18칙의 내용이라고 말할 수 있습니다.

지금 여기뿐입니다. 자심즉불이니, 이 세상에 나타나는 행주좌와 어묵동정 견문각지로 보이고 들리는 모든 것이 생각이나 이름이나 모양에 빠져들지만 않는다면, 전부 각이고 부처고 도라고 말할 수 있습니다.

(오른손을 번쩍 든다)

이것은 시공간을 떠난 무시공의 영원무궁한 본래 자리로, 일정한 모양도 크기도 없고 그런 것입니다. 문제는 우리들의 분별지에 있습니다. 우리가 세상을 살아나가면서 분별로 집착망상하고 또 착각을 하고 전도몽상을 하고 하는데서 여러 가지 고가 생기고, 무분별지로 나아가서 진여일심으로 나아가면 거기에는 아무런 문제가 없는 겁니다.

그래서 이 우주는 본체론적으로 보면 텅 빈 영각성이고, 불생불멸이며, 그것이 쓰임이 있어서 일정한 모양을 나타내지만, 그런 모양을 나타내는 것은 모두 상자적멸상, 그 상이 본래 없는 겁니다. 찰라생 찰라멸하고, 연생연멸하고, 환생환멸하기 때문에 그것은 없는 것과 마찬가집니다.

그런데 우리는 그러한 본래 성품을 가지고 있으면서 여러 가지 모양을 짓는 상대세계에 살고 있습니다. 본체의 본성계는 전부 각이고, 깨달음이고, 상대세계는 전부 꿈이고, 환이라고 말할 수 있습니다.

그런데 알고 보면, 몽각일여입니다. 꿈과 깨달음이 다 하나다. 각이 스스로 나타난 것을 그대로 비추고 있을 뿐이라고 말할 수 있습니다. 거울에 비친 그림자죠.

그래서 무시공의 자리, 진여일심의 자리, 깨어 있는 여기에서 여러 가지 생멸하는 마음이 생겨났다 멸하는데, 마음의 부수작용은 항상됨이 없습니다. 오직 진여일심만이 그러한 영원불변의 자리이고, 각의 자리이고, 부처다. 그러니까 이 우주에는 부처 하나뿐인 겁니다. 나머지 여러 가지 나타나는 모양은 그것을 비추는 하나의 거울 속의 그림자에 불과하다. 그러니까 우리가 둘로 나눠서 분별하고 거기에 집착하고 갈애로 애착하고, 망상을 띄우고, 전도몽상을 하고, 착각을 하고 그런 것이 중생들의 모습인데, 그것만 벗어나면 우리는 진여일심, 무분별지의 지혜 자리에서 살아갈 수가 있습니다.

무문관 제15칙을 보면, 동산의 세 방망이(삼돈방)가 나와 있습니다.

본래 동산 스님하면, 우리나라에는 생불로 알려진 하동산 스님이 계시고, 중국에는 조동종에 동산 양계 스님도 있는데, 여기서는 동산 양계 스님이 아니고, 동산 수초 스님이다 이렇게 말할 수 있습니다.

무문관 15칙을 보면 동산 수초가 찾아왔을 때, 운문 문언(중국의 선문화가 발달했을 때 5가7종의 하나가 운문종입니다. 임제종, 운문종, 조동종, 법상종, 위앙종 이런 식으로 해서 5개가 있었는데, 거기에 운문종을 창조하신 스님)이

"최근에 어디를 떠나왔는가?"

"사도에서 왔습니다."

"여름에는 어디 있었는가?"

"호남의 보좌사에 있었습니다."

"언제 거기를 떠났는가?"

"8월 25일에 떠났습니다."

이렇게 나옵니다. 이걸 보면, 그냥 묻고 대답하고 그랬는데, 아무 문제가 없는 것 같지만 공부하는 사람의 입장에서 보면 그게 아니었던 겁니다.

이 스승이 너를 세 방망이를 때릴 것을 용서해준다. 세 몽둥이로 때린다 했는데, 한돈이라는 것이 중국 태형의 20대를 말합니다. 3돈방이면 몽둥이로 60대를 맞아야 된다고 얘기를 한 거죠. 네가 그런 큰 허물이 있지만 내가 이번엔 봐준다고 얘기를 한 거죠.

동산은 다음날 다시 찾아와 가르침을 간청했습니다. 전날 와서 스승님에게 배우고자 왔는데, 허물이 많다는 얘기를 들었으니까 밤새 고민을 많이 했겠죠.

"어제 스님께서 방망이 세 대를 용서해준다고 하셨는데, 허물이 어디에 있는지 모르겠습니다."

하고 얘기를 한 거에요. 이때는 동산 스님이 깨닫지 못했으니까 못알아듣죠. 어디 있었느냐 언제 왔느냐 거기에 상식적인 대답만 한거죠. 근데 그것이 전부 깨달을 수 있는 기회였는데, 그걸 못깨달은 겁니다.

운문이 말했다.

"이 밥통아, 강서와 호남으로 곧장 그렇게 다니거라."

항상 지금 여기에 깨어있지를 못하고, 항상 과거나 미래 분별지에 잡혀있으면 깨닫지를 못하게 되지요. 그래서 밥통이라는 야단을 맞고 나서야 동산은 여기서 크게 깨달은 겁니다. 우주에 일어나는 모든 일들이 지금 여기 일이고, 저기 바깥의 일은 하나도 없는 겁니다. 그러나 우리는 분별지로 사는 중생들은 늘 여기 일이 아니고, 저기 일에 관심을 두고 사는 거죠.

운문의 말,

운문은 그때 곧바로 본분의 먹이를 주어 동산에게 따로 한가닥 살아갈 수 있게 함으로써, 가문이 쓸쓸하지 않게 되었다. 깨달은 제자가 나오는 거죠. 본분의 먹이를 준다는 것은 여러 가지 지도 방법이 있는 거죠. 제 1구로 조사서래의, 그러면 정전백수자, 뜰 앞에 잣나무 한다든지 또는 부처가 뭐냐? 하면 마삼근 한다든지 이런 것이 분별이 없으면 제1구가 되고, 제2구는 할, 악~ 한다든지, 방, 때리든지, 타, 손이나 발로 치는 것, 매, 욕하는 것, 경우에 따라서는 오히려 스승이 제자에게 절하는 경우도 있습니다.

이런 여러 가지 방법을 쓰는 것은 제2구인데, 중근기는 그런 것을 통해서 많이 깨닫고, 제 3구는 자기도 못구한다 그렇게 얘기를 하게 되죠.

하룻밤 시름의 바다속에 넘어져 있다가 날이 밝자마자 다시 찾아오니, 다시 그에게 자세히 가르쳐서 동산이 즉시 깨닫도록 하였으니, 조급한 성격은 아니다.

처음에 몽둥이로 가르칠 수도 있는데, 그렇게 하지 않고 때를 기다려서 시절인연이 있기를 기다린 거죠.

"이제 여러분에게 묻노니, 동산이 세 방망이를 맞아야 하는가 맞지 말아야 하는가? 만일 맞아야 한다고 말하면, 초목과 수풀이 모두 방망이맛을 보아야 할 것이다. 만일 맞지 말아야 한다고 말하면, 운문이 다시 헛소리 미친 소리를 한 것이다. 여기에서 밝힐 수 있으면 비로소 동산과 더불어 같은 입으로 숨을 쉴 것이다."

그러니까 깨달은 분상에서 일을 할 만하다 이런 겁니다. 여기에 대해서 무문혜개 스님의 노래가 있는데, 사자는 자기 새끼를 가르칠 때 산꼭대기 벼랑으로 데리고 가서 벼랑에서 밀어 넘어뜨립니다. 거기서 사자가 홱 돌아서 떨어지지 않고 제자리로 돌아왔을 때 그때부터 본격적으로 가르치니까 맹수의 우두머리가 되는 거죠.

> 앞으로 뛰어오르려 하나 벌써 몸을 돌려 벗어난다네. 까닭없이 거듭 말하여 대면을 하고 보니, 앞의 화살은 오히려 가볍고 뒤의 화살이 깊구나.

첫날 가르침은 가볍게 남겨 가르치고, 뒤에 깨달을 수 있도록 깊게 가르쳤다고 하는 겁니다.

이것에 대해서 무사인 선생은 군소리에서 운문의 호통에 문득 정신 차린 동산이 다시 강서로 호남으로 싸돌아 다녔으나, 이제는 가는 곳마다 운문과 함께 다니니, 다시는 밥통이라 꾸지람 듣지 않았다네.

늘 동산 스님이 깨어있으니까, 운문 스님도 함께 깨어있어서 꾸지람들을 일이 없다는 얘깁니다.

그 다음에 무문관 18칙은 동산의 삼 서근입니다. 마삼근이죠. 중국에서는 당나라 때 마사 한필의 무게가 세 근이었다고 합니다. 그래서 이런 말이 나온 거라고 보는데.

동산 수초 화상에게 어떤 승려가 물었다.

"어떤 것이 부처입니까?" '여하시불' 그랬습니다.

동산이 말했다.

"삼이 서근이다. 마삼근이다."

그래가지고 이것은 정전백수자나 간시궐 이런 것과 함께 중국의 간화선이 번창했을 때도 화두로 기능을 하죠.

정전백수자, 간시궐, 동산수상행, 판치생모(앞이빨에 털났다.) 하나 더하기 셋은 다섯, 이런 것들이 모두 분별에 빠지지 않으면 백척간두에서 진일보한 것이고, 또 만법귀일 일귀하처 그러죠. 만법이 하나로 돌아가는데, 하나는 어디로 돌아가느냐? 뜰 앞에 잣나무다. 마삼근이다. 간시궐이다 하나가 돌아가는 곳 이런 것들이 전부 제1구가 되는 것이죠.

동산 노인은 약간의 방합선을 공부했으니, 방합선은 조개가 껍질을 열어서 속을 전부 보이는 거죠. 우리가 깨닫는다고 하는 우주실상의 진리는 항상 드러나 있습니다. 그런데도 우리는 못봅니다. 왜냐하면 우리가 분별의 식이 있기 때문에 자기가 자기를 막아서 못보는 것입니다.

(오른손 손바닥을 펴 보인다.)

껍질을 양쪽으로 열자마자 내장을 다 드러내 보인다. 비록 그렇다 하더라도 말해보아라. 어디에서 동산을 보는가?

무문 스님의 노래는 이렇게 되어있습니다.

불쑥 내뱉은 삼서근 말도 가깝지만, 뜻은 더욱 가깝구나. 남의 오름과 그름을 따지는 자가 바로 시비에 떨어진 사람이로다. 다른 사람에게 옳으니 그르니 하는 그 사람이 시비에 떨어진 사람이다. 생각을 일으켜서 분별하고, 이름을 통해서 분별하고, 분별 집착 망상하고, 전도몽상하고, 착각을 하는 거죠. 그게 바로 무명이죠.

이것에 관해서 무사인 선생은 군소리에서 "부처가 무엇인가? 마삼근. 숨김없이 다 드러냈었지만, 수많은 선량한 남녀들의 눈을 가리고 입을 막는구나. 보지 않고 보아야 뚜렷이 보일 것이고, 생각하지 않고 알아야 명백히 드러날 것이다."

오되 온 바가 없고, 가되 간 바가 없죠. 보되 본 바가 없고, 안 보되 안본 게 없는 이러한 것이라고 말할 수 있습니다.

이와 같은 도나 각이나 부처가 뭐냐 그러면, 쉽게 애기하는 것이 바로 평상심(平常心)입니다. 평상의 마음. 중국의 육조 혜능 대사도 일단 본질적인 것은 무심으로 돌아가라 그럽니다. 무념무상 무주의 무심으로 돌아가라. 그리고 무심 속 평상심으로 살아라. 이때 평상심은 생멸하는 마음, 마음의 부수로 일어나는 마음이 아니라 심왕(心王), 진여일심이죠.

그리고 이와 같은 것은 그 후에 마조도일 선사도 도가 무엇이냐고 제자가 물었을 때, 무심을 전제로 평상심이 도라고 했습니다. 그 다음에 유명한 중국의 조주 종심 선사도 스승에게 도가 무엇입니까? 하니까 평상심이라고 해서 평상심에서 120살까지 사신 유명한 조주 스님도 깨달음을 얻었습니다.

그러니까 우선 무심이 되어야 된다. 그래서 마조 대사는 생사조작 추구심이 없는 마음이 무심이다 그런 겁니다. 우리는 많은 경우에 생사의 문제를 가지고 고민합니다. 그런데 무심이 되면 생사에 관한 마음도 없고, 뭘 조작하거나 왜곡하는 마음도 없고, 무엇을 구하는 마음도 없는 것, 그런 생멸의 마음 분별의 마음이 없으면 그것이 무심이고, 무심이 되었을 때 쓰는 마음 그것이 평상심이라고 할 수 있습니다.

보살대중 여러분, 오늘은 동산 스님의 삼돈방과 마삼근을 가지고 살펴봤습니다.

모두 직견자심 수처작주 입처개진 돈오자심해서 견성성불하시기 바랍니다.

감사합니다.(합장)

제49회 인도존자들의 전법게(傳法偈)

보살대중 여러분, 안녕하십니까?

석가모니불께 경배찬탄합니다. (합장)

미륵존여래불!

본각선교원 깨달음 세계 제49회 법회 주제는 "인도존자들의 전법게"입니다.

석가모니 부처님의 법을 이은 전법 제자들의 노래라는 뜻입니다.

(손으로 앞을 가리키며)

이것뿐입니다. 석가부처님이 29세에 출가하셔서 35세에 견명성 오도하시고, 81세에 쿠시나가르에서 열반에 드실 때까지 47년간 법을 설하신 것이 팔만사천 법문의 대장경입니다.

이 팔만사천 법문의 대장경 전부가 이것 하나를 가리키는 겁니다. 뭐라고 이름지을 수도 없고, 형상도 없고, 시공간도 뛰어넘고 여여부동한 자리, 움직임이 없고 늘상 같은 이러한 자리가 각, 깨달음이고 부처이고 절대진리라고 말할 수 있습니다.

그래서 이것을 불이중도(不二中道)라고 하죠. 고락을 떠난 중도의 자리, 둘이 아닌 자리, 이분법으로 나누어지지 않는 자리, 불이중도에 계합한다고 말하고, 둘이 아닌 절대의 자리, 유일절대의 자리, 분별심이 끊어진 자리라고도 얘기하고, 그래서 이것은 불생불멸이고, 불취명상 여여부동이라고 얘기를 합니다.

이름과 모양과 생각과 이런 모든 것을 취해서 끄달리지 않으면, 여여부동하다. 진여의 자리이고, 절대진리의 자리이다 그렇게 얘기할 수가 있습니다.

인도에서 석가모니 부처님이 대각하신 후, 그 진리인 법은 마하가섭존자에게 전해졌고, 그것은 아난존자, 그 다음에 상나화수존자를 거쳐서 나중에 용수존자, 가나데바존자를 거쳐서 반야다라존자, 그 다음에 28대가 달마 대사로 동쪽으로 와서 동토초조다 이렇게 얘기를 합니다.

석가세존은 맨 처음에 도설래의라고 해서 도솔천에 계시다가 호명 보살로서, 마야 부인 모태에 들어가게 됩니다. 그래서 그것을 선가에서는 '미리도솔 이강왕궁 미출모태 도생이필' 그렇게 얘기를 합니다.

도솔천을 떠나지 않고 이미 왕궁에 내려왔고, 어머니의 태를 떠나지 않고 세상을 제도해 마쳤다 그런 내용입니다. 그리고 탄생하실 때 룸비니 동산 무우수 밑에서 태어나시자마자 사방으로 일곱 발자국씩을 걸었다고 합니다.

그때 '천상천하 유아독존 삼계무안 아당안지' 그랬습니다.

삼계가 고통스럽고 편안하지 않으니, 내가 이것을 다 편안하게 하리라. 이미 그때 깨달은 내용을 얘기한 겁니다. 천상천하 유아독존, 이 우주의 실상은 이것 참 나 부처 하나뿐이다 그런 얘기가 되겠죠.

그래가지고 29세에 출가하셔서 6년 동안 여러 가지 고행을 하시다가 중도로 나아가셔서 부다가야 보리수 밑에서 새벽별을 보고 깨치셨습니다.

새벽별을 보고 깨쳤는데, 깨친 후에는 별이 아니었다고 그럽니다. 그것은 사물도 아니고 또 무정도 아니다 그런 얘기를 하셨습니다. 그리고 깨달음을 삼처전심이라고 해서 마하가섭에게 세 번 직접 전했습니다.

직지인심 견성성불 이심전심 이라고 그러죠. 그게 다자탑전 분반좌, 다자탑 앞에서 늦게 온 가섭에게 부처님 앉으신 자리를 내줬다는 것. 그 다음에 기사굴산에서 염화시중의 미소, 부처님이 연꽃을 들고 계신데 그것을 보고 많은 사람이 의아해했는데, 오직 가섭존자만이 빙그레 웃은 거죠.

그리고 열반하실 때 사라쌍수 하에서 다비식을 해야 하는데, 마침 그때 마하가섭존자가 없었습니다. 그래서 마하가섭존자가 멀리서 급히 달려와서 부처님 주위를 세 바퀴를 도니까 그때 유관족출- 관으로부터 발을 내보이신 거죠. 곽씨쌍부라고도 하는.

그것이 직지선, 나중에 달마조사를 통해서 중국에 와서는 조사선이라고 그러는데. 그런 것의 기초가 이러한 삼처전심이라고 말할 수 있습니다.

부처님의 법은 마하가섭에게 전해졌는데, 마하가섭은 석가세존이 돌아가시고 제1차 결집을 해서 경전을 편찬합니다. 그때 아난이 중요한 역할을 했는데, 아난이 21년간 모셨기 때문에 기억력이 좋고 명민했습니다. 그래서 많은 아라한들을 모아서 결집하는데, 그 당시에 아난은 깨달음을 얻지 못했습니다. 그래가지고 선에 들어서 가섭존자 인도로 결국 깨달음을 얻은 후에 결집에 참여하고, 결집을 끝내게 되는데 그때 때가 되자 가섭이 아난에게 말했습니다.

"내 나이 많아 오래 머무르지 못하겠으니, 이제 바른 법을 그대에게 맡긴다. 그대는 잘 지키라. 그러니 나의 게송을 들으라."

이게 전법게입니다.

> 법이라는 법의 본래의 법은 법도 없고 법 아닌 것도 없음이니, 어찌 한 법 가운데 법과 법 아닌 것이 있으랴?

마하가섭이 깨친 내용을 아난존자에게 전해준 겁니다.

이 게송을 마친 후에 곧 금난가사를 가지고 계족산에 들어가서 부처님 명에 따라서 자씨불, 미륵존불이죠. 미륵존불이 하생하기를 기다리고 있다고 합니다. 미륵존불이 내려오면, 거기를 떠나겠죠.

그 다음에 아난존자는 상나화수존자에게 법을 전하게 됩니다.

때가 되어서 아난이 강가강 중류에 가부좌를 틀고 열반에 들 준비를 했습니다. 그때 설산 안에 오백 선인이 있다가 이런 상서를 보고 허공으로 날아와서 아난의 발에 불법을 증득하려고, 아난의 발에 예배하고 꿇어앉아 사뢰었다.

"저는 큰 스님에 의하여 불법을 증득하려 하오니, 바라옵건대 큰 자비를 드리우셔서 저희를 제도해 주소서."

아난이 잠자코 허락하고, 곧 강가, 갠지스강을 변화하여 온통 황금땅으로 만든 뒤 그들에게 거룩한 법을 말해주었다.

아난이 다시 생각하기를, 먼저 제자들이 모두 모여오리라 하니, 잠깐 사이에 오백 아라한이 허공에서 내려와 여러 선인들에게 출가하는 구족계를 주었습니다. 그 선인들 가운데 두 아라한이 있었으니, 하나는 상나화수요 또 하나는 말전지가였다. 아난은 상나화수가 법기임을 알고 말했습니다.

옛적에 여래께서 거룩한 법인을 마하가섭에게 전하셨고, 가섭이 선정에 드실 때 나에게 부탁하셨는데, 나도 지금 열반에 들겠으므로 이것을 그대에게 전하노니, 그대가 나의 가르침을 받으려면 나의 게송을 들으라. 전법게죠.

> 본래 있는 법을 전하는데, 전한 뒤에는 없는 법이라 하네. 각각 스스로가 깨달으라. 깨달으면 법 없음도 없다.

아난이 법장을 다 전한 뒤에 몸을 허공으로 솟구쳐 여덟 가지 변화를 지은 뒤에 풍분신삼매에 들어 몸을 네 몫으로 나누니, 하나는 도리천, 하나는 사갈라용국에, 하나는 비사리에, 하나는 아사세왕에게 봉안하는데 모두가 보혜탑을 세워 공양했습니다.

다음에는 상나화수존자입니다. 상나화수존자는 우바굽타, 그 다음에 제다가 이렇게 전하게 되는데, 옛적에 여래께서 교화를 다니시다가 마졸라국에 이르러 하나의 푸른 숲에 가지와 잎이 무성한 것을 보시고 아난에게 말씀하시기를, 이 지역은 우르다라 하는데, 내가 열반에 든 지 백년만에 상나화수라는 비구가 묘한 법수레를 굴리라 하셨는데, 백년 뒤에 과연 상나화수가 탄생하였습니다.

상나화수존자는 교화를 펴고 얼마 있다가 정법을 제자에게 전하려고 타지국에서 우바국다를 만나 시자로 삼았습니다.

그리하여 국다에게 묻기를,

"그대 나이 몇인가?"

국다가 대답하기를,

"제 나이 열일곱입니다."

"스님 머리가 몸이 열일곱 살인가, 성품이 열일곱 살인가?"

"스님 머리가 이미 희신데, 머리가 흽니까 마음이 흽니까?"

"나는 머리만이 희다. 마음이 희지 않다."

"저도 몸이 열일곱살 일지언정, 성품이 열일곱살은 아닙니다"

하였다.

상나화수는 그가 법기임을 알고, 그 뒤로 3년 만에 머리를 깎아 구족계를 주고 이렇게 말했다.

"옛적에 여래께서 위없는 정법안장을 가섭에게 전하신 이래, 차츰차츰 전하여 나에게 이르렀는데, 나는 이에 다시 그대에게 전하노니, 그대는 끊이지 않도록 힘쓰라. 그대는 나의 가르침을 받고 나의 게송을 들으라. 법도 아니고 마음도 아니며, 마음도 없고 법도 없나니, 마음과 법을 말할 때에 그 법은 마음의 법이 아니다."

이렇게 얘기했습니다. 이 게송을 마치고는 곧 계빈국 남쪽에 있는 상백산에 가서 안거하였다. 그 뒤에 삼매 속에서 보니, 제자인 우바국다가 오백 제자를 거느리고 있는데, 항상 게으름을 부리고 있었다. 존자는 그들에게 가서 용분신삼매를 나타내어 조복시키고, 이어 게송을 말해주었다.

통달하면 너와 내가 아니요
지극한 성인에겐 길고 짧음 없나니
너희들이 교만한 뜻을 버리면
빨리 아라한을 얻게 되리라.

이렇게 전했습니다. 다음에는 석가모니 부처님의 제자 중의 한 분이 라훌라존자입니다. 라훌라존자는 밀행제일이라 해서 부처님법을 깨닫고 견성성불의 지위로 나아가서 나중에 수기도 받게 됩니다. 그 분이 쓴 게송을 보도록 하겠습니다.

라훌라 발타는 삼명을 갖추었다고 지혜로운 사람들은 나를 칭찬하나니, 나는 부처님의 아들이요 또 모든 법에 대해 눈을 갖추었다. 안목을 갖췄다는 뜻입니다. 나는 번뇌를 끊어버리고 이제 다시는 두 번 남이 없어 보시를 받을 만한 아라한으로서 삼명을 갖춰 열반에 든다. 삼명육통할 때 삼명, 세 가지 밝음이죠.

모든 욕심에 눈먼 우리는 사견의 그물과 애정의 덮개와 또 방탕의 밧줄에 덮이고 묶여 마치 통발에 든 고기와 같나니, 나는 이 욕심을 버리고 이 악마의 밧줄을 풀고 사랑의 근본을 뿌리째 뽑아 밝고 시원하고 고요함을 얻었다.

이렇게 깨달음을 얘기했습니다. 이렇게 해서 석가세존의 법은 28대 달마 대사까지 전해지고, 달마 대사가 동토로 와서 동토 초조가 되고, 그다음에 56대가 석옥청공이고, 그의 법은 우리나라 고려 때 태고 보우 스님이 해동, 우리나라로 와서 쭉 법이 이어지게 됩니다.

소리에 놀라지 않는 사자처럼, 그물에 걸리지 않는 바람처럼, 진흙에 물들지 않는 연꽃처럼, 무소의 뿔처럼 홀로서 가라. 뚜벅뚜벅 걸어가라. 견성성불해 가는 사람의 바른 길이다 이렇게 말할 수 있습니다. 이것뿐이죠.

우리가 불자로서 직지인심 견성성불하라고 하는데, 그것은 좀더 쉽게 말하면 직견자심, 자성을 본다는 것은 자기 마음을 보는 겁니다. 수처작주- 자기가 있는 곳마다 항상 주인정신을 가져라 언제 어디서나. 돈오자심- 몰록 자심을 깨달으면 그런 자기 마음의 심왕이 곧 자성이 되어서 견성체험을 하게 됩니다. 그래서 견성한 후에는 성불제중으로 나가면 되는 것이라고 말할 수 있습니다.

본각선교원 깨달음 세계 제49회 법회 주제는 “인도존자들의 전법게”였습니다.

요새 코로나가 와서 많은 분들이 고생하고 계신데, 코로나가 있어도 다가온 새해 설날을 잘 보내시기 바랍니다.

깨달음 세계 시청자 여러분, 감사합니다. (합장)

제50회 사캬디타의 오도송들

보살대중 여러분, 안녕하십니까?

석가모니불께 경배찬탄합니다. (합장)

미륵존여래불!

본각선교원 깨달음 세계 제50회 법회 주제는 “사캬디타의 오도송들”입니다.

사캬디타(Sakyadhita)는 현대적인 용어로 “석가의 딸들”이라는 뜻인데, 초기 불교의 비구니들의 깨달음의 노래를 주로 살펴보도록 하겠습니다.

(손으로 앞을 향해 가리키며) 이것뿐입니다. 지금 여기 이것뿐입니다. 우리가 생활하는데 행주좌와 어묵동정 이런 여러 가지들이 나타나면 보고 듣지만, 우리의 마음은 거기에 가있

는데 사실 그것을 알아채는 주인에 대해서는 우리는 잊고 삽니다. 마치 바다의 물고기가 물속에서 태어나서 물속에서 늘 살지만, 물을 찾아보면 물이 없습니다. 자기 집만 있지 물은 없습니다. 그와 같이 생각으로는 찾을 수 없고, 이름이나 모양에 붙잡히거나 그래도 그것은 우리가 알 수가 없습니다.

그것은 깨달아야지만 그와 통해서 우리가 확인할 수가 있는 거죠. 그래서 우리의 의식을 중심으로 생각해보면, 우리가 깨닫는 데 가장 장애가 되는 것이 생각입니다. 분별지죠. 분별의식, 그래서 주객미분전- 주관과 객관 나눠지기 전 본래 면목을 찾아가라 그렇게 얘기합니다.

문제가 되는 것은 그러한 분별식이 아니라, 무분별지, 평등성지로 가야된다고 말할 수 있습니다. 즉 우리가 문제가 되는 것은 기본적으로 분별객유, 뭘 분별해서 주객을 나누고 헤아리고 비교하고 또 집착 망상 그것을 붙잡고 망상을 피우는 것, 하나는 도견착각, 거꾸로 전도된 생각을 하고 착각을 하는 겁니다. 착각은 자유라는 말이 있지만, 착각을 해선 안되고 정각을 해야 됩니다.

그러려면 우리가 살고 있는 꿈 여기에서 눈을 뜨고 깨달아야 된다고 할 수 있습니다. 우리가 지난번에 여성불자들의 깨달음에 대해서 마하파자파티 부인의 오도송은 살펴봤는데, 다른 비구니들의 삶은 살펴보지 못했기 때문에 지금 테리가타나 다른 경에 있는 초기불교의 비구니들의 깨달음을 살펴보도록 하겠습니다.

먼저 대장경 본연부에 있는 건데, 거기에 보면 비구니와 마왕의 대화가 나오고 깨달은 내용이 나옵니다.

마왕과 세라니의 문답, 세라 비구니의 문답입니다.

"번뇌를 떠나는 법 세상에 없다. 세속을 멀리 떠나 무엇을 하려하는가? 모든 욕망의 쾌락을 누려라. 옛날에 뉘우치는 일 없게 하라."

이것은 마왕의 말, 그것에 대해서 세라니는

> 탐욕과 모든 요소의 결박과 집착은 몽둥이와 창에 비유하나니, 그런 것을 너는 즐거움이라 하나, 그것을 나는 즐겁다 아니한다. 환락은 어디에도 다 끊어졌고, 어두움의 요소는 다 부서졌다. 파피아스여, 그런 줄 알라. 마왕이여 너는 내게 졌구나.

파피아누스라는 게 마왕 파순을 얘기합니다.

다음에는 초기 비구니 가운데 유명한 연화색 비구니라는 분이 있습니다. 여자로서 팔자가 기구해서 남편과 딸이 관계를 맺고, 또 다음에는 아들과 관계를 맺게 되는 비운이고, 유녀가 되었다가 목건련 존자를 만나서 불문에 들어서 깨달음을 얻은 유명한 연화색 비구니의 오도송을 보겠습니다.

> 우리 두 모녀는 같은 사람을 남편으로 삼았는데, 나는 놀라고 두려워 온 몸의 털이 일어남을 느꼈다. 어머니와 그 딸인 우리 두 사람, 같은 사람을 남편으로 삼았나니 애욕이란 더럽고 냄새나며 괴로움이 많은 것, 저주받으라. 모든 애욕의 환란을 보고 떠남의 견고하고 안온함을 보아 이 라자가하의 성에서 나는 집을 떠나 중이 되었다. 그래서 나는 전생일 알고 하늘눈을 깨끗이 하고, 남의 마음을 아는 지혜와 하늘귀까지도 깨끗이 하였다. 또 나는 친족을 증득하고, 온갖 번뇌가 없어졌나니, 나는 여섯 가지 신통을 얻고 부처님의 교훈을 모두 행했다.
>
> 그리하여 나는 신족통으로 네 마리 말을 붙인 수레를 화해 만들고 이 세상의 주인으로 영광이 많은 세존 발에 예배하고 한 쪽에 섰다. 가지마다 꽃이 핀 나무 가까이 너는 혼자서 그 밑에 서있구나. 네 곁에는 아무도 없거니, 어리석은 여자여. 너는 어찌하여 유혹한 사람을 두려워하지 않나. 너와 같이 유혹하는 자 백 천 명 몰려와도 나는 털끝 하나 까딱하지

않고 떨지 않나니. 너는 지금 혼자서 나를 어찌하려는가. 나는 지금 사라져 니 뱃속에 들어가리라. 혹은 눈썹 사이에 앉으리라. 앉아도 너는 보지 못하리라.

나는 내 마음을 항복받고 네 가지 신족을 닦아 익혔고, 여섯 가지 신통을 통달했나니 나는 부처님의 교훈을 행하였다. 모든 탐욕과 다섯 가지 요소는 몽둥이와 저 창과 같다 하거니, 너는 그 애욕을 말하지만 나는 지금 그것을 즐거워 아니한다.

나는 모든 곳의 환락을 끊고, 어두움의 무더기를 부수었나니, 파피아스여 그럴줄 알라. 마왕이여 너는 내게 졌구나.

이렇게 되어있습니다.

다음은 테리가타, 장로니게경에 나와 있는 것을 살펴보도록 하겠습니다.

지난번에는 석가모니 부처님을 키우신 마하파자파티 부인의 오도송을 봤는데, 오늘은 마하파자파티의 따님 순다리난다의 게송을 보겠습니다.

병들고 부정하고 부패하는 난다여, 집적의 몸을 보라. 마음을 통일하여 적립하고 부정에 대해 마음을 닦으라.

세존께서 하신 말씀입니다.

이것처럼 저것이 그러하고, 저것처럼 이것이 그러하다. 썩어가는 악취를 풍기나, 어리석은 자가 그것을 즐긴다. 밤낮으로 그대가 게으름 없이 이와 같이 이것을 관찰하면 마침내 자신의 지혜로 분석하여 사실을 보게 되리라.

방일하지 않게 이치에 맞게 내가 탐구하니, 안팎으로 이 몸이 있는 그래도 보였다. 그러자, 몸을 싫어하여 떠나 나는 내적으로 사라져서 방일을 여의고 결박을 풀었으니, 적정에 들어 적멸을 취했다.

공적영지한 적멸상에 들었다 그런 것입니다.

다음에는 케마장로니인데, 케마장로니는 나이든 비구니라는 소리인데, 이 분은 마가다국의 빈비사라왕의 왕후였습니다. 그런데 출가해서 깨달음을 얻으신 비구니이죠. 먼저 악마의 얘기가 나옵니다.

당신은 젊고 아름답고 나 역시 젊고 청춘이니, 다섯 종류의 악기로 케마여 오시어 즐겨봅시다. (악마가 유혹하는 거죠.)

그에 대해서 케마는 이렇게 얘기했습니다.

이 병들고 파괴되고 부패되는 육신에 나는 괴로워하고 부끄러워한다. 감각적 쾌락에 대한 갈애는 제거되었다. (갈애는 사랑에 대한 갈증을 말합니다.)

감각적 쾌락의 욕망은 창살과 같고 존재의 다발은 그 형틀과 같다. 그대가 감각적 쾌락의 욕망이라 부르는 것, 이 나에게는 불쾌한 것이다. 모든 곳에서 환락은 파괴되고 어둠의 다발은 부수어졌으니, 악마여 이와 같이 알라. 사신이여, 그대는 패배했다.

어리석은 자들이여, 그대들은 별자리에 연연하고 숲속에서 화신을 섬기며, 있는 그대로를 알지 못하며 청정한 것이라 생각을 한다.

케마 비구니는 다음과 같이 끝냈습니다.

"그러나 나는 올바른 깨달은 님, 사람 가운데 위없는 님께 귀의하여(부처님이죠.) 일체 고통에서 벗어났으니, 스승의 교법이 참으로 실현되었다."

이렇게 얘기를 했습니다.

다음에는 테리가타, 장로니게경에 나와 있는 암바빨리 장로니의 게송인데, 요새 인도영화 "드라마 붓다"를 보면, 그 당시 인도에서 제일 미인으로 치는 여인이 이 암바빨리 혹은 암마빨리라고 하는데, 빈비사라왕과 함께 살기도 했고 여러 가지 장면을 보여줬는데, 결국은 출가를 해서 깨달음을 얻었습니다. 그걸 한번 보겠습니다.

검은색으로 말머리색깔 같은 나의 모발은 끝이 말려있었으나, 늙어서 대마의 껍질과 같으니 진리를 말하는 님의 말씀은 틀림이 없다. (진리를 말하는 님이라는 것은 석가모니 부처님을 말하죠.)

좋은 향을 담은 상자와 같은 나의 머리는 꽃으로 덮여 있었으나, 늙어서 토끼털처럼 냄새가 나니, 진리를 말하는 님의 말씀은 틀림이 없다. 잘 심어져 수풀처럼 무성하고 빗과 핀으로 나뉜 머리끝이 아름답게 장식되었으나, 늙어서 드문드문 희박하니 진리를 말하는 님의 말씀은 틀림이 없다.

유연하고 향연하고 금으로 치장된 땋은 머리가 장식으로 아름다웠으나, 늙어서 대머리가 되었으니 진리를 말하는 님의 말씀은 틀림이 없다.

(젊었을 때 많은 남자들이 꼬여들고 그럴 때 아름다움과 그걸 떠나가지고 늙어서 스님이 되었을 때 비교하는 얘기죠.)

화가가 그려낸 그림처럼 예전의 나의 아름다운 눈썹은 아름다웠으나, 늙어서 주름지고 축 늘어졌으니, 진리를 말하는 님의 말씀은 틀림이 없다.

보석처럼 빛나고 반짝였던 나의 두 눈은 감청색으로 커다랬으나, 늙어서 흐리멍덩해졌으니, 진리를 말하는 님의 말씀은 틀림이 없다.

부드러운 산봉우리처럼 젊음이 한창일 때 나의 코는 아름다웠으나, 늙어서 말라비틀어진 식물줄기와 같으니, 진리를 말하는 님의 말씀은 틀림이 없다.

잘 만들어지고 잘 마감된 팔찌처럼 참으로 나의 입술은 아름다웠지만, 늙어서 주름지고 축 늘어졌으니, 진리를 말하는 님의 말씀은 틀림이 없다.

쭉 후렴처럼 '진리를 말하는 님의 말씀은 틀림이 없다'고 합니다.

화초에 돋아난 새싹의 색깔과 같아 예전의 나의 이빨은 아름다웠으나, 늙어서 부서지고 검게 변했으니, 진리를 말하는 님의 말씀은 틀림이 없다.

숲속 우거진 덩굴 날아다니는 빼꾸기처럼 달콤한 목소리를 지녔으나, 늙어서 여기저기 더듬거리니, 진리를 말하는 님의 말씀은 틀림이 없다.

잘 다듬은 부드러운 소라껍질처럼 예전의 나의 목은 아름다웠었지만, 늙어서 망가지고 굽어졌으니, 진리를 말하는 님의 말씀은 틀림이 없다.

중문빗장에 비유될 정도로 예전의 나의 두 팔은 아름다웠지만, 늙어서 파딸리 꽃나무처럼 허약하니, 진리를 말하는 님의 말씀은 틀림이 없다.

섬세한 반지와 금으로 단장했으니 예전의 나의 두 손은 아름다웠으나, 늙어서 뿌리줄기처럼 되었으니, 진리를 말하는 님의 말씀은 틀림이 없다.

위로 둥글게 부풀어 올라 봉긋하여 예전의 나의 두 유방은 아름다웠지만, 물없는 물주머니처럼 늘어졌으니, 진리를 말하는 님의 말씀은 틀림이 없다.

잘 연마된 황금의 기둥처럼 예전의 나의 몸통은 아름다웠지만, 쪼글쪼글한 주름으로 덮였으니, 진리를 말하는 님의 말씀은 틀림이 없다.

코끼리코에 비유될 정도로 예전의 나의 두 허벅지는 아름다웠지만, 늙어서 대나무의 줄기처럼 되었으니, 진리를 말하는 님의 말씀은 틀림이 없다.

섬세한 팔찌를 차고 금으로 장식해서 예전의 나의 두 정강이는 아름다웠지만, 늙어서 참깨의 줄기처럼 되었으니, 진리를 말하는 님의 말씀은 틀림이 없다.

손으로 가득 찬 것에 비유할 정도로 예전의 나의 두 발은 아름다웠지만, 늙어서 갈라지고 쭈그러들었으니, 진리를 말하는 님의 말씀은 틀림이 없다.

이 집적의 몸은 이와 같아졌다. 노쇠했지마는 고통의 주체로서 회반죽이 떨어진 낡은 집과 같아졌으니, 진리를 말하는 님의 말씀은 틀림이 없다.

이것이 암바빨리 비구니의 깨달은 게송, 오도송이라고 할 수 있습니다.

보살대중 여러분, 지금 여기 위에 나온 분들은 석가세존 당시지만, 있는 것은 지금 여기 일입니다. 지금 여기서 일어나는 이것뿐입니다. 그래서 이것을 깨쳐야만 합니다. 들려오는 묘한 소리를 듣고, 보이는 모든 것을 듣는 알아차리는 자리, 그것을 자기가 확인을 해야 됩니다. 머리로 이해하고 생각으로 이해해서는 그것은 될 수 있는 일이 아닙니다. 뇌가 거의 정지상태에 이르러야 합니다.

그래서 소리에 놀라지 않는 사자처럼, 그물에 걸리지 않는 바람처럼, 흙탕물에 물들지 않는 연꽃처럼, 무소의 뿔처럼 혼자서 걸어가라 그럽니다.

직지인심 견성성불하라. 직지선이라고도 하는데, 사람의 마음이라 그러면 생각이 펴져가고 펴지지만, 자기 마음을 우선 보면 핵심이 잡혀 쉽습니다.

직견자심하고 수처작주하며 회광반조하여 결국은 돈오자심하면 그것이 견성성불의 길입니다. 돈오자심하되 "나다"하는 나의 아상이 무너져야 됩니다. 나의 아상이 은산철벽처럼 넘어지고, 금강권처럼 부서지고, 율국봉처럼 뱉어버릴 수 있는 그런 자유자재로운 경지에 이르러야 된다고 말할 수 있습니다.

본각선교원 깨달음 세계 제50회 주제는 '사캬디타의 오도송들- 석가의 딸들의 깨달음의 노래'를 살펴봤습니다.

보살대중 여러분, 감사합니다. (합장)

제51회 7불(佛)의 깨달음 노래

보살대중 여러분, 안녕하십니까?

석가모니불께 경배찬탄합니다. (합장)

미륵존여래불!

본각선교원 깨달음 세계 오늘 법회 제51회 주제는 "7불의 깨달음 노래"입니다.

일곱 부처님의 오도송이죠. (오른손 바닥을 보인다)

이것뿐입니다. 지금 여기, 시공간을 떠난 우리들의 일상생활, 행주좌와 어묵동정 이런 모든 것들이 깨달음이고 각이고, 도이며, 부처님이고, 하느님이다 그렇게 말할 수 있습니다. 이것뿐입니다.

견성 즉 깨달음은 사량분별을 벗어나고, 집착 망상을 버리어 고통으로부터의 해탈이라고 애기할 수가 있습니다. 견성, 즉 깨달음은 불가사의하다고 합니다. 즉, 생각으로는 미칠 수 없다. 생각이 멈춰져야 됩니다. 생각에 사로잡히거나 끄달리거나 하면 견성을 할 수가 없습니다.

그 다음에는 언어도단입니다. 말길이 끊겨있습니다. 이름이나 말로 된 것으로는 거기에 도달할 수가 없고, 말도 주객이 나눠진 분별, 이분법이기 때문에 불이법인 부처님법에 도달할 수가 없습니다.

그 다음에 심행처멸, 마음의 갈 길이 끊어졌다. 즉, 이것은 마음이 무심해져야 된다는 겁니다. 우리가 생사나 또는 여러가지 조작하거나 추구하는 이러한 마음이 다 녹아내리거나 은산철벽 무너지듯 무너져야 된다고 말할 수 있습니다.

또 하나는 이상멸상, 이 세상에 나타나는 여러 가지 경계의 모양은 다 찰라생 찰라멸 하는 것이고, 연생연멸하고, 환생환멸하기 때문에 그 상을 떠나면 그 상이 없어지는 것입니다. "적멸상이 되어야 된다."에 유의하면, 우리가 견성하는 데 많은 도움이 될 것입니다.

부처님법은 진공묘유중도 또는 불이중도라고 애기를 하죠. 가장 문제되는 것이 생각입니다. 우리는 생각을 통해서 번뇌 망상을 일으키고, 착각을 일으키니까 생각과 나를 동일시하지 말고, 생각을 바라보고 생각을 바라봐서 환인 줄 알면, 지환즉리(知幻卽離), 생각이 떠나가 없어집니다. 그래서 생각을 일으켰을 때 한번 바라봐서 사라지면 좋고, 그렇지 않고 사로잡힐 때는 생각과 바라보는 나를 분리해야 됩니다. 그런 후에 보는 자, 알아차리는 자만 내버려두고 나는 거기서 백척간두에서 진일보한다. 백척이나 되는 낚싯대 끝에서 그냥 바다에 빠지듯 풍덩 사라져야 됩니다. 내가 사라져야 됩니다. 그러면 거기에 알아차리는 자, 주시하는 자, 깨어있는 자는 우리가 보고 듣고 맛보고 향내 맡고 생각하는 모든 고뇌로부터 벗어날 수가 있습니다. 우리는 본래 모두가 부처입니다.

오늘 7불의 깨달음 노래는 역사적으로 과거에 장엄겁의 세 부처, 비파시불, 시기불, 비사부불 또 현겁의 네 부처, 구류손불, 구나함모니불, 가섭불 그 다음에 석가모니불 이런 부처님들의 오도송을 살펴볼 텐데, 깨달음에 중요한 힌트를 받을 수 있을 것입니다. 일곱 부처의 칠불통게(七佛通偈)라는 것이 있습니다.

일곱 부처님이 똑같이 읊으신 뜻이 있습니다. 그게 뭐냐면, 제악막작 중선봉행 자정기의 시제불교(諸惡莫作 衆善奉行 自淨其意 是諸佛敎) 이렇게 되어있습니다. 모든 악을 짓지 마라, 착함을 받들어 모셔라, 마음을 청정하게 가져라. 자성청정심이죠. 이것이 제 부처님의 가르침이다.

이것이 일곱 부처가 함께 가르친 칠불통게, 또는 칠불통게계라고도 애기를 합니다.

그러면, 지금 말씀드린 일곱 부처의 가르침을 한번 살펴보겠습니다.

백운경한 스님의 직지심체요절에도 나옵니다만, 이것은 월운 스님이 번역하신 동국역경원에서 나온 조당집인데, 거기 제 1권에 이렇게 나왔습니다.

비바시불, 성은 구루요 종족은 찰리종족이며, 아버지의 이름은 반표요 어머니의 이름은 반두말타요, 다스린 나라 이름은 찰말제이다.

깨달음의 노래는,

> 형상 없는 가운데서 몸이 태어남이 비유하자면 마치 환술에서 갖가지 형상이 나는 듯하다. 환의 마음과 식 본래 없으니, 죄와 복도 모두 공하여 머물 곳이 없다.

공(空)이다 그랬습니다. 진공묘유중도 그러죠. 공은 텅 비어 있는데, 아무것도 없는 게 아니고, 텅 빈 영각성이다 그렇게 말로 설명할 수가 있습니다.

그 다음에는 시기불인데, 시기불도 성은 구루요 종족은 찰리왕족인데, 깨달음의 노래를 보면,

> 일으킨 모든 착한 법은 본래가 허깨비(illusion)요, 짓는 모든 악한 업도 모두가 허깨비이다. 몸은 거품 같고, 마음은 바람 같아서 허깨비가 내는 것. 근거도 실체도 없다.

인연법으로 말하면, 환생환멸이다 그렇게 말할 수 있습니다.

그 다음에 비사부불도 성은 구루요, 종족은 찰리왕족인데, 깨달음의 노래를 보면,

> 사대를 빌려서 몸이라 하니(지수화풍이죠), 마음은 본래 없는데 경계 따라 섬긴다. 눈앞의 경계가 없으면 마음도 없어지

나니, 죄와 복이 허깨비 같아 일어나자 멸한다. 경계의 부딪혀서 끄달리지 말라 그런 겁니다.

그다음에는 현겁의 구류손불입니다.

구류손불이나 구나함모니불, 가섭불 모두 성은 가섭이요 종족은 바라문입니다. 아버지의 이름은 예득, 어머니 이름은 선지요, 다스린 나라 이름은 안화성이다. 깨달음의 노래는

몸이 진실치 않음을 보면 그것이 부처를 봄이요, 마음이 헛깨비(幻) 같음을 알면 그것이 부처를 아는 것이다. 몸과 마음의 본래 성품이 공한 줄 알면, 그 사람은 부처님과 무엇이 다르랴? (공성을 깨닫는다는 것이죠.)

신심본성공(身心本性空)- 신심의 본성이 공하다. 그렇게 되어있습니다.

다음은 구나함모니불입니다. 금선인(金仙人)이라 한다.

성은 가섭이요 종족은 바라문이다. 아버지는 대덕이고, 어머니는 선승이다. 깨달음의 노래는,

> 부처란 몸을 보지 않고 아는 것이니, 이것이 부처일세. 참으로 이것을 안다면 따로 부처가 없다. 지혜로운 이는 죄의 본성이 공한 줄 알아 마음이 평온하여 생사를 두려워 않네.

생사를 초월한다 이런 거죠.

다음은 여섯 번째 가섭불입니다. 성은 가섭이요, 종족은 바라문이며, 아버지의 이름은 범덕이요 어머니의 이름은 재주요, 다스린 나라 이름은 바라나시 이렇게 되어있습니다.

우리나라 일연 대사가 쓰신 삼국유사를 보면, 경주 황룡사지에 가섭불이 계시던 가섭불 연좌석이 있다고 합니다.

깨달음의 노래를 보면,

> 모든 중생의 본성은 청정하여서 본래부터 남이 없어 멸할 것도 없다. 그러한 몸과 마음 허깨비에서 났으니, 허깨비 가운데는 죄와 복이 없도다.

다음은 현겁에 와서 일곱 번째 석가모니 부처입니다. 우리가 잘 아는.

석가모니 부처님의 깨달음은 지금부터 2600년 전에 인도 부다가야, 지금 마하보디 템플 자리 보리수 밑에서 길상초를 깔고 앉아서 내가 이번에 깨닫지 못하면 일어나지 않겠다는 결심을 하고 오랫동안 하시던 고행을 버리고 중도로 나아가셔서 선정을 하고 계시던 도중, 새벽별을 보고 대각을 얻으셨다고 합니다.

그때의 오도송을 보면,

> 별로 인하여 깨달았으나, 깨달은 뒤에는 별이 아니로다. 사물을 따르지 않지만, 무정함도 아니로다.

별을 봤는데, 깨닫기 전에는 별이 별이었죠. 깨닫고 나니까 별이 별이 아니고, 말로 하자면 이 우주에 있는 모든 것이 참나, 즉 부처뿐이었던 겁니다. 그래서 사람들은 부처님이 깨달으신 것이 뭐냐 그러면, 연기법을 깨달았다고 하는데 연기법은 기본적으로 현상적인 것에 중점을 두었기 때문에, 부처님이 깨달으신 법은 물론 말로 표현할 수 없지만, 굳이 한다면 일심불계 연기법이라고 말할 수 있습니다. 우주는 일체유심조요 그 마음이 곧 부처이며, 그 현상은 인연과보의 원리에 따라서 움직이는 것이라고 말할 수 있습니다.

그래서 석가세존께서는 야마천궁게찬품에서 응관법계성 일

체유심조라는 말씀을 하셨습니다. 법의 성품이 일체가 마음이 짓는 것이다. 그러면서 마음이 뭐냐? 심여공화사 능화제세간- 마음은 화가와 같고, 세간의 일은 그림과 같아서 화가의 마음대로 모든 것을 그릴 수 있다.

심불급중생 시삼무차별- 마음과 부처와 중생이 차별이 없다 그겁니다.

그 다음에 수미산정 게찬품에서는 요지일체법 자성무소유 여시해법성 즉견노사나 이렇게 말씀하셨습니다. 일체법을 알고 나니 무자성(無自性)이다. 나라고 할 것이 없다. 고정된 자성이 없다. 이렇게 존재, 법의 성품을 이해하면 곧 노사나불을 보는 것이다. 부처를 보니 견성을 하는 것이다 그렇게 말할 수가 있죠.

이러한 깨달음 말고 또 하나는 석가세존께서 남기신 게송을 여기 남긴 게 하나 있는데, 허깨비는 원인도 없고 생겨남도 없으니, 모두가 자연스럽게 그러한 것으로 본다. 모든 법이 허깨비 아닌 것이 없으니, 허깨비는 생겨남 없으니 사라질 것도 없어라.

우리는 지금까지 7불의 각자 깨달음 노래를 살펴봤습니다.

우리는 그물에 걸리지 않는 바람처럼 비우고 떠나야 합니다. 그리고 무소의 뿔처럼 혼자서 뚜벅뚜벅 가야된다고 말할 수 있습니다.

오늘 본각선교원 깨달음 세계 제51회 주제는 “7불의 깨달음 노래”였습니다.

모두 직견자심 수처작주 돈오자심하되, “나다” 하는 아상은 버리고 무심으로 나아가면, 직지인심 견성성불하실 것입니다.

보살대중 여러분, 감사합니다. (합장)

제52회 범부의 견성성불

보살대중 여러분, 안녕하십니까?

석가모니불께 경배찬탄합니다. (합장)

미륵존여래불!

(손으로 앞을 향해 가리키며)

본각선교원 깨달음 세계 제52회 법회 주제는 "범부의 견성성불"입니다.

보통 사람들의 견성성불이라는 주제로 살펴보고자 합니다.

이것뿐입니다. 지금 여기 시공을 떠난 행주좌와 어묵동정 견문각지가 모두 이것뿐입니다. 현존일각 또는 깨달음, 도, 부처님, 하느님 여러 가지로 말을 하지만, 이것은 말로 나타낼 수 없는 것을 불가피하게 나타냅니다. 이것은 본래 불가사의 언어도단 심행처멸이라고 얘기합니다.

이것은 감춰져 있지 않고 언제 어디에서 드러나 있지만, 이것을 막상 찾으면 없습니다. 찾는 것은 바로 인간이 번뇌망상을 일으켜서 그것을 가리게 되기 때문이라고 말할 수 있습니다.

우리가 일상적으로 보고 듣고 냄새 맡고 할 때, 보이는 대상이나 들리는 소리나 냄새나는 물체 이런 경계에 끄달리지 않고 그것을 알아차리고 주시하는 근본 마음자리 이것을 우리는 각이라고 얘기합니다.

사량분별망상 이것이 문제고, 우리의 의식 속에서는 제 7식 분별식이 문제라고 말할 수 있습니다. 해빙귀수(解氷歸水)라는 말이 있습니다. 우리가 겨울에 강가에 가면 얼음이 얼고 그러는데, 겉으로 보기에 얼음은 모양이 물이 아닌 것처럼 보입니다. 그런데 그 얼음이 녹으면 물로 돌아가서 그것이 물이라는 것을 확실히 알 수 있습니다. 우리의 번뇌는 이 얼음과 같습니다. 일정한 것이 모이고 집착 망상으로 인해서 일정한 모양을 갖고 있고 그래서 무얼 방해하는 것 같지만, 그 근본 자리는 언제나 물입니다. 해빙귀수, 얼음이 물로 돌아가는 것, 이것은 우리가 불교에서 번뇌즉보리다. 이 세상에 번뇌와 번뇌 아닌 모두가 다 깨달음이다 그러죠.

몽각불이, 꿈과 깨달음이 둘이 아니다. 우리가 현재 보이는 대상으로서의 여러 가지 물건이나 경계가 전부 그림자 같고, 꿈같은 겁니다. 그런데, 꿈과 같은 것과 그것을 늘 알아차리는 각과 둘이 아니다. 거울에 비친 그림자 같이, 거울과 그림자를 나눌 수 없듯이 부처님의 가르침을 불이중도라고 하죠.

석가세존께서는 2600년 전 인도 부다가야에서 새벽별을 보고 깨달으신 견명성오도를 하시고 최초로 대방광불화엄경을 설하셨습니다.

십조 이상의 문장으로 되어있다는 화엄경입니다. 화엄경을 대표하는 구절이 야마천궁게찬품인데, 우리는 응관법계성 일체유심조(一切唯心造), 모든 존재의 성품을 마땅히 일체 마음이 만드는 것으로 보라고 했습니다.

그밖에 수미산정게찬품이 있습니다. 거기도 그러한 진리를 나타내고 있는데, 그것을 보면, '요지일체법 자성무소유 여시해법성 즉견노사나' 이렇게 되어있습니다.

무슨 말이냐면, 일체의 법 일체 존재를 알아 맞추면 자성이 소유가 없다. 그러니까 그걸 다른 말로 하면, 무자성(無自性)이다 그렇게 얘기할 수 있습니다. 이와 같이 법의 성품을 알면 즉시 노사나불을 본다. 노사나불은 보신불 부처입니다. 부처를 보니까 그렇게 알면 즉시 견성하는 것이라는 거죠.

그리고 화엄경에는 삼주인과라 해서 법신불인 비로자나불의 성불, 보살 등 여러 존재가 앞으로 진수해서 성불하는 인과, 그리고 우리와 같은 범부를 대표해서 선재동자의 성불이 나옵니다. 그 선재가 보살님들을 비롯해서 많은 사람들이나 존재를 만납니다. 처음에 문수보살을 만나고 또 관세음보살도 만나고, 미륵보살도 만나고, 보현보살도 만나고, 그리고 선재동자는 처음에는 문수 동자를 만나고 나중엔 또 문수보살을 만나서, 문수보살은 두 번 나오고 마지막 단계에 가서 보현보살을 만나면서 끝나는데, 그때 미륵보살이 탄지하는 것을 보고 문이 열려서 견성성불 하는 그런 것이 나오고 있습니다.

문수보살의 지도를 받은 선재동자는 그 나아감이 52위로 되어있습니다. 처음에 십신 그다음에 십주 십행 십회향 십지 그렇게 하면 50위가 되고, 법운지죠. 50에서 한 단계 더 나아가면 등각(문수, 보현, 관세음보살 같은 51위) 52위가 묘각이어서 부처님 자리라고 말할 수 있는데, 그것을 다 이루는 그런 것이 자세히 나와 있습니다.

본각선교원 깨달음 세계도 이제 1년이 되어서, 52회에 도달했습니다. 맨 처음에도 얘기했지만, 우리가 범부들이 깨닫는데 있어서 그것은 쉬울 수도 있고, 어려울 수도 있습니다. 스님들처럼 전문적으로 출가해서 화두 하나만 하시다가 깨닫지 못하고 가시는 분들도 있고, 어떤 사람은 언하에 대오해서 금방 깨닫는 분도 있고 해서 어떤 선사는 깨닫는 게 세수하다 코 만지기보다 쉽다고 그럽니다.

그것은 마음공부하는 사람의 마음자세에 달려있습니다. 쉽고 어려운 것은 거기에 달려있는 것이지, 다른 것에 달려있는 게 아닙니다.

우리가 견성을 하려면, 자기가 우선 본래 성불해 있는 존재라는 것을 믿어야 됩니다. 두 번째는 대발각심을 해야 됩니다. 내가 어떤 일이 있어도 금생에 꼭 깨닫겠다 이것만 되어 있으면 깨달음은 어렵지 않다고 말할 수 있겠죠. 그리고 자기 혼자 깨달을 자신이 없으면, 자신에게 맞는 깨달은 선지식을 꼭 찾아가서 전적으로 믿고 공부를 하면, 시절인연이 되었을 때 견성이 됩니다.

우선 중요한 것이 막향외멱이라고 해서 바깥에서 찾지 말라고 합니다. 바깥의 경계에 따라가서 하면 안 되고, 그것을 보고 듣고 알고 하는 그런 근본적인 내면의 심왕, 마음 챙기는 자리, 주시하는 자리, 깨어 있는 자리 여기로 돌아가야 된다.

그다음에는 불취명상이라고 해서 생각이나 또는 이름이나 말 모양에 집착해서 거기에 붙잡혀서 속거나 끄달리면 안됩니다.

그래서 사람들은 그물에 걸리지 않는 바람처럼 비우고 떠나라 그럽니다. 비우고 떠나되, 무소의 뿔처럼 혼자서 가라 그럽니다. 그렇게 되면 언젠가 상대가 끊어진 원만구족하고 일정한 모양도 형태도 없지만, 또 불생불멸 불구부정 부증불감의 여여부동한 그 자리에 도달하게 된다고 얘기할 수 있습니다.

이 우주는 본래무일물, 본래 한 물건도 없다고 얘기할 수 있지만, 모든 현상은 실체는 없고 작용만 있어 연생연멸할 뿐이다. 이 세상의 모든 것이 참 나 아닌 게 없다. 자타일시성불도 우리는 본래 성불이다. 우리 모두는 부처이다. 참 나이다 라고 얘기할 수가 있습니다.

선을 살펴보면, 석가세존께서는 수식선을 하셔서 구차제정으로 멸진정에도 나가셨지만, 견명성오도하신 후에 삼처전심으로 직지인심 견성성불 이심전심하라고 해서 직지선을 가르치셨습니다. 그것이 28대 달마 대사, 동토초조인 달마 조사가 중국에 와서 펼친 것이 조사선입니다. 그것이 혜가에 전해져 가지고 혜능으로 이어져 정착되고, 분등선 5가7종이 이뤄지는데, 거기에는 임제종과 같은 선도 있고 또 대혜 종고 스님이 만든 간화선도 있지만, 조동종이라는 묵조선도 있습니다.

그런데 이 묵조선은 사실 중국보다 오히려 일본에서 많이 발전이 되었습니다. 특히 일본에서는 묵조선에 관해서 도겐(道元) 스님이라는 분이 계십니다.

이 분은 13세기 분인데, 중국 남부에 가서 천둥여종 선사에게 배워가지고 한소식하고 일본으로 돌아와서 일본선의 나침반이라 할 수 있는 정법안장 95권을 저술했습니다. 굉장한 저술이죠. 어떤 분이 일본열도가 만약 침몰할 경우에 책 하나를 골라야 한다면 도겐 스님의 정법안장을 구할 것이라고 할 정도로 그렇게 유명합니다.

이 도겐 스님이 쓴 묵조선을 보면, 신심탈락이라고 했습니다. 몸과 마음이 탈락해서 무신 무심 무아로 돌아가는 겁니다. 지관타좌(只管打坐)라고 합니다. 단지 앉아서 조용히 바라본다. 지관(止觀)- 멈추고 관찰하라 이러한 얘기가 되겠습니다.

간화선을 하는 분들은 묵조선을 상당히 비판적인 시각으로 보는데, 도겐 스님은 묵조선을 했지만 간화선을 상당히 인정을 했습니다.

도겐 스님은 생각이 끼어들지만 않으면, 화두를 드잡자 곧 깨닫는다고 했습니다. 뜰 앞에 잣나무다. 마른 똥막대기다. 동산수상행이다 이러한 모든 것, 이런 것들이 다 바로 각의 자리라고 이렇게 본 것이죠.

우리가 세상살이 하면서 비우고 떠나는 것이 바람직하지만, 실제 그렇게 하기는 쉬운 일이 아닌데, 그런 것을 보여준 위대한 스님이 한 분 계십니다. 그분이 중국의 승조 스님이라는 분입니다. 승조 스님은 유명한 구자국의 불자로서 중국에 와서 많은 경을 번역하고 불법을 전하신 구마라집 대사의 제자입니다. 4-5세기 분인데, 구마라집 대사도 천재라고 감탄했습니다. 이 분이 일찍 세상을 떠나게 됐습니다. 승조 스님은 특히 공(空), 아무것도 없는 게 아니고 존재의 본체나 본성을 나타내는 텅 빈 영각성으로 본 것이죠. 그리고 반야무지론을 썼습니다. 반야가 무지라고 하는 것은 무식한 무지가 아니라, 무지는 이 경우에 무분별지(無分別智)입니다. 핵심을 잘 잡아서 한 거죠. 그리고 화두 중에 만법귀일 일귀하처- 만 가지의 법이 하나로 돌아가는데, 하나는 어디로 돌아가느냐? 이런 화두도 만드신 분입니다. 백척간두에서 진일보하는 것과 똑같다 이렇게 말할 수 있습니다.

그런데, 이 분은 서른한 살에 요절하셨는데 왜 그렇게 되었냐면, 그 시대에 정국이나 정세가 복잡했는데, 후진의 묘흥 황제가 정승 자리를 부탁을 했습니다. 그런데, 승조 스님은 나는 스님이니까 못 간다고 거절했습니다. 그래서 후진의 황제는 승조가 전국시대 다른 나라에 가서 크게 역할을 할까봐 사형을 내린 겁니다. 결국은 칼을 받고 돌아가시게 되었는데, 그 열반송이 이렇게 되어있습니다.

사대원무주 오온본래공 장두임백도 흡사참춘풍
四大原無主 五蘊本來空 將頭臨白刀 恰似斬春風

지금 망나니의 칼이 목에 들어오기 직전에 읊은 열반송인데, 지수화풍의 사대는 원래 주인이 없다. 무아다. 오온(색수상행식)은 본래가 공하다. 텅 비어있다는 거죠. 장차 내 머리에 흰 칼이 오는데, 흡사 춘풍을 가르는 것과 같다.

정말 생사를 초월한, 비우고 떠난 멋진 모습을 보이면서 승조 스님은 31살에 정승을 거부한 죄로 타계를 하셨습니다.

본각선교원 52회 오늘 법회 주제는 "범부의 견성성불"이었습니다.

우리 깨달음 세계는 지난 일 년 동안 52회를 맞으면서, 여러분의 의견을 받아들여서 포맷을 바꾸거나 또는 속도를 조절하려고 합니다. 깨달음에 뜻이 있는 분들은 직접 댓글을 다시거나 또는 전화번호를 남기시고 직접 통화를 하시면, 제가 도반으로서 아는 대로 답변해 올리겠습니다.

앞으로 코로나 사태 등 제반 사정을 봐서 오프라인 법회도 검토하겠습니다.

보살대중 여러분, 들어주셔서 감사합니다. (합장)

제53회 깨달음과 사제(師弟)관계의 역전

보살대중 여러분, 안녕하십니까?

석가모니불께 경배찬탄합니다. (합장)

미륵존여래불!

본각선교원 깨달음 세계 제53회 법회 주제는 "깨달음과 사제관계의 역전"입니다.

우리가 견성성불의 길을 가는데, 우리는 훌륭한 선지식을 만나서 깨닫고 부처가 되고 또 중생을 제도하는 그런 길을 가게 되는데, 경우에 따라서는 스승인 선지식이 깨닫지 못하고 제자가 먼저 깨달아서 스승이 제자한테 삼배하고 배우는 그런 경우가 있는데, 오늘은 당나라 때에 계현 법사와 그 제자인 신찬 선사의 얘기를 살펴보도록 하겠습니다.

(손으로 앞을 향해 가리키며)

이것뿐입니다. 지금 여기 견문각지 어묵동정 이 모든 게 이것의 드러남입니다. 이것이 깨달음이고 도이며, 각이고 부처님이고 또 하느님이다 그렇게 말할 수 있습니다. 이런 말도 이것은 방편으로 표현한 것이지, 진여 그 자체는 말로 표현할 수가 없습니다. 불가사의 언어도단 심행처멸이라고 그럽니다.

그래서 그것을 그려내는 말은 여러 가지가 있지만, 기본적인 것은 무시종입니다. 시작과 끝이 없습니다. 그것은 우리 부처님 경전도 그렇지만, 우리 민족의 경전인 천부경에서도 무시무종(無始無終)을 얘기하고 있습니다.

그 다음은 무시공- 시간과 공간이 거기에는 없습니다.

그 다음은 무생사- 거기에는 생사가 없습니다. 물론 현상적으로 보면, 생사의 모양은 있지만 거기에 나라고 할만한 또는 항상성이 있는 그런 것은 없는 것입니다.

그 다음은 무분별- 거기에는 우리가 세간살이하는데 나오는 분별 집착 망상 이런 것이 없습니다. 그래서 그것을 무분별지라고 합니다.

무명상- 거기에는 생각도 이름도 모양도 모두 없고, 또 더 나아가서 무아, 나도 없고 결국은 그걸 마음이라고도 표현하지만, 한걸음 더 나아가보면 그 마음조차도 없다고 해서 무심이라고 표현을 합니다.

여기서 말한 무심(無心)은 생사조작 분별집착 추구심이 없는 그러한 말입니다. 그래서 중국의 선의 황금시대에 앞장섰던 마조도일 선사께서 그러한 무심을 전제로 한 평상심이 도라고 했습니다. 우리가 행주좌와 어묵동정 견문각지 이런 평상심이 모두 도이고 각이라고 했습니다.

이것을 표현하는 말에는 여러 가지가 있는데, 공적영지, 텅 비어 있어서 고요하면서 신령스러운 지성이 있다. 성성적적, 활짝 깨어있으면서 아주 고요하다. 소소영영, 밝고 밝아서 신령스럽게 빛난다 또는 자성청정심, 자성무구심 이것을 또 과학적인 표현으로 하면 순수의식(純粹意識) 또는 불교의 용어로 하면, 아말라식(amala)이라고도 그럽니다. 이것을 다른 말로 하면 여래장, 여래식(如來識)이라고 그럽니다.

여래식을 포함한 알라야식을 함장식이라고 하고 여래장이라고도 표현을 합니다. 우리가 실제 일상생활할 때, 보고 듣고 하는 것을 하는데 그때 보이는 물건이나 들리는 소리를 내는 그것이 이게 아니고, 보고 듣는 것을 내면 속에서 알아차리고 주시하는 자, 깨어있음, 알아차림, 알아챔이 이것이 바로 그것이고 도이다 그렇게 말할 수가 있습니다.

그러면, 사제관계가 역전된 아까 말씀드린 계현 법사와 신찬 스님에 관한 말씀을 드리겠습니다.

때는 당나라 때인데, 복주에 고령사인가 하는 절이 있었습니다. 거기에는 계현 법사라는 스승님이 계셨는 바, 이 분은 아주 부자이고 불교경전 공부를 중심으로 해서 많은 제자들이 있었는데, 불경뿐 아니라 사서삼경, 도덕경 이런 것까지 많은 공부를 했습니다. 거기에 신찬 스님이라는 제자 분이 와서 불교공부를 하는데 뭔가 채워지지를 않는 거예요. 그러다가 경전공부만 해서는 안 되겠다 싶어서 스승인 계현 법사에게 얘기를 하고 3년의 기간을 얻어서 밖에 가서 선사들을 만나보겠다고 하고, 마조 선사의 제자인 백장 선사를 찾아가서 거기서 견성을 했습니다.

그래서 3년 만에 돌아왔는데, 그때 함께 3년으로 내보낸 제자들 중에 유교의 제자, 도교의 제자도 있는데, 그 사람들은 나름대로 여러 가지 한 것을 얘기하는데, 이 신참 선사에게 무얼 얻은 게 있느냐고 물으니까, "얻은 게 아무것도 없습니다. 본래 무일물입니다." 하고 대답을 했습니다.

이것을 계현 법사가 깨달았으면 무슨 말인지 알았을 텐데, 알아듣지를 못했습니다. 그래서 별거 없는가보다 하고 일을 마구 시키고 그랬는데, 한번은 계현 법사가 목욕을 같이 가자고 해서 목욕을 하는데, 신찬 선사에게 때도 밀고 하라고 했습니다. 그때 제자인 신찬 선사가 "법당은 좋은데 영험이 없구나" 그랬어요. 스승의 몸을 만지면서. 그래서 계현 법사가 지금 뭐라고 했냐고 물으니까, "아, 영험은 없는데 방광은 하는군요." 그렇게 얘기했어요.

그게 무슨 말이냐면, 스승에게 얘기하고 싶은데 못한 것을 법당은 좋은데 영험이 없다는 것은 깨닫지 못했다는 것을 뜻하고, 그런 얘기를 하니까 알아들으니까 영험은 없는데 방광은 하는군요 그랬어요. 그때 계현 법사는 뭔가 그런 생각을 했지만 넘어갔습니다.

그 후에 다시 돌아와서 며칠 있는데, 두 분이 함께 방에 있는데 꿀을 생산하는 꿀벌이 방안에 들어왔다가 자꾸 창호지 문을 뚫고 나가려고 하니 안 되는거죠. 그런데 그 옆에는 뚫려있는 문이 있었어요. 그걸 보고서 신찬 선사가 뚫어진 구멍 공간이 있는데 그걸 놔두고 창호지를 뚫으려고 애를 쓰니, 100년이 간들 그걸 뚫을 리가 있겠느냐? 하고 게송으로 애기를 했어요.

그때 스승인 계현 법사는 아, 이 제자가 3년 동안 선공부한 게 아무것도 안한 게 아니구나. 그래서 물어봤더니, 제자가 하는 말이 "사실은 제가 스승님께서 경만 보시고 해서, 그렇게 해서는 깨달을 수가 없으니 애기를 해야 되는데 스승님이라 말씀도 못드리고 하다가 참다 못해서 목욕하는 걸 계기로 잡아서 말씀드린 겁니다."

하고 애기를 했더니, 스승인 계현 법사도 대단한 분이었는데, 그때 무릎을 탁 치고 "그러면 나한테 제대로 깨친 법을 설해다오." 그래가지고 법당을 차리고, 제자인 신찬 선사로 하여금 상당에서 법문을 하게 했는데, 제자에게 삼배의 절을 한 겁니다. 사제관계가 역전되는 것이죠. 거기에서 신찬 선사는 일체유심조이니까 마음을 깨달으면 되는 것이다. 다만 분별 집착으로 인한 망상 망형만 없으면 되는 것이다. 예를 들면, 청천백일, 푸른 하늘 태양을 가리고 있는 그 구름만 걷히면 그대로가 광명이듯이, 통달자심(通達自心), 자기 마음을 통달하면 그것이 깨달음이다 그렇게 바른 법을 설해드렸습니다.

그래가지고 계현 법사는 제자에게 훌륭한 법문을 듣고 거기서 깨달음을 얻은 것입니다. 우리가 불교공부를 하다가보면, 좋은 선지식을 찾아서 공부하지만, 그러나 선지식을 알아보는 눈도 정확한 것도 아니고, 그 분이 확실히 깨쳤는지 아닌지도 상당한 세월이 지나지 않으면 알 수 없으니까, 스승은 깨닫지 못하고 제자가 먼저 깨달을 수도 있고 나중에 깨달을 수도 있고 해서 스승과 제자가 역전되는 경우도 많이 있다고 합니다.

참고로 마조 스님이 처음에 찾아온 돈오입도요문론을 쓰신 대주혜해 스님이 찾아왔을 때 어떻게 방편을 썼느냐 이런 것을 한번 볼 필요가 있습니다.

대주혜해 스님이 마조 스님을 찾아뵈었습니다.

"어디서 왔느냐?"

"월주 대운산에서 왔습니다."

"왜 왔느냐?"

"불법을 구하러 왔습니다." 그래요.

그러니까 마조 스님이

"제 안에 큰 보배를 가지고 있으면서 왜 밖으로 찾아다니느냐?" 그래요.

"그럼 제가 가지고 있는 대보배가 무엇입니까? 부처가 뭡니까?" 하고 물어요.

"지금 부처가 뭐냐고 묻는 네가 바로 부처다." 이렇게 딱 짚어주니까 거기서 대주혜해 스님은 몰록 깨달았어요. 그래서 마조 스님의 제자의 첫 번째를 백장 스님을 꼽지만, 그보다 앞서서 대주혜해 스님이 먼저 제자가 되고 깨달음을 얻었다고 합니다. 그리고 거기서 6년 동안 있다가 가셨다고 하는데, 그밖에 이런 얘기도 있습니다.

깨달음이 마음이냐 또는 마음이 아니냐, 비심비불이냐. 문제는 말에 있는 게 아닙니다. 그래서 그 부분에 관해서는 마조 스님과 대매법상이라는 제자 스님의 얘기가 있습니다.

대매법상 스님이 마조 스님을 찾아와서 불법을 배웠는데, 불법이 뭡니까? 하니까, 즉심즉불이다 그랬어요. 그래서 깨달음을 얻고 다른 데 가서 독자적으로 법을 펴고 있는데, 마조 스님이 한 제자를 시켜서 대매법상 스님이 사시는 절에 가서 무얼 가르치고 있는지 얘기를 하고, 지금 자기에 대해서 무얼 가르치는지 물으면 '비심비불'이라고 말하라고 했어요.

그래서 제자 스님이 대매법상 스님이 계시는 절에 가서 인사를 드리고, 지금은 저도 마조 스님을 모시고 있는데 요새 여기서는 무엇을 가르치십니까? 하고 물으니까, 나는 '즉심즉불'을 가르친다고 대매법상 스님이 대답하는 거예요.

그러니까 마조스님이 보낸 제자가 마조스님은 지금 '즉심즉불'이 아니라 '비심비불'을 말씀합니다. 마음도 아니고 부처도 아니라는 거죠.

그러니까 보통사람 같은 경우 확실치 않으면, 그러냐고 하는 그런 태도를 취할 텐데, 대매법상 스님은 "아 그 노인네가 또 망녕을 떠는구만. 즉심즉불이라고 하더니, 또 비심비불이고 또 달리 얘기하고 하는걸 보니 노망이 나셨구만." 하고 얘기를 하는 거예요.

그래서 왔던 제자 스님이 마조 스님을 뵈러 가서 그동안에 있었던 경과를 다 얘기하고 있었습니다. 즉, 비심비불을 얘기하니까, 대매법상 스님은 누가 뭐래도 즉심즉불이다 그렇게 얘기한 거예요. 그러니까 대배법상 스님은 마조 스님의 테스트를 넘은 거죠. 확실하기 때문에.

그때 마조스님이 아, 대매법상의 '매'자가 '매화 매'자이기 때문에 매화의 과실이 익었구나. 이런 칭찬을 한 겁니다.

또 한 가지 견성을 얘기하려고 하면, 대혜종고 스님의 서장에 나오는 얘기인데, 열반경에 관련된 얘기입니다. 석가세존 당시에 큰 칼로 소를 잡는 백정이 있었습니다. 광액도화라고 하는데, 광액도화가 열반경 법문을 들은 거죠.

제행무상 시생멸법, 생멸멸이 적멸위락 이런 얘기를 듣고, 광액도화라는 백정이 가지고 있던 칼을 버리고 나도 이제 천불의 부처 가운데 하나가 되었다 하는 얘기를 하는 겁니다. 그래서 불교에서는 앙굴리말라, 데바다타 이런 분의 견성 얘기도 있지만, 이러한 백정을 한 그래서 많은 가축을 살생한 이런 분도 깨칠 수 있다 이러한 사례가 있습니다.

우리는 세상을 살면서 깨달아서 무분별지에 이르지만, 또 세간살이를 하려면 제7식이 있어서 분별을 하고 살아야 됩니다. 그런데 분별을 하면 거기에서 집착 망상 이런 게 막 나옵니다. 그러면 거기에서 깨달은 사람은 후득지로 분별지가 생겨야 됩니다. 그래서 결국은 그러한 무분별지와 분별지를 잘 조화시켜서 그것을 극복하고 분별자재할 필요가 있습니다.

왜냐하면, 깨달았어도 진여수연해야 하는 것이 실제 우리의 삶이기 때문에 그러한 무분별지를 바탕으로 해서 분별지를 조화시켜서 분별을 극복하고 자재분별로 나아가야 된다고 말할 수 있습니다.

그리고 깨달으려면 기본적으로 하지 말아야 될 것은 '막향외멱- 밖에서 찾지를 말라' 막별사의- 깨닫는 게 부처님 같은 분이나 하는 것이지 우리 같은 보통사람들은 못하고 굉장히 어렵고 별난 거라는 그런 생각을 하지 말라는 거죠.

또 하나는 불취명상- 이름이나 모양, 생각을 취하지 말라. 그렇게 되면 부동불(不動佛)이 되는 겁니다. 부처를 부동의 원동자라고 그럽니다. 맨 처음 한생각 일으켜서 상대세계를 만들어 비추게 하는 여여부동한 부처가 된다 그렇게 말할 수가 있습니다.

보살대중 여러분, 우리는 직관자심 회광반조 돈오자심해서 통달자심으로 견성성불하시기를 바랍니다.

오늘 제53회 법회 주제는 깨달음과 사제관계의 역전이었습니다.

(손으로 앞을 향해 가리키며) (합장)

여러분 감사합니다.

제54회 부처님과 문수보살의 선문답 입문

보살대중 여러분, 안녕하십니까?

석가모니불께 경배찬탄합니다. (합장)

미륵존여래불!

본각선교원 아하광파의 깨달음 세계 제54회 법회 주제는 "부처님과 문수보살의 선문답 입문"입니다.

(손으로 앞을 향해 가리키며)

지금 여기 바로 이것뿐입니다. 우리가 생활할 때, 행주좌와 어묵동정 또는 견문각지 이런 걸로 이루어지는데, 이루어지는 모든게 지금 여기 이것뿐입니다.

생각해보면 현존일념이 아니면 현존일각입니다. 견문각지라고 할 때, '볼 견'자 또는 '깨달을 각'자 그렇게 되는 거죠.

지금 여기가 시공(時空)이 아니라, 말로 표현할 수 있다면 다른 말로는 영원한 우주다 이거죠. 그래서 이런 것을 각이다, 깨달음이다, 도다, 부처님, 하느님이다 또는 한마음이다, 순수의식이다, 심지다, 심왕이다, 진여일심이다 이렇게 여러 가지로 얘기를 하는 것입니다.

결국은 우리가 세상을 살아나가려고 하면, 여러 가지 생각도 하고 느끼기도 하고 의사도 표현해야 하고 인식도 해야 하고 하는데, 그런 마음은 생멸심이어서 찰라생 찰라멸하고 또 연생연멸하고 환생환멸하기 때문에 거기에는 자성이 없습니다. 우리가 견성을 한다는 것은 결국 자기의 진짜 마음, 진여일심, 생멸심이 아닌 심왕, 심지법안, 직지(直指), 돈오, 일초직입여래지, 순수의식, 순수지성, 순수통각 이런 것을 의미합니다. 영어로는 pure consciousness, pure awareness 또 pure insight 이렇게 여러 가지로 표현을 하지요.

우리가 부처님의 법에 따라서 견성하자고 하면 기본적으로 석가모니 부처님께서는 수식선정을 하셔서 비상비비상처정까지 스승님들에게 배웠고, 나중에 단독수행을 해서 9차 제정인 멸진정에 이르셨습니다.

또 깨달으신 후에 직지인심 견성성불 이심전심으로 그렇게 마음을 전하고 불법을 전하시기도 했습니다. 그것이 여래선이자 직지선(直指禪)인데, 이 직지선이 달마대사 때 중국으로 와서 중국문화와 합쳐져서 조사선이 되었습니다. 그 후에 분등선으로 간화선이나 묵조선등, 5가7종이 생겼죠.

우리가 깨달음에 이르려면, 제가 오랜 세월이 걸려서 겪은 경험을 가지고 얘기하려면 첫째 삶의 차원을 바꿔야 됩니다. 우리가 이 세상에 고통을 겪고 생활하는 것은 분별 집착 망상으로 이뤄지는 겁니다. 그래서 부처님께서는 이고득락, 고를 떠나서 즐거운 세상으로 가기 위해서 출가를 하셨다고 했습니다. 그래서 그런 분별 사량 집착 망상을 떠나서 무분별지의 진여일심으로 나아가야 된다고 말씀하셨습니다. 그러면서 우리가 경계해야할 또 하나는 막향외멱, 우리가 우리의 불성을 찾아서 견성하려면 자기 마음에서 찾아야지 막향외멱이라 해서 밖에서 찾지 말라는 거죠.

또 하나는 막별사유, 우리가 깨달음은 부처님같이 위대한 분이나 알고 굉장히 어렵고 힘든 거라고 생각하는 특별한 사유의 뭐가 있지 않냐는 그런 선입관적 고정관념을 많이 가지고 있는데, 그런 생각을 하지 말아라 그런 겁니다.

또 마조 선사 같은 경우는 '도불용수 단막오염' 그럽니다. 도는 불이법이니 닦을 수 있는 게 아니고, 다만 오염되지만 말아라. 오염되지만 말라는 것은 생사조작 추구하는 마음이 없어야 된다는 겁니다. 무심이 되어야 된다. 무심이 된 후에 평상심이 도다. 무심 후에 나타나는 우리의 보통 마음 그것이 진여일심이고, 심왕이고, 심지다. 심성이다 이렇게 애기를 할 수가 있습니다.

오늘은 여기에 쓰여 있는 것처럼, 선문염송요론 제9칙에 나와 있는 부처님과 문수보살의 선문답 입문에 관해서 살펴보겠습니다.

세존 一日에 견문수재문외입(見文殊在門外立)하시고, 乃云 문수문수여 하불입문래(何不入門來)오 문수왈 세존이시여, 아불견일법(我不見一法) 재문외(在門外)거늘 하이교아입문(何以教我入門)이니꼬.

이게 백봉 김기추 선생께서 번역하신 것인데, 세존이 어느 날 문수가 문밖에 서있음을 보시고 이에 이르시되, 문수여 문수여 어째서 문 안으로 들어오지 않는가? 하시니 문수가 가로되, 세존이시여, 저는 한 법도 문밖에 있음을 보지 않거늘, 어찌 저더러 문 안으로 들라 하시오니까? 하다.

이걸 우리가 들으면 조금 이상합니다. 석가세존이 문안으로 들어오라고 하는데, 들어오지 않고 오히려 세존께 어떻게 보면 저항하는 거 같은 그런 모양인데, 그게 아니죠. 우리가 여기서 공부할 바가 있다고 말할 수 있습니다.

백봉 선생은 각론에서 이 문은 천하에 오직 하나뿐인 문이다. 상하로 문이 없고, 사방도 벽이 없는 문이다. 이때 문수는 천리 밖에서 슬기로운 방편을 굴리시는 모양이다. 좋은 일일 것이다. 세존도 이 뜻을 아시면서 짐짓 왜 문 안으로 들지 않는가? 하셨다. 이름을 두 번 씩이나 연거푸 부르셨으니, 문수는 어리둥절할 수밖에 없다. '저는 한 법도 문밖에 있음을 보지 않거늘' 하고 답을 하였다. 무엇이 한 법도 보지 않는 법은 무슨 법인가? 학인들은 한마디 일러라. 두 늙은이의 말씀은 말귀 밖에 있느니라. 알겠는가? 문 안 문 밖은 문턱 탓이다. 한 티끌도 붙이지 않음이 우리집 풍속일 것이다. 이렇게 얘기를 했습니다.

이것은 우리가 견성성불해 가는 길에 깨달음에 관한 것입니다. 그것은 우리가 분별 망상으로 고통을 받고 그러는데, 그 분별 망상을 떠나야 우리가 무분별지로 깨달음에 이를 수 있습니다.

그래서 반야심경에서는 원리전도몽상이라고 했습니다. 전도몽상을 멀리 보내라는 겁니다. 분별지를 떠나서 무분별지로 가는 거죠. 선에서는 이 무분별지에 이른 것을 제1구다, 활구다 그러고 말을 따라가는 것을 2구다, 3구다 이렇게 해서 그것은 죽은 말이다 이렇게 애기를 하는 것입니다.

그러면 석가세존이 문 안으로 들어와라 그랬는데, 문수보살이 내가 문 안 문 밖이 따로 있지 않은데 무슨 소리냐? 한 말의 뜻을 어떻게 해석해야 하느냐? 물론 석가세존이 몰라서 하신 말씀은 아닙니다. 석가세존은 여기에서 문 안 문 밖이라는 말을 쓰셨지만, 그 말에 구애받지를 않는 겁니다. 즉, 무분별지와 분별지를 자유자재로 써서 그 말의 구애받지 않으니까 그게 활구다 이런 겁니다.

그런데, 문수보살은 말은 이치적으로는 맞을지 모르지만, 문 안 문 밖의 개념에 사실상 매여 있는 겁니다. 그 말에 매여 있기 때문에 이것은 일구가 아니라 이구다 이런 거죠. 그러니까 무분별지와 분별지를 알고 깨닫고 그러면서도 거기에 매이지 않는 분별자재함이 없는 거죠. 그게 문수보살의 문제였던 겁니다.

부처님과 문수보살의 선문답에는 이밖에도 여인출정에 관한 애기도 있고, 또 문수보살이 화현한 노인으로 무착 스님과 대화하는 가운데, 무착 스님이 노인으로 화현한 문수보살에게 신도가 얼마나 되느냐 하니까, 전삼삼 후삼삼이다 하는 이런 말도 화두로 전해오기도 합니다.

이것에 관해서 선재 선사는 성철 스님의 '산은 산이다' 여기에 비유해서 설명한 바가 있습니다. 성철 스님은 산은 산이고 물은 물이다 그랬습니다. 그 다음에 산은 산이 아니고, 물은 물이 아니다. 그 다음에 변증법적으로 말하면 그 다음에 종합적으로 다시 산은 산이고 물은 물이다 이렇게 애기했거든요.

처음 '산은 산이고 물은 물이다'는 선입관에 잡혀있는 생각에 잡혀있는 그런 것인데, 그걸 깨닫고 보면 그 산은 산이 아니고 그 물은 그 물이 아니다. 그런 선입관이 없이 분별지와 무분별지가 이이불이해서 산은 산이요 물은 물이다 이렇게 얘기하는 것이 정반합의 앞에 '산은 산이고 물은 물이다'가 정이라면, 나중에 '산은 산이고 물은 물이다'는 합의 정답이다. 그것을 선에서는 일구다 또는 활구다 그러죠. 일구나 활구는 말에 끄달리지 않는 겁니다. 말에 끄달리고 붙잡히고 사로잡히면 이구나 삼구라 해서 그런 것을 사구, 죽은 구절이라고 얘기를 합니다.

그러니까 우리가 나아가는 길에 견성을 해서 깨닫더라도 우리는 세간살이를 해야 합니다. 그러면 우리는 제 7식인 마나스식을 가지고 있기 때문에 여러 가지 분별을 하고 세상을 살아가야 됩니다. 그러면 어떻게 해야 되느냐 이런 거에 관한 하나의 지침이 될 수 있습니다. 그래서 예전에 선사들은 진여수연 또는 불변수연, 진여나 변하지 않는 진여로 있으면서 또 인연 따라 간다. 인연에 매이지 않되 인연 따라 가는 거죠. 그러면서 10보살도로 성불제중으로 나아가는 것이 바로 이 길이다 이렇게 말할 수 있습니다. 의상조사 법성게에서 불수자성수연성이라고 했습니다.

그러면 오늘은 전과 좀 다르게 포맷을 바꿔서 질문을 받아 보도록 하겠습니다.

"법사님 말씀 잘 들었습니다. 지금 말씀 중에 석가모니 부처님이 문수보살님한테 문 밖에서 문 안으로 들어오라고 말씀을 하셨고, 문수보살은 문 밖 문 안이 따로 없는데 왜 안으로 들어오라고 하시느냐? 그런 말씀이신 거 같은데, 결국 분별심을 갖지 말라는 뜻 아니겠습니까? 그래서 저는 처음에 부처님께서 문수보살님한테 하신 그 때는 문 밖 문

안이라는 그런 표현보다는 문수야, 여기 가까이 오너라~ 하는 뜻으로 말씀하신 거 같은 저는 그런 느낌을 받았는데, 그걸 가까이 와서 얘기 좀 하자는 그런 뜻으로 봤는데 그걸 놓고 문수보살이 문 밖과 문 안으로 분별해서 생각하신 것 그걸 좀 깨우치게 하시기 위해서 그렇게 말씀하신 거 아닌가? 그런 생각도 드는데, 어떻게 우리 법사님 생각은 어떠하신지 궁금합니다." - 김석철 교수

"지금 말한 게 석가모니 부처님이 문수보살에게 뭘 깨친 거라고 생각했어요?"

"저는 문수보살에게 분별심에 대한 것, 그러니까 아예 분별심 자체를 갖지 말아라. 왜냐하면 문수보살은 나는 밖도 아니고 안도 아닌 곳에 있는데 왜 그런 취지로 답을 하신 거란 말이죠. 산은 산이요 물은 물이다라고 처음에 말씀하신 것, 그 다음에 산은 산도 아니고 물도 아니다 라고 얘기하신 것, 나중에 끝에 또 산은 산이고 물은 물이다라고 말씀하신 것 그게 말씀하신 깊은 뜻은 다르다는 말이죠. 아까 말씀하신 정반합이라고 말씀하신 것 그것으로 도입해서 한다면, 석가모니 부처님과 문수보살님의 대화는 결국 정반합을 깨우치기 위해서 확실히 뭔가를 설명하기 위해서 그런 말씀을 하신 것이 아닌가 그런 생각이 저는 들었습니다. 그래서 거기에 대해서 법사님은 제 생각이 잘못되었는지, 지적할 게 있으면 어떤 지적이 필요하신지 말씀해주시면 감사하겠습니다."

"좋은 말씀입니다. 지금 여기에서 얘기하는 것은 가까이 오라 멀리 오라 이런 것은 내면에 있었는지 없었는지 모르지만, 그게 중요한 게 아니고 우리가 수행을 해서 견성성불한다 그러는데 견성을 한다는 것은 아까 말했지만, 사량분별로 인해 집착망상을 일으키는 게 고(苦)의 근원이기 때문에 그런 것을 깨부수고 무분별지로 나아가야 된다 그게

일차적인 거죠. 그런데, 깨달았다 하더라도, 무분별지로 나아갔다 하더라도 사람이 실제 살아서 생활하려면 분별사량이 없을 수가 없잖아요. 그럼 무분별지에도 맞고 분별해서 세상도 살아가야 하니까 그것을 이이불이(二而不二)라고 해요. 부처님법은 불이법 중도법이라 하는데, 둘인데 또 둘이 아닌 거다 그렇게 얘기하고 또 다른 말로 하면 각몽불이(覺夢不二)다 이렇게 얘기하는 거예요. 그러니까 석가세존께서는 아까 말한 산은 산이고 물은 물이다 또는 산은 산이 아니고 물은 물이 아니다 이런 과정을 거쳐서 다시 이이불이의 자리에 몽각불이의 자리에서 말씀하신 것이고, 문수보살은 내가 문 밖과 문 안이 따로 없는데 왜 문 안으로 들어오라고 하셨나? 이런 생각을 했기 때문에 삼단계의 그것이 아직 도달을 못한 거죠. 그래서 그것을 깨우쳐주기 위해서 그런 거죠. 우리가 공부하다보면 무분별지를 얘기하고 무분별지면 다 된다고 그러지만, 견성한다고 끝나는 게 아니고 그래서 오후수행(悟後修行)이라는 것이에요. 우선은 한마음으로 깨닫겠다는 결심을 해서 쭉 일로 매진해서 그걸 이루는 게 중요하고, 우선 깨닫고 나서, 깨달은 후에 수행이라는 게 뭐냐면 우주가 뭔지 내가 뭔지 깨달았어도 자기의 업장이 오랜 세월 쌓였기 때문에 그걸 녹여야 돼요.

그래서 견성한 다음에 성불과 중생을 제도해야 합니다. 그래서 이게 시작도 끝도 없는 일심불계의 연기법이라고 얘기를 하는 거죠. 그러니까 정반합으로 봤을 때, 석가세존은 삼단계까지 다 합쳐서 말씀하신 것이고, 문수보살은 이단계까지 얘기하신 그것을 석가세존께서 지적해주기 위한 것이다. 그것이 선문답으로 나와있는 거죠. 또 다른 의견 있으십니까?"

"네, 잘 알겠습니다."

오늘은 부처님과 문수보살의 선문답 입문이라고 해서, 선문염송요론 9칙을 가지고 한번 살펴봤습니다. 우리 모두 부처님 제자로서 직견자심 회광반조 통명자심(通明自心)해서 견성성불의 세계로 가시기를 바랍니다.

감사합니다. (합장)

제55회 문수보살과 여자출정

본각선교원 깨달음 세계 시청자 여러분, 안녕하십니까?

석가모니불께 경배찬탄합니다. (합장)

미륵존여래불!

오늘은 문수보살과 여자출정 이렇게 정했습니다.

오는 19일이 2565년 부처님 오신날이죠. 불기는 석가세존께서 입멸하신 날부터 시작했기 때문에 부처님이 탄생하신 것은 2645년 전 일이 되겠습니다.

그래서 제목을 석가모니 부처님과 문수보살의 대화를 주로 제 55회 문수보살과 여자출정, 여자가 삼매에서 나오다 이런 걸로 정했습니다.

그리고 어제인 5월 15일은 스승의 날입니다. 저의 오늘이 있기까지 많은 스승과 도반들의 도움이 있었기에 그분들께 감사한 마음을 전합니다.

또 시대적인 흐름으로 봐서 삼국통일기에 신라의 유명한 원효 스님이 불법을 깨치고 중생들을 제도해서 화쟁국사로서 민족통일에 기여했듯이, 저의 스승님인 김탄허 택성 스님께서 선이나 불경 이런 여러 가지에 관해서 저술을 하시고 또 민족과 세계의 미래에 대한 미래학도 말씀하셔서 미래에 우리 민족이 밝해문명, 동북간방의 간산(艮山)문명이 세계문명을 이끌 것이다 그래서 탄허 스님에 관한 말씀도 살펴볼까 합니다.

또 하나 어제는 인류사에 있어서 우주 시대가 열리는데, 중국이 3억 7천만 킬로 떨어져 있는 화성을 향해서 우주탐사선 천문 1호를 작년 7월에 발사해서 5월 15일날 도착했다고 합니다.

우주 시대에 선진국인 미국과 소련에 이어서 세 번째로 선진국에 진입했는데, 우리나라의 천문과학자들은 또 정부는 무엇을 하고 있는가 궁금해지기도 합니다.

지금 여기 이것뿐입니다. 이것은 시공간을 떠난 도의 자리이고, 각의 자리이고, 부처님 자리이고, 하느님 자리이고, 무심의 자리입니다. 각의 자리죠. 무심이라는 것은 사람이 세상 살아가는 데 생사조작 추구심이 없는 겁니다. 그 무심을 전제로 해서 우리가 살아가는 일상생활 하는 평상심이 도이다 그럽니다.

그러한 평상심은 행주좌와 어묵동정 또는 견문각지 이런 모든 것이 그러한 각의 표현, 진여일심의 표현이라고 말할 수 있습니다.

그래서 그것을 우리가 습관적으로는 절대 보지 않는 그런 알아차리는 자, 알아 챙기는 자, 주시자 또는 마음의 바탕자리인 심지, 마음의 왕인 심왕, 심지라 할 때 심지는 불생불멸의 그러한 진여일심을 말하고, 나머지는 마음부수 또는 심소, 생멸심인데 그런 생멸심은 찰라생 찰라멸 연생연멸 환생환멸하는 것이기 때문에 그것에 머물 필요는 없고, 우리는 불생불멸의 진여일심 늘 언제 어디서나 알아채는 자 이것을 깨달을 필요가 있다고 생각을 합니다.

문수보살과 여자출정에 관해서는 무문혜개 스님이 쓰신 무문관, 김태완 선생님이 역주한 것인데, 무문관 42측에 '여자가 선정에서 나오다' 이렇게 되어있습니다.

무문관이라는 것은 불변의 진여의 자리에 들어가는데 문이 따로 있지가 않다. 언제 어디서나 들어갈 수 있고, 또 길이 따로 있지도 않습니다. 그래서 길 없는 길, 문 없는 문이라고 얘기를 하죠.

예전에 문수보살이 여러 부처님들이 모인 곳에 이르자, 그 때 여러 부처님들은 각자 본래의 처소로 돌아갔다. 그런데, 오직 한 여인만이 저 부처님 가까이에 앉아서 삼매에 들어있기에 문수가 부처님께 여쭈었다.

"어찌하여 저 여인은 부처님 가까이에 앉을 수 있는데, 저는 그러지 못합니까?"

부처님께서 말씀하셨다.

"그대가 이 여인을 깨워 삼매에서 일어나게 하여 그대 스스로 물어보아라."

문수보살이 여인 주위를 세 번 돌고는 손가락을 한번 튕기고 나아가 범천에까지 밀고 올라가 그의 신통력을 다 부려보았으나, 삼매에서 나오게 할 수 없었다.

석가세존께서 말씀하셨다.

"설사 백 명 천 명의 문수라도 이 여인을 선정에서 나오게 할 수 없을 것이다. 아래쪽으로 십이억 항하사 국토를 지나면 망명보살이 있는데, 그가 이 여인을 선정에서 나오게 할 수 있을 것이다."

그러는 잠깐 사이에 망명보살이 땅에서 솟아나 세존께 절하였다. 세존께서 망명에게 명하니, 망명보살이 여인 앞에 가서 손가락을 한번 튕기자 여인이 이에 선정에서 나왔다.

이것에 관해서 무문혜개 스님은 스스로 이렇게 말했습니다.

"석가 늙은이가 한바탕 잡극을 연출하였으니, 그 솜씨가 보통이 아니다."

잡극이라는 것은 익살 해학의 드라마라는 겁니다. 많은 성인 중에 최고위에 가까운 등각 보살인 문수보살이 초지보살인 망명보살만도 못하게 어떻게 보면 익살적으로 야단맞은 것 같이 된 거죠. 사실은 부처님한테 가까이 가고 또 삼매에 들고 그러는 걸 문수보살이 하면 되는데, 자기는 석가모니 부처님께 여인과 비교해서 가까이 가지 못하고 삼매에 드는 생각도 안하고 그런 집착과 분별(남녀, 지위 등) 때문에 이 일이 벌어지게 된 것이라고 말할 수 있습니다.

"말해보라 문수는 일곱 부처의 스승인데, 어찌하여 여인을 선정에서 나오게 하지 못했으며, 망명은초지 보살인데도 도리어 선정에서 나오게 할 수 있었는가? 만약 여기에서 뚜렷하게 알아볼 수 있다면, 분별 망상이 사라지는 것이 바로 부처님의 선정이다."

텅 빈 영각성이 영원한 자리이고, 상자적멸상 이 세상의 모든 상은 없는 것과 마찬가지다. 성상불이 그러한 본체의 성자리와 그것을 활용하는 용으로서의 상이 사실은 불이중도여서 진공묘유중도라고 하죠. 불이중도여서 각과 몽이(깨달음과 꿈이) 둘이 아닌 몽각불이죠. 그러면 우리가 세상 살아가는 데 진여수연으로서 여여부동한 진여자리에 있으면서 이이불이로서 분별자재하게 자비심으로 이 세상을 살아가면 되는 것인데, 문수보살이 한생각 집착함으로 인해서 일이 벌어진 거라고 말할 수가 있습니다.

무문의 송, 무문혜개 스님이 노래한 것이 있습니다.

나오게 하든 나오게 하지 못하든, 그 사람은 자유를 얻는다. 그 사람은 우리가 말하면 진인, 참 나, 참사람, 참우리, 불변의 진여, 여여부동한 사람 이런 걸 말하죠. 귀신같이 기괴한 몰골이지만, 문수의 실패도 역시 풍류로구나. 문수가 그렇게 행동함으로써 그 당시는 조금 어려웠을지 몰라도 많은 사람들에게 깨달음을 주게 되는 하나의 신선의 도이고, 풍류의 도이고, 부처님의 도다 그렇게 좋게 평한 겁니다.

그 다음에 김태완 선생이 한 군소리를 보면, 문수는 나오게 하지 못했고, 망명은 단번에 나오게 하였다. 망명은 본래 이름이 밝음이 없다, 무명에 가깝다는 그런 뜻인데, 초지보살이죠.

무슨 까닭에 그렇게 되었는가? 그대가 헤아려 찾기 때문이다.

헤아려 찾지 않으면 바로 그 자리에서 각을 할 수 있다는 얘기가 되겠습니다.

석가세존께서 2565년 부처님 오신날이 며칠 앞으로 다가왔습니다.

BC 624년에 태어나시고, BC 544년에 입멸하셨습니다. 우리나라 나이로는 81세, 만으로는 80세가 됩니다. 그리고 47년간 설법을 하셨는데, 불교계에 조금 혼란이 있습니다. 49년설, 45년설, 47년설이 있습니다.

그것은 천태지자 대사가 부처님이 설하신 경전을 시대별로 나눠서 화엄경은 처음 삼칠일, 그 다음에 아함 12, 방등 8, 21년 반야담, 법화열반 08년 그래서 아함경 12년, 방등경 8년, 반야경 21년, 법화열반 8년 합치면 49가 됩니다.

49라는 것은 그것을 기계적으로 더한 것이고, 45라는 것은 겹치는 게 있으니까 하나씩 빼면 45가 되는 것인데, 49나 45는 정확하지 않다.

35세에 깨달아서 81세에 돌아가실 때까지 하면 햇수로 46년이고, 그 해까지 더하면 47년이기 때문에 47년 설법이라고 해야 됩니다. 많은 고승대덕들께서도 이것을 혼동하고 부정확한 점이 있기 때문에 제가 말씀을 드립니다.

선문염송에 보면, 석가세존께서는 문수보살과 여자출정 말고도 많은 가르침을 남기셨습니다. 맨 처음에 도솔천에서 지구로 내려오실 때 도솔내의라고 하는데, 거기에도 보면 "미리도솔 이강왕궁 미출모태 도인이필" 이렇게 되어있습니다.

도솔천을 떠나기 전에 이미 가비라성 왕궁에 내려오셨고,

어머니 모태를 떠나기 전에 이미 세상사람들 다 구해 마쳤다 그럽니다.

이건 상식적인 얘기가 아니고, 깨달은 분상에서 보면 그렇다는 겁니다.

그다음에 탄생하실 때, 무우수 옆을 사방으로 일곱 발자국씩 걸으시면서 천상천하를 가리키면서, '삼계무안 아당안지 천상천하 유아독존' 그랬습니다.

욕계 색계 무색계가 편안치 않으니, 내가 이를 다 편안하게 하겠다. 온 우주를 편안하게 하겠다는 원력과 포부를 말씀하신 거죠.

천상천하 유아독존, 천상천하에 나홀로 높다 할 때의 나는 석가모니 개인, 싯다르타 태자 개인을 말한 게 아니고, 참부처를 말한 겁니다. 법신불이죠. 이 우주에는 본래무일물이고 본래 심성불이어서 법신불 밖에 없는데, 여러 가지 모양으로 나타난다 이런 거죠.

그리고 부다가야 보리수 밑에 길상초를 깔고 앉아서 좌선을 하시다가 새벽별을 보고 대각을 하셨죠. 견명성오도, 새벽별을 보고 깨쳤다 그럽니다.

부처님께서 무얼 깨쳤냐? 선가에서는 깨치기 전에는 별이었는데, 깨치고 나니 별이 아니었다. 그리고 많은 사람들은 얘기하기를 부처님이 깨달은 것을 연기법이라고 얘기합니다. 그것이 틀린 건 아니지만, 필요충분하진 않습니다.

그러니까 석가세존께서는 별을 깨닫기 전에는 별을 보고 별이었는데, 깨닫고 나니까 이 우주의 모든 것이 참나 뿐이었던 겁니다. 그리고 그것을 법으로 진리로 표현한다면 필요충분하게 한다면, 워낙은 언어도단 심행처멸이어서 할 수 없지만, 일심불계연기법이다 그렇게 할 수 있습니다.

그리고 나서 여러 가지 경우에 따라서 case by case로 경을 설해서 깨치기도 하고, 또는 참선이나 진언, 염불 여러 가지 방법으로 깨치게 했는데, 직지인심 견성성불로 가르쳐서 깨치게 한 게 직지선인 삼처전심입니다.

염화시중의 미소, 다자탑전 분반좌와, 사라쌍수 곽씨쌍부, 입멸하실 때 사라쌍수 밑에서 열반하셨는데, 그때 가섭이 올 때까지 다비식을 미뤄두고 있었는데, 가섭이 오자 양발을 내어서 보인 것입니다.

그렇게 수많은 방법으로 가르쳤는데, 그것이 28대 달마조사가 중국으로 와서 초조가 되면서 그 다음부터는 조사선으로 달마, 혜능, 마조, 임제, 조주 스님 이런 많은 분들로 발달하면서 나중에는 대혜종고의 간화선과 조동종의 묵조선 이렇게 많은 종파로 나눠지면서 선의 황금시대에 이르게 되었던 것이다. 그것이 우리나라로 와서 56대 조사가 태고 보우이고, 탄허 스님은 법기로 봐서 77대 조사가 되고, 방한암 스님이 76대, 경허 스님이 75대가 된다고 말할 수 있습니다.

탄허 스님은 제가 대학 때부터 대학동기들과 함께 탄허 스님 밑에서 공부를 많이 했습니다. 유불선의 삼절이라 해서 여러 가지 공부를 했는데, 탄허 스님께서는 저에게 화엄경합론 47권 일질로 되어있는 것을 저에게 기증해주셔서 제가 감사하게 받고 우리집 가보1호로 전한다고 얘기했습니다.

그리고 1994년에 현대한국고승인물평전에 '불교의 중흥을 일으킨 탄허 스님' 이라는 글을 쓰기도 했고, 2014년이 탄허 스님 탄생 100주년 기념인데, 탄허 스님은 20종 80권의 수많은 역경사업과 교육불사를 하시고 가셨는데, 워낙 그런 걸 종합해서 불교학개론을 쓰시고자 했는데, 그것을 쓰시지 못하고 가셨습니다.

제가 큰 스승님에게는 족탈불급이고 너무 부족한 게 많지만, 그 뜻을 생각해서 제가 경험한 불교학개론과 제반 경의 이론, 또 제가 실천한 여러 가지 선과 명상, 신선도 체험 등을 바탕으로 해서 탄허 스님 탄생 100주년을 기념으로 해서

"누가 불두에 황금똥 쌌나? 생각 쉬면 깨달음, 마음 비우면 부처"라는 책을 써서 탄허 스님께 봉헌한다 그러한 것을 서문에 쓰기도 했습니다.

더구나 최근에 좋은 것은 후배 제자인 문광 스님이라는 훌륭한 스님이 나오셔서 탄허 스님에 관한 것을 종합적으로 철저하게 해서 박사학위도 받고 또 책도 내고 해서 '탄허학' 이라는 것이 생기게 돼서, 문광 스님에게 감사를 표현하고 또 탄허학이 성립된 것을 아주 경축하는 생각입니다.

탄허 스님은 선사로서 불교의 선과 많은 경전 이런 것을 통합해서 깨닫고 그것을 펴셨지만, 그밖에 유교, 도교, 기독교까지 다 하나로 회통하셔서 4교 회통을 하고 동서양을 통합한 위대한 회통의 사상가였다고도 말할 수 있습니다. 그리고 앞으로의 미래를 우리 민족의 문명이 중심이 되어서 세계문명을 이끌 거라는 긍정적인 예견 말씀도 하셨습니다.

탄허 스님이 말씀하신 것을 보면, 불교는 명심견성(明心見性), 마음을 밝게 해서 성품을 보는 것이다 그렇게 얘기하고, 최청정법계 혹은 최초일구자 이렇게 진리를 표현합니다. 통명자심(通明自心)인데, 자기 마음이 환하게 하나로 통하는 것이죠. 공자의 유교는 존심양성(存心養性)이라고 그럽니다. 마음에 두고 그 성품을 기른다, 성품자리 심성을 탄허 스님은 도의 중심에 둔거죠.

그래서 존심양성이라고 표현하고, 또 유교에도 돈오, 몰록 깨닫는 게 있다. 일이관지 또는 극기복례 이런 것이라고 얘기를 했습니다.

또 도교의 노자의 도덕경과 장자 남화경도 번역했는데, 그 불교의 최정정법계를 천하무이라고 하고, 또 불교에서 말하는 무심과 장자의 무기(無己)는 똑같은 것이기 때문에 똑같은 길을 가는 거라고 했습니다.

또 기독교에 대해서도, 예수 그리스도도 깨달음을 얻은 분이고, 또 성경을 보면 지금 많은 후세인들이 해석을 잘못하고 편벽되고 배타적인 그런 것이 있지만, 워낙은 허심수복, 마음을 비워서 복을 받아들인다. 또 신심지성, 믿는 마음으로 본래의 성품인 하느님, 성부의 자리를 안다고도 말씀하셨습니다.

그리고 도덕경이나 장자 남화경의 도교 가르침은 수심연성(修心練性)이라고 했습니다. 마음을 닦았고 자기의 성품자리를 훈련한다. 그래서 천하무이도, 천하에 두개의 도가 없고, 성인무양심, 성인은 두개의 마음이 없다 그래가지고 불생불멸의 진여일심, 마음의 바탕인 심지, 심왕 그것을 심성이라고 하고, 마음의 바탕을 성품 성(性), 불생불멸의 진여일심인 성품자리인 심성을 여러 가지 깨달음과 학문의 중심에 두셨던 겁니다.

탄허 스님을 비롯한 많은 스승님께 감사한 마음을 드리면서, 오늘은 스승의 날과 부처님 오신날을 맞이해서 제55회 "문수보살과 여자출정"이라는 주제로 말씀드렸습니다.

모두 직견자심 회광반조 돈오자심해서 자성을 깨닫고 불성을 깨달아서 견성성불하시기를 바라겠습니다.

감사합니다. (합장)

제56회 마대사 불안과 파릉삼전어(巴陵三轉語)

보살대중 여러분, 안녕하십니까?

석가모니불께 경배찬탄합니다. (합장)

미륵존여래불!

본각선교원 깨달음 세계 제56회 주제는 "마대사 불안과 파릉삼전어"입니다.

마(馬) 대사는 마조 도일 대사의 불안, 편안하지 않음과 파릉 호감 선사의 세 가지 전어 이렇게 되어있습니다.

마 대사 불안은 벽암록 3칙에 나와 있고, 파릉삼전어는 벽암록 13측과 100측에 나와 있습니다.

(손으로 앞을 향해 가리키며)

지금 여기, 이것뿐입니다. 이게 각이고, 깨달음이고, 부처고, 진리고, 공적 영지, 순수의식이고, 부처님입니다.

우리가 생활하는 일상생활 행주좌와 어묵동정 견문각지 이런 것이 전부 현존일념이거나 현존일각일 뿐입니다.

그래서 깨달은 이를 부처라고도 하지만, 꿈 깬 이를 부처라고도 얘기합니다. 우리가 잠에서 눈을 뜨고 꿈을 깨듯이, 눈앞에 보이는 여러 가지 모양이나 이런 것에 현혹되거나 사로잡히지 않고 깨어있으면 그게 꿈 깬 명안종사, 눈밝은 이다 이렇게도 얘기를 합니다.

우리는 불자로서 견성성불하자고 하는데, 그러면 어떻게 해야 되느냐 이거죠. 일반적으로 막향외멱, 누구나 자기 마음이 있는 것을 아니까 마음 밖에서 찾지 말아라 그게 첫째고, 두번째는 막별사유, 모든 사람은 다 불성, 자심, 자성을 가지고 있으니까 깨닫는다는 것을 석가모니 부처님이나 달마 대사나 이렇게 위대한 분이나 하는 것이지 나 같은 사람이 어떻게 깨닫겠느냐 이러한 깨달음을 특별한 것으로 생각하는 것은 좋지가 않고, 자기도 깨달을 수 있다. 왜냐하면 내가 본래 부처이니까. 그래서 본래심성불, 본래 마음이 성불이다 그럽니다.

그리고 마조도일 대사는 '도불용수 단막오염 무생사조작추구심 평상심시도' 그렇게 얘기를 했습니다. 마조 대사는 도는 닦아가는 게 아니다. 여기에서 저기로 가는 것은 이분법적이기 때문에 도불용수, 닦을 필요가 없다. 단막오염, 다만 오염되지만 말아라 그겁니다. 여기서 오염이라는 것은 뭐냐면, 생사심, 유이법으로 조작심, 뭔가 추구하는 마음이 있으면 그게 물드는 것이니까 그런 마음이 없이 무심으로 가라 이런 겁니다.

무심으로 갔을 때 평상심이 바로 도다 그렇게 얘기를 합니다. 그러려면, 불취명상 여영부동, 금강경 같은 데서 많이 얘기를 하는데 우리의 생각, 이름, 말 또는 여러 가지 모양에 사로잡히거나 붙들려서 번뇌망상, 분별, 착각 이런 것을 일으키지 않으면 여여부동, 부동불, 움직이지 않는 부처다 이렇게 말을 할 수가 있습니다.

그러면 여기서 마 대사 불안이라고 선어록인 벽암록 3칙에 나와 있습니다. 마조도일 대사가 불안(不安), 편하지 않다 이런 겁니다. 그러니까 석가세존께서는 수식선정을 쭉 하시다가 9차제정 중에 무소유처정, 비상비비상처정까지 가셨는데, 대각을 하실 때는 9차제정인 멸진정에 들어가셔서 새벽별을 보고 깨치신 겁니다.

그래서 47년간 설법한 것이 경전으로 나와 있는 것이고, 염화시중의 미소를 비롯한 직지인심 견성성불 직지선으로 또 수많은 사람에게 깨달음을 얻도록 하셨습니다. 그 직지선이 달마 조사를 통해서 중국에 와가지고 동토 초조가 되어 조사선이 되고, 그 밑에서 육조 혜능이라던지 쭉 내려와서 분등선으로 소위 오가칠정이 번성해서 선의 황금시대라고 얘기하는데, 그때 제일 유명해서 천하를 휩쓴 사람이 마조도일 대사입니다.

마조도일 대사는 신라의 무상정중 선사에게도 배우고 그런 분인데, 입실제자 즉 조실방에 들어가서 깨달음을 인가받은 사람이 139명이나 되었다고 그럽니다.

그럼 마 대사 불안은 뭐냐면, 마조도일 선사가 수많은 사람을 깨우치게 하고 임종이 가까웠습니다. AD 788년 1월이라고 하는데, 마조 대사가 조금 건강이 안 좋았습니다. 그래가지고 그해 1월에 인근에 있는 성문산에 시좌를 데리고 가서 살펴봤습니다. 당신께서 입적한 후에 탑을 세울 자리를 보러 가신 것 같습니다. 그러고 다시 돌아왔습니다. 그랬더니 원주(주지 겸 살림하는 사람)가 있다가 마조 대사가 건강이 안 좋으시니까 염려도 되고 또 먼 길 다녀오셨으니까 물은 겁니다.

요새 건강이 어떠십니까? 그렇게 물어본 거죠. 그런 큰 스승이 가시게 되면, 정신적으로나 생활이나 많은 준비가 필요해서 물었던 것 같습니다. 그때 마 대사께서 일면불 월면불(日面佛 月面佛) 그랬습니다. 이게 무슨 말이냐면, 나날이 부처고 다달이 부처다. 부처는 언제나 여여부동이다, 생사일여이다라고 얘기합니다. 물론 불명경에서 일면불은 천팔백세를 살고, 월면불은 하룻밤 하루 낮을 사는 거니까 그에 빗대서 얘기한 거라고 하는 경우도 있지만, 여기에서는 일면불 월면불 그래서 있는 그대로 여여부동한 부처일 따름이라고 얘기를 하신 겁니다.

그 얼마 후에 마조 대사께서 입멸에 드셨죠. 그 다음에 파릉삼전어는 파릉호감 선사인데, 오가 중의 하나인 운문종이라고 있습니다. 운문문언 스님이 스승이죠. 그래서 파릉삼전어를 운문 삼전어라고도 얘기하는데, 그건 왜 그러냐면 스승님이신 운문문언 스님이 임종을 앞두고 제자들에게 부탁을 합니다. 내 제삿날이 돌아오면 특별한 행사를 하지 말고 파릉의 삼전어만 전해라고 할 정도로 유명한 거죠.

파릉 선사는 운문문언 선사의 3대 제자 중의 하나인데, 그 가운데 파릉 선사는 동종호 옆에 경치 좋은 산과 숲도 많이 어우러지는데 살아서 아주 깨끗하고 멋있게 보이는 그런 선사였다고 얘기를 합니다.

삼전어는 세 가지 문제에 대해서 어떤 스님이 파릉 선사에게 물은 겁니다. 그 첫째는 도가 무엇입니까? 그런 겁니다. '여하시도?' 그랬습니다. 무엇이 도입니까? 부처님 도입니까?

불도입니까? 이런 걸 물은 거죠. 그때 파릉 선사는 '명안인낙정(明眼人落井)' 그랬습니다. 명안이라는 것은 눈이 열린 분, 부처님눈이 생긴 분, 명안인 혹은 명안종사라고 합니다. 이 분은 명안종사가 우물에 떨어졌다 이렇게 답을 한 겁니다.

그런데 눈이 열리고 그러면 우물에 떨어질 일이 없는 거죠. 우주 삼라만상 모든 걸 잘 알고 그러는데, 우물에 떨어질 이유가 없죠. 자기가 들어갈 필요가 있어서 우물에 들어갈 순 있지만 우물에 떨어질 일이 없는데 그렇게 얘기를 한 겁니다.

그럼 왜 이렇게 얘기를 했느냐? 명안인이 되려고 노력하는 사람 중에 유이법으로 생각을 하고 헤아리면 우물에 떨어질 가능성이 많다 이렇게 주의를 환기하기 위해서 명안인낙정 그런 겁니다.

전부터 내려오는 얘기 중에 닭과 지네의 얘기가 있습니다. 닭은 두 다리로 걷고 필요하면 날개로 날고 편히 다니는데, 지네는 다리가 20개가 됩니다. 그런데 닭은 두 다리로 걷는 것도 쉽지 않고 그러는데 너는 다리가 그렇게 많은데 어떻게 그렇게 잘 가느냐? 이렇게 질문을 합니다. 그때까지 지네는 아무 생각이 없었습니다. 그냥 생긴 대로 자연스럽게 갔는데, 닭으로부터 그런 질문을 받고 어떻게 하면 내가 잘 가지? 나는 어떻게 하면 잘 걸어왔지? 앞으로 어떻게 하면 더 잘 가지? 이런 생각을 가지고 집착하고 거기에 붙잡혀서 그 다음부터는 지네가 이 다리를 먼저 갈까 저 다리를 먼저 갈까 하고 잘 못갔다고 합니다. 명안인이 되면 우물에 떨어질 일이 없지만, 명안이 되려고 할 때 번뇌망상에 집착해서 분별하고 헤아리고 거기 붙잡히고 이런 것을 깨우치기 위해서 명안인낙정이라고 말했습니다.

두 번째는 어떤 스님이 파릉 선사에게 "제바종이 뭡니까?" 하고 질문을 합니다.

제바종은 인도에서 석가세존으로부터 14대 제자인 용수 보살이 있고, 용수 보살의 제자인 가나제바를 말합니다. 그런데 그 가나제바가 용수 보살의 중론과 십이문론에 이어서 백론을 써서 삼론종의 태두가 되면서 인도 96개 외도를 다 천하를 평정했다고 그럽니다.

그러면 이 스님이 "제바종이 뭡니까?" 하고 물은 것은 중국에 그 당시에 인도의 삼론종이 들어와서 많이 질문들을 했던 것 같습니다. 그에 대해서 파릉 선사는 "은쟁반에 흰 눈이 소복이 쌓여있다" 그렇게 얘기를 했습니다. 왜 그렇게 얘기를 했냐? 물론 그 이상 생각하지 않는 것이 정답이긴 하지만, 생각을 해보면 그때는 중국에 삼론종이 들어와서 제법이 일체가 공하다고 했습니다. 제법공상이 유명한 거죠.

그런데 공상은 아무것도 없는 게 아니라 진공묘유중도, 텅 빈 허공, 거기에 뭔가로 꽉 차있는 묘유, 가유겠죠. 그것이 있어서 공에서 가유가 나와서 묘유가 되고 또 묘유가 공으로 사라지고 그러는 불이중도, 두 개가 아니다, 둘인 듯하면서 둘이 아닌 것 그걸 불이중도라고 하죠. 있는 듯 없고, 없는 듯 있다.

그런데 이 파릉 선사는 자기가 사는 경치가 좋아서 그런지 은쟁반과 눈은 같이 흰색으로 둘인 것 같으면서도 하나이고, 하나인 것 같으면서도 또 둘이다. 그래서 멋있게 표현한 거죠. 은쟁반에 흰 눈이 소복이 쌓여있다고 얘기를 한 거죠.

세 번째는 파릉 선사에게 어느 스님이 "취모검(吹毛劍)이 뭡니까?" 그렇게 묻습니다.

취모검은 칼날이 아주 날카로워서 머리카락이나 이런 것을 불면 저절로 사라져버리는 살활자재의 검, 반야의 검을 말합니다.

그랬을 때 파릉 선사는 산호 가지가지마다 달빛을 머금었다 이렇게 얘기합니다. 바다에 많은 산호가 달빛을 머금은 것처럼 삼라만상을 다 머금어서 빛이 난다고 대답을 했습니다.

그건 뭐냐면, 취모검은 살활자재하는 반야의 검으로 삼라만상을 다 머금는데, 머금되 머금지 않은 것처럼 그렇게 살활자재하다. 번뇌망상 같은 것이 그렇게 많아도 그런 것을 다 머금어서 달빛처럼 광명으로 빛낸다. 산호가지마다 달빛이 걸려있다. 산호나무 가지에 달빛이 주렁주렁 걸려있다 이렇게 답변을 한 겁니다.

일면불 월면불이나 파릉의 삼전어나 한 가지 부처님 자리를 얘기해서 항상 수처작주 입처개진해서 견성성불로 부처님의 훌륭한 제자가 되어라 하는 그런 얘기를 할 수가 있습니다.

오늘은 본각선교원 깨달음 세계 56회 "마대사 불안과 파릉 삼전어"로 우리가 직지인심 견성성불 하라고 하는데, 직관자심, 직접 자기 마음을 보고 회광반조해서 타성일편으로 은산철벽을 뚫게 마음의 빛으로 마음을 봐서 통명자심하시기를 바라겠습니다.

보살대중 여러분, 감사합니다. (합장)

제57회 법운 이종익 교수의 선교일원(禪敎一元)

보살대중 여러분, 안녕하십니까?

석가모니불께 경배찬탄합니다. (합장)

미륵존여래불!

본각선교원 깨달음 세계 제57회 법회 주제는 "법운 이종익 교수의 선교일원"입니다.

동국대학교 교수를 지내신 법운 이종익 교수가 선과 교를 일치시켜서 깨달음을 얻으신 훌륭한 분이셨는데, 그 내용을 알아보도록 하겠습니다.

지금 여기뿐입니다. 이게 깨달음이고, 각이고, 부처님이고,

하느님입니다.

현존일념 또는 현존일각이라고 합니다. 우리가 일상생활을 할 때 행주좌와 어묵동정 견문각지를 할 때 우리 마음은 밖으로 향해서 나갑니다. 경계를 향해서 나가지요. 그건 그때그때 거기에서 앎이 일어나지만, 영원히 변치 않는 것은 가장 깊은 곳에 있는 자기의 마음뿐 입니다.

이것은 자기가 자기를 대상화시킬 수가 없어서 많은 사람이 거의 절대적으로 보지를 못합니다. 화살로 어떤 과녁을 쐈을 때 과녁을 향해서 쏘는 게 아니라 그 과녁에서 화살을 되돌려서 자기 마음의 중심으로 쏴서 가장 깊은 곳에 닿는 그걸 마음이라고도 하고, 공적 영지라고도 하고, 성성적적, 순수의식, 자성청정심 여러 가지 말을 하는데, 바로 그것입니다.

그 주시자, 알아차림, 깨어있음 그게 우리가 바라고 있는 그런 것인데, 오랜 숙업의 인연으로 인해서 그걸 못보고 있는 거죠. 석가세존께선 그런 중생들의 어려움을 보시고, 견성성불의 길을 제시해주셨습니다.

그래서 우리는 석가세존처럼 수식선이나 직지선을 하던지, 조사선이나 여러 가지 화두를 하던지, 묵조선을 하던지 해서 견성성불의 길로 가야됩니다.

그래서 연야달다와 같은 체험을 해야 됩니다. 그러면, 연야달다와 같은 체험을 한 후에는 어떻게 되느냐. 진여수연이라고 그럽니다. 생각이나 이름이나 모양에 사로잡히지 않으면 그게 여래여거의 부동의 부처의 자리다 그럽니다.

그러면서 우리는 또 몸을 가지고 상대세계에 살아가야 되니까 수연(인연 따라 살아가라)하라고 합니다. 그것을 진여수연이라고 그러죠. 인연 따라 살아가면서 부처님이 말씀해주신 보살도인 십바라밀을 행하여 성불제중의 길을 가는 거죠.

그러면 가장 문제가 되는 것이 사회활동인데, 사회활동을 어떻게 하느냐 그것에 관해서 부처님은 '화광동진'이라고 말씀하셨습니다.

빛과 먼지가 하나가 되어서 범인과 성인이 하나가 되서 돌아간다 이런 거죠. 그렇게 하려면 우리가 어떻게 사회생활을 해야 하느냐 하면, 하나는 화이부동(和而不同)입니다. 사회생활을 하면서 공동체들과의 관계에 있어서 항상 조화점을 찾되, 다른 사람과 같지 않다. 왜냐하면 세간살이에는 선악, 정의, 부정, 미추, 다른 생각, 이런 것이 있기 때문에, 자기의 여여한 중심은 가지고 있으면서 조화를 찾아야 된다.

또 하나는 주이불비(周而不比)라 그럽니다. 우리가 가정생활이나 사회생활을 할 때 많은 분쟁이 생기는 것은 한편 사람과 다른 사람을 비교해서 우월감 열등감을 만들고 대립갈등을 빚게 마련인데, 그래서 둥글둥글하게 둥글러가되, 비교하지 말아라. 비교해서 선택해가지고 차별을 두고 미워하고 사랑하고 좋아하고 싫어하고 그런 취사선택을 해서는 안 된다. 자비, 지혜, 용기의 길을 가라. 화광동진이죠.

그것이 간단히 본 견성성불의 길이다 그렇게 말씀드릴 수가 있습니다.

오늘 살펴본 법운 이종익 전 동국대학교 교수님은 제가 선지식과 도반을 얘기할 때 저의 선지식이었다고 말씀드린 바가 있습니다.

오늘은 이종익 교수의 생애와 사상, 가르침을 중심으로 살펴보고자 합니다.

법운 이종익 교수님은 사명 대사나 의상 대사와 같은 역사소설을 써서 베스트셀러가 되기도 했지만, 정통의 불교학자이고 청정하신 분이었고, 또 선을 실천하셨고, 특히 보조 지눌스님을 연구를 많이 하셔서 보조 지눌 종조론도 얘기하신 분입니다.

이종익 교수님은 1912년 강원도 양양에서 전주 이씨 이달재 선생님의 자제로 경주 이씨의 어머니 밑에서 태어나고, 보통학교 2년을 수료하고 박동산 선생에게 유교칠서와 정주학, 성리학 이런 것을 일찍이 깨우쳤습니다.

1931년 모친께서 타계하면서 너무나 충격을 받고 인생의 무상함을 느끼고, 밥도 잘 못 먹고 건강을 해치게 되었습니다. 신흥사, 낙산사 등을 다니면서 고민하다가 만해 한용운 스님을 만나서 인도를 받고, 또 조계종 종정을 지내신 효봉 스님을 계사로 해서 출가를 하셨습니다. 그리고 그 후에 박한영 스님으로부터 선문염송이라든지 화엄경의 십지문 이런 것을 모두 다 배우셨다고 합니다.

그러시다가 나중에 1938년에 일본에 가서 임제종 전문학교도 다니고, 동경에 있는 다이쇼 대학에서 불교학과를 졸업하고 1944년에 귀국을 하셨습니다.

다이쇼 대학에서 박사학위는 1975년에 받으셨는데, 그 논문의 제목은 '한국불교의 연구- 고려 보조국사를 중심으로'였습니다.

그래서 우리나라에 돌아와서 불교공부도 하고 그러면서 김범부 선생에게 민족에 대한 여러 가지 사상을 배우고 해서 '한밝사상고'라는 것도 내셨습니다.

우리나라의 민족역사적인 맥락이 우리는 태양족이고, 청천백일을 믿는 천손족이고 그런 역사적인 맥락을 쭉 이어오신 분이라고 말할 수 있습니다.

그래서 불교 쪽에서 가장 많이 연구한 것은 '화엄론절요'이고, 그 다음에 박사학위 논문을 쓴 그것을 바탕으로 해서 1972년에 '고려 보조국사 법요'라는 책을 내고, 원효 스님의 회통불교에 대한 것도 많이 연구를 하셨습니다.

그런 연구뿐 아니라, 1944년에 귀국해서 봉은사에서 대중을 교화하고 불교중앙청년동맹에도 가입하고, 불교혁신회를 법홍 스님과 같이 만들어서 불교활동을 많이 했는데, 불교정화활동에도 많이 애를 쓰셨습니다.

뜻대로 되지 않자 환속해서 결혼하시고 나중에 자제분이 동국대학교 불교대학 교수가 되신 이지수 교수님이 되겠습니다.

그 다음에 1960년대에 조계종에 대한불교라는 신문을 만들 때 청담 스님과 경산 스님을 모시고 거기서 주필을 하셨습니다.

그리고 1960년대에 송월주 스님과 함께 미륵정신회를 만들어서 활동하시고, 미륵신앙과 십선운동 이런 걸로 책도 쓰시고 하셨습니다.

그래서 1968년에 동국대학교 불교대학 교수가 되시고, 1977년도에 정년퇴직을 하시고, 그 다음엔 동방사상연구원을 내셨습니다.

저는 법운 이종익 교수님을 제가 졸업하는 1964-5년 사이에 은정희 교수, 김원수 교수 이런 분들과 함께 진관사 밖에 사저에서 법운 이종익 교수님으로부터 일주일 동안 묵고 자고 하면서 배웠습니다.

특히 화엄에 관한 강의를 해주셨는데, 눈뜨고 강의를 하는 가운데, 저는 비몽사몽간에 우주가 하나의 화엄으로 되어 온 우주가 살구꽃으로 빛나는 그런 체험을 하기도 했습니다. 지금 되돌아보면 그때를 이어받아서 법운 선생님으로부터 선, 교 등을 배웠어야 했는데, 바로 군대를 급하게 가게 되는 바람에, 그 뒤로 이어지지는 못해서 상당히 송구스럽게 생각하고 저 스스로도 좋은 기회를 잃어버렸던 것 같습니다.

법운 거사님이 말씀해주신 것이 여러 가지가 있지만, 그러한 선과 교, 정전과 참선을 함께 하는 이 분은 이론과 실천을 겸하신 분인데, 그 분이 가르치신 화엄론은 기본적으로 '사사무외 상즉상입 중중무진 불가사의 대일여래 해탈법계'라고 말할 수 있습니다.

이 우주에 많은 일이 있고 물질이 있는 것 같지만, 그것은 하나도 걸림이 없고 곧 들어가고 나오고 한다. 중중무진하게 무한히 계속되는 그러한 세계다. 그리고 그러한 세계는 불가사의하다. 생각으로는 닿을 수 없는 그러한 세계다. 그런 세계를 비로자나불, 대일여래다. 태양계의 중심이 태양이듯이, 우주 전체의 태양을 대일이라고 하는데, 그 대일이 우주 전체의 태양과 같은 부처님이 비로자나불이고, 대일여래다. 무량광수불이다. 그것이 해탈법계다.

모든 존재를 뛰어넘어서 초월적이면서 상즉상입하는 그런 해탈법계 이것이 우리가 살고 있는 이 우주다. 우주의 참모습이다 이런 것입니다.

그리고 또 하나는 이 책이 원효동에서 발행한 '원효성사전서'인데, 1권부터 6권까지 있습니다. 여기에 원효종 종정을 지내신 법홍 스님이 기본적으로 관여하시고 법운 이종익 교수나 또는 조명기 교수 이런 분들이 많이 관계를 했는데, 여기에 보면 법운 거사님이 법화경 종요에 대해서 1권에 쓰신 게 있습니다.

그 핵심 내용은 이런 겁니다.

제법이 종본래로 상자적멸상이니, 행자불도이면 내세득작불하니라.

이 세상의 모든 존재와 진리는 본래 상자적멸상, 일정한 상이 없는 적멸 열반의 상이어서 부처님 제자가 행하면 내세에 부처가 될 것이다 하는 것과 또 하나는 '아실성불이래는 무량무변 백천만억 나유타 아승지겁이니라'.

석가모니 부처님이 지금으로부터 2600여 년 전에 인도 가비라성에서 출가해서 깨치신 것이 아니라, 무한히 먼 이전 시기, 시간 공간이라는 게 사람이 생각으로 만드는 것이기 때문에 그런 태초의 그때부터 깨달으신 아미타불이라고 하죠. 무량수불 무량광불, 한이 없는 빛과 한이 없는 수명 그런 것이 석가세존의 본래 모습이다. 석가모니불이 아미타불이고, 아미타불이 비로자나불이다 그런 얘기가 되겠습니다.

근본적인 자리죠. 항상 대광명으로 비추고, 항상 자기의 상이 없고, 항상 상락아정의 지혜에 있으며, 자비희사심 이렇게 사무량심으로 되어있는 것이 이 진리의 세계라고 말할 수가 있습니다.

그래서 원효성사전서 4권에 보면, 법운 선생님이 중변분별론소를 또 쓰셨습니다. 그게 무슨 애기냐면, 진리는 불이중도다. 둘로 나눠지지 않는 중도인데, 분별 집착 망상을 여의고 세상을 살아가면서 분별자재하게 살아라 그런 얘깁니다. 그러려면 깨달아야 되는데, 깨달음에 관해서는 37조도품이 있습니다. 37가지 도를 이루는 방법이 있는데, 그중에 잘해놓은 것이 칠각지(七覺支) 또는 칠각분(七覺分), 그 깨달음을 7가지로 나눠서 설명한 것이다.

그 첫 번째는 염(念)각지, 念(산스크리트어로 sati). 선에 들어갈 때도 사티로부터 출발하는데, 이건 뭐냐면 바로 알아차림, 마음챙김입니다.

두 번째가 택법(擇法)각지, 그 법을 선택해야 된다. 정견(正見)을 하라는 거죠. 사견을 버리고 정견을 하라는 것이 됩니다.

세 번째는 정진(精進)각지, 노력을 해라. 부처님처럼 수식선이나 직지선 또는 사성제 사념처와 같은 그런 것으로 정진해라.

네 번째는 희(喜)각지, 그렇게 하다보면 기쁜 마음 즐거운 마음이 생기니까 그리로 쭉 나가고,

다섯 번째는 경안(輕安)각지, 그렇게 쭉 나아가다 보면 마음이 아주 편안하고 가볍다. 혼침이나 도거가 아닌 마음이 쭉 가라앉거나 들뜨거나 이런 게 없는 것.

여섯 번째가 정(定)각지, samadhi죠. 무아의 삼매에 드는 것.

일곱 번째가 사(捨)각지, '버릴 사' 자입니다. 사각지라는 것

은 모든 게 안팎에 평등해서 평안하고 평등한 그런 마음이라고 할 수 있습니다.

오늘은 제 57회 법운 이종익 교수의 선교일원 그렇게 해서 동국대학교 불교대학 교수를 지내신 법운 선생님의 선교일원 사상을 살펴봤습니다.

보살대중 여러분, 늘 건강하시고 행복하세요. 또 직지인심 견성성불하십시요. (합장)

제58회 생각 · 생사 · 무생

보살대중 여러분, 안녕하십니까?

석가모니불께 경배찬탄합니다. (합장)

미륵존여래불!

오늘 본각선교원 깨달음 세계 제58회는 "생각· 생사 ·무생" 이렇게 이름을 지어봤습니다.

(손으로 앞을 가리키며)

이것뿐입니다. 이것이 각이고, 깨달음이고, 여래고, 부처님이고, 하느님입니다.

우리들이 일상생활을 할 때 견문각지라고 합니다. 보고 듣고 느끼고 아는 것.

또 행주좌와 어묵동정, 가고 머물고 앉고 눕고 말하고 침묵하고 움직이고 고요하고 이러한 모든 것을 하는데 그때 우리는 그런 것이 일어나는 것을 압니다.

그때 우리 마음을 살펴보면, 우리 마음이 항상 대상인 경계에 가 있습니다. 그래서 주인인 우리 마음은 항상 자기를 잊어버리고 있고, 찾지 못하고 있습니다. 그래서 항상 언제 어디서나 주인으로서 알아차리고 주시하는 자 깨어 있음, 이것을 확실히 깨달으라는 겁니다.

그래서 본래무일물(本來無一物), 본래 한 물건도 없다. 본래성불심(本來成佛心), 본래 깨달은 부처인데 그걸 말로 하자면 마음이다.

이것을 말로 하자면 이렇게 세 마디로 할 수 있습니다.

본래무일물(本來無一物), 본래성불심(本來成佛心), 본래연생연멸(本來緣生緣滅)

혜능 조사는 본래무일물 이라고 했습니다. 불교공부를 몇십 년 한 분도 본래무일물이라는 게 본래무일이라는 게 무슨 말이냐고 질문하는 분도 있는데, 우주에는 본래 고정된 한 물건도 없다 그림자뿐이다 그런 겁니다. 작용이 있어 현상이 찰라생멸, 연생연멸 한다는 겁니다.

그리고 본래성불심 이건 부처님이 하신 말씀인데, 부처님이 2600년 전에 인도 부다가야에서 깨달으시고 나서 바로 하신 말씀이 "기이하고 기이하다. 모든 중생들이 다 여래와 같은 지혜덕성을 갖추고 있는데, 그것을 모르다니."

본래 부처가 되어있는 겁니다. 깨달아 있는 겁니다. 자타일시성불도, 나와 남이 한때 동시에 깨달았는데 우리 모두가 부처이고 그걸 말로 하면 마음(心)이다.

그럼 우리가 세상을 살아나가면서 견문각지 행주좌와 어묵동정 이렇게 살아가는데, 그럼 보이고 들리고 하는 이런 것은 뭐냐? 이것은 이제 다른 말로 하면 본래연생연멸(本來緣生緣滅)이다 그럽니다. 본래 현상은 인연 따라 생기고 인연 따라 멸한다. 연생연멸이라고 그럽니다. 자성이 없는 거죠. 항상성이 없는 그런 연생연멸, 인연 따라 생겼다 인연 따라 멸하는 변화가 되는 건데, 이것을 시간적으로 보면 찰라생 찰라멸이고, 또 다른 말로 표현하면, 환생환멸입니다. 꿈속 같은 그림자 같은 것, 신기루 같이 생겨났다가 멸하는 것, 실제로는 생멸이 없는 것과 마찬가지죠.

그러니까 근본바탕은 불생불멸의 진공이고, 거기에서 묘하게 뭔가 생겨서 묘유, 그 사이에 진공묘유가 중도로 되어있는 것, 불이중도 그것을 부처님의 가르침이다 그렇게 얘기를 합니다.

그래서 우리의 여러 가지 지금 여기 그것을 현존일각이라고 그럽니다. 거기에 한생각이 일어나면 현존일념인데, 현존일각과 현존일념인데, 현존일념이 자연스럽게 나와서 나타나는 것을 현존일각이고, 거기에 생각에 뭐가 붙고 헤아리고 그러면 2차작용이 붙어서 거기에서 번뇌 망상이 일어나는 겁니다.

분별 집착 망상 도견 이런 것이 막 일어나서 인생이 고통을 겪는 거죠. 그래서 그러한 본래의 깨달음의 자리는 불취명상 여여부동- 생각과 이름으로 하는 말과 모양 이것을 취하지 않으면 부동의 부처다 그럽니다. 그래서 그 자리는 성성적적하고 소소영영하고 다른 말로 하면 공적영지, 텅 비고 고요하고 신령스럽게 아는 그런 거죠.

그리고 그것을 다른 말로 하면 순수의식 또는 청정무구심, 자성청정심, 제9식 이렇게도 얘기하고, 또 선에서는 최초 일구자라거나 뜰 앞의 잣나무, 마삼근, 동산수상행 이렇게 여러 가지로 말합니다.

그러면, 우리가 이 세상에 와서 살면 누구나 행복하게 살다가 행복하게 죽는 것을 원합니다. 그것을 이고득락(離苦得樂)이라고 그러죠. 고를 떠나서 낙을 취하는, 낙 중에도 궁극적으로 열반락, 적멸락을 취하는 거죠.

인생에는 팔고가 있다고 합니다. 생노병사고의 4고 애별리고, 사랑하는 사람 이별하고, 원증회고 미워하는 사람 만나고, 오온성고 색수상행식이 치우치고 번성해서 번뇌장이 되는 것.

그 다음에 구부득고, 무언가를 늘 구하는데 얻지 못하는 것 이것을 팔고라고 그럽니다. 여기에서 가장 기본이 되는 것이 한 가지는 생각이고, 또 한 가지는 생사입니다. 그리고 본래 심성불, 본래무일물하는 그 자리는 무생입니다. 무생무멸 불생불멸이다 그렇게 말할 수가 있습니다.

그래서 반야심경에는 '색즉시공 공즉시색' 그렇게도 얘기하고 '번뇌즉보리 생사즉열반' 이런 말도 합니다.

우리는 세상을 살아가자면 생각이 일어납니다. 그런데 생각이라는 게 내가 일어나고 싶다고 해서 일어나고 안 일어나고 싶다고 해서 안 일어나는 게 아닙니다. 생각은 실재가 소통하고 접속하는 매개물입니다. 참 나는 실재이고 생각의 근원자리이며, 명상들을 통해 그 자리에 갑니다.

부처님은 생각이 일어나면 꼭 이루어지고, 불필요한 생각은 안 일어난다, 그렇게 말을 하지만, 보통 우리네 범부들은 그렇지가 않습니다.

그래서 우리는 생각을 어떻게 잘 다루느냐? 번뇌장 소지장을 어떻게 다루느냐 이런 게 문제인데, 그래서 석가세존은 이 생각을 탐구해서 생각의 근원자리로 가라. 그것을 석가세존은 수식선정을 통해서 하셨고, 많은 다른 성자들은 명상이라는 방법으로 그것을 해결하려고 얘기를 했습니다.

기본적으로 얘기하는 것이 불교에서는 지관겸수(止觀兼修)라고 그럽니다. 지관, 생각을 멈춰라(마음챙김, mindfulness) 그리고 마음으로 관찰하라(알아차림, awareness) 이것이 기본적인 수행방법이다. 그래서 생각이나 이런 것을 멈추면 마음이 텅텅 비고, 그럼 거기에서 뭔가 보인다 그럽니다. 정혜쌍수(定慧雙修)라고도 합니다.

생각이 일어나면 생각은 내가 아니니까 동일시에서 벗어나고, 염기즉각, 생각이 일어나면 즉각 알고, 즉각 알면 없어지니까 그런 자리가 오래 가면 거기에 있어서 마음에 빛이 일어나서 자기 마음이 환해지고 그래서 결국은 마음의 빛으로 인해서 깨달음에 이르게 된다고 얘기를 합니다.

그래서 지관겸수라든지 또는 생각을 멈추면 보인다 그렇게 얘기를 합니다. 그래서 제가 화두인 '누가 불두에 황금똥 쌌나'라는 책을 썼을 때 부제가 '생각 쉬면 깨달음, 마음 비우면 부처다' 그래서 이 생각을 어떻게 조절해서 집착 분별 망상을 분별자재하게 되느냐 이것이 가장 중요한 것이라고 말씀드릴 수 있습니다.

우리는 기본적으로 무명으로 인한 삼독심(마구니)이 생기고, 삼독심과 알라야식에서 나오는 여러 가지 종자들 이런 것에 따라서 번뇌를 하게 되니까 무념 무상 무주 무구 무심하라 그럽니다. 생각이 없고, 모양이 없고, 머무름이 없고, 구하는 게 없고, 무심이 되라. 그래서 무심의 자리에 가서 거기에서 평상심이 일어나면 세상을 살아가는데 무애자재 하게 된다 그럽니다.

마조도일 선사는 한 말씀을 남겼는데, 도불용수- 도는 닦을 필요가 없는데, 단막오염- 오염되게만 하지 말아라. 오염이 뭐냐? 생사심, 조작심, 추구심 이 세 가지만 없으면 무심이니까 그 무심에서 자연스럽게 나오는 평상심이 바로 도다 그렇게 말씀을 하셨습니다.

그런데, 우리가 생각해보면 자기 마음(自心)이 있다는 것을 다 아는데, 이것을 늘 잊어버리고 한 번도 제대로 생각해보지를 못했어요. 마음이 밖에 있던 물건을 보거나 소리를 듣거나 냄새를 맡거나 그러면, 그것을 알려는데 마음을 밖으로 쏘게 됩니다. 그 밖으로 나가서 알게 되는 그 마음은 식이지 본래 자리가 아닙니다. 그 본래 자리가 마음인데, 그것을 말해서 심지(心地) 또는 심왕(心王)이라 그럽니다.

언제나 어디에나 있어서 알아차리는 심왕, 지금 여기 깨어 있음, 심지 자리를 깨쳐라 그러는 겁니다.

그래서 밖으로 나가던 자기 마음을 명상이나 선정을 할 때, 밖으로 나가던 마음을 되돌려서 회광반조해서 자기 마음이 객체가 될 순 없으니까 자기 마음의 빛으로 자기 마음을 봐서 하나로 꿰뚫려야 통명자심하게 된다고 말씀드릴 수가 있습니다.

또 하나는 아까도 말씀드렸지만, 이 세상에 있어서 여러 고민이 있고 고통이 있지만, 가장 중요한 것은 생사의 문제입니다. 생사의 문제가 여러 가지 고통과 공포의 근원이 되지요. 그런데 아까도 얘기했지만, 생사라는 것은 어떤 일어난 현상이지 연생연멸하고 찰라생 찰라멸하고 환생환멸하는 현상이지, 자성이 없습니다.

그것을 생사라고 하고, 또 일반 경우에는 그것을 말해서 생사 즉 열반이다 이런 소리를 합니다. 우리가 하늘을 바라보면, 거기에 구름이 흘러갑니다. 그런데 우리는 구름을 나라고 생각할 때가 많은데, 그 구름은 가유고, 아바타(avatar)여서 인연 따라 생겼다가 인연 따라 멸합니다.

일편부운기 일편부운멸- 한자락 뜬 구름이 생기는 게 생(生)이고, 한가닥 뜬 구름이 사라지는 것이 사(死)다 이렇게 얘기를 하는데, 워낙에 참 나는 그 구름이 나가 아니라 청천백일에 하늘이다 그렇게 말할 수가 있습니다.

그럼 거기에 생겼다가 사라지는 구름은 하늘의 일부일 뿐이지, 하늘과 다른 게 아니다 그렇게 말할 수 있습니다.

그리고 번뇌즉보리라는 말도 있는데, 생각으로 일어나는 여러 가지 번뇌가 보리, 깨달음이다 그렇게 얘기를 합니다. 그것은 우리가 물을 예로 들어봤을 때, 물은 수증기도 있고, 샘물도 있고, 시냇물도 되고 강물도 되고 바닷물도 됩니다. 그래서 우리 마음은 청천백일처럼 허공처럼 넓고, 바닷물처럼 겸허해야 된다 이런 얘기를 합니다. 그런데, 물은 본래 물이지만, 형태에 따라서 수증기도 되고 액체인 물도 되고 얼음도 됩니다. 그럼 우리는 강이나 이런데 가서 거대한 얼음 같은 걸 볼 때 이것은 물이라는 생각을 안 합니다. 집에서 얼음을 녹여보면 당연히 그게 물인 줄 압니다. 다만, 일시 인연 따라서 굳어졌을 뿐이죠.

그러니까 얼음과 같은 것이 말하자면 번뇌인데, 번뇌인 얼음을 알고 보면 물이다 이런 겁니다. 그래서 '색즉시공 공즉시색 번뇌즉보리 생사즉열반' 이렇게 얘기를 하는 것입니다.

그래서 생사즉열반이니까 우리가 생각을 멈추고 바라봐서 무심의 자리에 이르고, 거기에서 자연스럽게 일어나는 평상심 그게 불이중도라고 말할 수가 있습니다.

이와 같은 것이 진공묘유중도라고도 하고, 부처님의 그런 법을 불이중도라고도 얘기하는 것입니다.

우리가 부처님의 경우를 보면, 부처님은 수식선정을 하셔서 6년 고행 이전에 8차제정인 비상비비상처정까지 가시고, 6년 고행 끝에 멸수상정, 느낌과 생각이 완전히 없어진 사마디, 멸수상정 또는 멸진정에 이르셔서 깨달음에 이르셨기 때문에 수식선정하는 것을 알아볼 필요가 있고, 석가세존께서는 견명성오도를 하시고 삼처전심을 하셨을 뿐 아니라, 문수보살이나 다른 제자들에게 그때그때 여러 가지 깨닫게 하시는 방법을 쓰셨습니다. 그것이 직지선인데, 그 직지선이 중국으로 오면서 달마대사가 전했는데, 중국의 도교 유교 문화와 합쳐지면서 조사선이 되고, 조사선에서 묵조선, 간화선 등 분등선이 나오게 된 문화의 전파를 우리는 알 수가 있습니다.

그러니까 우리는 직지인심 견성성불해야 되는데, 그러려면 우리는 스스로 살펴보면 자기 마음이 있다는 것을 압니다. 그런데 밖으로 찾지를 말고 밖으로 나가는 마음을 견성하고자 하는 마음이 있으면, 앉아서 화살을 쐈을 때 과녁을 향해서 쏘지만 그것을 180도로 거꾸로 자기 마음의 심장을 향해서 쏘듯이 되돌이켜서 회광반조해서 관찰하고 있으면 그것이 자연히 마음이 밝아져서 견성을 하게 됩니다.

그래서 수식선정 명심견성 그럽니다. 수식선정을 오래하면 마음이 밝아져서 성품을 보게 된다. 성품을 보게 된다는 것은 자기 마음을 본다는 것과 같습니다. 마음이 나오는 자리가 심성이니까 심성을 본다는 것은 자심을 보는 것과 같습니다. 그래서 직관자심, 자기 마음을 직접 보고 회광반조 또는 수처작주해서 돈오자심 몰록 깨달아라 그럽니다. 그것이 직지인심 견성성불하는 불립문자 교외별전의 방법이다 그렇게 말할 수 있습니다.

보살대중 여러분, 오늘은 생각과 생사, 무생 즉 불생불멸이죠. 이렇게 세 가지를 중심으로 해서 살펴봤습니다.

모두 견성성불하십시요. (합장)

제59회 부처님의 양구(良久)와 운명애(運命愛)

본각선교원 깨달음 세계, 보살대중 여러분, 안녕하십니까?

석가모니불께 경배찬탄합니다. (합장)

미륵존여래불!

(손을 앞으로 든다.)

오늘은 깨달음세계 제59회로 "부처님의 양구와 운명애" 이렇게 정해봤습니다.

양구라는 것은 침묵이고, 운명애는 운명을 사랑하는 것인데, 라틴어로 'amor fati'입니다.

(손으로 앞을 향해 가리키며)

이것뿐입니다. 지금 여기 견문각지 우리가 동작하고 멈춰있고 그런 거죠. 행주좌와 어묵동정 이런 모든 것이 전부 각의 드러남입니다.

그것을 깨달음, 도, 각, 부처님이고 또 하느님이다. 현존일각, 지금 여기 깨어 있음, 이라고 그럽니다. 이것은 시종이 없는 무시종이고, 생사가 없는 무생사이고, 분별이 없는 무분별이고, 한마디로 말하면 무심이라고 말할 수가 있습니다.

무아고, 무심이죠. 결국은 우리가 생로병사는 생사심과 조작심, 추구심, 분별, 집착, 망상이 없는 것이 무심이고, 그런 무심을 바탕으로 해서 평상심으로 살아가는데, 무심에 바탕한 평상심이 바로 도라고 마조 선사는 말씀하셨습니다.

이것은 이법(二法)이 아닙니다. 그래서 이것은 공적영지다. 성성적적이다. 또는 소소영영한 자성청정심 또 순수의식이다 이렇게 애기를 했습니다.

우리가 세상 살아가는데 뭔가를 분별해 알려고 하지 않으면, 현존일념이거나 현존일각이다 이렇게 말할 수가 있습니다. 알고 모르고 이전의 알지 못함이 견성입니다.

그러면 먼저 부처님의 양구에 관한 것을 함께 보도록 하겠습니다.

이것은 진각 혜심 선사님이 쓴 선문염송요론 1권 16번에 석가모니 부처님의 양구가 나와 있습니다.

세존에게 어떤 외도가 묻되, 말 있음도 묻지 않고 말 없음도 묻지 않습니다 하니 세존께서도 양구하셨다. 침묵하셨다. 없이 보여주셨다 이런 뜻이죠.

이에 외도가 찬탄하여 이르되, 세존께서 대자대비하시와 제 미혹의 구름을 열어주시고, 저로 하여금 깨달아들게 하였나이다 하고 물러갔습니다.

그 질문한 외도가 떠난 뒤에 시봉을 드는 아난 제자가 부처님께 묻되, 외도가 무엇을 증득했기에 깨달아들었다 증입했다 그렇게 하나이까? 하고 여쭈니, 부처님이 말씀하시되, 양마(良馬)는 좋은 세간의 말은, 채찍의 그림자만 보고도 달림과 같다.

양구(良久)는 침묵으로 보이는 겁니다. 그러니까 양구는 말 있음도 아니고, 말 없음도 아닙니다. 어떻게 보면 없이 보이신 거다 그렇게 말할 수 있고, 절대와 상대로 보면 절대성의

굴림쇠인 하나의 용도 이렇게 나타낸 것이다 석가엄실(성도 후) 정명두구(양구)도 있습니다.

결국은 불립문자 교외별전으로 전하신 선정 그런 하나의 방법이라고 말할 수 있습니다. 석가세존께서는 35세에 깨치셔서 47년간 법을 펴시고, 팔만대장경을 말씀하시고 81세에 열반에 들게 되시는데, 마지막으로 설하신 것이 열반경입니다.

거기에 쓴 핵심적인 내용은 열반게송이라고 하는데, 그것은 '제행무상 시생멸법 색멸멸이 적멸위락' 이렇게 되어있습니다.

이 세상에 모든 행동과 움직임은 덧없는 것이다. 생멸이 다 없어지니, 적멸락이다. 영원한 즐거움이고 상락아정, 진상, 진락, 진아, 진정 그런 4덕을 갖춘 열반락을 얻게 된다. 그것이 결국은 우리가 견성성불하고자 하고, 이고득락하고자 하는 목적이라고 말할 수가 있습니다. 불이법이죠. 이와 같은 불이법은 우리 민족 경전인 천부경 또는 삼일신고나 참전계경 같은 데도 똑같이 나와 있다고 말할 수가 있습니다.

천부경은 본래 수리철학으로 하나에서부터 열 가지로 되어 있습니다. 십수리철학이죠. 워낙 천부경은 "하나 둘 셋 넷 다섯 여섯 일곱 여덟 아홉 열", 16자로 되어있는데, 이것을 풍류도에 능하고 유불선에 능하신 고운 최치원 선생님이 9x9=81 미완성의 최고숫자인 81자로 고쳐서 시로 쓴 게 요지음의 천부경이다 그렇게 말할 수 있습니다.

그 내용은 '일시무시일 일종무종일' 하나로 시작하는데 시작하는 하나가 없고, 하나로 끝나는데 하나로 끝남이 없다. 말하자면 불교의 불이법(不二法), 이법이 아니다 그러니까 하나를 강조한 것이라고 말할 수 있습니다.

그 하나가 쭉 퍼져가서 여러 가지 원만수인 십이 되고, 백, 천 이렇게 해서 우주가 하나의 중심으로 해서 소용돌이처럼 돌아간다고 얘기할 수 있습니다.

그래서 그 내용은 본심본태양, 우주의 본래는 우리의 참 나의 마음과 같은 본심이고 태양계 우주의 중심이 청천백일이듯이, 이 우주에는 태양보다 더 밝고 무한한 본태양, 즉 영계의 태양이 있다. 그렇게 핵심을 말한 겁니다.

앙명인중천지일, 우리가 명심견성, 마음을 밝혀서 견성을 한다 하는 것처럼, 그 광명을 사람 속에서 북돋아서 천지일이 합일되는 것을 태일(太一)이라고 그럽니다. 태일이 곧 신선도에서 대선(大仙)이고 또 금빛 나는 대선이라 해서 금선이라고도 합니다. 금선(金仙)은 곧 부처님을 말하기도 하죠.

삼일신고에 보면, 저와 같은 하늘의 본체는 무형무상하다고 하고, 소소영영하다 그러면서 '성기원도면 절친견이나, 자성구자하면 강재이뇌니라'라고 했습니다.

목소리나 기로 간절히 원하더라도 그것을 친히 볼 수는 없다. 그러나 자기의 성품으로 그 씨앗을 진심으로 구하면, 이미 자기의 머리에 내려와 있느니라. 이게 곧 깨달음을 말한 것이다 그렇게 말할 수 있습니다.

그리고 공자 맹자의 유교를 보면, 사서삼경이 있지만 그 중에도 가장 진리에 맞닿아 있고 우리와 많이 관계되는 것은 주역입니다.

주역은 원래 환국의 역이라 해서 환역(桓易)이었습니다. 그래서 그와 같은 환역, 역이라는 것은 바뀐다, 변경한다 해서 영어로는 change죠. 그래서 역경이라고도 얘기하는데, 여기에는 자고로 간괘로 시작하는 연산역, 곤괘로 시작하는 귀장역, 건괘로 시작하는 주역이 있는데, 동이족인 공자 선생님께선 이 가운데 주역을 중시해서 거기에 계사전을 새로 쓰셨습니다. 그래서 태극 음양 사상 팔계 64괘 이렇게 늘어가는데, 그 주역에 관한 얘기를 보더라도 크게 세 가지로 나눌 수 있습니다.

하나는 불역(不易), 또 하나는 변역(變易), 또 하나는 간역(簡易)입니다. 부처님의 말씀이 본래 천진불이고 부처님 밖에 없다. 또 본래 무일물, 형상으로 나오는 것은 본래 하나도 없다. 그것이 생멸하는 것이다 그렇게 얘기했는데, 여기에서도 불역, 영원히 바뀌지 않고 변치 않는 것이 있는데 그것이 불역이다. 불생불멸 모든 것이 변한다는 그 원칙만은 변하지 않죠.

그 다음에 변역, 모든 것은 생멸 생성 성주괴공 이렇게 변하죠. 그럼 우리가 그런 것을 깨닫고 살아가는데 어떻게 되느냐. 깊은 탐구와 통찰을 통해서 우리가 분별 집착 망상 도견 이런 것이 없으면 그게 바로 간역으로 이 세상을 간단하고 편하게 행복하게 살 수가 있다. 그래서 그것이 간역인데, 그렇게 되면 쉽기 때문에 "간이"다 이렇게 얘기를 합니다.

그리고 서방의 기독교에서도 산상수훈을 보면, 마음이 가난한 자, 마음을 비운 자는 복이 있다 이런 것도 결국 불교의 공사상과 마찬가지라고 얘기할 수 있는데, 서양의 유명한 톨스토이 같은 문호라든지 또는 니체와 같은 철학자 또는 서양에 있어서 천년제국을 이뤘던 나라는 로마밖에 없는데, 로마의 장군이 개선장군으로 돌와왔을 때 한쪽으로 치우치지 말라고 한 얘기가 있습니다.

"메멘토 모리(Memento mori)" 죽음의 순간을 잊지 말라 개선장군에게 얘기 했다고 합니다.

그래서 서양의 여러 가지 사상과 철학 이런 것을 보면, 세 가지로 말할 수 있습니다.

하나는 카르페 디엠(Carpe diem) 이것은 오늘을 잡아라, 오늘을 즐겨라. 제가 늘 얘기한 지금 여기 깨어 있음, 지금 여기에 살아라 이런 게 됩니다.

또 하나는 로마의 장군이 개선했을 때, 거기에 시중드는 사람으로 하여금 장군에게 말했다는 것이 '메멘토 모리(Memento mori)' 죽음의 순간 인간에게는 생사라는 현상이 있습니다. 참나 참마음은 불생불멸이지만, 우리는 생노병사와 같은 여러 가지 고해가 기다리고 있죠. 생사라는 현상은 있지만, 거기에 자성은 없는 겁니다. 죽음의 순간을 잊지 말아라, 당당하고 기쁘게 맞이하라 그렇게 얘기를 합니다.

또 하나는 니체가 얘기한 아모르 파티(amor fati)가 있습니다. 바로 운명애(運命愛) 입니다. 실질적으로 세상을 살아가려면 운명을 사랑할 수밖에 없습니다. 부처님도 우리가 견성을 한 다음엔 진여수연성 그랬습니다. 진여의 입장에서 인연 따라 가라. 물론 성불제중을 위한 보살도를 하면서죠. 아모르 파티도 자기에게 다가온 여러 운명이나 이런 것은 자작자수이어서, 자기의 카르마(業)가 기본적으로 되어있기 때문에 받아들일 것은 빨리 받아들이고, 극복할 것은 극복해서 고통을 낙습고행하여 화해하고 또 즐거움과도 화해해서 그것을 조화롭게 초월해라. 니체다운 얘기고, 부처님의 가르침과도 통하는 부분이 있다고 말할 수 있습니다.

결국은 우리가 이 세상을 살아나가는 데 중요한 것은 참마음으로 살아가는 것인데, 그건 무분별지로 살아가는 겁니다. 분별지로 살아가면 거기에 애증, 집착, 취사선택 이런 게 쌓여서 고해가 됩니다. 그래서 옛날에 지눌 스님은 단지불회면 시즉견성(但知不會. 是卽見性)이다. 알지 못할 줄 알면 곧 견성이라고 했습니다.

그리고 참 나는 우리가 알 수가 없습니다. 참 나는 주객미분전, 주관과 객관이 나뉘기 전 자리이기 때문에 생각의 앎으로는 알 수가 없습니다. 아는 대상이 안 되는 거죠. 그래서 절대인 참 나는 절대로 알 수가 없고, 다만 밖으로 향하던 마음을 되돌려서 마음의 빛을 자기 깊은 마음속으로 통하게 해서 그것이 하나로 회통할 때 견성이 된다고 말할 수가 있습니다. 우리는 진여수연으로 살아가야 하니까 무분별지와 분별지를 자재롭게 구현해야 합니다.

우리가 그렇게 세상을 살아가는데 기본적으로는 4섭법인

보시, 애어, 이행, 동사섭으로 살아가는 것이 제일 좋지만, 좀 더 현실적으로 살펴보면 또 하나는 나와 다른 사람이 생각이 다르다고 인정하면 그것은 천국이고, 나와 다른 사람이 생각이 다르다고 틀린다고 생각하면 그건 지옥에 살게 됩니다.

그래서 다름천국 틀림지옥 이렇게 말하는 거죠. 생각은 사람마다 다를 수 있죠. 생각은 내가 아니기 때문에 생각과 나를 동일시하는 데서 벗어나는 탈동일시가 필요하다.

그리고 화이부동, 사람과 조화롭고 평화롭게 살되 자기의 자성은 살려서 다른 사람과 많은 사람이 모여 살더라도 주이불비, 두루두루 어울려 살면서도 다른 사람과 나를 또 가까운 사람과 주변을 비교하지 않는 것, 거기에 10바라밀로 살아가면 결국은 이 세상을 고통에 헤매지 않고 화광동진으로 행복하게 살아갈 수 있다고 말할 수 있습니다.

우리의 참마음은 일체유심조로서 마음공장입니다. 무엇이든지 만들어낼 수 있는 제조공장이라고 말할 수 있습니다.

마음먹기와 음식먹기가 중요합니다.

깨달음 세계 보살대중 여러분, 마음을 경계에 끄달리지 않게 하고, 자기마음으로 되돌려 직관자심 회광반조 수처작주 돈오자심하여 깨달음에 이르시기를 빌겠습니다.

여러분 감사합니다. (합장)

제60회 지금 여기 깨어있음

보살대중 여러분, 안녕하십니까?

석가모니불께 경배찬탄합니다. (합장)

무량광수불 무량광수불 무량광수불!

본각선교원 깨달음 세계 오늘 제60회 주제는 “지금 여기 깨어있음" 입니다.

(오른손을 위로 들며)

이것뿐입니다. 지금 여기 이것뿐입니다. 견문각지 행주좌와 어묵동정이 모두 현존일각이며, 깨달음이며, 각이고, 도이며, 부처이며, 진여일심이다 그렇게 말할 수 있습니다.

선가에서는 일초직입 여래지 또는 최최일구자, 뜰 앞의 측백나무, 백척간두 진일보 이렇게 얘기하기도 합니다.

이것은 지금 여기인데, 시공간이 있는 게 아니고 시공간을 떠난 무시공, 영원한 우주라고 말할 수 있습니다.

영원한 우주로서 알아차리고, 마음 챙기고, 주시하며, 깨어있고 깨달아 삶 모두가 바로 이것인데, 이것을 공적영지, 성성적적, 소소영영이라고 얘기하고 또 자성청정심 또는 순수의식이다 이렇게도 얘기를 합니다.

결국 우리가 공부하는 것은 견성성불에 있는데, 명심견성성불제중이라고 얘기하죠. 마음이 밝혀져서 깨닫고 이어서 부처를 이루면서 중생을 제도함이, 부처님의 가르침의 목적이라고 할 수 있습니다.

그러면 중국 선의 황금시대에 유명한 마조도일 선사가 있습니다. 이 분은 깨달음에 대해서 어떻게 얘기했냐면, 깨달음은 평상심이 도라고 하면서 평상심이 일상적으로 있는 분별 집착 망상 같은 망념이 있는 게 아니라 무심에 도달해야 된다고 얘기를 했습니다.

'도불용수 단막오염 무생사조작추구심' 그렇게 얘기를 합니다.

도는 닦을 필요가 없지만, 다만 오염되지만 마라. 오염된다는 게 뭐냐면 생사심, 조작심, 추구심 또는 시비심, 취사선택심, 망념 이런 것이 없는 마음을 무심이라고 얘기했기 때문에, 도(道)는 무심을 전제로 한 평상심이라고 얘기할 수 있습니다.

마조도일 스님의 큰 제자로 백장회해, 서당지장, 남존보원 이런 세 분이 유명한데, 특히 남존보원 선사 밑에서는 유명한 조주종심 선사가 일찍 깨닫고 120세까지 살아계시면서 여러 가지 '무'자 화두라든지, 끽다거, 뜰 앞에 측백나무, 구자무불성 이런 많은 화두로 많은 사람을 깨치게 하시기도 했습니다.

그런데, 마조도일의 평상심시도는 남존 보원 선사를 거쳐서 조주 종심 선사에까지 전달되게 되었습니다. 조주 종심 선사가 젊었을 시절에 남존 보원 스승님에게 "도가 무엇입니까?" 하고 물으니까, "평상심이 도다" 그랬습니다.

그러니까 조주 선사가 그것은 어떻게 향해서 취하고 닦아야 됩니까? 하고 질문을 한 겁니다.

남존 보원 선사께서는 그것은 특별히 취하고, 행하고 그렇게 하면 어긋난다고 했습니다.

그랬더니 조주 종심 선사는 "그걸 어떻게 압니까?" 하고 묻습니다.

남존 보원 선사는 깨닫는 것은 알고 모르는 것과 관계가 없다. 아는 것은 망념이고 모르는 것은 무기니까 지부지를 떠나야 된다 그랬습니다. 그때 조주 종심 선사가 한소식 확 깨달았다고 합니다.

이러한 깨달음은 지금 여기를 떠나서일 수 없고, 또 그것은 지금 여기라는 영원한 자리, 과거는 지나가서 없고, 미래는 오지 않아서 없고, 또 현재라고 얘기해도 그것은 금방 지나가니까 "지금 여기 깨어있음"이 깨달음이라고 할 수 있습니다.

그에 관련해서 송나라 오조 법연 선사가 계셨는데, 오조 법연 선사 밑에 '부처 불'자 들어간 세분이 있었는데, 그게 불감회근, 불안청원, 불과원오 이렇게 세분이 있었습니다. 불과원오는 대혜종고 스님의 스승이 되고, 벽암록을 편찬하시기도 했죠.

그런데, 오조 법연 선사가 삼불(三佛) 제자를 거느리고 길을 나가게 되었는데 해가 졌습니다. 불을 구하는데 바람이 휙 불어서 불이 꺼져버렸습니다. 그러니까 법연 선사가 어떻게 할 거냐? 이렇게 제자들에게 물으니까, 한 제자는 "고운 바람에 붉은 노을이 춤춘다" 이랬고, 또 한 제자는 "쇠뱀이 옛길을 간다" 그랬습니다. 또 한분은 "조고각하(照顧脚下)" 그랬습니다. 조고각하는 다리 밑을 봐라, 발밑을 봐라 그런 겁니다. 그러니까 항상 공부하는 사람들은 자기 발밑, 다리 밑, 지금 여기를 떠나서는 안 된다 그런 얘기를 한 겁니다.

활안개처(活眼開處)수류화개(水流花開)죠. 눈을 뜨니 물 흐르고 꽃이 피누나.

그래서 불과원오 선사가 나중에 오조 법연 선사를 잇게 되죠. 우리가 세상을 살아나가면서 깨어있는 마음으로 청정할 때도 있지만, 때로는 번뇌나 이런 것이 올라와서 고통을 느끼기도 합니다.

그래서 부처님은 그것을 전미개오- 미혹을 돌려서 깨달음으로 가게하고 이고득락- 고통을 떠나서 즐거움을 얻게 한다고 했습니다.

그것을 다른 말로 하면 전식득지(轉識得智) 그랬습니다. 식을 굴려서 지혜(반야지)를 얻는다. 전식득지에 기본적인 것을 뒀습니다.

그러니까 부처님의 가르침은 이 우주의 일체법 'sarva dharma'라고 그러는데, 이것을 십팔계로 표시했습니다.

안이비설신의 육근, 색성향미촉법 육경, 그 근과 경의 마음이 작용해서 생기는 것이 안이비설신의 육식 이렇게 결국 십팔계, 좀 더 말하면 육식으로 되어있다고 흔히 표현하는데, 육식속을 나중에 자세히 살펴보면 심의식을 합쳐 9식까지 새로 나오게 되죠.

그래서 부처님은 유식무경, 유식만 있고 경계는 없다.

일체유심조, 일체가 마음먹기에 달려있다.

또는 유심유식, 마음과 식뿐이다 이런 얘기를 합니다.

그래서 식을 전부 얘기하면, 전5식, 6식, 7식, 8식, 9식 이렇게 얘기를 합니다. 10식(흐르다야식)을 언급하는 사람도 있습니다.

전5식은 안이비설신 이렇게 다섯가지 식이고, 6은 의식(意識)이고, 6식은 7식에 의존하는데 7식은 의(意), manas 라고도 애기를 합니다.

이 7식이 분별, 판단 그런 집착이기 때문에 여러 가지 번뇌나 이런 것의 중심이 돼서, 이 7식을 어떻게 전식득지하느냐 이런 게 중요하고, 8식은 알라야식(alaya) 또는 함장식이라 해서 우리가 세상 살아가면서 여러 신구의 삼업으로 경험하게 되는 그런 종자가 거기에 함장이 되고, 또 그러한 알라야식에서 나와서 우리가 세상살이하게 되는 여러 가지 현행이 되서 사람마다 각기 다른 모양을 비추게 된다고 말할 수 있습니다.

그 다음에 제9식이 순수의식이고, 청정무구식(淸淨無垢識) 또는 아말라식(amala)이라고 얘기를 합니다.

그래서 이와 같은 식이 모두 지혜로 바뀌어야 된다고 하는데, 제 9식은 있다고도 없다고도 말할 수 없지만, 본래 순수한 의식이면서 순수한 지혜이고, 청정무구한 마음입니다.

그런데, 8식은 그러한 9식과 함께 있어서 9식과 8식은 우리 속에 함께 있는 것입니다. 8식 속에 9식이 있고, 9식 속에 8식이 있다고 할 수 있습니다.

전5식, 눈이나 귀에 이런 밖에 나오는 것은 수시로 비항비심, 항상성도 없고 분별도 못합니다. 6식인 의식이 들어가야 비항이심. 6식은 항상하진 않지만 때때로 분별을 하지요.

7식은 역항역심, 항상 있으면서 항상 분별을 하니까 7식이 늘 분별 집착 망상하는 근원이 되죠.

8식인 알라야(alaya)식은 비심이항. 항상성은 있지만 분별하는 것은 없는 거죠. 그래서 전5식이 성소작지가 되고, 6식이 묘관찰지로 바뀌고, 7식이 평등성지, 분별해서 시비를 나누고 선을 긋고, 나와 너를 구별하고 이런 것이 없이 평등성지가 되어야 됩니다.

그리고 제 8식은 그것이 지혜로 전환돼서 대원경지가 되어야 합니다. 대원경지라는 것은 거대한 우주적인 거울이 되어 거기에 어떤 것이 나타나도 그림자를 그대로 비출 뿐 다른 것을 하지 않는 겁니다.

그 다음에 대원경지가 9식과 만나면, 8식을 여래장이라고도 하는데, 9식인 여래를 포함하고 있기 때문입니다. 자성청정심인 9식은 여래라고 할 수 있습니다. 8식이 전식득지가 되서 대원경지가 되면 그때는 8식의 그런 것을 대원(大圓)이라 하고, 9식은 청정식 혹은 무구식이라 해서 대원무구식이라 그런 겁니다.

대원무구식은 번뇌 망상이 다 사라진 거죠. 청정무구식이라고도 하고 또는 다른 말로 할 때 법계체성지(法界體性智)라고도 애기를 합니다.

여기서 우리가 조금 더 섬세하게 살펴보면, 제 6식입니다. 6식은 그걸 묘관찰지로 보려면 자세히 관찰하기 때문에 살피는 건데, 안이비설신은 형태는 없지만 스스로 알지는 못합니다. 거기에 6식이 가야되기 때문에 이를 오구의식이라고 합니다. 6식은 다섯 개가 갖춰져야 의식을 한다고 말하고, 이 오구의식은 동연의식이 있습니다. 오구의식과 의식이 함께 인연으로 작용할 때를 동연의식이라고 하고, 안이비설신과 다르게 독자적으로 기능을 하는 것을 부동연의식이라고 그러죠.

그런데 부동연의식에는 오후의식, 안이비설신으로 보거나 듣거나 느끼거나 하는 것을 의식한 후에 생각이 나올 수도 있죠.

그 다음에 또 하나는 독두(獨頭)의식인데, 이것은 혼자의 머리로 의식하는 것이다.

이 독두의식에는 세 가지가 있습니다.

몽중독두의식- 꿈속에서 홀로 의식하는 것,

정중독두의식- 삼매 중에 홀로 의식하는 것,

산란독두의식- 평상시에 이것저것 생각하면서 쓸데없이 번뇌망상 일으켜서 집착망상 망념 착각을 일으키는 것. 이것이 참 문제라고 말할 수 있습니다.

이런 것을 7식부터 공부를 해서 분별하지 말고, 진여수연하면서 분별자재해야 됩니다. 분별을 하되 무분별지 속에 있고, 무분별지 속의 분별은 집착하지 않고 해서 그것을 분별자재하다고 얘기합니다. 분별자재하는 7식이 되고, 그에 따라서 6식이 고쳐지고 그러면 나중에 알라야식과 전오식이 모두 청정무구하게 되어서 법계체성지로 향하게 됩니다. 그것이 깨달음인데, 그걸 부처님은 삼매, 정으로 말하면 나가정(naga-samadhi)이라고 했습니다. 나가정이라는 것은 용의 삼매다.

어약천강수 용등만리운(魚躍千江水 龍登萬里雲) 그러죠. 천강의 고기는 뛰놀고 만리구름을 타고 용이 오른다. 그러니까 우주에 자유자재롭게 갈 수 있는 것 그걸 나가정이라고 얘기하고, 다시 말하면 아인슈타인이 말한 통일장(unified field) 이론을 보면, 순수의식이 통일장이라고 말할 수 있습니다. 절대세계와 상대세계를 배대한 것인바, 천강유수(千江有水)천강월(千江月) 만리무운(萬里無雲)만리천(萬里天)이죠.

대각은 멸진정에 들어가는 것이고, 나가정에 들어가는 것이고, 순수의식의 통일장만 남아있는 것입니다.

그래서 그것을 나눠서 알기 쉽게 말하면, 완전무결한 텅 빈 영각성이 있고, 그것에 의해 쓰임에 따라 생기는 상은 상자적멸상이고, 성상 불이중도 이것이 부처님이 깨달으신 각의 내용이죠.

우리는 부처님의 가르침에 따라서 아나파나사티선을 하던지, 또는 조고각하 회광반조해서 각성을 하시던지, 나름대로 또 언하대오하시던지 해서 모두 통명자심, 명심견성 성불제중하는 것이 꼭 필요하다고 말할 수 있습니다.

그것이 언제나 "지금 여기 깨어있음"이다 라고 말할 수 있습니다.

본각선교원 깨달음 세계 보살대중 여러분, 모두 지금 여기. 깨어있으십시요. (합장)

제61회 고향에 가다(安心立命)

보살대중 여러분, 안녕하십니까?

석가모니불께 경배찬탄합니다. (합장)

무량광수불 무량광수불 무량광수불!

본각선교원 깨달음 세계 오늘 제61회 주제는 "고향에 가다(安心立命)" 이렇게 정해봤습니다.

생명체인 사람들이 가시밭길도 있는 타향에서 살다가 고향의 자기 집에 가서 자기 방에 들어앉는 것 이것이 가장 편안한 마음, 안심입명이 되겠습니다.

그래서 고향에 가다는 안심입명입니다.

(오른손을 든다)

지금 여기 이것뿐입니다. 이것이 각이고, 깨달음이고, 부처님이고, 영원한 우주다 그렇게 말할 수 있습니다.

견문각지 행주좌와 어묵동정이 모두 이런 각이라고 말할 수 있습니다. 우리 마음이 오염되지 않고 무심으로 나갔을 때 평상심이 도라는 애기를 합니다. 생사. 조작. 추구. 시비. 집착하는 마음이 없는 것 그것을 무심이라고 애기를 하죠.

그래서 깨달은 사람은 무심에 가서 평상심으로 살아가면 되지만, 아직 그렇지 못한 분은 마음 편하게 살려면 하심(下心)하는 게 좋다. 즉, 일상생활을 함에 있어서 가장 밑바닥은 바다다 그렇게 말할 수 있습니다. 바다는 비가 오거나 눈이 오거나 다 받아들이고 또 시냇물이나 강물이나 맑고 흐리고를 가리지 않고 다 받아들이는 그런 포용성 마음 그것이 하심의 대표라고 말할 수 있습니다.

우리는 세상을 살아나갈 때, 흔히 생각이나 이름이나 또는 모양에 붙잡히거나 끄달리거나 속는 경우가 많이 있습니다. 그렇게 생각이나 이름, 모양에 속거나 끄달리거나 헤아리지 않으면 그것이 현존일각이고 또 생각을 일으켜도 계산하거나 헤아림이 없이 그것으로 끝나면 현존일념이어서 현존일각과 같다고 말씀드릴 수 있습니다.

오늘은 주로 중국 운문종의 종주였던 운문 스님의 동산수상행(東山水上行)- 동쪽 산이 물위로 간다, 이것과 우리나라 근현대 불교를 중흥시킨 경허 성우 스님의 우무비공처(牛無鼻孔處) 즉 콧구멍이 없는 소, 이런 화두를 가지고 주로 말씀 드리겠습니다.

동산수상행(東山水上行)은 중국의 어떤 학인이 운문 스님을 뵙고 "제 부처가 나오는 곳이 어디입니까?" 이렇게 물었습니다. 그거에 대한 운문 스님의 답변이 동산수상행입니다. 동산이 물위로 간다. 이게 상식적으로는 말이 안 되죠. 가면 물이 가지, 산이 가진 않거든요. 거꾸로 되어있는 거죠. 이런 것도 있고 어떤 스님에 따라서는 다리가 흐르고 물이 흐르지 않는다. 청산이 걸음을 띄고 백운이 영원히 움직이지 않는다 이런 화두를 던져주는 분도 있습니다.

화두로 동산이 물위로 간다 그러면 듣는 사람이 확 막히게 됩니다. 생각이 막혀서 거기서 헤아리고 그러는 것이 없게 되고, 바로 생각 이전 자리로 돌아가게 됩니다. 생각을 멈추게 해서 마음을 답답하게 해주는 거죠. 그래서 마음이 답답하게 되어 꽉 막히면, 극적반전이 일어나 은산철벽이 무너지면서, 성성적적- 바탕의 마음이 고요하면서도 활짝 깨어있는 그러한 각이 나타나는 세계라고 말할 수 있습니다. 간화선에서는 의단독로로 타성일편이 되고 은산철벽이 무너져야 합니다.

이러한 경우에 동산수상행이 깨달음을 줘서 마음을 편안하게 하면 그것을 활구라고 얘기를 하죠. 그러니까 보통 상식적으로 보는 산이 서있고, 물이 흐르는 게 일반적인 상식인데, 거꾸로 동산이 수상행이다 그러면 산의 입장이 아니라 물의 입장에서 보면 물은 그대로 있고 산이 움직이게 되는 거니까, 처음에 듣는 사람은 번뇌망상이 멈추고 분별이 쉬게 된다. 그래서 선지식이 제자를 가르치는 게 됩니다.

다음은 우무비공처(牛無鼻孔處)입니다. 소는 소인데, 콧구멍이 없는 소인데 중국에서부터 전해오는 화두이긴 하지만, 우리나라 근현대의 불교를 발전시킨 경허 성우 스님이 이 얘기를 듣고 깨달음을 얻으셔서 오도송을 남기셨죠.

경허 성우 스님은 청계산 청계사로 출가를 하셨는데, 쭉 불교를 공부하고 그래서 강사 생활을 많이 했습니다. 많은 사람들에게 법문을 해주고 그랬는데, 하루는 사제가 되는 학염이라는 사람이 마을에 갔었어요. 절 아래 사람 사는 사하촌에 가서 자기 사미로 되어있는 사람의 아버지를 만났는데, 서로 얘기를 한 겁니다. 스님이 스님다운 생활을 하지 않으면 어떻게 되느냐? 그래서 대답하기를, 스님이 스님 생활을 제대로 안하면 나중에 죽어서 소가 된다. 그래서 봉사해야 된다고 얘기를 한 겁니다. 그랬더니 그 사미의 아버지인 이처사라는 분이, 스님이 어떻게 그렇게 짧은 얘기를 하십니까? 소가 되더라도 콧구멍 없는 소가 되어야지요 그런 겁니다.

그런데 이 경허 스님의 사제인 학영 스님은 그 말을 듣고도 깨닫지 못하고, 경허 스님께 와서 이게 무슨 뜻입니까? 하고 물은 겁니다. 그때 경허 스님이 확 깨달음이 오신 겁니다. 수많은 경전을 공부했어도 못 깨달았는데, 우무비공처, 코뚜레를 할 수 없는 콧구멍이 없는 소 그걸 떠올리면서 한소식을 한 거죠.

그러니까 콧구멍이 있는 소는 코뚜레를 해서 자유자재로 살 수가 없죠. 어쨌거나 소는 소인데, 콧구멍이 없는 소가 되어라 이렇게 얘기를 한 겁니다.

경허 성우 스님이 충청도 연암산 천장암에서 1881년 6월 33세 때 이런 소식을 듣고 한소식을 한 거죠. 그래도 계속 우무비공처, 콧구멍 없는 소 이것 가지고 쭉 공부를 하신 겁니다. 그래서 3년 만에 이에 관련된 오도송을 남기셨습니다. 그 오도송을 보면,

> 홀문인어무비공 돈각삼천시아가 유월연암산하로 야인무사태평가

이렇게 되어있습니다. 그걸 순수한 우리말로 풀어보면,

> 문득 콧구멍 없는 소에 관한 말을 들었네. 몰록 깨달으니 삼천대천세계가 내 집, 아가(我家)다.

삼천대천세계가 나의 집이라는 거죠. 여기에 고향에 가서 고향집에 들어간 것과 똑같죠. 영원한 우주에서 자유자재로 살 수 있게 된 거다. 마음이 완전히 열려서 편안해지고 이고득락이고 또 평안한 상태에 간 거죠. "6월에 연암산 아랫길로 들사람이 가면서 일없이 태평가를 부르는구나."

결국 우리가 자유자재를 향해서 가고, 깨닫고 또 분별자재로 업장을 녹이고 10보살도로 부처를 이루면서 동시에 중생을 제도하는 그런 길에 들어갈 수 있는 것이라고 말할 수 있

습니다.

그러한 깨달음의 세계는 워낙 말로 할 수가 없습니다.

불립문자 교외별전- 말로 할 수가 없고 경전 외로 전한다.

언어도단 심행처멸- 말이 끊겨지고 마음 갈 길이 끊어졌다.

불가사의- 생각으로는 닿을 수가 없다.

정법안장 열반멸심- 정법안이 열려서 열만묘심에 도달한다. 행행도처 지지발처(가고 가서 닿은 곳, 이르고 이른 곳이 출발지이다) 그렇게 얘기를 할 수가 있습니다.

그러나 그걸 구태여 애길 한다면, 성성적적, 소소영영, 순수의식, 청정무구식, 자성청정식, 부처님, 하느님, 각 이렇게 애기할 수 있는데, 또 일반적으로 애기하면 공적영지(空寂靈知)입니다. 텅텅 비어서 고요하고, 신령스럽게 모든 것을 아는 그런 것이 공적영지고, 각(覺)의 세계라고 할 수 있지요.

예전에 어떤 스님이 공적영지등지에 관해서 어떤 스님에게 물어봤습니다. 공적(空寂)이 뭐냐? 보려야 볼 수 없고 안 보려야 안 볼 수 없는 게 공적이고, 영지(靈知)는 뭐냐? 안 보려야 안 볼 수 없고 보려야 볼 수 없는 것이다.

그리고 공적영지를 쭉 유지하고 있는 것, 공적영지가 계속되게 하는 것 이것을 등지(等持)라고 하는데, 공적영지를 등지하려고 하면 일락서산에 월출동(日落西山 月出東)이다. 해가 서쪽 산에 떨어지니까 동쪽에서 달이 뜬다 이런 애깁니다.

어약천강수 용등만리운 이것도 마찬가집니다. 천강의 물에 고기가 뛰노는데, 용이 만 리의 구름을 타고 하늘에 오른다. 이런 것이 공적영지가 계속되게 하는 절대와 상대를 배대한 표현이라고 말할 수 있습니다.

우리는 여기서 변화가 되는 생멸의 문의 상대세계와 절대불변의 불생불멸의 진여문 이렇게 생각을 할 수가 있는데, 이것을 쉽게 애기하면 푸른 하늘 흰 구름과 같습니다. 사람의 일상은 겉으로 보면 '일편부운기 일편부운멸' 뜬구름이 생겼다 사라지는 게 인생이라고 말할 수 있지만, 그것은 생멸하는 상대세계죠.

그러나 근본바탕은 하늘이다 허공이다. 그런데 하늘과 구름을 구별해보면 다르지만, 구름도 결국은 이름을 붙이니까 구름이지 이름이 없으면 그것은 하늘과 같습니다. 또 그와 같은 게 바다에 가면 물이 꽉 차있고, 거기 바람이 불면 물결이 입니다. 물과 물결이지만 그게 다른 것처럼 보이지만, 그것도 결국은 둘이 아니다. 불이(不二)다. 물결은 일지만, 물을 떠나지 않았고 바닷물과 물결이 둘이 아니다. 불일불이- 하나도 아니고 다르지도 않다는 거죠.

또 우리가 생각해보면, 이 우주는 영원한 우주로서 우리의 집입니다. 그런데 우리는 그 영원한 우주라는 고향에다가 이분념법으로 타향을 설치해 놓고, 자기가 사는 곳을 타향이라고 생각을 합니다. 그러면서 늘 한쪽 마음에는 편안한 고향집으로 돌아가야지 하는 생각을 하고 때가 되면 또 고향집에 가서 편히 있기도 합니다. 지금 여기 깨어 있음이 영원한 고향집입니다.

그래서 법화경에서는 고향집을 대자비심이라고 그러고, 그 다음에 자기가 입은 옷을 유화인욕심, 고향집 자기 방 자기 자리를 법공좌(法空座)다 그렇게 얘기를 합니다.

그래서 타향에서 고향으로 돌아가서 자기 어릴 때 편안하고 좋았던 부모님의 사랑을 듬뿍 받고 그래서 마음이 놓이고 가장 편했던 그런 것을 맛보기도 하는데, 그것이 바로 귀향, 고향에 돌아가는 것이고, 그게 안심입명하는 방법입니다. 사실은 타향이라는 게 따로 없고, 지금 여기가 바로 고향이고 부처가 중생이었다가 부처가 되는 이분법적 세계가 아니라, 내가 본래 부처요. 본래 성불이에요. 부동불의 원동자에요.

그러니까 지금 여기 영원한 우주는 법신불이니까, 이 우주 실상에는 부처밖에 없는 것이다. 그래서 본래무일물이고, 마음에 고정된 물체라고 하는 것은 하나도 없다 이렇게 말할 수 있습니다.

그것을 공적영지라고 표현을 했는데, 그것을 좀 더 표현하면 절대는 텅 빈 영각성이고 그리고 여러 가지 생각이나 이름이나 모양 이런 것은 적멸상입니다. 작용으로 모양이 나타나도 찰라생 찰라멸, 연생연멸, 환생환멸해서 나타나는 것이지, 그것은 있는 게 아니요. 거울에 비친 그림자와 같습니다. 그 거울인 진여일심은 불생불멸입니다.

그러니까 지금 여기, 이것뿐인 자기 마음, 자성, 자심, 부처를 깨달으면 된다고 말할 수 있습니다.

보살대중 여러분, 안심입명을 위해 지금 여기 깨어있으십시요. 직견자심 회광반조 하셔서 견성성불의 길로 나아가시기를 축원합니다.

감사합니다. (합장)

끝.

고준환 박사 약력

경기 화성 비봉 자안리 518(1942년) 출생
청룡초교, 용산중/고교 졸업
서울대 법대 법학과 졸업(1965)
한국대학생 불교연합회 창립 발기(1963)
화엄학연구원 연구위원(원장 김탄허 스님)
육군병장으로 만기 제대(1965~1967)
국민대 대학원 졸업(법학석사・박사)(1979~1984)
동아일보사 기자, 동아방송 PD(1967~1975)
동아방송 필화사건으로 투옥(1973)
동아일보사 기자노조 창립 발기(1974)
자유언론실천 선언(1974)
동아일보사 자유언론수호투쟁위원회 위원(1975~)
한겨레신문 창간 발기인
경남대 교수, 경기대 법정대학장, 경기대교수(1981~2009)
조지워싱턴대 교환 교수(1992~1994)
신선도 대표, 황우석교수살리기국민운동본부장
국사찾기협의회 3대 회장
민주통일복지국민연합 회장
한국교수불자연합회 창립 회장(1988)
하나로포럼 선정회장
불승종 보문현 법사(1981~2009)
본각선교원 원장(2011~)

민주화 운동 유공자(2007년 7월12일 제 2824 호)
-민주화 운동관련자 명예회복및 보상심의 위원회
대통령 근정 포장 제 84389호 (국민 교육 발전 유공)
- 2009년 2월 28일 대통령 이명박-

고준환 교수 주요 논저

『하나되는 한국사』(1992)
『신명나는 한국사』(2005)
『대한근현대사 실록 칠금산』(2012)
『4국시대 신비왕국 가야』(1993)
『가야를 알면 일본의 고대사를 안다』(일본어 출판, 1995)
『덫에 걸린 황우석』(2006)
『붉은 악마 원조 치우천황』(2002)
『불교의 현대적 조명』(1990)
『한국 불교에 띄운 화두』(1991)
석사학위 논문『국제상사 중재에 관한 연구』
-한반도의 동서무역 중재에 관련하여(1979)
박사학위 논문『국제물품 매매계약의 당사자 의무에 관한 연구』
-국제물품 매매계약에 관한 국제 연합 협약을 중심으로(1983)
『국제상사 중재론』(1980)
『기업법원론』(1989)
『국제거래법론 (1982)
『객관식 상법 요론』(1997)
『평화세계거래법 (1999)
『한생명상생법』(2000)
『성경엔 없다』(2001)
『굼벵이의 꿈 매미의 노래』(1997)
『누가 불두에 황금똥 쌌나-생각 쉬면 깨달음 마음 비우면 부처』(2014)
『활빨빨한 금강경』(2014)
『고주몽성제에서 광개토대제까지』(2019)
『밝해문명사』(2020)

고준환 교수 "깨달음 세계"- youtube 방송 중 (2020. 3월~ 현재)
고준환 박사 "신명나는 우리역사"- youtube 방송 중 (2020. 5월 7일~)